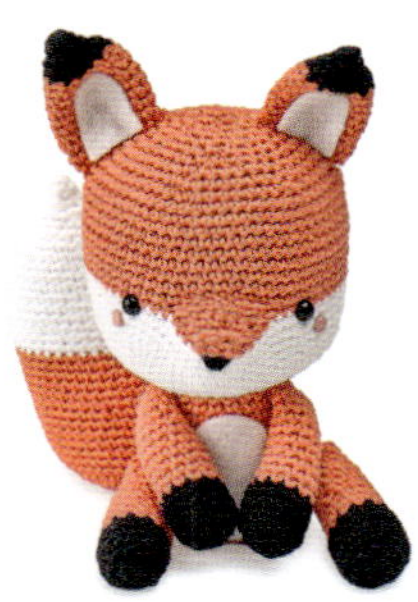

Die Häkelbibel

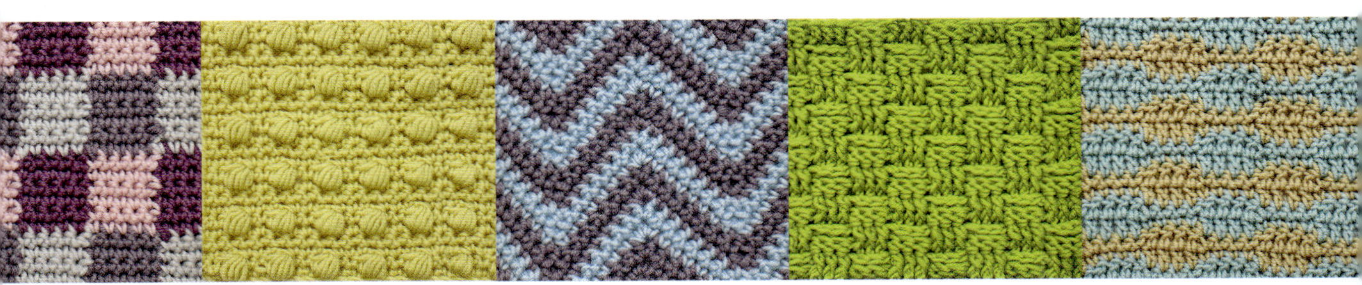

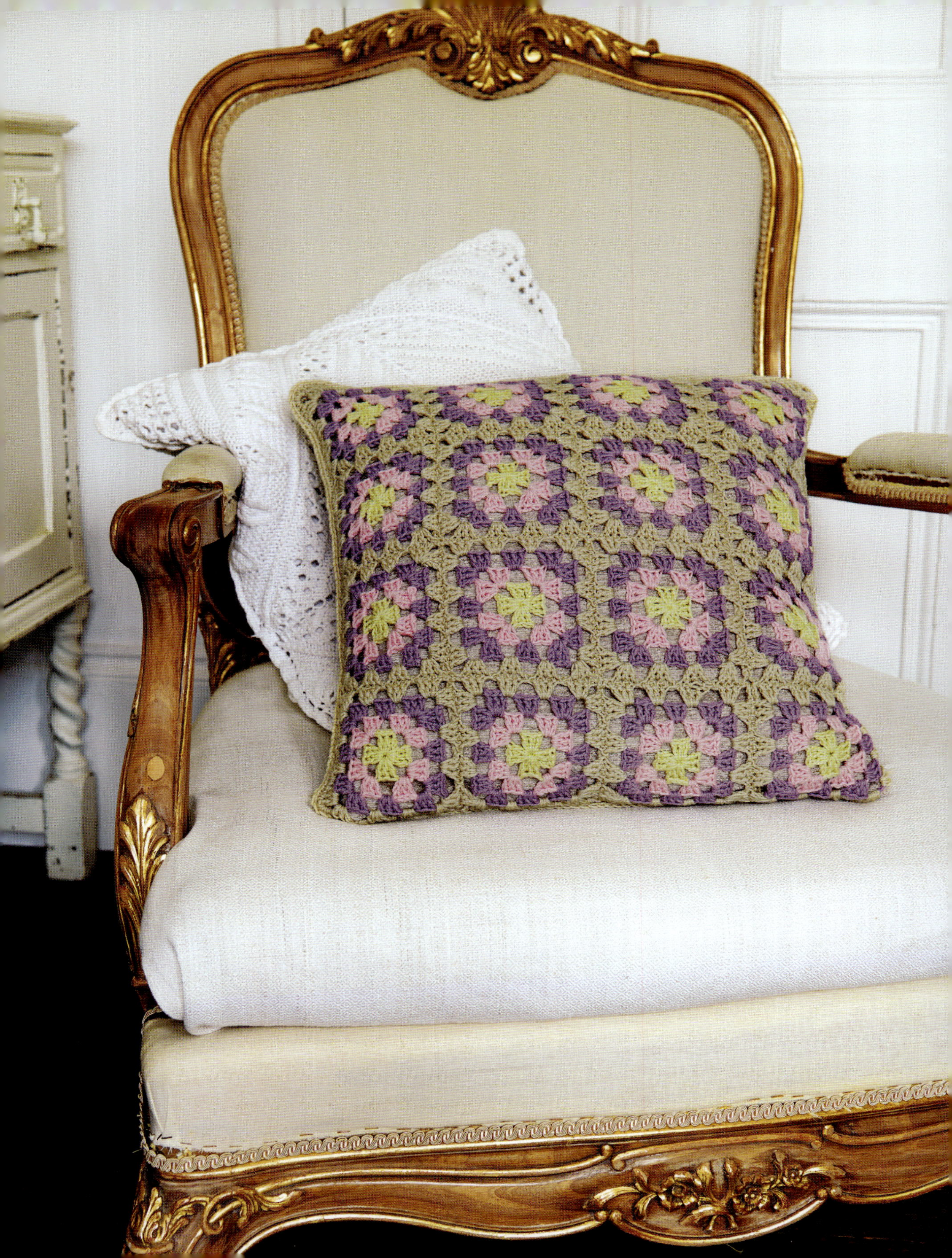

Die Häkelbibel

Vom Hobby zur Leidenschaft

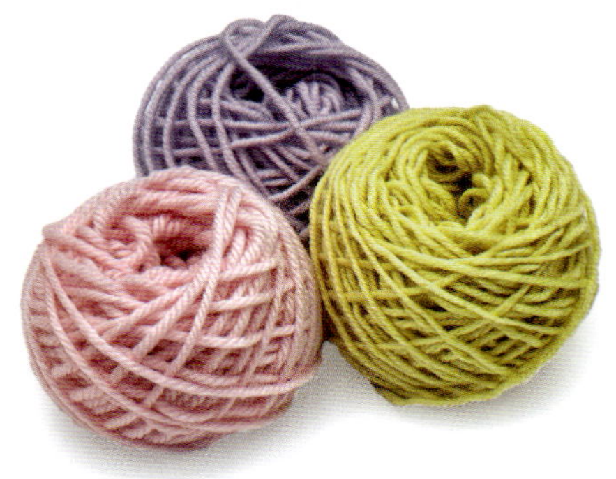

Librero

Inhalt

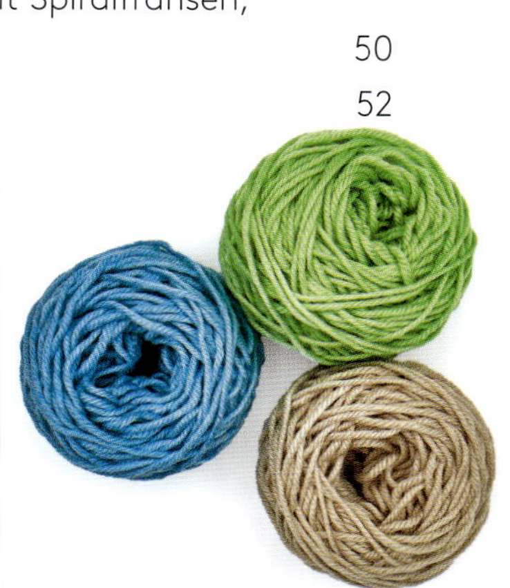

Für Betty, mit Liebe x

Titel der Originalausgabe: *Crochet. Learn It. Love It.*

Lektorat: Michelle Pickering
Design: Jackie Palmer
Illustration: Kuo Kang Chen
Fotografie: Nicki Dowey (Location), Simon Pask (Studiomodel) und Phil Wilkins (Techniken und Muster)
Bildrecherche: Sarah Bell
Lektoratsassistenz: Georgia Cherry
Register: Diana LeCore
Art-Direktorin: Caroline Guest
Kreativdirektorin: Moira Clinch
Verleger: Paul Carslake

Übersetzung aus dem Englischen: Daniela Schmid, Wien
Redaktion und Satz der deutschen Ausgabe: Print Company Verlagsges.m.b.H., Wien

Printed in China

ISBN: 978-94-6359-543-8

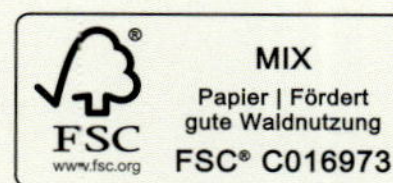

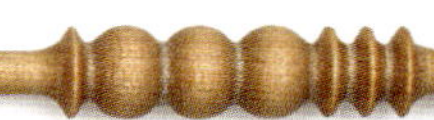

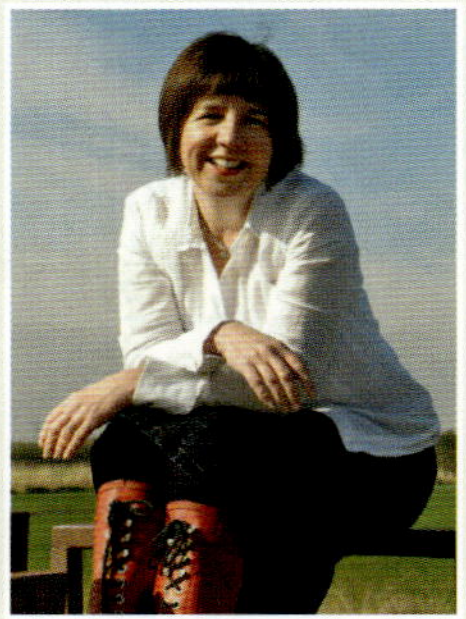

Willkommen ...

In meiner Familie wurde schon immer gern kreativ gearbeitet. Mein Vater war ein begeisterter Häkler und fertigte Kleidung und Decken aus unzähligen detaillierten Motiven. Er erlernte das Häkeln im Selbststudium mithilfe von Büchern und einem Magazin, das er wöchentlich abonniert hatte – und ich sah ihm immer gern dabei zu und lernte mit, wenn er neue Maschen und Techniken studierte. Allerdings hätte ich es nie für möglich gehalten, dass ich eines Tages als Designerin für Handarbeitsmagazine und Garnhersteller von dieser wunderbaren Handarbeit würde leben können – aber dieser Traum wurde tatsächlich wahr!

In diesem Buch möchte ich mein Häkelwissen mit Ihnen teilen. Wenn Sie zum allerersten Mal eine Häkelnadel in die Hand nehmen, dann beginnen Sie am besten bei Kapitel 1, wo es Tipps und Anleitungen für Anfänger gibt – von der richtigen Handhaltung beim Häkeln bis hin zu den Grundmaschen. Die weiteren Kapitel bauen darauf auf und führen Sie weiter ein in die Welt des Häkelns. Hier finden bestimmt auch Fortgeschrittene nützliche Tipps und Tricks, um noch tollere Ergebnisse zu erzielen.

Und mit etwas Übung und Geduld machen sicher auch Anfänger bald große Fortschritte. Simple Schritt-für-Schritt-Anleitungen und erste Häkelprojekte begleiten Sie bei Ihrem Einstieg in die wunderbare Welt des Häkelns – sodass Sie schon bald sich selbst und Ihre Liebsten mit Selbstgehäkeltem erfreuen können!

TRACEY TODHUNTER

Über dieses Buch

In diesem Buch finden Sie Erklärungen zu allen Grundfertigkeiten des Häkelns – von der richtigen Handhaltung über verschiedenste Häkelmuster bis hin zur professionellen Fertigstellung – sowie zahlreiche Anleitungen für wunderschöne eigene Projekte.

KAPITEL 1

SEITEN 8–53

Das erste Kapitel enthält Informationen zu den Grundlagen des Häkelns: von der Garn- und Nadelwahl über die Grundmaschen, den Garnwechsel sowie Zu- und Abnahmen bis hin zur Fertigstellung.

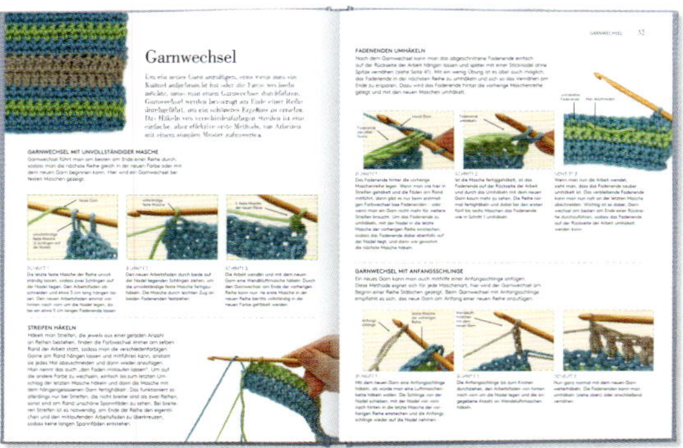

Garnwechsel

INSPIRATIONEN

Am Ende jedes Kapitels findet sich ein Überblick über Projekte professioneller Häkeldesigner mit Hinweisen zu den jeweils verwendeten Techniken, die Ihnen als Inspirationen dienen sollen.

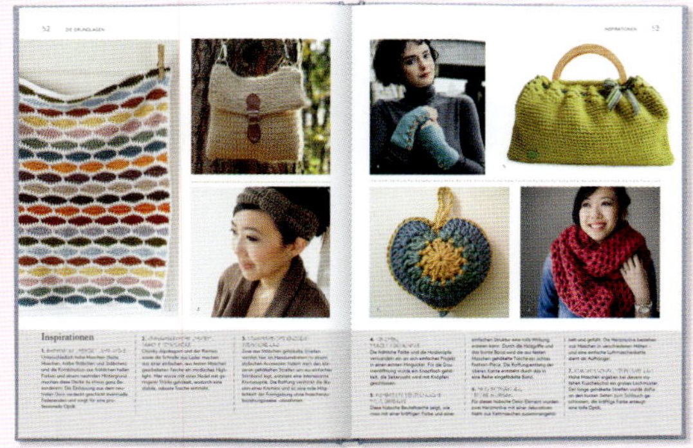

Inspirationen

KAPITEL 2–5

SEITEN 54–155

Sobald man die Grundlagen beherrscht, kann man experimentieren und sein Wissen vertiefen: In den weiteren Kapiteln finden Sie Informationen zum Häkeln in Runden (Kapitel 2) sowie zu verschiedenen Häkelmustern (Kapitel 3). Außerdem geht es um den letzten Schliff bei eigenen Projekten (Kapitel 4) und spannende Techniken, mit deren Hilfe man wie ein Profi häkelt (Kapitel 5).

In den **Erste Hilfe**-Kästen finden sich zusätzliche Informationen sowie Hilfestellungen zu häufigen Häkelproblemen.

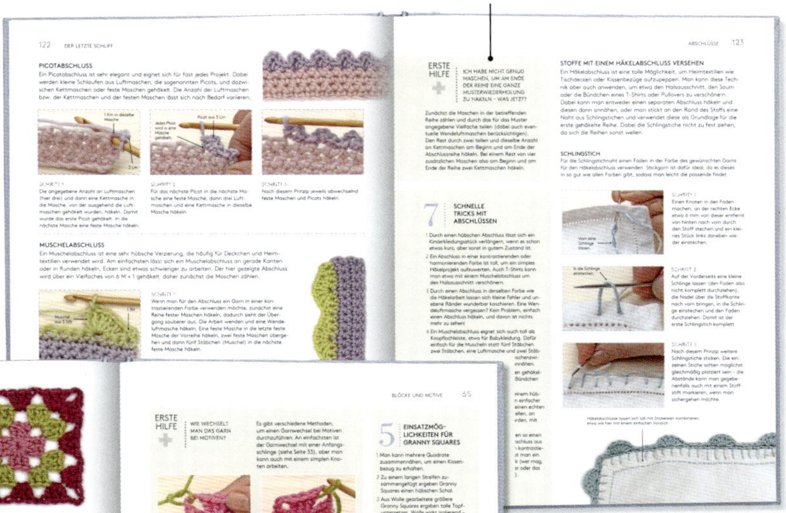

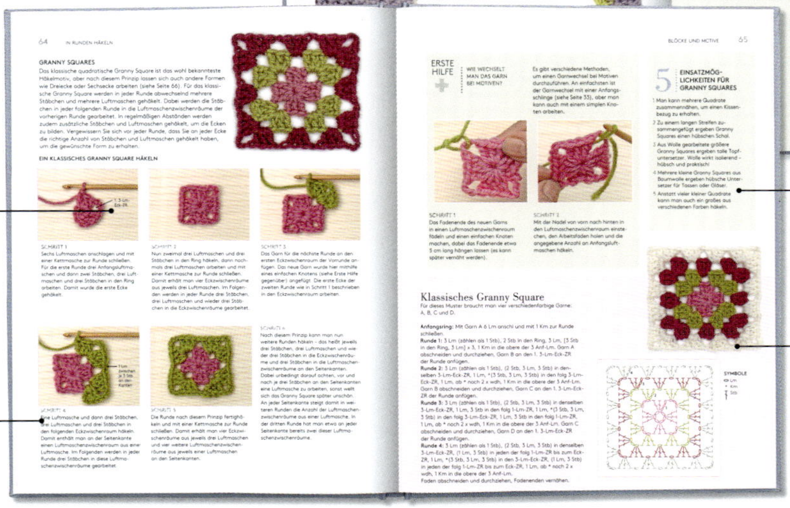

Hinweise bei den Fotos verdeutlichen die wichtigsten Handgriffe.

Schritt-für-Schrittleitungen und zahlreiche Fotos führen urch die grundlegenden Techniken.

Schnelle **Antworten auf die häufigsten Fragen** sowie zahlreiche **Tipps und Tricks** helfen dabei, einzigartige Ergebnisse zu erzielen.

Musterbeispiele mit schriftlicher Anleitung sowie Häkelschrift unterstützen Sie dabei, verschiedene Muster nachzuhäkeln und mit neuen Techniken zu experimentieren.

SCHNELLE ERSTE PROJEKTE UND GASTDESIGNER-PROJEKTE

Mit den Projekten am Ende der Kapitel können Sie Ihr Wissen in die Tat umsetzen. Die schnellen ersten Projekte sind im Handumdrehen gehäkelt – und spornen ganz sicher zu mehr an. Die Gastdesigner-Projekte (siehe rechts) wurden von Profi-Häkeldesignerinnen kreiert und geben Ihnen die Möglichkeit, ausgefallene kreative Projekte zu fertigen.

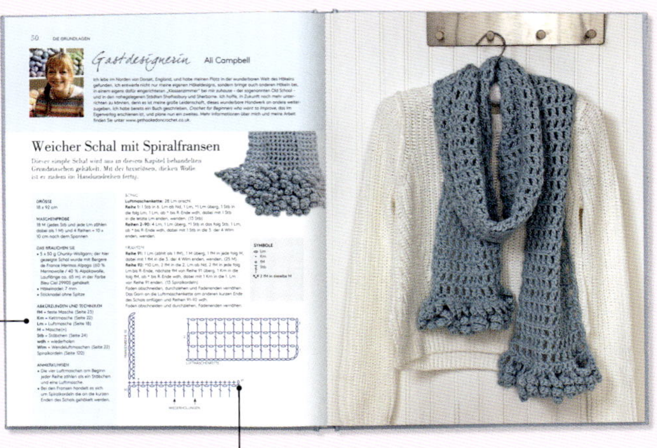

Die **Techniken,** zu denen Sie Anleitungen in diesem Buch finden, werden am Beginn aufgelistet – so können Sie während des Häkelns der jeweiligen Projekte jederzeit zurückblättern und die Anleitungen nochmals nachlesen.

Bei allen Häkelanleitungen finden sich auch **Häkelschriften,** die die einzelnen Schritte und Maschen veranschaulichen.

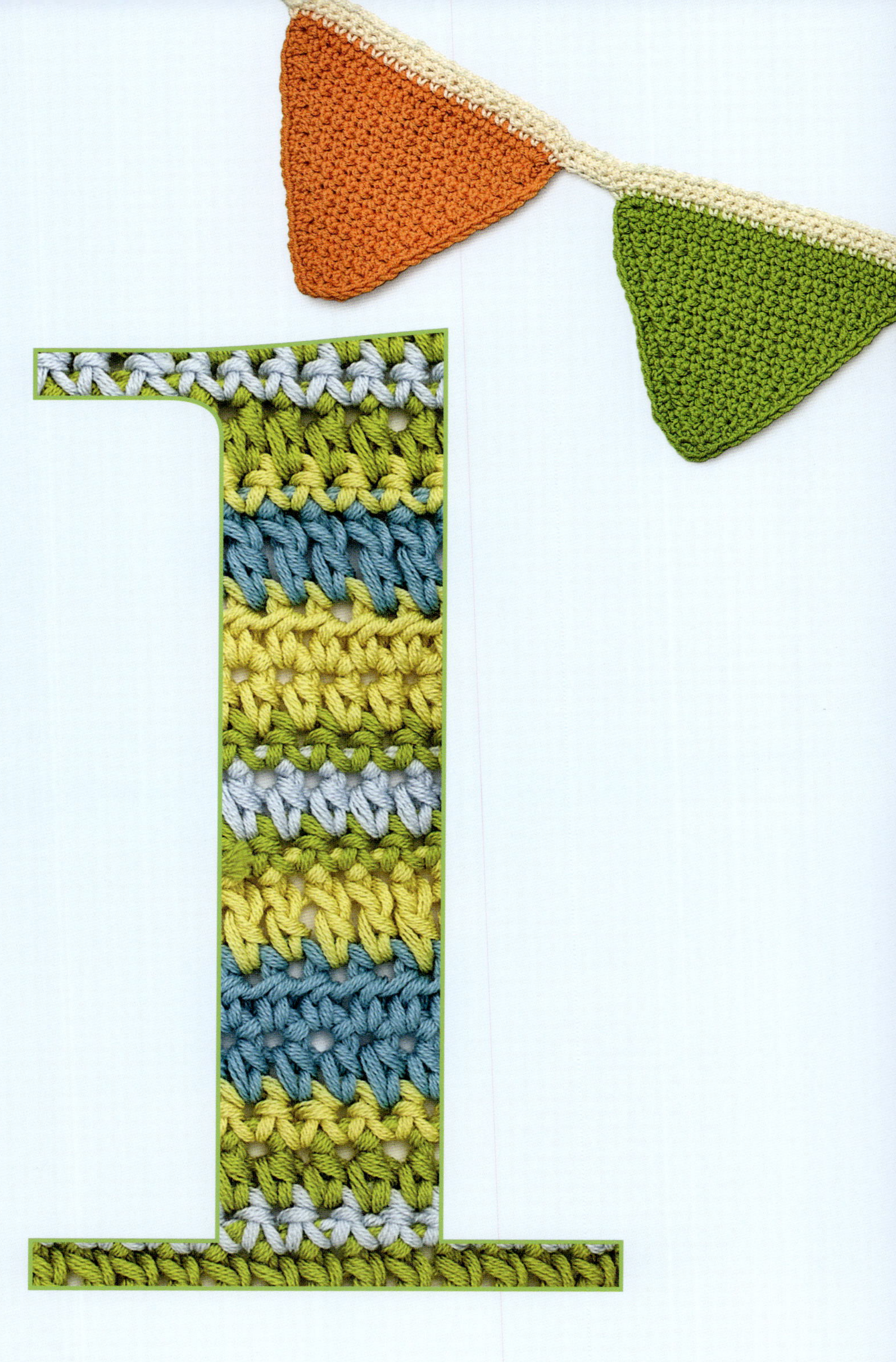

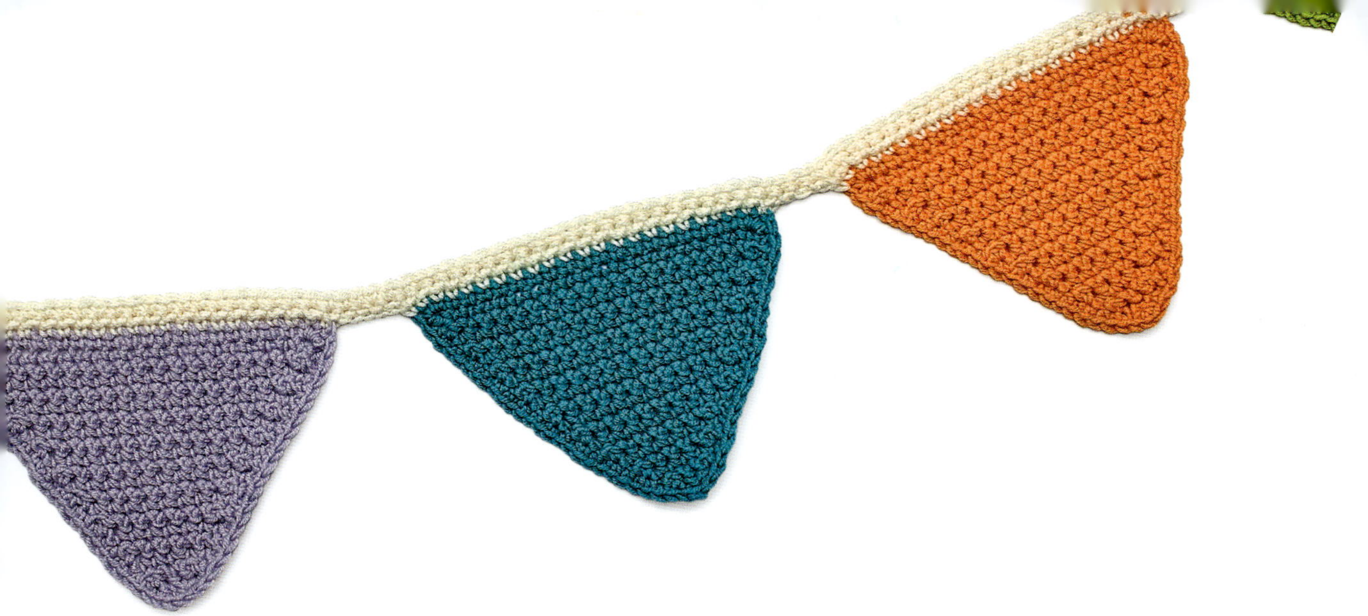

KAPITEL 1

Die Grundlagen

In diesem Kapitel finden Sie Informationen zu den wichtigsten Grundlagen des Häkelns, von den verschiedenen Nadeln und Garnen über die Luftmaschenkette bis hin zu den am häufigsten verwendeten Maschenarten. Dieses Kapitel ist perfekt für Einsteiger, eignet sich aber auch als Auffrischung für geübte Häkelfans. Am Ende des Kapitels finden Sie schnelle erste Projekte, mit denen Sie das Gelernte sofort in die Tat umsetzen können. Los geht's!

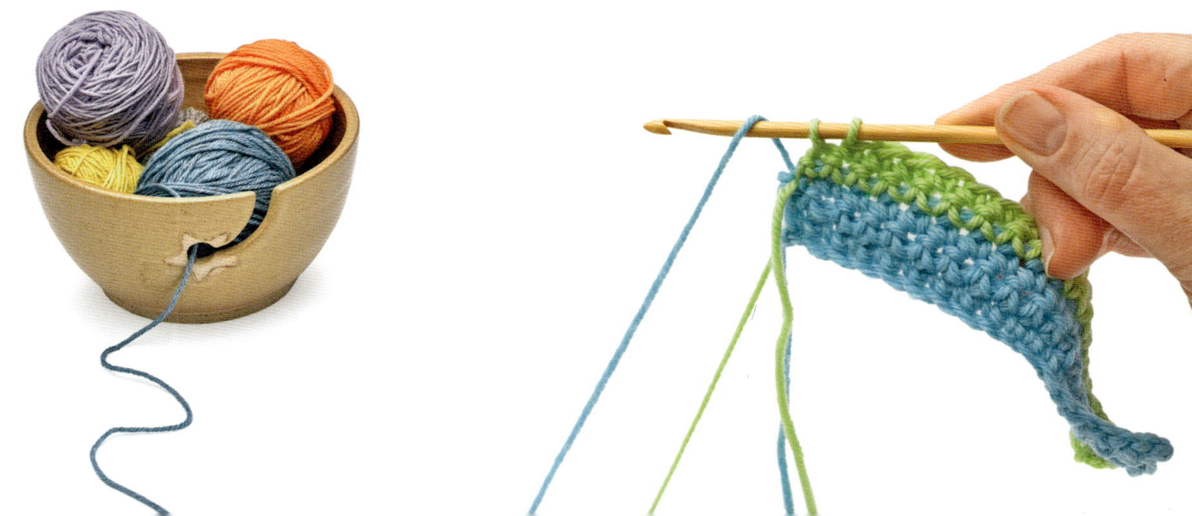

Garne

Garne sind Fäden aus versponnenen Fasern, mit denen gehäkelt wird. Dabei kann es sich um synthetische Fasern wie Acryl, Naturfasern wie Wolle oder eine Mischung aus verschiedenen Fasern handeln. Die Vielzahl an verschiedenen Garnen kann zunächst überfordernd wirken, aber die Wahl des richtigen Garns für ein Projekt ist eine Fähigkeit, die man mit der Zeit erlernt. Das ideale Garn für Anfänger ist ein glattes (nicht strukturiertes) Garn in einer Farbe.

GARNARTEN

Garne werden entweder als fertig gewickelte Knäuel oder als Stränge zum Selbstaufwickeln angeboten. Sie können aus einer Faserart – Natur- oder synthetischen Fasern – oder einer Mischung aus verschiedenen Fasern hergestellt werden. Hier finden Sie eine Übersicht über die gängigsten Garnarten, die Sie sicher auch in Ihrem örtlichen Garngeschäft finden.

WOLLGARNE

Wollgarne werden aus Schafwollfasern, leichten, elastischen Naturfasern, gesponnen. Superwash-Wollgarne sind mit synthetischen Mikrofasern beschichtet und somit für die Maschinenwäsche geeignet. Bei allen gezeigten Schritt-für-Schritt-Anleitungen und den schnellen ersten Projekten in diesem Buch wurde 100-prozentiges Superwash-DK-Wollgarn verwendet, das gut zu verarbeiten und damit ideal für Anfänger ist.

Wollgarne

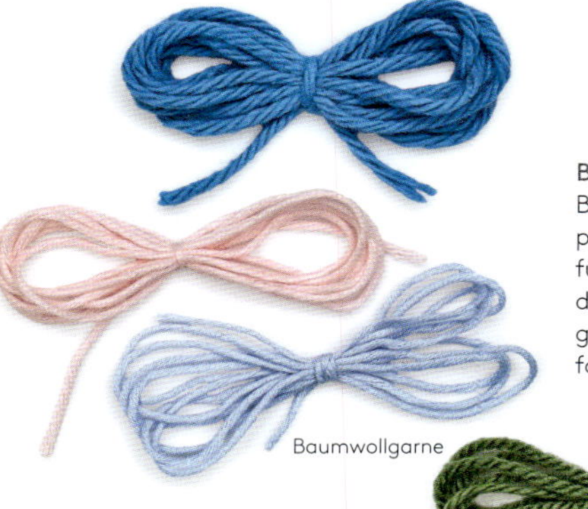

Baumwollgarne

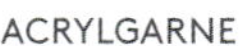

BAUMWOLLGARNE

Baumwollgarne bestehen aus pflanzlichen Naturfasern. Sie sorgen für ein klares Maschenbild und sind daher ebenfalls gut für Anfänger geeignet. Baumwolle ist strapazierfähig und angenehm zu tragen.

ACRYLGARNE

Acrylgarne, manchmal auch Mikrofasergarne genannt, bestehen aus Kunstfasern. Sie sind preiswert und in einer großen Auswahl erhältlich. Acrylfasern werden oft mit Wolle oder Baumwolle gemischt, diese Garne sind eine gute, preiswerte Wahl für Anfänger und größere Projekte.

Acrylgarne

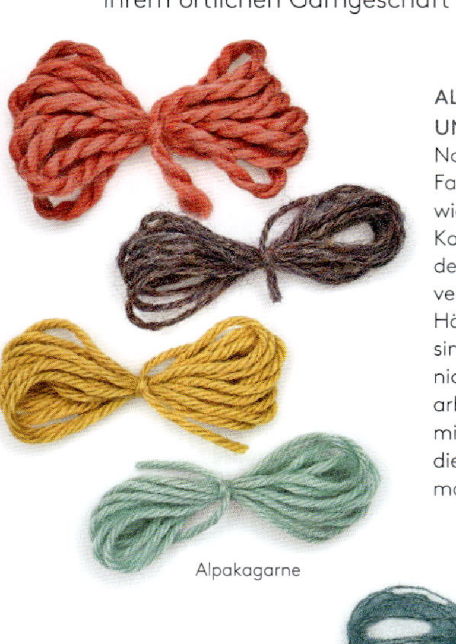

Alpakagarne

ALPAKA-, MOHAIR- UND ANGORAGARNE

Naturgarne, die aus den Fasern des Fells von Tieren wie Alpakas, Ziegen oder Kaninchen gesponnen werden, werden immer häufiger verwendet und sind bei Häkelfans sehr beliebt. Sie sind meist eher flauschig und nicht ganz so einfach zu verarbeiten, daher sollte man mit dem Experimentieren mit diesen Garnen warten, bis man etwas Erfahrung hat.

Mohairgarne

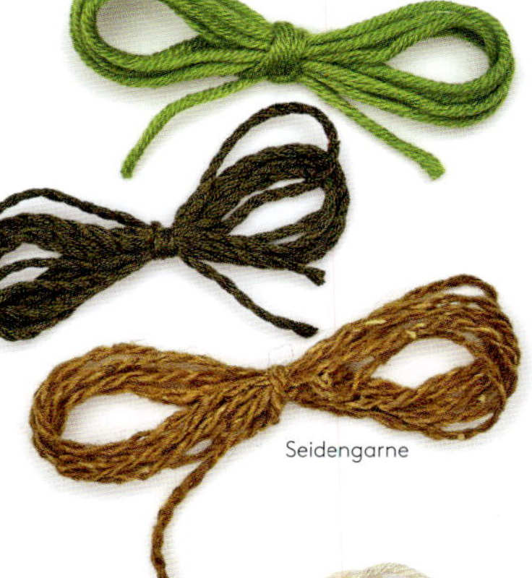

Seidengarne

SEIDEN-, BAMBUS- UND LEINENGARNE

Naturfasern wie Seide, Bambus und Leinen werden häufig mit anderen Fasern, wie etwa Wolle, gemischt, um ihre Elastizität zu verbessern und sie für das Häkeln besser geeignet zu machen.

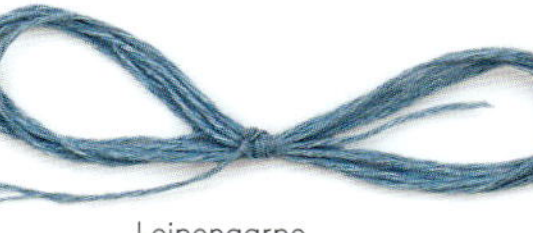

Leinengarne

UNKONVENTIONELLE MATERIALIEN

Im Grunde kann man mit jedem Material häkeln, das man gerade zur Hand hat. Aus feinem Draht lässt sich etwa wunderschöner Häkelschmuck herstellen, und dünne (Baumwoll-)Häkelgarne sind beliebt für detailreiche Spitzenmuster. In den letzten Jahren hat das Interesse an Upcycling und Recycling immer mehr zugenommen, und einige Häkelfans experimentieren mit in lange Streifen geschnittenen Plastiktüten, die als „Plarn" bekannt sind; diese ergibt ein besonders strapazierfähiges, stabiles Gewebe. Zögern Sie nicht, mit verschiedenen Materialien zu experimentieren, denn so entstehen oft sehr ansprechende Ergebnisse.

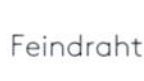
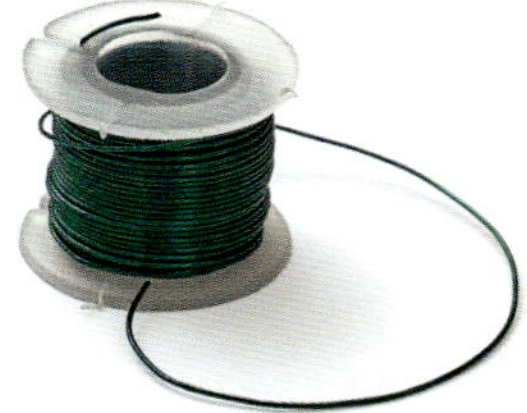

Feindraht

GARNSTÄRKEN

Garn wird grundsätzlich nach der Dicke der Fäden, der sogenannten Garnstärke, kategorisiert (bei manchen Anleitungen wird zusätzlich das Gewicht des Garnknäuels in Gramm angegeben). Die Garnstärken reichen von sehr feinem Spitzengarn bis hin zu Jumbo-Garn, das ein sehr dickes Maschenbild ergibt. In der untenstehenden Tabelle finden Sie die gebräuchlichsten Garnstärken, die Bezeichnungen, unter denen die Garne üblicherweise bekannt sind, sowie die entsprechende Maschenprobe und die empfohlenen Häkelnadelstärken.

Garnstärke (Symbol)	Bezeichnung	Maschenprobe (10 x 10 cm)	Empfohlene Häkelnadelstärke
0 LACE	Spitzengarn, Doppelzwirngarn, Strumpfgarn	32–42 fM	Stahlhäkelnadel 1,4–1,6 mm; normale Häkelnadel 2,25 mm
1 SUPER FINE	Socken- und Babywolle, Strumpfgarn	21–32 fM	2,25–3,5 mm
2 FINE	vierfädige Garne, Sport- und Babywolle	16–20 fM	3,5–4,5 mm
3 LIGHT	DK, Light Worsted	12–17 fM	4,5–5,5 mm
4 MEDIUM	Aran, Worsted, Afghan	11–14 fM	5,5–6,5 mm
5 BULKY	Chunky, Craft, Rug	8–11 fM	6,5–9 mm
6 SUPER BULKY	Super Chunky, Roving	7–9 fM	9–15 mm
7 JUMBO	Jumbo, Roving	6 fM und weniger	15 mm und größer

ERSTE HILFE

ICH WAR NOCH NIE IN EINEM GARNGESCHÄFT, UND DIE AUSWAHL IST ÜBERWÄLTIGEND. WIE GEHE ICH AM BESTEN VOR, WORAUF MUSS ICH ACHTEN?

- **Machen Sie sich eine Liste:** Überlegen Sie sich genau, was Sie brauchen, bevor Sie einkaufen gehen. Wenn Sie ein bestimmtes Projekt aus diesem Buch nachhäkeln möchten, dann nehmen Sie das Buch mit oder schreiben Sie sich eine Materialliste.
- **Stellen Sie Fragen:** Die Angestellten in Garngeschäften stricken oder häkeln meist selbst und helfen Ihnen sicher gern. Es ist ihnen ein Anliegen, ihre Kundschaft zufrieden zu machen – und das funktioniert durch praktische Tipps und Tricks, Freundlichkeit und Unterstützung bei der Auswahl von Garnen, die zum Budget der Kunden passen. Wenn Sie nicht genau das finden, wonach Sie suchen, dann gehen Sie in ein anderes Geschäft oder suchen Sie im Internet nach dem Produkt oder einem Geschäft, in dem es das gibt, was Sie brauchen. Bei der großen Konkurrenz setzen viele Geschäfte auch online auf persönlichen Kundenservice: Halten Sie Ausschau nach Blogeinträgen oder Social-Media-Auftritten, um sich einen Eindruck davon zu verschaffen, wie die jeweiligen Unternehmen mit ihren Kunden umgehen.
- **Fangen Sie klein an:** Kaufen Sie, um teure Fehlkäufe zu vermeiden, am besten zunächst immer nur ein Knäuel eines Garns – selbst wenn Sie für ein Projekt eigentlich mehr brauchen. Häkeln Sie ein Probestück und kaufen Sie erst dann mehr – oder wählen Sie ein anderes Garn. Mit der Zeit findet man seine Lieblingsmarken und -garne, von denen man dann auch getrost gleich mehr kaufen kann.

GARNBANDEROLE

Die meisten Garne werden mit einem bedruckten Etikett, der sogenannten Banderole, geliefert, die Informationen über den Fasergehalt und die Garnstärke sowie Hinweise zur Pflege enthält. Auf den meisten Banderolen finden sich folgende Informationen.

1 Name des Garns
2 Genaue Materialangabe – welche Fasern kamen bei der Herstellung des Garns zum Einsatz?
3 Gewicht – in Gramm.
4 Lauflänge – in Metern.
5 Empfohlene Nadelstärke – bezieht sich meist auf Stricknadeln.
6 Maschenprobe – die Anzahl der Maschen und Reihen, die ein mit diesem Garn gestricktes Quadrat mit 10 cm Seitenlänge ergibt. Meist bezieht sich die Maschenprobe auf Strickmaschen, aber die Informationen können trotzdem hilfreich sein, wenn man etwa ein anderes Garn als in der Anleitung angegeben verwenden möchte – so erhält man einen ersten Anhaltspunkt und kann ein alternatives Garn wählen.
7 Hinweise zur Pflege – wenn Sie ein Häkelstück verschenken, sollten Sie auch den Empfänger auf Besonderheiten bei der Pflege hinweisen.
8 Farbbezeichnung und -nummer sowie Nummer der Farbpartie – die Farbnummer entspricht der auf der Farbkarte des Garnherstellers angegebenen Farbnummer und ist teilweise auch in Anleitungen angegeben. Zudem erhalten die Farbpartien, also das jeweilige Farbbad, in dem die Knäuel ihre Farbe erhalten, eigene Nummern. Da die Farbtöne von Partie zu Partie leicht variieren können, sollten Sie immer Garn derselben Farbpartie kaufen, wenn Sie für ein Projekt mehrere Knäuel benötigen.

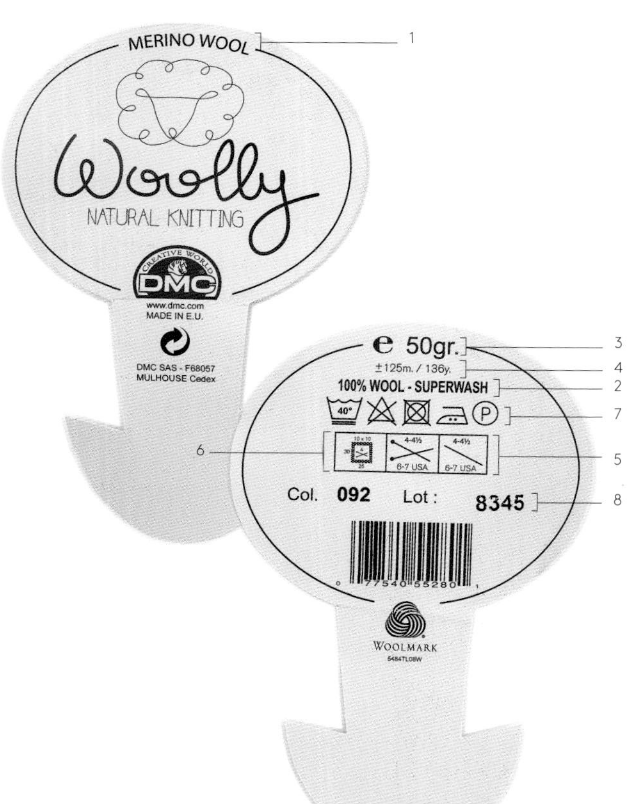

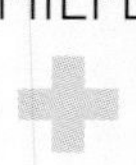

ERSTE HILFE

WAS SOLL ICH TUN, WENN ICH DAS IN DER ANLEITUNG EMPFOHLENE GARN NICHT BEKOMME?

Beim Kauf von Garn für ein bestimmtes Projekt ist es nicht immer möglich, genau das in der Anleitung angegebene Garn zu finden, etwa weil es nicht mehr hergestellt wird – und manchmal möchte man einfach ein anderes Garn verwenden. In solchen Fällen sollte man sich an den Angaben auf der Banderole orientieren. Wählen Sie ein Garn mit einem ähnlichen Fasergehalt und einer ähnlichen Garnstärke. Achten Sie außerdem auf die empfohlene Nadelstärke und eine ähnliche Anzahl an Reihen und Maschen bei der Maschenprobe (Quadrat mit 10 cm Seitenlänge). Auch wenn niemand garantieren kann, dass das Ergebnis genau dem der Anleitung entspricht, sind diese Anhaltspunkte hilfreich. Wenn Sie sich für ein Garn aus Ihrem Vorrat entscheiden (Sie werden mit zunehmender Begeisterung für das Häkeln ganz sicher auch einen großen Garnvorrat ansammeln!), kann es sein, dass die Banderole nicht mehr vorhanden ist. In diesem Fall sollte man ein Probestück häkeln, um mithilfe der Maschenprobe abzuschätzen, ob das Garn geeignet ist (siehe Seite 30).

VERZIERUNGEN

Wenn Sie erst einmal regelmäßig Kunde in Garn- und Handarbeitsgeschäften sind, werden Sie sicher bald anfangen, kleine Verzierungen zu sammeln, um Ihre Häkelprojekte zu verschönern. Knöpfe, Perlen und Bordüren können auch schlichten Projekten eine interessante Optik und eine persönliche Note verleihen – von lustigen Knöpfen für Babykleidung über hübsche Bordüren an Heimtextilien bis hin zu Perlen an einem einfachen Häkelschal. Mit der Zeit sammelt sich allerlei an, am besten investiert man gleich zu Beginn in ein paar Dosen oder andere Behältnisse, damit man nicht den Überblick verliert.

Nadeln und Zubehör

Es gibt eine große Auswahl an verschiedensten Häkelnadeln und Zubehör, sodass es gar nicht so einfach ist, das Produkt zu wählen, das zu einem passt. Zum Einstieg braucht man aber im Grunde nur eine Häkelnadel mittlerer Stärke und nützliches, preiswertes Zubehör wie Stecknadeln und eine scharfe Schere. Im Laufe der Zeit können Sie dann nach Bedarf weitere Nadeln und Hilfsmittel anschaffen.

HÄKELNADELN

Jede Häkelnadel ist mit einer Größenangabe versehen, der sogenannten Nadelstärke, die sich auf den Durchmesser des Schaftes bezieht, der wiederum die Größe der Maschen bestimmt. Das Garn, das Sie verwenden, und das Projekt, das Sie häkeln möchten, bestimmen die Stärke der Häkelnadel. Die meisten Häkelnadeln sind aus Holz, Kunststoff oder Aluminium gefertigt, und einige haben eine flache Daumenauflage oder einen Komfortgriff. Derartige Häkelnadeln werden immer beliebter und sind in vielen Garn- und Handarbeitsgeschäften erhältlich.

ERGONOMISCHE HÄKELNADEL
Das Design trägt dazu bei, die Belastung des Handgelenks zu verringern.

ERSTE HILFE

WOHER WEISS ICH, WELCHE NADEL DIE RICHTIGE FÜR MICH IST?

Häkelnadeln gibt es aus unterschiedlichsten Materialien und in verschiedenen Ausführungen, und welche man wählt, ist im Grunde eine Frage des persönlichen Geschmacks. Manche empfinden Häkelnadeln aus Holz oder Bambus als angenehmer, solche aus Stahl oder Aluminium können sich kalt oder hart anfühlen. Sie können auch eine ergonomische Häkelnadel oder eine mit Komfortgriff wählen, die das Handgelenk entlasten. Probieren Sie so viele Nadeln wie möglich aus, bevor Sie eine kaufen, und lassen Sie sich in einem Garngeschäft beraten. Dort gibt es oft auch Muster, die man ausprobieren kann, bevor man etwas kauft.

DOPPELSEITIGE HÄKELNADEL
Doppelseitige Häkelnadeln vereinen zwei Stärken in einer Nadel.

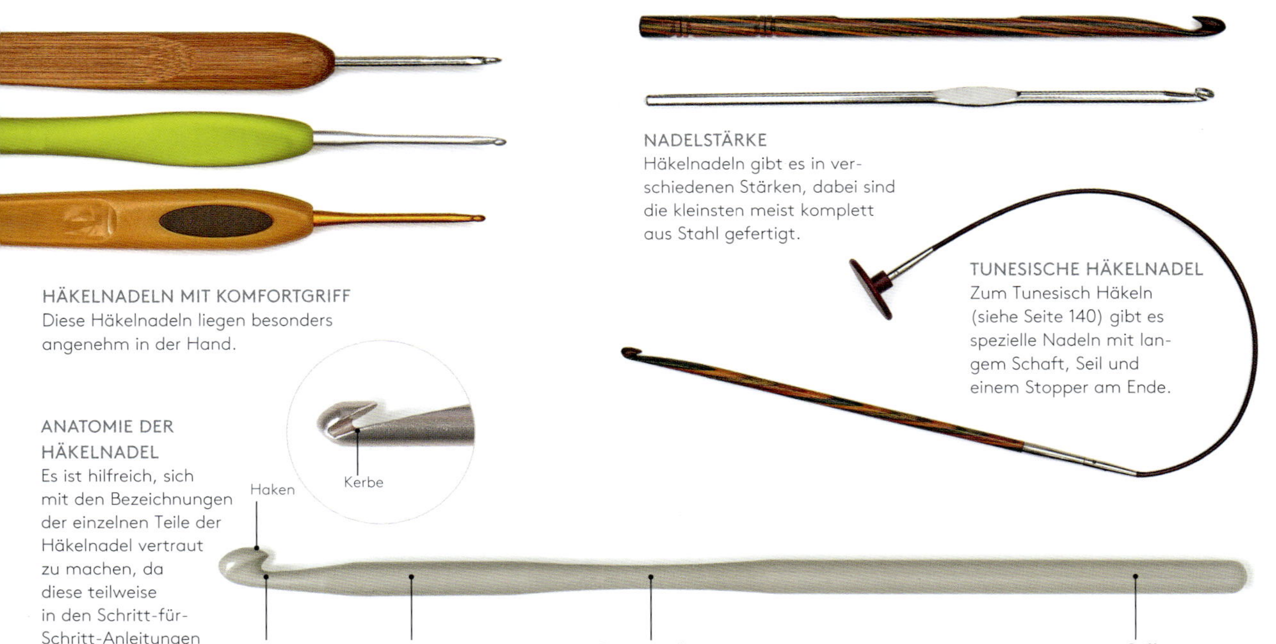

NADELSTÄRKE
Häkelnadeln gibt es in verschiedenen Stärken, dabei sind die kleinsten meist komplett aus Stahl gefertigt.

TUNESISCHE HÄKELNADEL
Zum Tunesisch Häkeln (siehe Seite 140) gibt es spezielle Nadeln mit langem Schaft, Seil und einem Stopper am Ende.

HÄKELNADELN MIT KOMFORTGRIFF
Diese Häkelnadeln liegen besonders angenehm in der Hand.

ANATOMIE DER HÄKELNADEL
Es ist hilfreich, sich mit den Bezeichnungen der einzelnen Teile der Häkelnadel vertraut zu machen, da diese teilweise in den Schritt-für-Schritt-Anleitungen vorkommen.

ZUBEHÖR

Neben Häkelnadeln und Garnen gibt es einige Utensilien, die Ihnen das Leben erleichtern können – und mit mehr Erfahrung werden sie sicher immer wichtiger. Einiges davon haben Sie vielleicht schon zu Hause, alles andere ist in gut sortierten Handarbeitsgeschäften erhältlich.

SCHERE

Eine kleine, scharfe Schere ist für das Abschneiden von Garn und Fadenenden unerlässlich.

MASSBAND ODER LINEAL

Ein Maßband oder ein Lineal dient dazu, Häkelstücke abzumessen. Am besten eignet sich ein Lineal aus Metall, ein einziehbares Maßband oder ein Rollmaßband.

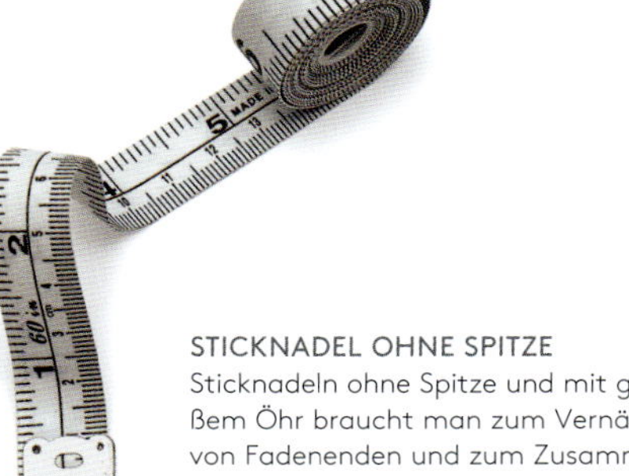

STICKNADEL OHNE SPITZE

Sticknadeln ohne Spitze und mit großem Öhr braucht man zum Vernähen von Fadenenden und zum Zusammennähen von Häkelstücken. Sie sind in verschiedenen Größen erhältlich.

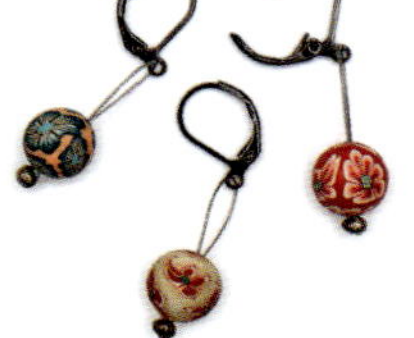

MASCHENMARKIERER

Halten Sie Ausschau nach Ringen mit einer kleinen Öffnung oder Produkten mit einem Schnappverschluss, die speziell für das Häkeln entwickelt wurden. Sie können leicht in die Maschen gefädelt und wieder gelöst werden, um bestimmte Maschen oder den Beginn einer Runde zu markieren. Alternativ eignet sich auch eine Sicherheitsnadel – da die Spitze die Arbeit aber beschädigen kann, sollte man dabei sehr vorsichtig vorgehen.

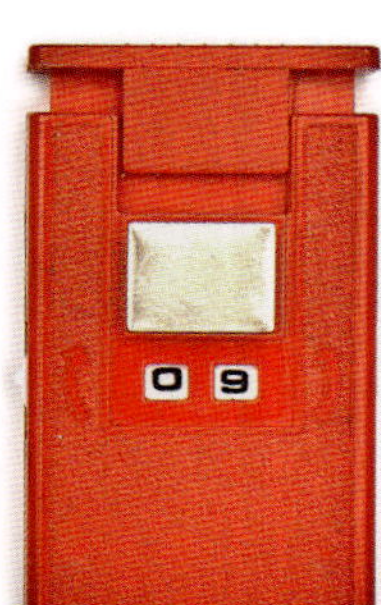

REIHENZÄHLER

Ein Reihenzähler hilft beim Zählen von Reihen oder Musterwiederholungen und ist in den meisten Handarbeits- und Garngeschäften erhältlich.

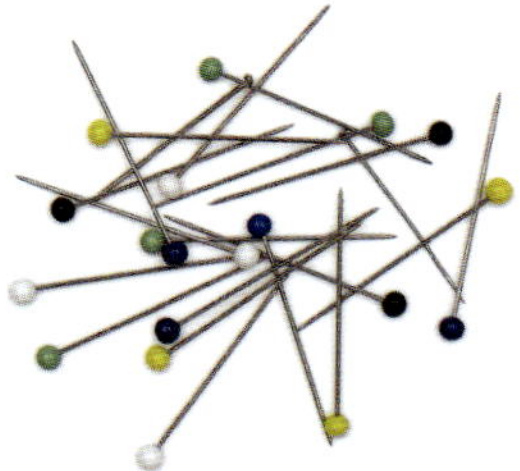

STECKNADELN

Ein kleiner Vorrat an Stecknadeln ist nützlich, um Häkelstücke zu spannen (bei der Fertigstellung von Projekten, damit die Maschen flach liegen) und zusammenzunähen. Kaufen Sie am besten rostfreie Stecknadeln.

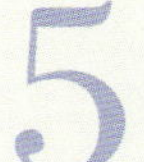

5 DINGE, DIE SIE BRAUCHEN, UM LOSZULEGEN

Es kann verlockend sein, sofort jede Menge verschiedene Hilfsmittel und Zubehör für Ihr neues Hobby zu kaufen. Um sicherzustellen, dass Sie Ihr Geld sinnvoll ausgeben, finden Sie hier eine Liste von Dingen, die Sie wirklich brauchen.

1. Häkelnadel – für alle schnellen ersten Projekte in diesem Buch eignet sich eine 4-mm-Häkelnadel.
2. Schere – eine beliebige scharfe Schere genügt für den Anfang.
3. Maßband
4. Sticknadel ohne Spitze
5. Eine kleine Tasche – ein kleines Federmäppchen eignet sich etwa hervorragend, um alle wichtigen Utensilien zu verstauen. In Handarbeitsgeschäften gibt es zudem eine große Auswahl an Basteltaschen und Arbeitsboxen, falls sich doch mehr ansammelt!

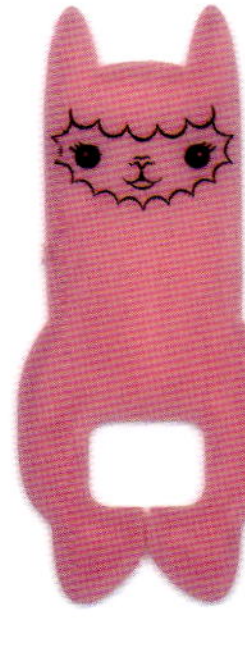

GARNWICKLER

Garnwickler verwendet man, um kleinere Mengen Garn aufzuwickeln, etwa wenn man Intarsienmuster in mehreren Farben fertigt (siehe Seite 107). Das Aufwickeln des Garns auf kleine Spulen sorgt dafür, dass sich die Fäden während des Häkelns nicht verheddern.

STIFT UND BLOCK

Viele Häkelfans sind sich einig, dass Stift und Block unerlässlich sind. So können Sie notieren, wo Sie sich bei einem Projekt befinden oder welche Projekte aus Büchern oder Zeitschriften Ihnen gefallen.

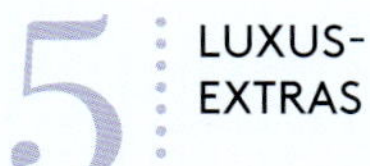

LUXUS-EXTRAS

Beim Besuch im örtlichen Handarbeitsgeschäft werden Sie zahlreiche Utensilien erspähen, die man nicht unbedingt braucht, die aber nützliche Ergänzungen darstellen können. Kaufen Sie sie nur, wenn Sie sie wirklich brauchen.

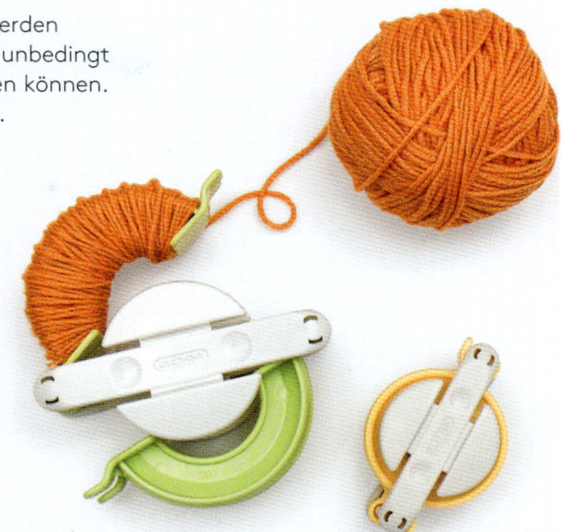

1 **Knäuelwickler und Haspel:** Knäuelwickler und Haspel gehören eindeutig in die Kategorie Luxus. Sie werden verwendet, um Garnstränge zu Knäueln zu wickeln – das kann einem das Leben erleichtern, aber viele Garngeschäfte übernehmen das auch gern für ihre Kunden.

2 **Pompon-Ringe:** Pompons lassen sich auch problemlos mithilfe von Pappkreisen herstellen, aber mit diesen kleinen Plastikwerkzeugen geht es ein bisschen schneller und einfacher. Kaufen Sie ein paar in verschiedenen Größen.

3 **Garnschale:** Eine Garnschale ist genau das, wonach es sich anhört: eine große Schale, meist aus Keramik oder Holz, zum Aufbewahren von Garnen. Die Schalen haben meist einen Haken oder ein Loch an der Seite, durch das das Garn beim Häkeln geführt werden kann, damit es nicht auf dem Boden herumrollt. Garnschalen gibt es in verschiedenen Ausführungen, ein kleiner Plastikbehälter erfüllt diese Aufgabe allerdings genauso gut.

4 **Tageslichtlampe:** Wenn man oft abends häkelt oder Garne in dunkleren Farben verwendet, kann eine Tageslichtlampe die Arbeit erheblich vereinfachen. Es gibt eine Vielzahl von Lampen und Glühbirnen für jedes Budget. Am besten probieren Sie erst einmal verschiedene Modelle aus, lassen sich in Ihrem örtlichen Handarbeitsgeschäft beraten und bitten Ihre Freunde um Empfehlungen, bevor Sie eine kaufen.

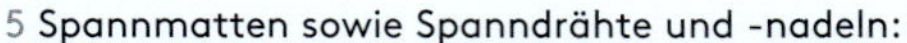

5 **Spannmatten sowie Spanndrähte und -nadeln:** Zum Spannen von Häkelstücken gibt es spezielle Spannnadeln, bei größeren Häkelstücken wie Schals oder Kleidung sind zudem Spanndrähte hilfreich, um ein professionelles Ergebnis zu erzielen. Dabei handelt es sich um spezielle Drähte aus rostfreiem Stahl, die durch die Kanten des Häkelstücks gefädelt werden, um sie während des Spannens gerade zu halten. Vielleicht gibt es in Ihrem örtlichen Garngeschäft ein Set, das Sie ausprobieren können, bevor Sie es kaufen. Spannmatten bestehen normalerweise aus Schaumstoff und sind ideal zum Spannen von Häkelstücken. Einige sind mit einem quadratischen Raster versehen, das beim Aufspannen von Formen und Motiven hilfreich ist. Weitere Informationen zum Spannen finden Sie auf Seite 42.

Los geht's

Zunächst ist es wichtig zu wissen, wie man Nadel und Garn richtig hält. Hier werden jeweils die zwei gängigsten Methoden gezeigt, es gibt dabei aber kein Richtig oder Falsch, sondern es kommt ganz darauf an, was für Sie angenehm und gut umsetzbar ist. Der erste Schritt beim Häkeln ist eine einfache Schlaufe, mit deren Hilfe man eine Anfangsschlinge auf die Nadel holt. Darauf folgt eine Reihe Luftmaschen, die sogenannte Luftmaschenkette – das ist das Äquivalent zum Maschenanschlag beim Stricken.

FADEN HALTEN UND SPANNEN

Beim Halten des Garns ist es wichtig, dass der Arbeitsfaden, also jener Faden, der vom Knäuel kommt, zu einem gewissen Grad gespannt ist, dabei sollte man die linke Hand bei jeder Masche noch gut bewegen können, aber zugleich genug Kontrolle beim Zusammenspiel von Häkelnadel und Garn haben. Es ist im Grunde egal, welche Handhaltung man wählt, aber es lohnt sich, beide hier gezeigten Methoden auszuprobieren, um herauszufinden, welche für einen selbst am angenehmsten ist. Versuchen Sie, sich zu entspannen, bequem zu sitzen und die Häkelnadel nicht zu fest zu greifen.

ZEIGEFINGERMETHODE

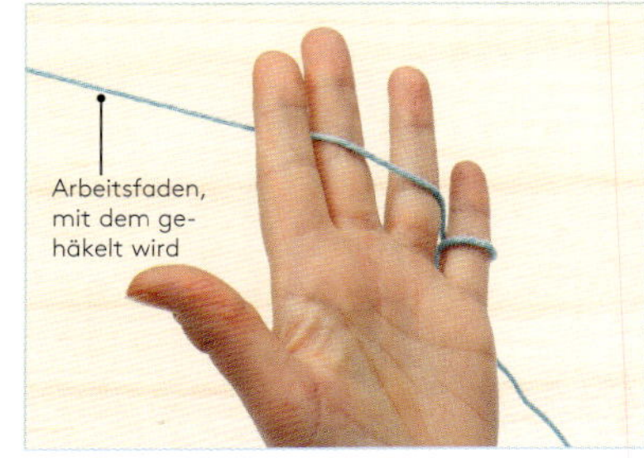

SCHRITT 1
Den Arbeitsfaden einmal locker um den kleinen Finger der linken Hand wickeln, dann über Ring- und Mittelfinger legen und zwischen Mittel- und Zeigefinger nach hinten führen.

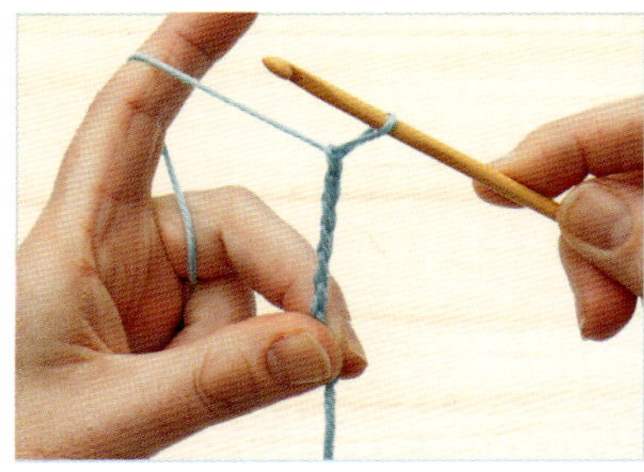

SCHRITT 2
Die Luftmaschenkette oder das Häkelstück mit Daumen und Mittelfinger der linken Hand halten und mit dem Zeigefinger den Arbeitsfaden über die in der rechten Hand gehaltene Häkelnadel führen sowie die Fadenspannung kontrollieren.

MITTELFINGERMETHODE

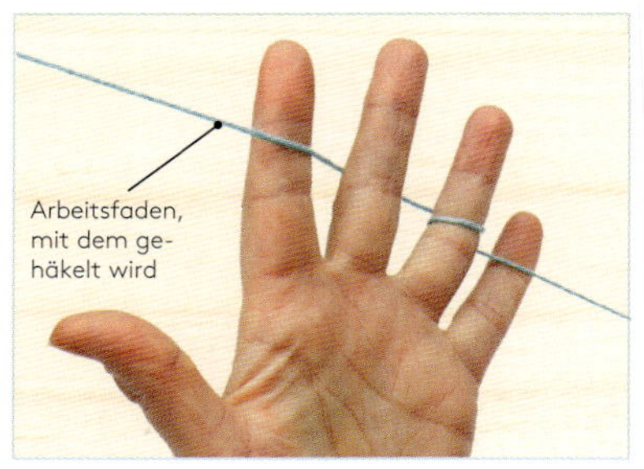

SCHRITT 1
Manche ziehen es vor, den Arbeitsfaden mit dem Mittelfinger zu kontrollieren und das Häkelstück mit Daumen und Zeigefinger zu halten. Das Garn dazu locker um den linken Ringfinger oder den kleinen Finger legen und dann über den Mittelfinger führen. Das ist die Methode, die Sie auf vielen Fotos in diesem Buch sehen.

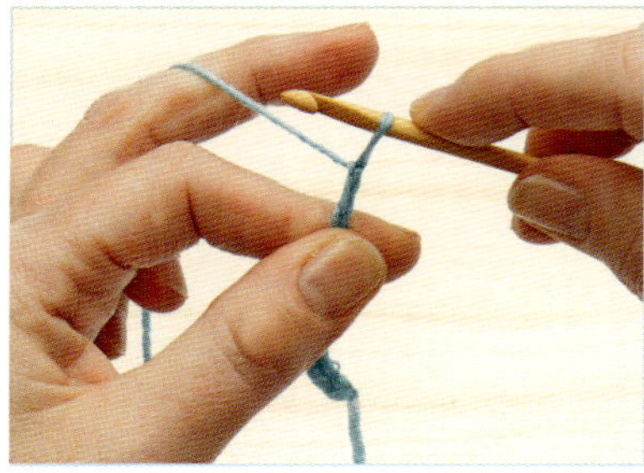

SCHRITT 2
Die Luftmaschenkette oder das Häkelstück mit Daumen und Zeigefinger der linken Hand halten und mit dem Mittelfinger den Arbeitsfaden über die in der rechten Hand gehaltene Häkelnadel führen sowie die Fadenspannung kontrollieren.

HÄKELNADEL HALTEN

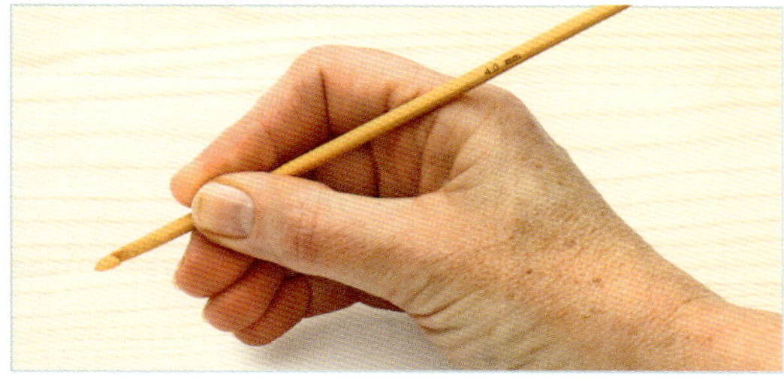

STIFTHALTUNG

Bei der Stifthaltung wird die Häkelnadel wie ein Stift zwischen Daumen und Zeigefinger der rechten Hand gehalten. Die Finger sollten dabei etwa 2,5 cm hinter der Kehle platziert werden. Bei einer Häkelnadel mit Komfortgriff sollte der Daumen auf diesem ruhen.

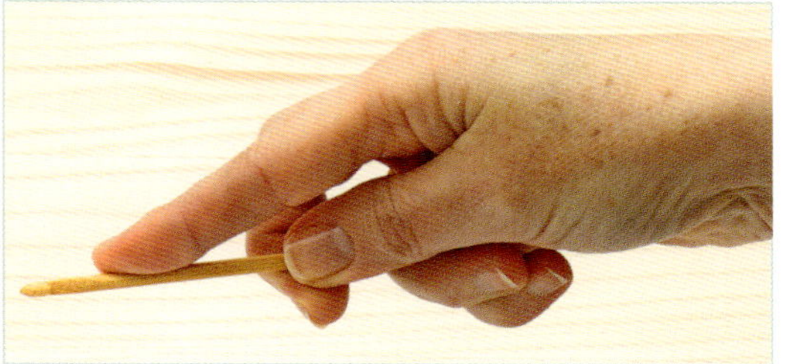

MESSERHALTUNG

Bei der Messerhaltung wird die Häkelnadel wie ein Messer zwischen Handfläche und Daumen der rechten Hand gehalten, dabei ist der Zeigefinger etwa 2,5 cm hinter der Kehle platziert.

ANFANGSSCHLINGE

Jede Häkelarbeit beginnt mit einer ersten Schlinge auf der Häkelnadel. Dabei handelt es sich aber nicht einfach um irgendeine simple Schlinge, sondern um eine Anfangsschlinge, die das Garn fest auf der Häkelnadel verankert. Wenn Sie stricken, kennen Sie die Anfangsschlinge bereits vom Maschenanschlag. Die gleiche Methode können Sie auch beim Häkeln anwenden.

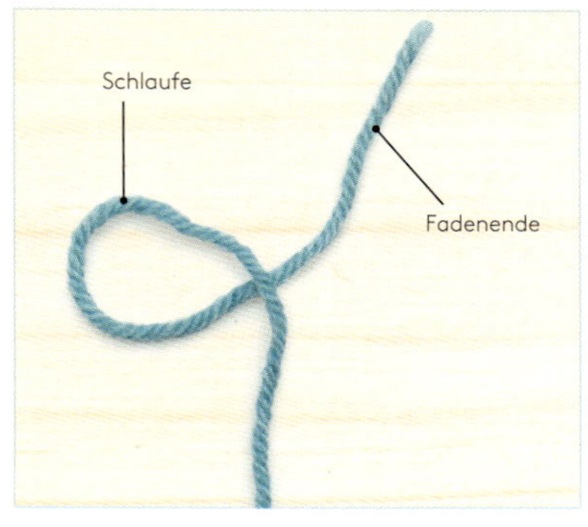

SCHRITT 1
Das Garn wie abgebildet zu einer Schlaufe legen, das Fadenende sollte dabei etwa 10–15 cm lang sein. Die Häkelnadel von vorn nach hinten durch die Schlaufe stecken.

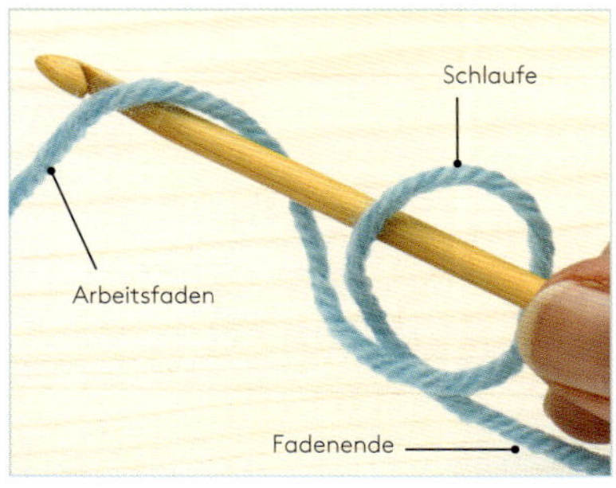

SCHRITT 2
Den Arbeitsfaden – das ist der Faden, der vom Knäuel kommt – von hinten nach vorn um die Häkelnadel legen und mit dem Haken durch die Schlaufe ziehen.

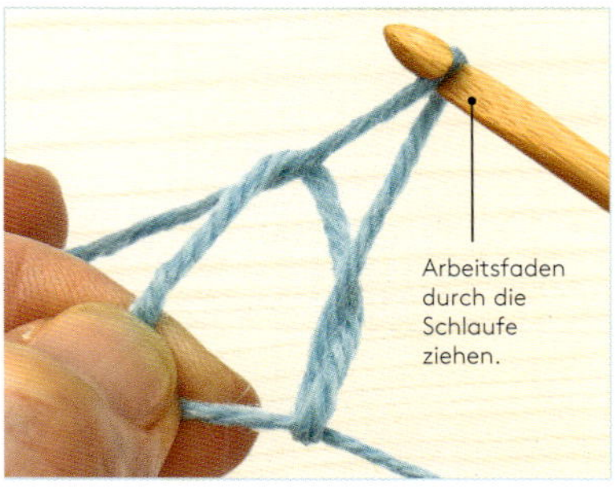

SCHRITT 3
So entsteht eine Anfangsschlinge auf der Häkelnadel.

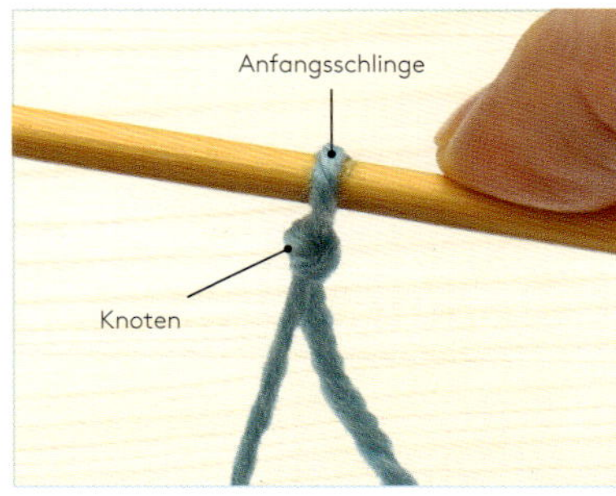

SCHRITT 4
Den Knoten und die Anfangsschlinge sanft festziehen – und schon sind Sie bereit zum Häkeln! Die Schlinge, die sich auf der Häkelnadel befindet, wird Arbeitsschlinge genannt. Sie sollte nicht zu sehr festgezogen werden, damit sie während des Häkelns problemlos auf dem Schaft hin- und hergleiten kann.

LUFTMASCHENKETTE

Eine Reihe von Luftmaschen bildet das Äquivalent zum Maschenanschlag beim Stricken, in diese sogenannte Luftmaschenkette wird dann die erste Reihe von Maschen gehäkelt. Luftmaschen können auch für dekorative Effekte innerhalb einer Häkelarbeit verwendet werden, beispielsweise für Lochmuster. Üben Sie das Häkeln von Luftmaschen, bis Ihnen die Bewegungsabfolge vertraut ist und die Luftmaschen schön gleichmäßig werden.

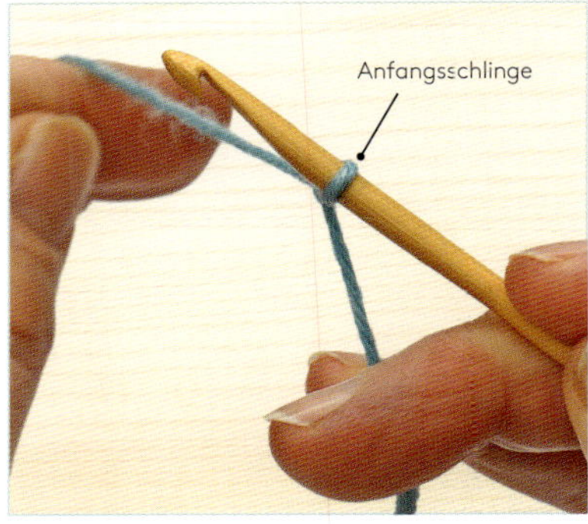

SCHRITT 1
Eine Anfangsschlinge häkeln und das Fadenende mit Mittel- und Ringfinger der rechten Hand festhalten.

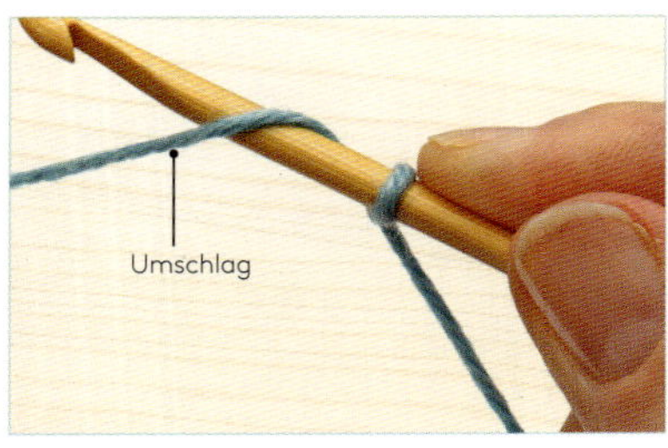

SCHRITT 2
Den Arbeitsfaden von hinten nach vorn um die Nadel legen. Dieser Schritt wird auch Umschlag (U) genannt.

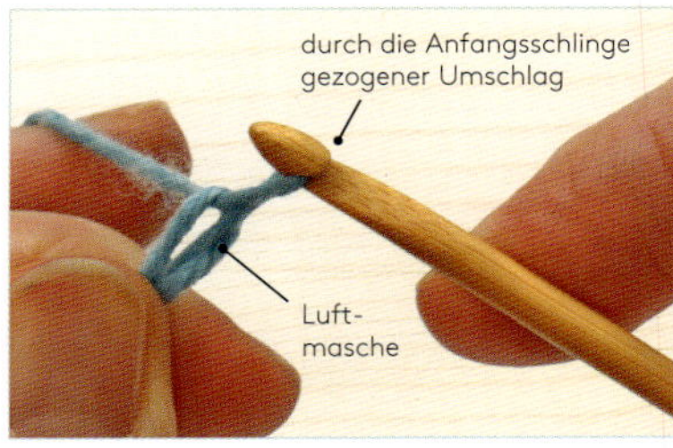

SCHRITT 3
Den Umschlag durch die auf der Nadel liegende Schlinge ziehen – und fertig ist die erste Luftmasche.

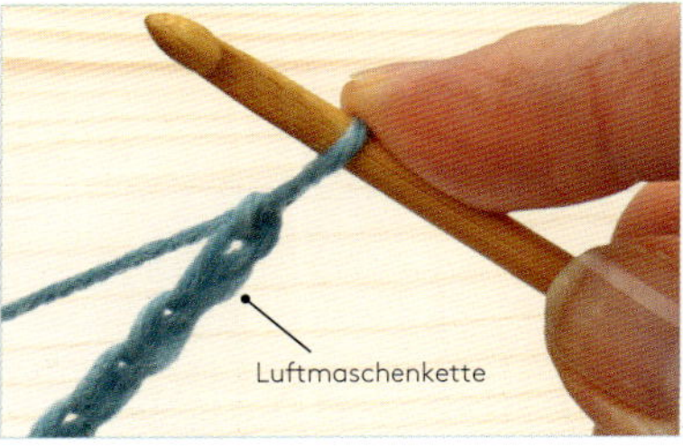

SCHRITT 4
Schritt 2 und 3 wiederholen, bis die in der Anleitung angegebene Anzahl an Luftmaschen erreicht ist. Die Abkürzung für Luftmasche lautet Lm, die Luftmaschenkette wird mit Lmk abgekürzt.

LUFTMASCHEN ZÄHLEN

Es ist wichtig, dass die Luftmaschenkette die in der Anleitung für das jeweilige Projekt angegebene Anzahl an Luftmaschen enthält. Wenn man sich die Luftmaschenkette genau ansieht, kann man erkennen, dass es zwei verschiedene Seiten gibt. Die Vorderseite sieht aus wie eine Reihe V-förmiger Schlingen, auf der Rückseite ist ein Garnknoten hinter jeder V-förmigen Schlinge zu erkennen.

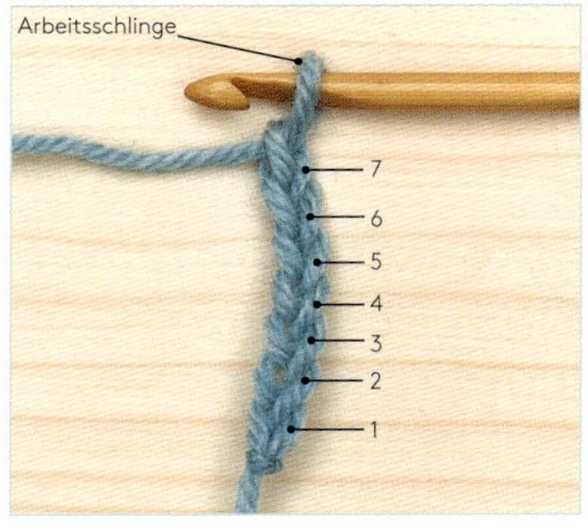

VORDERSEITE

Die Luftmaschenkette mit der Vorderseite nach oben auf eine ebene Fläche legen. Die auf der Nadel liegende Schlinge – die Arbeitsschlinge – zählt nicht als Luftmasche, jede V-förmige Schlinge wird hingegen als eine Luftmasche gezählt.
Es ist einfacher, von der Anfangsschlinge zur Nadel hin zu zählen, so muss man nicht wieder von vorn anfangen zu zählen, wenn man Luftmaschen hinzufügen oder wieder entfernen muss.

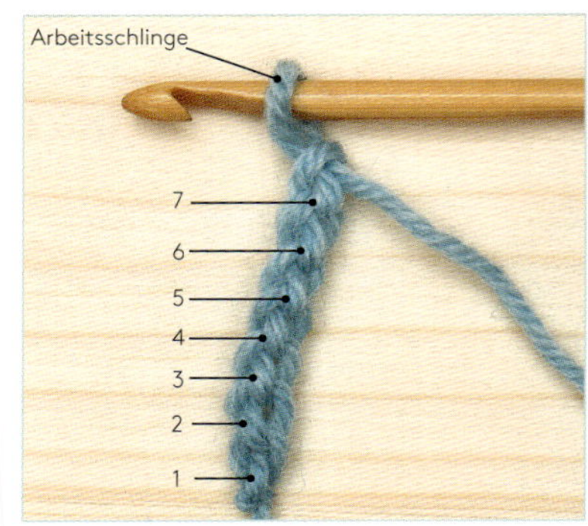

RÜCKSEITE

Manchen fällt es leichter, die Luftmaschenkette umzudrehen und die Knoten auf der Rückseite zu zählen. Probieren Sie am besten beide Methoden aus, um herauszufinden, was Ihnen leichter fällt.

DIE ERSTE REIHE MASCHEN IN DIE LUFTMASCHENKETTE HÄKELN

Anschließend wird die erste Reihe Maschen in die Luftmaschenkette gehäkelt. Man kann dabei auf verschiedene Arten mit der Nadel in die Luftmaschen einstechen. Die bekannteste und für Anfänger einfachste Methode ist es, auf der Vorderseite der Luftmaschenkette in die jeweils obere Schlinge der Luftmaschen einzustechen. Alternativ kann man auch in das rückwärtige Maschenglied auf der Rückseite einstechen, wodurch eine besonders stabile Kante entsteht.

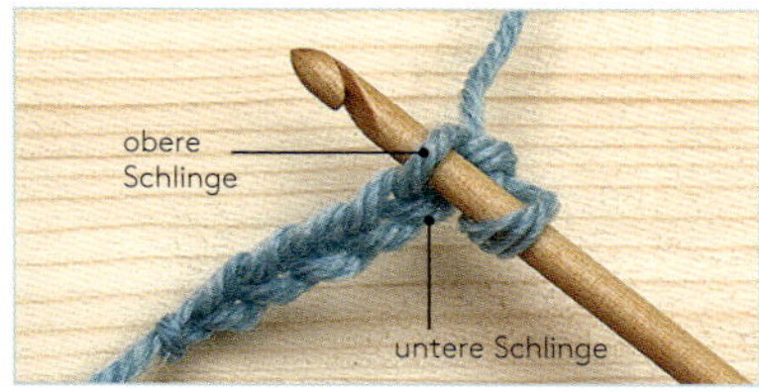

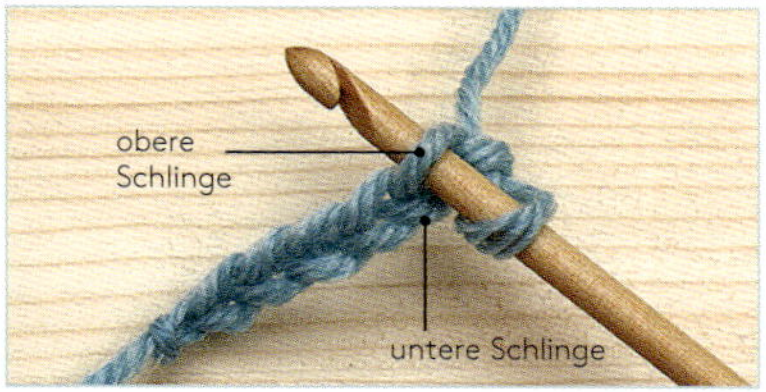

AUF DER VORDERSEITE

Das ist die übliche Methode und jene, die, sofern nicht anders angegeben, in diesem Buch verwendet wird. Die Luftmaschenkette mit der Vorderseite zum Körper halten, mit der Nadel in die obere Schlinge der ersten Luftmasche einstechen und dann die in der Anleitung angegebene Masche häkeln.

AUF DER RÜCKSEITE

Um in die rückwärtigen Maschenglieder, die Garnknoten auf der Rückseite der Luftmaschenkette, zu häkeln, die Luftmaschenkette umdrehen, sodass die Rückseite zum Körper zeigt. Mit der Nadel in den Knoten vor der ersten V-förmigen Schlinge der Luftmaschenkette – das rückwärtige Maschenglied – einstechen und die in der Anleitung angegebene Masche häkeln.

HÄKELARBEIT BEENDEN

Bevor es nun gleich richtig losgeht, ist es wichtig zu wissen, wie man eine Häkelarbeit beendet, sodass sich die Maschen nicht wieder auflösen.

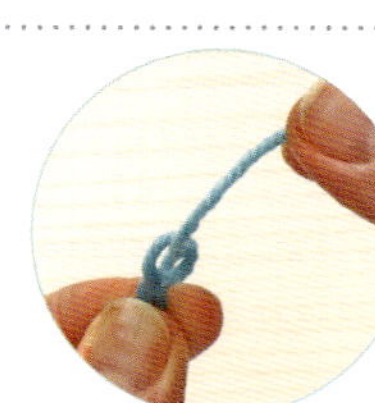

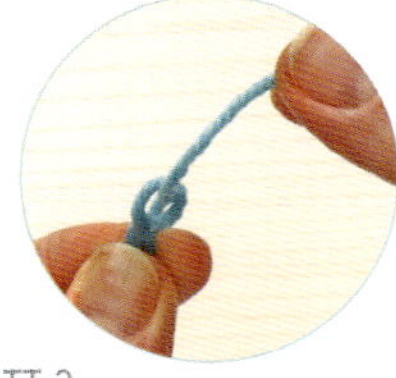

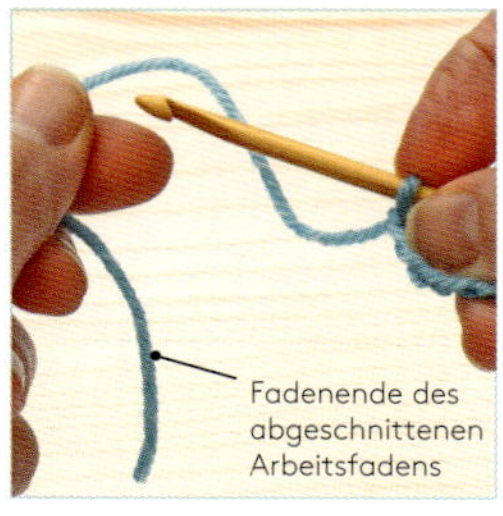

SCHRITT 1

Den Arbeitsfaden abschneiden und ein etwa 15 cm langes Fadenende lassen.

SCHRITT 2

Das Fadenende durch die auf der Nadel liegende Schlinge ziehen und sanft festziehen.

5 LUFTMASCHENKETTEN-TRICKS

1 Um den Überblick zu behalten, alle zehn Luftmaschen einen Maschenmarkierer befestigen. Das erleichtert das Zählen der Luftmaschen.

2 Um zu verhindern, dass sich die Luftmaschenkette verdreht, mit der Nadel immer in die obere Schlinge einstechen – so entsteht eine gleichmäßige Reihe aus Luftmaschen.

3 Wird die Luftmaschenkette zu fest, hilft es, mit einem größeren Umschlag zu arbeiten oder eine größere Nadel zu verwenden. Diese sollte man aber nur für die Luftmaschenkette verwenden – dann mit der in der Anleitung angegebenen Nadelstärke weiterhäkeln.

4 Für Anfänger kann es zunächst schwierig sein, die richtige Anzahl an Luftmaschen zu häkeln. Hat man zu viele Luftmaschen in der Luftmaschenkette, einfach einige Reihen häkeln und die überflüssigen Luftmaschen dann von der Anfangsschlinge her auftrennen.

5 Sind es zu wenige Luftmaschen, lassen sich mithilfe des Fadenendes Luftmaschen hinzufügen. Dafür mit der Nadel in die erste Luftmasche einstechen und mit dem Fadenende als Arbeitsfaden weitere Luftmaschen häkeln.

ERSTE HILFE

ICH BIN LINKSHÄNDER – KANN ICH TROTZDEM HÄKELN?

Natürlich können Sie das! Die meisten Anleitungen und Musterbeispiele sind zwar auf Rechtshänder ausgerichtet, aber das sollte Sie nicht aufhalten. Manchen Linkshändern, die bereits stricken können, gelingt es, den Anleitungen wie angegeben zu folgen und einfach mit der Nadel in der rechten Hand zu häkeln. Wenn das für Sie nicht funktioniert, halten Sie Häkelnadel und Garn wie in den Anleitungen beschrieben – aber eben spiegelverkehrt. Halten Sie dazu einen Spiegel vor die Schritt-für-Schritt-Fotos in diesem Buch, sodass Sie sie automatisch spiegelverkehrt sehen. Im Internet findet man zudem zahlreiche Anleitungen und Tutorials für Linkshänder.

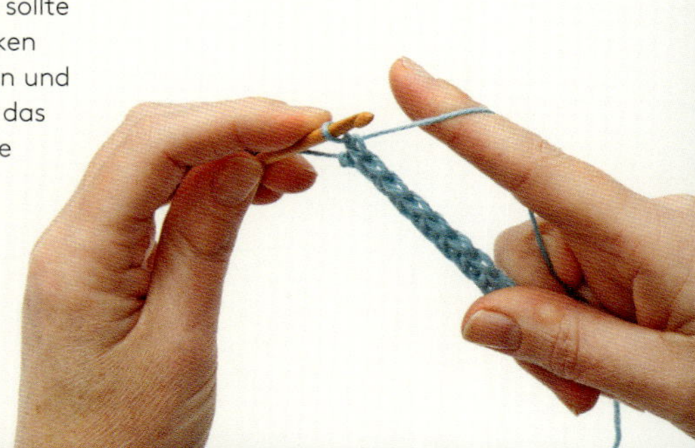

Grundmaschen

In diesem Abschnitt erfahren Sie alles über die wichtigsten Grundmaschen. Sie werden alle nach demselben Prinzip gearbeitet, wobei der Unterschied lediglich in ihrer Höhe liegt. Die wichtigsten Maschen, der Höhe nach geordnet, sind: die Kettmasche, die feste Masche, das halbe Stäbchen, das Stäbchen, das Doppel- und das Dreifachstäbchen.

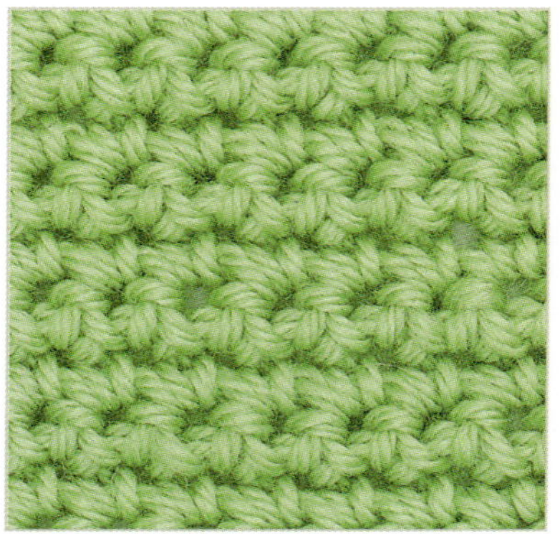

feste Maschen

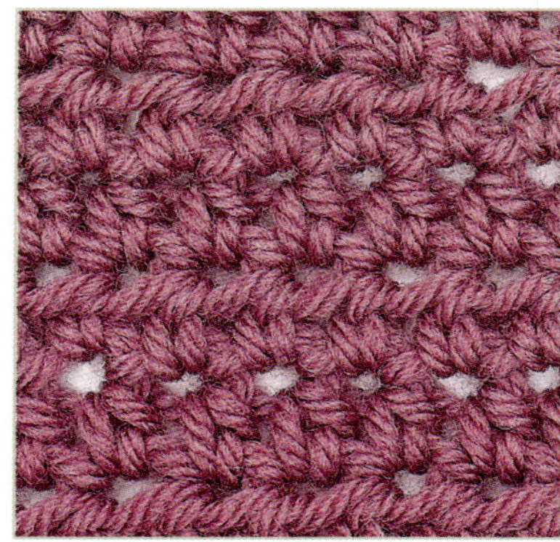

halbe Stäbchen

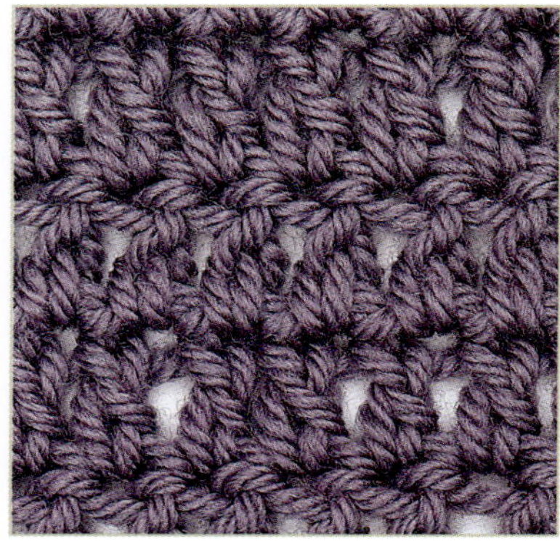

Stäbchen

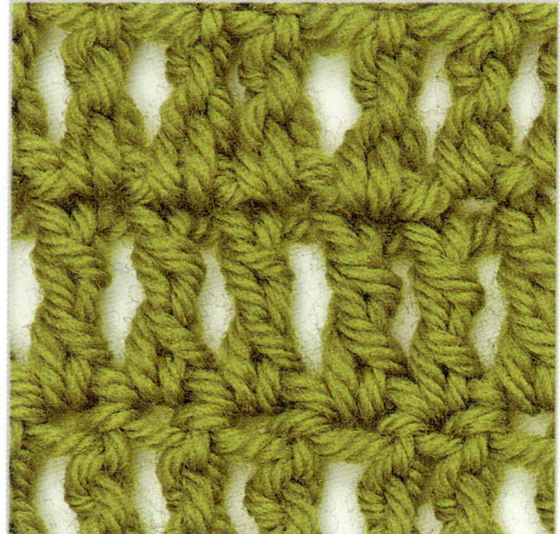

Doppelstäbchen

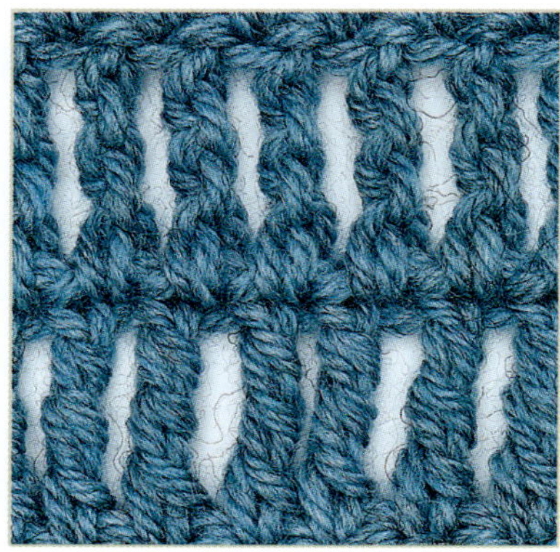

Dreifachstäbchen

DIE WICHTIGSTEN GRUNDMASCHEN

Diese fünf Abbildungen zeigen die wichtigsten Grundmaschen beim Häkeln (Kettmaschen gehören zwar auch zu den Grundmaschen, erfüllen aber andere Funktionen; siehe Seite 22). Feste Maschen und Stäbchen sind die beiden am häufigsten verwendeten Maschenarten. Jede Maschenart ist hier in Originalgröße abgebildet, damit Sie sich ein Bild von der tatsächlichen Größe der einzelnen Maschen machen können – vom relativ festen, dichten Maschenbild von festen Maschen bis zur lockeren Optik von Dreifachstäbchen.

4 WICHTIGE HINWEISE ZUM ZÄHLEN VON MASCHEN

1 Jede V-förmige Schlinge an der oberen Kante der letzten gehäkelten Reihe zählt als eine Masche.

2 Die auf der Nadel liegende Schlinge, die sogenannte Arbeitsschlinge, zählt nicht als Masche.

3 Die Wendeluftmaschen am Beginn einer neuen Reihe zählen als neue Masche – außer bei einem Häkelstück, das aus festen Maschen gearbeitet wird, hier zählt die Wendeluftmasche meist nicht als erste Masche der nächsten Reihe, außer dies ist in der Anleitung explizit angegeben (siehe Seite 22).

4 Am besten macht man es sich zur Gewohnheit, die Maschen regelmäßig – nach jeder gehäkelten Reihe – zu zählen, um sicherzugehen, dass man mit der richtigen Maschenanzahl arbeitet.

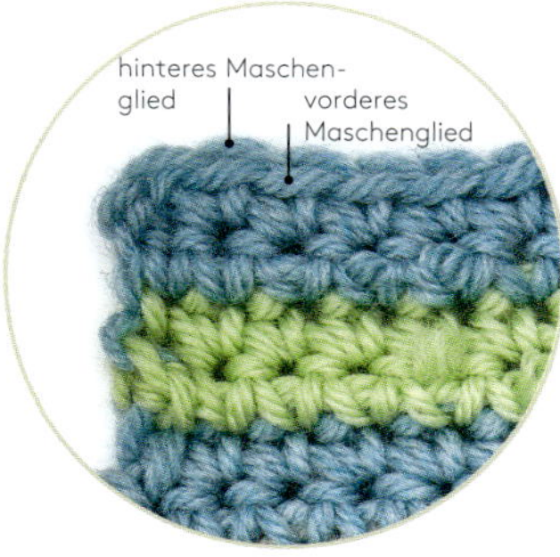

Das ist die Ansicht, die man sieht, wenn man gerade eine Reihe fertiggehäkelt hat – mit einer V-förmigen Schlinge am oberen Ende jeder Masche. Um eine neue Masche zu häkeln, sticht man mit der Nadel unterhalb beider Schlaufen – den sogenannten Maschengliedern – dieser Schlinge ein, es sei denn, in der Anleitung ist etwas anderes angegeben (siehe Seite 84).

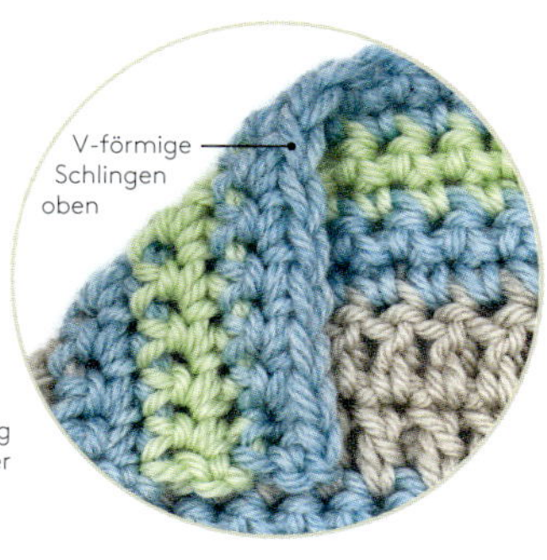

Das ist die Ansicht, die man sieht, wenn man das Häkelstück wendet, um eine neue Reihe zu beginnen. Die V-förmigen Schlingen sind hier nicht so gut zu sehen, daher sollte man das Häkelstück immer leicht zum Körper hin neigen, damit man mit der Nadel problemlos unterhalb der nächsten V-förmigen Schlinge einstechen kann.

Maschenzwischenraum: Manchmal ist in der Anleitung angegeben, dass man mit der Nadel in den Zwischenraum zwischen zwei Maschen einstechen soll, um die nächste Masche zu häkeln, anstatt unterhalb der V-förmigen Schlinge.

Hier wurde der Faden abgeschnitten und durchgezogen.

sechs Reihen feste Maschen (je zwei in einer Farbe)

Die Höhe der Maschenkörper variiert je nach Maschenart. Bei sogenannten Reliefmaschen werden Maschen um die Maschenkörper gearbeitet anstatt um die V-förmigen Schlingen (siehe Seite 86).

zwei Reihen Stäbchen

Am Beginn einer neuen Reihe werden Wendeluftmaschen gehäkelt, um die Höhe des Maschenkörpers jener Maschen zu erreichen, die in der nächsten Reihe gehäkelt werden sollen (siehe Seite 22).

sechs Reihen feste Maschen (je zwei in einer Farbe)

Hier beginnt die erste Reihe aus festen Maschen. Gehäkelt wird immer von rechts nach links, am Ende einer Reihe wird die Arbeit gewendet. Die erste Reihe befindet sich meist – aber nicht immer – auf der Vorderseite.

Anfangsschlinge

Luftmaschenkette

feste Masche von vorn

feste Masche von hinten

Stäbchen von vorn

Stäbchen von hinten

MASCHENBILD VERSTEHEN

Das Beispiel oben wurde aus den beiden am häufigsten verwendeten Häkelmaschen gearbeitet: festen Maschen und Stäbchen. Das Erlernen der grundlegenden Begriffe und das Erkennen der Maschen und der Art und Weise, wie sie miteinander verbunden sind, ist sehr nützlich, wenn man Häkelanfänger ist und die Grundmaschen lernen möchte.

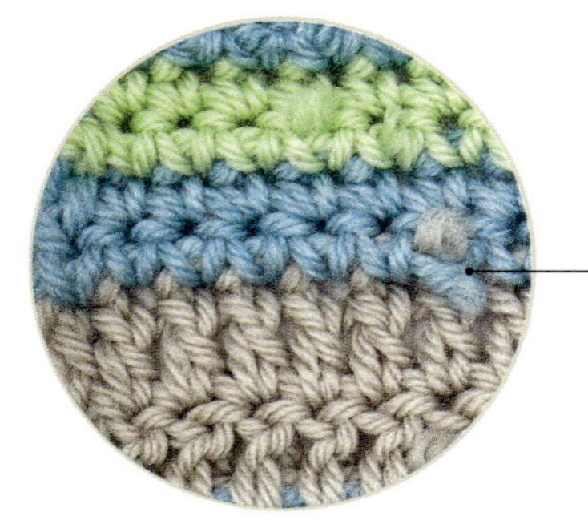

Hier ist das vernähte Fadenende zu sehen. Am Ende jedes Projekts wird der Arbeitsfaden abgeschnitten und durch die letzte Masche gezogen. Anschließend werden alle Fadenenden vernäht (siehe Seite 40).

WENDELUFTMASCHEN

Am Anfang jeder neuen Reihe werden einige Luftmaschen benötigt, um die Höhe des Maschenkörpers jener Maschen zu erreichen, die in der nächsten Reihe gehäkelt werden sollen. Diese Maschen sind in der Luftmaschenkette für die erste Reihe bereits enthalten, müssen aber in allen folgenden Reihen extra gehäkelt werden. Sie werden als Wendeluftmaschen bezeichnet, weil sie beim Wenden der Arbeit zu Beginn einer neuen Reihe gehäkelt werden. Wenn man in Runden häkelt, werden sie meiste Anfangsluftmaschen genannt, da hier die Arbeit nicht gewendet wird.

WIE VIELE WENDELUFTMASCHEN?

Da die Höhe der unterschiedlichen Maschenarten variiert, wird für jede Art von Masche eine bestimmte Anzahl von Wendeluftmaschen benötigt. Die Auflistung unten und die Abbildung rechts zeigen die Anzahl der Wendeluftmaschen, die normalerweise für die Grundmaschen gehäkelt werden. Die Anzahl der Wendeluftmaschen sollte aber immer auch in der jeweiligen Häkelanleitung angegeben sein.

- feste Masche (fM) = 1 Wendeluftmasche
- halbes Stäbchen (hStb) = 2 Wendeluftmaschen
- Stäbchen (Stb) = 3 Wendeluftmaschen
- Doppelstäbchen (DStb) = 4 Wendeluftmaschen
- Dreifachstäbchen (3f-Stb) = 5 Wendeluftmaschen
- für höhere Maschen jeweils 1 Wendeluftmasche mehr

ZÄHLEN WENDELUFTMASCHEN ALS MASCHEN?

In der Anleitung ist angegeben, ob die Wendeluftmaschen als erste Masche der nächsten Reihe zählen, was meist der Fall ist – außer bei Reihen aus festen Maschen, wo die Wendeluftmasche meist nicht als erste Masche zählt. Ist die angegebene Anzahl an Luftmaschen am Reihenbeginn höher als die übliche Wendeluftmaschenanzahl, zählen sie als erste Masche und geben zudem die Anzahl zusätzlicher Luftmaschen an – fünf Luftmaschen können etwa ein Stäbchen plus zwei weitere Luftmaschen ergeben.

AM ANFANG ODER AM ENDE EINER REIHE?

Im Grunde ist es egal, ob man die Wendeluftmaschen am Ende der soeben gehäkelten oder am Beginn der nächsten Reihe häkelt – man sollte sich nur für einen Weg entscheiden, damit man nicht durcheinanderkommt.

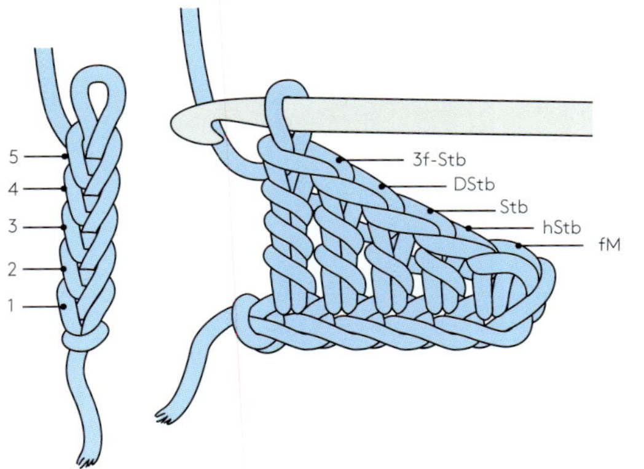

KETTMASCHEN

Kettmaschen (Km) fügen anders als die anderen Grundmaschen keine Höhe hinzu – sie werden hauptsächlich verwendet, um innerhalb einer Reihe unauffällige Positionswechsel durchzuführen. Außerdem häkelt man Kettmaschen, um eine Luftmaschenkette für das Häkeln in Runden zur Runde zu schließen (siehe Seite 56) oder um Häkelstücke miteinander zu verbinden.

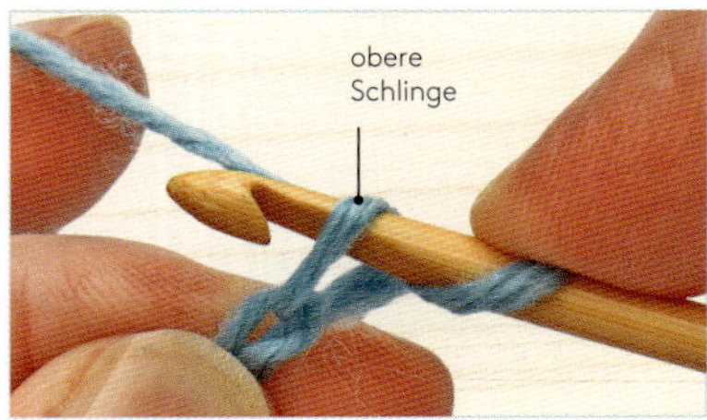

SCHRITT 1
Mit der Nadel in die in der Anleitung angegebene Masche einstechen. Hier wird in die von der Nadel aus gesehen zweite Luftmasche einer Luftmaschenkette eingestochen.

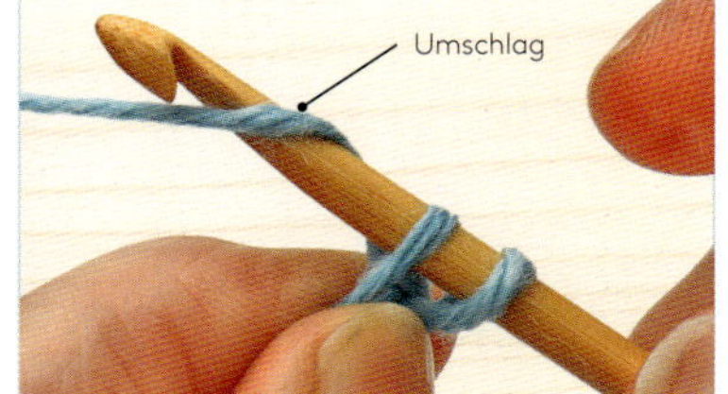

SCHRITT 2
Den Arbeitsfaden von hinten nach vorn um die Nadel legen (Umschlag).

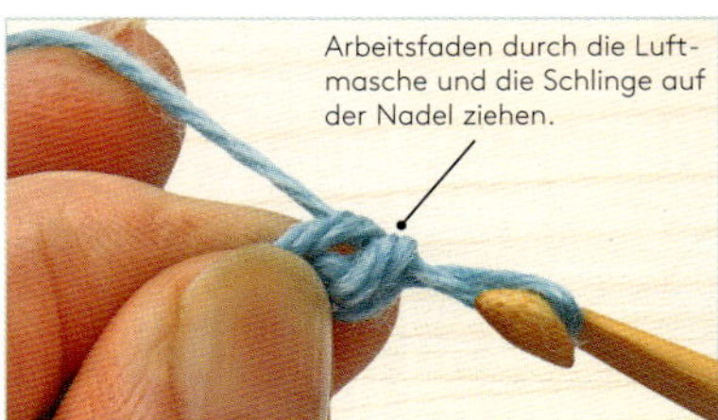

SCHRITT 3
Den Arbeitsfaden durch die Luftmasche und die Schlinge auf der Nadel ziehen – damit wurde eine Kettmasche gehäkelt. Wird zu Beginn einer Reihe eine Kettmasche gehäkelt, braucht man keine Wendeluftmasche.

FESTE MASCHEN

Feste Maschen (fM) sind die einfachsten Häkelmaschen und bilden die Grundlage für alle höheren Maschenarten, die im Folgenden vorgestellt werden. Häkelt man nur feste Maschen, ergibt sich ein stabiles, dichtes Maschenbild – sie sind damit perfekt für robuste Kleidungsstücke, Spielzeug oder Heimtextilien. Nehmen Sie sich genug Zeit, um die festen Maschen zu üben, so fällt es Ihnen dann leichter, weitere Maschenarten zu erlernen.

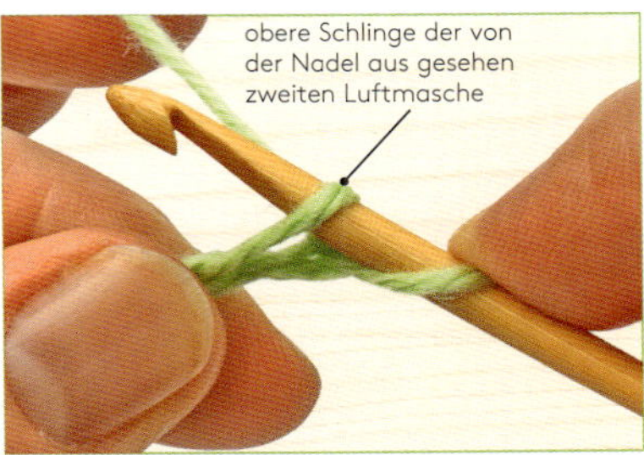

SCHRITT 1
Eine Luftmaschenkette in der angegebenen Länge häkeln und dann mit der Nadel von vorn nach hinten in die von der Nadel aus gesehen zweite Luftmasche einstechen.

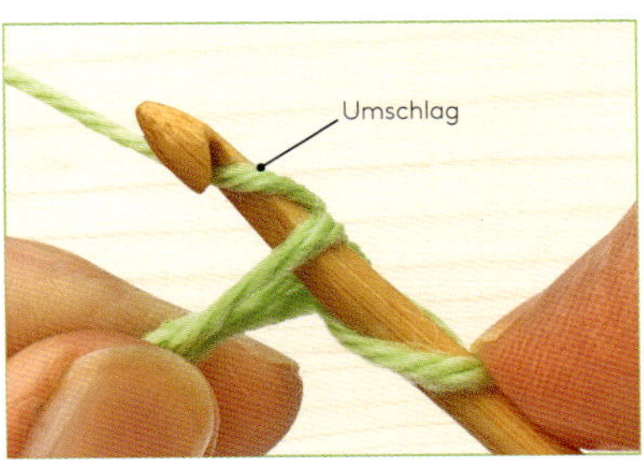

SCHRITT 2
Den Arbeitsfaden von hinten nach vorn um die Nadel legen (Umschlag).

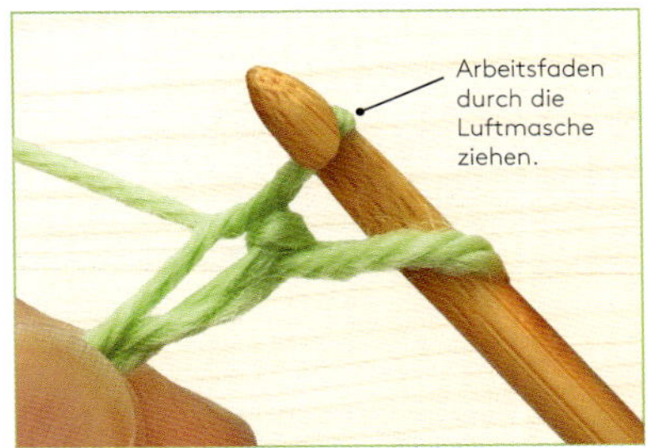

SCHRITT 3
Den Arbeitsfaden mithilfe des Hakens vorsichtig durch die Luftmasche ziehen. Dafür den Haken am besten leicht zum Körper drehen. Nun liegen zwei Schlingen auf der Nadel.

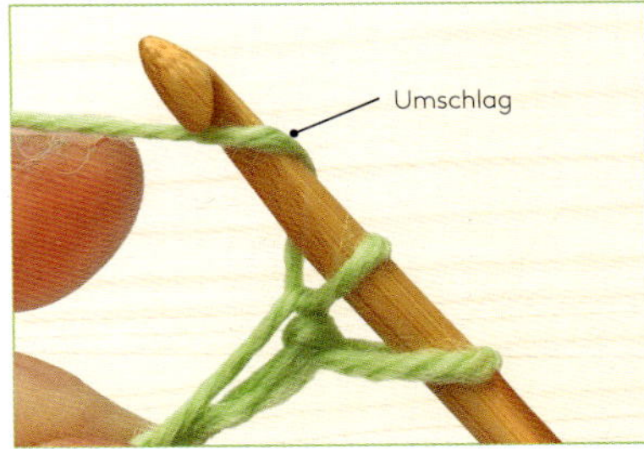

SCHRITT 4
Den Arbeitsfaden wieder von hinten nach vorn um die Nadel legen (Umschlag).

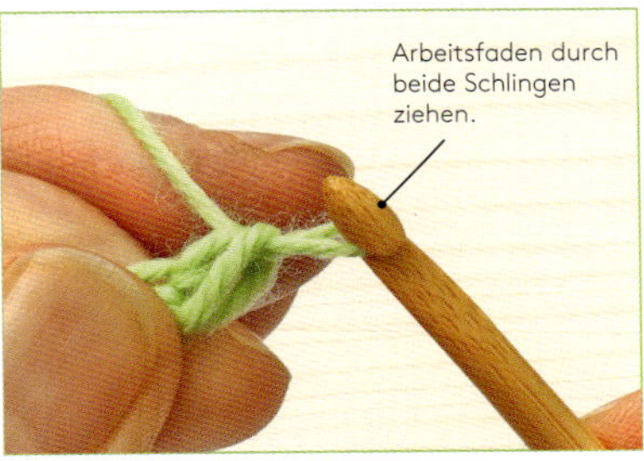

SCHRITT 5
Den Arbeitsfaden nun durch beide auf der Nadel liegenden Schlingen ziehen – damit wurde eine feste Masche gehäkelt.

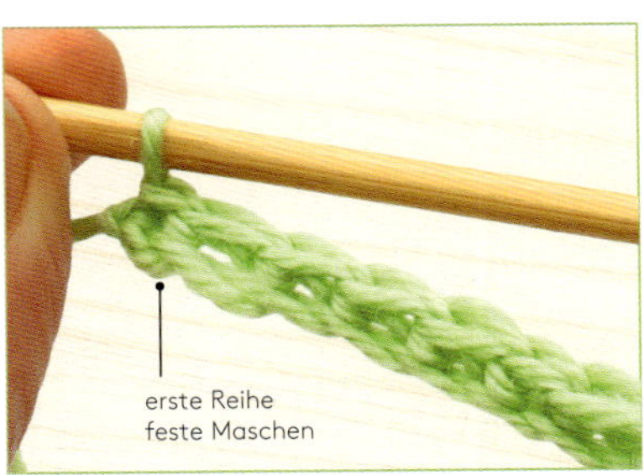

SCHRITT 6
Nach diesem Prinzip in jede Luftmasche der Luftmaschenkette eine weitere feste Masche häkeln. Diese erste Reihe an festen Maschen wird manchmal auch Grundreihe genannt.

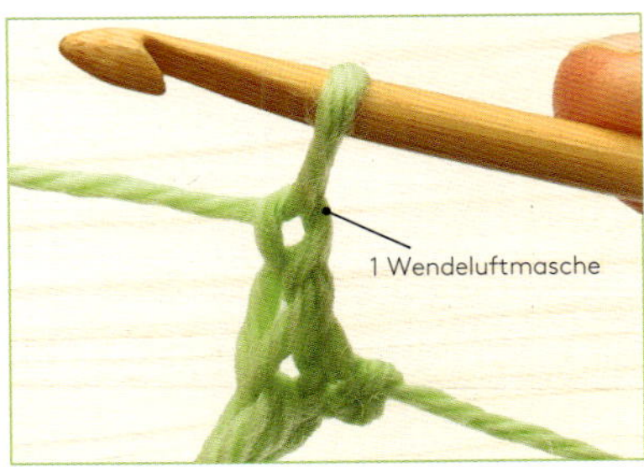

SCHRITT 7
Gehäkelt wird immer von rechts nach links, nachdem man also eine Reihe gehäkelt hat, wird die Arbeit gewendet, um die nächste Reihe zu häkeln. Nach dem Wenden eine Luftmasche als Wendeluftmasche häkeln, so erreicht man die Höhe der festen Maschen, von denen nun eine weitere Reihe gehäkelt wird (siehe Seite 22).

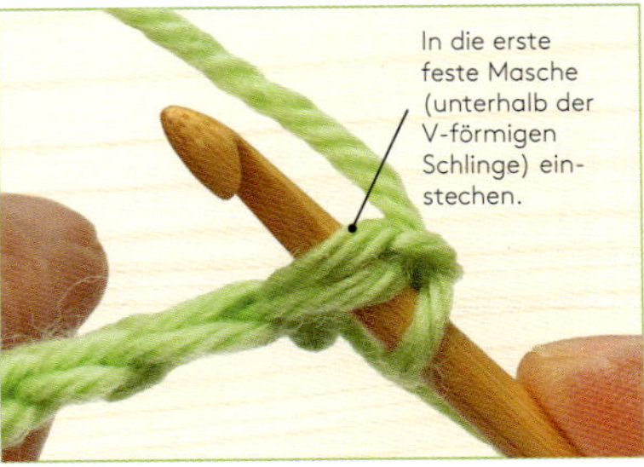

SCHRITT 8
Nun mit der Nadel in die erste feste Masche der vorherigen Reihe einstechen. Jede feste Masche besteht von oben gesehen aus einer V-förmigen Schlinge – wie die Luftmaschen. Solange nichts Gegenteiliges angegeben ist, mit der Nadel immer unterhalb beider Schlaufen dieser V-förmigen Schlingen einstechen – und eine weitere Reihe fester Maschen häkeln.

HALBE STÄBCHEN

Halbe Stäbchen (hStb) sind etwas höher als feste Maschen, werden aber nach dem gleichen Grundprinzip gehäkelt. Halbe Stäbchen ergeben ein etwas lockereres, aber dennoch stabiles, dichtes Maschenbild.

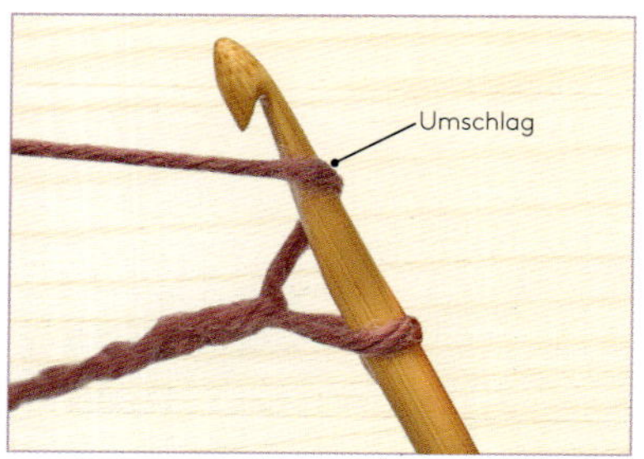

SCHRITT 1
Eine Luftmaschenkette in der angegebenen Länge häkeln und den Arbeitsfaden von hinten nach vorn um die Nadel legen (Umschlag).

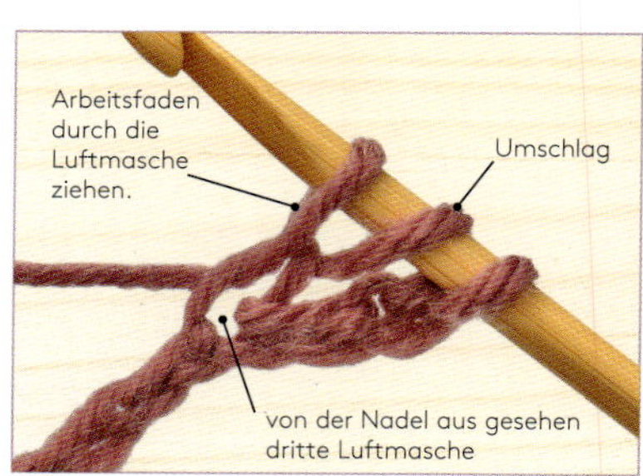

SCHRITT 2
Mit der Nadel von vorn nach hinten in die von der Nadel aus gesehen dritte Luftmasche einstechen, den Arbeitsfaden von hinten nach vorn um die Nadel legen (Umschlag) und durch die Luftmasche ziehen – nun liegen drei Schlingen auf der Nadel.

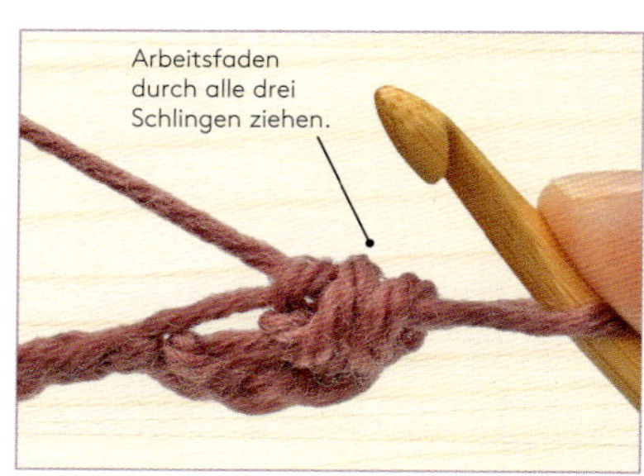

SCHRITT 3
Den Arbeitsfaden wieder von hinten nach vorn um die Nadel legen (Umschlag) und durch alle drei auf der Nadel liegenden Schlingen ziehen – damit wurde das erste halbe Stäbchen gehäkelt. Nach diesem Prinzip in jede Luftmasche der Luftmaschenkette ein weiteres halbes Stäbchen häkeln.

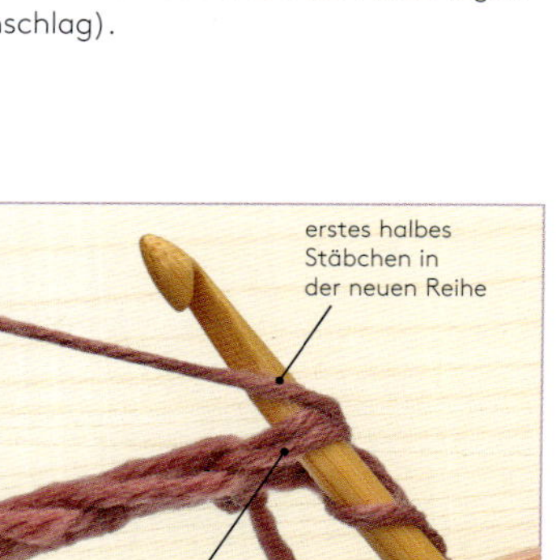

SCHRITT 4
Am Ende der ersten Reihe aus halben Stäbchen die Arbeit wenden, um die nächste Reihe zu häkeln. Nach dem Wenden zwei Wendeluftmaschen häkeln – diese zählen als erstes halbes Stäbchen der nächsten Reihe. Ein halbes Stäbchen in die von der Nadel aus gesehen zweite Masche der darunterliegenden Reihe häkeln, dabei mit der Nadel unterhalb beider Schlaufen der V-förmigen Schlinge einstechen.

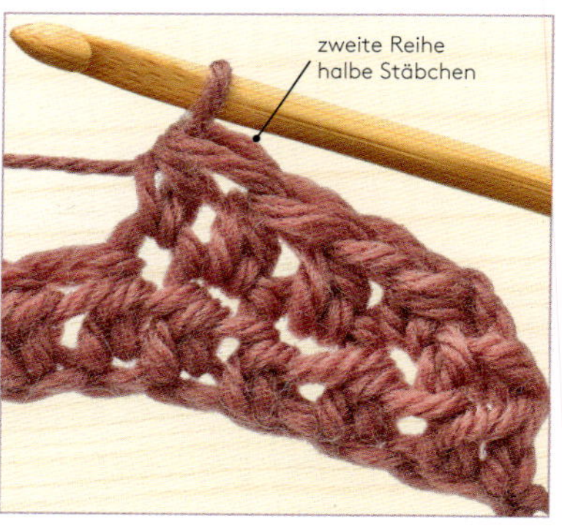

SCHRITT 5
Eine weitere Reihe halbe Stäbchen häkeln.

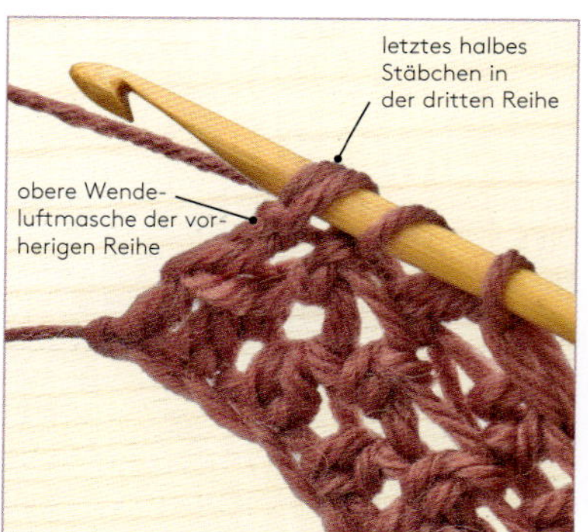

SCHRITT 6
Am Ende der Reihe das letzte halbe Stäbchen in die obere der zwei Luftmaschen am Anfang der ersten Reihe häkeln. In weiteren Reihen das letzte halbe Stäbchen jeweils in die obere der zwei Wendeluftmaschen häkeln.

STÄBCHEN

Auch Stäbchen (Stb) werden nach dem gleichen Grundprinzip wie feste Maschen und halbe Stäbchen gehäkelt. Stäbchen ergeben ein relativ lockeres Maschenbild – das von vorn genauso aussieht wie von hinten.

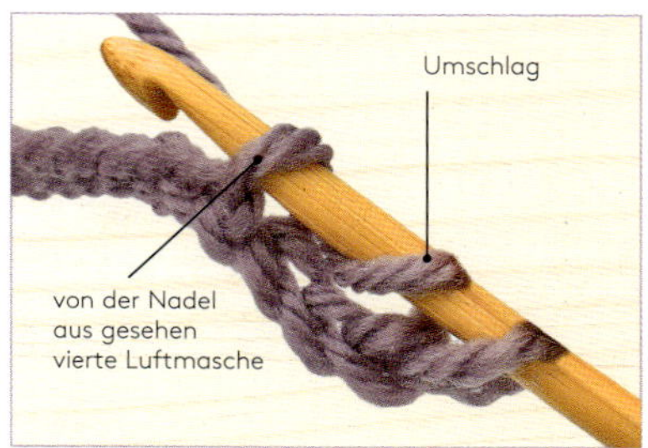

SCHRITT 1
Eine Luftmaschenkette in der angegebenen Länge häkeln und den Arbeitsfaden von hinten nach vorn um die Nadel legen (Umschlag). Dann mit der Nadel von vorn nach hinten in die von der Nadel aus gesehen vierte Luftmasche einstechen.

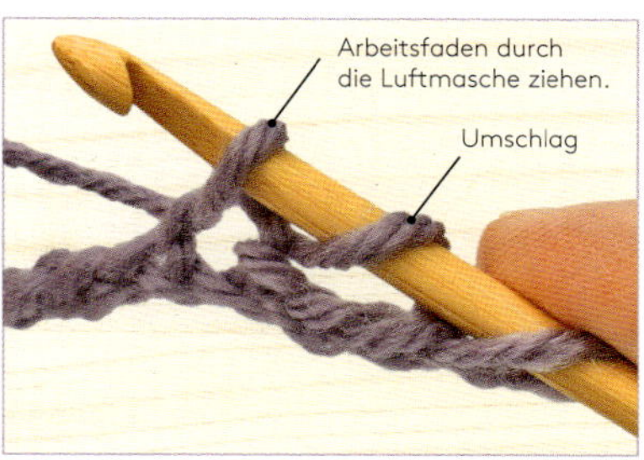

SCHRITT 2
Den Arbeitsfaden von hinten nach vorn um die Nadel legen (Umschlag) und durch die Luftmasche ziehen – nun liegen drei Schlingen auf der Nadel.

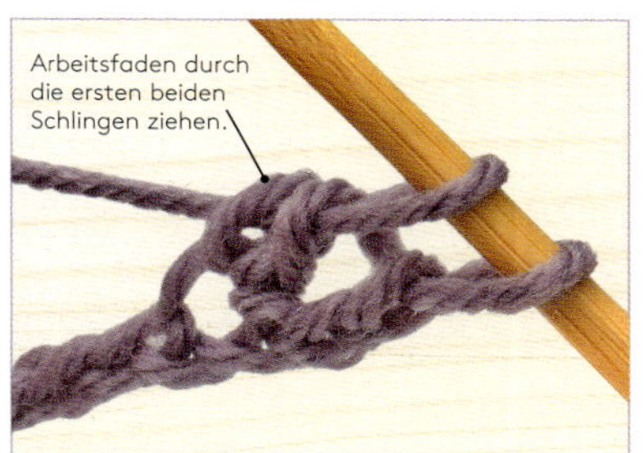

SCHRITT 3
Den Arbeitsfaden wieder von hinten nach vorn um die Nadel legen (Umschlag) und durch die ersten beiden auf der Nadel liegenden Schlingen ziehen.

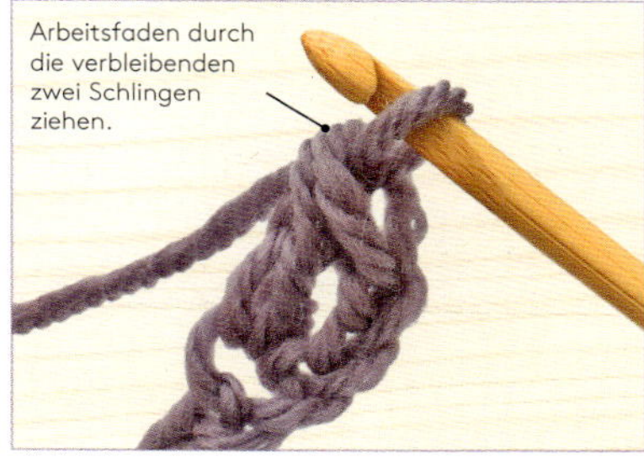

SCHRITT 4
Den Arbeitsfaden wieder von hinten nach vorn um die Nadel legen (Umschlag) und durch die verbleibenden zwei Schlingen auf der Nadel ziehen – damit wurde ein Stäbchen gehäkelt.

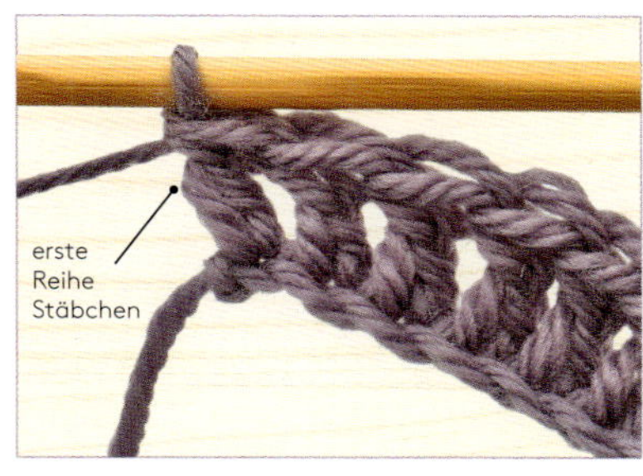

SCHRITT 5
Nach diesem Prinzip in jede Luftmasche der Luftmaschenkette ein weiteres Stäbchen häkeln.

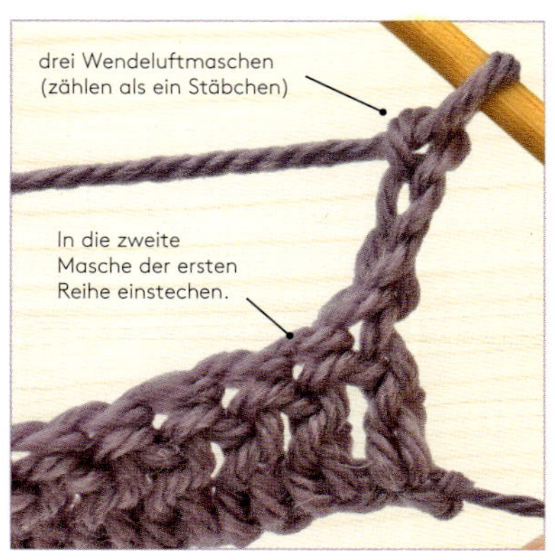

SCHRITT 6
Am Ende der Reihe die Arbeit wenden und drei Wendeluftmaschen häkeln – diese zählen als erstes Stäbchen der nächsten Reihe.

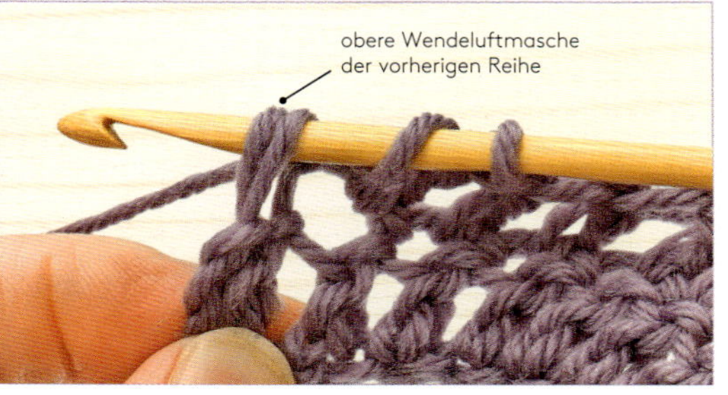

SCHRITT 7
Ein Stäbchen in die von der Nadel aus gesehen zweite Masche der vorherigen Reihe häkeln, dabei mit der Nadel unterhalb beider Schlaufen der V-förmigen Schlinge einstechen. Eine weitere Reihe Stäbchen häkeln, dabei am Ende der Reihe das letzte Stäbchen in die obere der drei Luftmaschen am Anfang der ersten Reihe häkeln. In weiteren Reihen das letzte Stäbchen jeweils in die obere der drei Wendeluftmaschen häkeln.

DOPPELSTÄBCHEN

Sobald man feste Maschen, halbe Stäbchen und Stäbchen beherrscht, lassen sich nach demselben Prinzip, nämlich durch das Hinzufügen weiterer Umschläge vor dem Einstechen in die nächste Masche, Doppel-, Dreifach und beliebig höhere Stäbchen häkeln. Die hier gezeigten Doppelstäbchen (DStb) ergeben ein sehr lockeres Maschenbild.

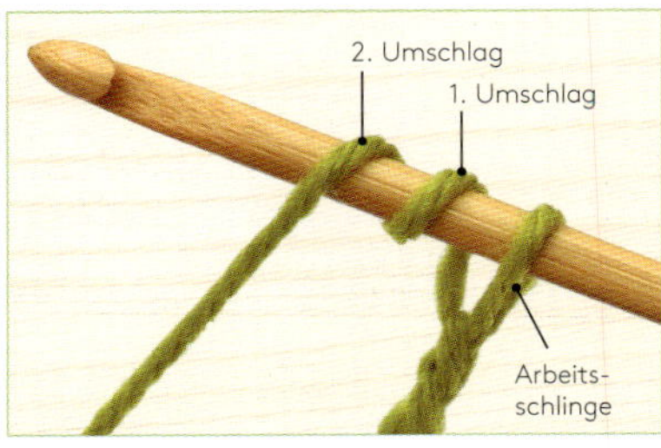

SCHRITT 1
Eine Luftmaschenkette in der angegebenen Länge häkeln und den Arbeitsfaden zweimal von hinten nach vorn um die Nadel legen (1. und 2. Umschlag).

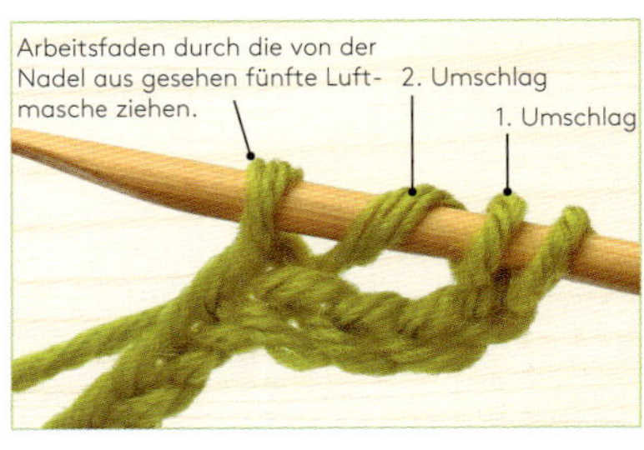

SCHRITT 2
Mit der Nadel von vorn nach hinten in die von der Nadel aus gesehen fünfte Luftmasche einstechen und den Arbeitsfaden von hinten nach vorn um die Nadel legen (Umschlag). Den Arbeitsfaden durch die Luftmasche ziehen – nun liegen vier Schlingen auf der Nadel.

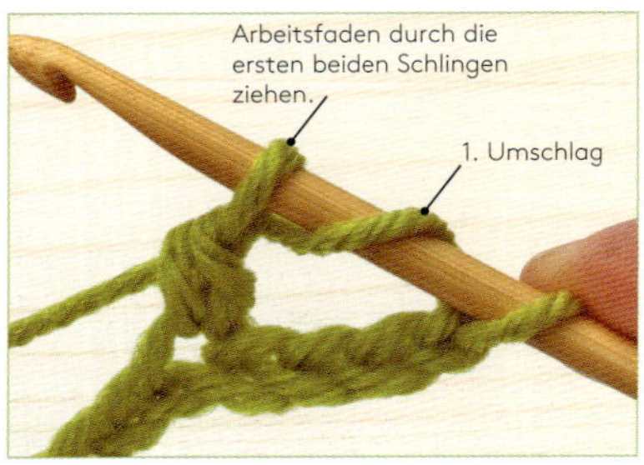

SCHRITT 3
Den Arbeitsfaden wieder von hinten nach vorn um die Nadel legen (Umschlag) und durch die ersten beiden auf der Nadel liegenden Schlingen ziehen – so bleiben drei Schlingen auf der Nadel.

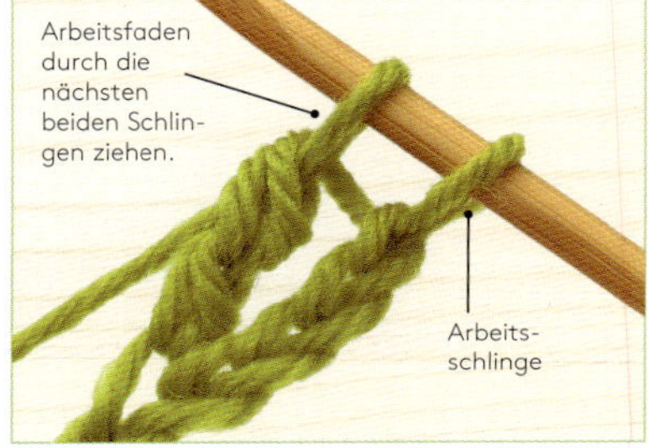

SCHRITT 4
Den Arbeitsfaden wieder von hinten nach vorn um die Nadel legen (Umschlag) und durch die nächsten beiden auf der Nadel liegenden Schlingen ziehen – so bleiben zwei Schlingen auf der Nadel.

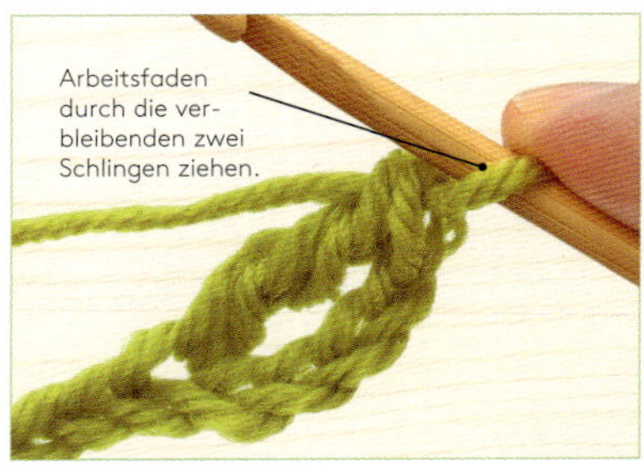

SCHRITT 5
Den Arbeitsfaden wieder von hinten nach vorn um die Nadel legen (Umschlag) und durch die verbleibenden zwei auf der Nadel liegenden Schlingen ziehen – damit wurde ein Doppelstäbchen gehäkelt.

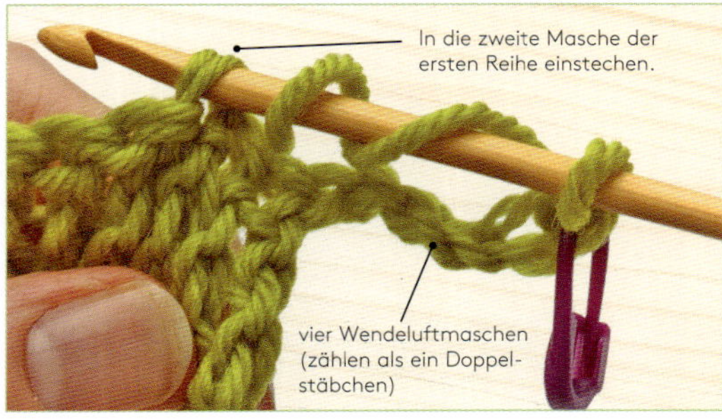

SCHRITT 6
Nach diesem Prinzip in jede Luftmasche der Luftmaschenkette ein weiteres Doppelstäbchen häkeln. Am Ende der Reihe die Arbeit wenden und vier Wendeluftmaschen häkeln (die oberste Wendeluftmasche ist hier mit einem Maschenmarkierer gekennzeichnet; siehe Erste Hilfe gegenüber) – diese zählen als erstes Doppelstäbchen der nächsten Reihe. Ein Doppelstäbchen in die von der Nadel aus gesehen zweite Masche der vorherigen Reihe häkeln, dabei mit der Nadel unterhalb beider Schlaufen der V-förmigen Schlinge einstechen.

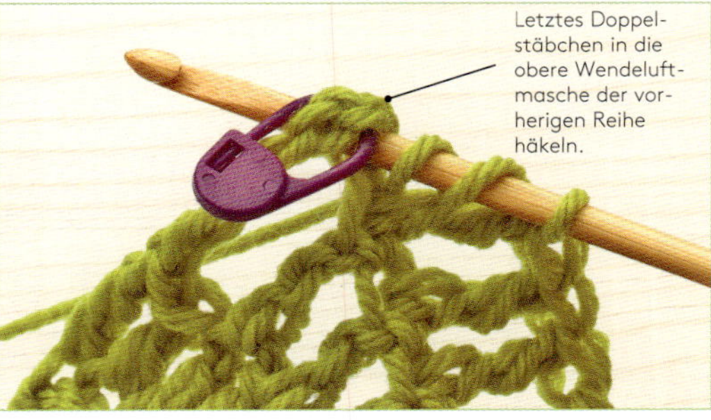

SCHRITT 7
Eine weitere Reihe Doppelstäbchen häkeln, dabei am Ende der Reihe das letzte Doppelstäbchen in die obere der vier Luftmaschen am Anfang der ersten Reihe häkeln. In weiteren Reihen das letzte Doppelstäbchen jeweils in die obere der vier Wendeluftmaschen (die hier mit einem Maschenmarkierer gekennzeichnet ist) häkeln.

DREIFACHSTÄBCHEN

Dreifachstäbchen (3f-Stb) werden nach demselben Prinzip gehäkelt wie Doppelstäbchen, allerdings erfolgen am Anfang drei Umschläge anstatt zwei. Nach diesem Prinzip lassen sich nun auch noch längere Stäbchen wie Vierfachstäbchen, Fünffachstäbchen usw. häkeln. Dabei wird jedes Mal zu Beginn ein weiterer Umschlag hinzugefügt und der Arbeitsfaden anschließend immer durch jeweils zwei auf der Nadel liegende Schlingen gezogen.

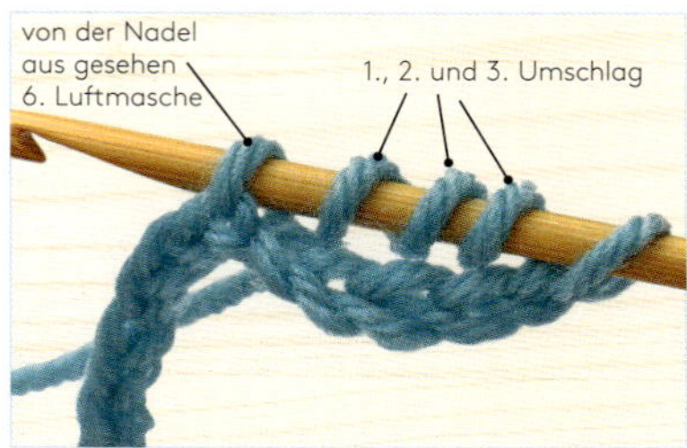

SCHRITT 1
Eine Luftmaschenkette in der angegebenen Länge häkeln und den Arbeitsfaden dreimal von hinten nach vorn um die Nadel legen (1., 2. und 3. Umschlag). Mit der Nadel in die von der Nadel aus gesehen sechste Luftmasche einstechen.

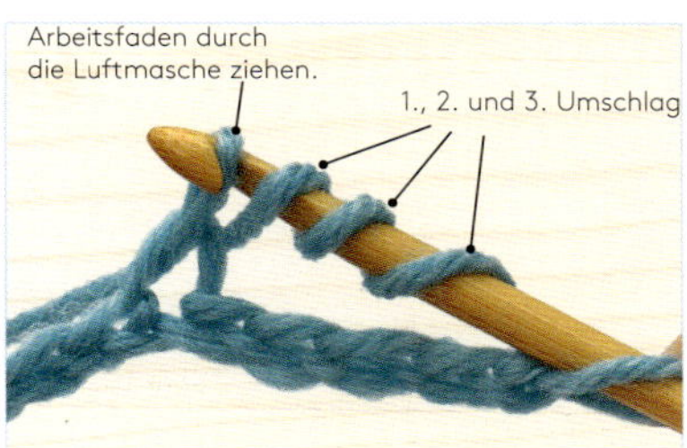

SCHRITT 2
Den Arbeitsfaden durch die Luftmasche ziehen – nun liegen fünf Schlingen auf der Nadel.

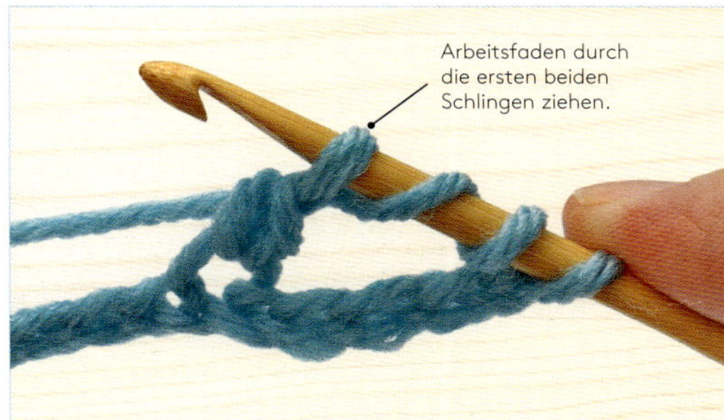

SCHRITT 3
Den Arbeitsfaden wieder von hinten nach vorn um die Nadel legen (Umschlag) und durch die ersten beiden auf der Nadel liegenden Schlingen ziehen – so bleiben vier Schlingen auf der Nadel.

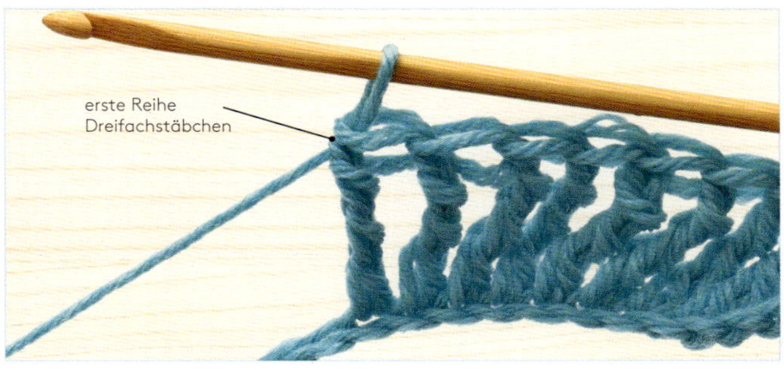

SCHRITT 4
Nach diesem Prinzip den Arbeitsfaden immer wieder von hinten nach vorn um die Nadel legen (Umschlag) und durch zwei Schlingen auf der Nadel ziehen, bis nur noch eine Schlinge auf der Nadel ist. Nach diesem Prinzip in jede Luftmasche der Luftmaschenkette ein weiteres Dreifachstäbchen häkeln. Die Arbeit weden, fünf Wendeluftmaschen häkeln und ein Dreifachstäbchen in die von der Nadel aus gesehen zweite Masche der vorherigen Reihe häkeln. In weiteren Reihen das letzte Dreifachstäbchen jeweils in die obere der fünf Wendeluftmaschen häkeln.

ERSTE HILFE

ICH HABE IN JEDER NEUEN REIHE WENIGER MASCHEN ALS IN DER VORHERIGEN – WAS MACHE ICH FALSCH?

Das Maschenzählen ist ein wichtiger Bestandteil des Häkelns (siehe Seite 20). Bei höheren Maschen wird eine geringer werdende Maschenanzahl oft dadurch verursacht, dass am Ende der Reihe keine Masche in die oberste Wendeluftmasche gearbeitet wird. Um zu erkennen, in welche Masche die letzte Masche einer Reihe gehäkelt werden muss, kann man die obere Wendeluftmasche mit einem Maschenmarkierer kennzeichnen (siehe Abbildung gegenüber). In der nächsten Reihe wird die letzte Masche dann einfach in die markierte Wendeluftmasche gehäkelt. Versetzen Sie den Maschenmarkierer am besten bei jeder neuen Reihe, sodass immer die letzte obere Wendeluftmasche markiert ist.

MEHR UND MEHR
Durch mehr und mehr Umschläge lassen sich immer höhere Maschen häkeln.

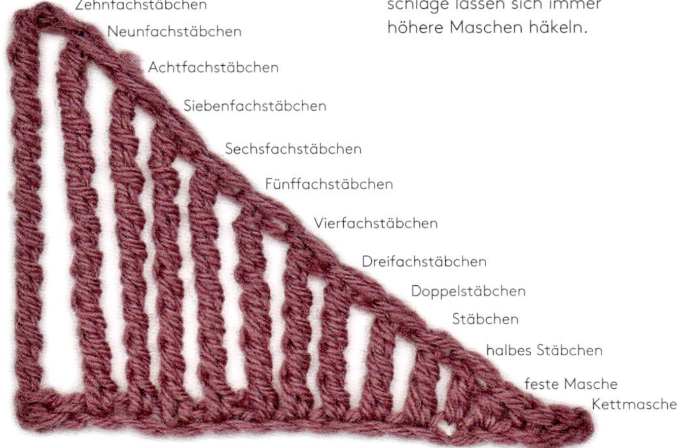

Häkelanleitungen und Häkelschriften verstehen

Häkelanleitungen und Häkelschriften wirken auf den ersten Blick kompliziert und einschüchternd, aber wenn man die grundlegende Terminologie und die wichtigsten Abkürzungen kennt, wird das Häkeln nach Anleitung bald zum Kinderspiel. Häkelanleitungen sind in einzelne Reihen unterteilt, Häkelschriften werden in Form eines Schemas dargestellt. Bei vielen Projekten findet man sowohl eine schriftliche Anleitung als auch eine Häkelschrift. Eine Liste der in diesem Buch verwendeten Abkürzungen und Symbole finden Sie auf Seite 156.

5 DINGE, DIE EINE HÄKELANLEITUNG ENTHALTEN SOLLTE

Neben den entsprechenden Häkelanweisungen sollte eine Häkelanleitung folgende Informationen enthalten:

1 Größe des fertigen Häkelstücks (bei Kleidung werden oft mehrere Größen angegeben)

2 Maschenprobe

3 Hinweise zum verwendeten Garn und zu sonstigem Zubehör

4 empfohlene Häkelnadelstärke

5 verwendete Abkürzungen sowie Erklärungen beziehungsweise Anleitungen für besondere Maschen

HÄKELANLEITUNGEN VERSTEHEN

Die meisten Häkelanleitungen sind nach dem gleichen Schema aufgebaut, und es werden einheitliche Abkürzungen verwendet, um Platz zu zu sparen und unnötige Wiederholungen zu vermeiden. Lesen Sie sich die folgenden Abschnitte durch und versuchen Sie dann, die Häkelanleitung gegenüber nachzuvollziehen.

ABKÜRZUNGEN

Die meisten Häkelanleitungen enthalten eine Auflistung der verwendeten Abkürzungen. Das hilft dabei zu entscheiden, ob das jeweilige Projekt für das eigene Niveau geeignet ist. Die meisten Abkürzungen werden universell verwendet (etwa fM für feste Maschen), das muss aber nicht immer der Fall sein, werfen Sie also immer einen Blick auf die Abkürzungsliste, um sicherzugehen.

WIEDERHOLUNGEN

Eckige Klammern und Sternchen werden verwendet, um unnötige Wiederholungen zu vermeiden und Anleitungen zu verkürzen. Eckige Klammern [ ] kennzeichnen dabei kleinere Wiederholungsabfolgen, etwa „[2 fM, 3 Stb, 2 fM] x 2". Sternchen wiederum markieren den Beginn des Abschnitts, der wiederholt werden soll. So bedeutet etwa „[1 fM in jede der folg 2 M, 1 Lm] x 3", dass in jede der folgenden zwei Maschen eine feste Masche und dann eine Luftmasche gehäkelt werden sollen, und das insgesamt dreimal. Die gleiche Anweisung mit Sternchen würde lauten: „*1 fM in jede der folg 2 M, 1 Lm, ab * noch 2 x wdh". Die Anweisung ist dieselbe, sie ist nur etwas anders formuliert. Im Beispiel mit den Sternchen werden die Maschen einmal gehäkelt wie in der Anweisung angegeben, und diese Abfolge wird dann so oft wie angegeben wiederholt.

Wenn die Anweisungen nach dem Sternchen nicht für jede Wiederholung passen oder wenn am Ende der Reihe oder Runde eine andere Masche gehäkelt werden soll, kann die Anweisung etwa wie folgt lauten: „*1 fM in jede der folg 2 M, 1 Lm, 2 fM in die folg M, ab * noch 1 x wdh, dabei mit 1 fM in die letzte M enden". Das bedeutet, dass man die Anweisungen nach dem Sternchen einmal wiederholen soll, aber am Ende der Wiederholung statt zwei festen Maschen nur eine feste Masche in die letzte Masche häkeln soll.

ZUSÄTZLICHE INFORMATIONEN

Runde Klammern ( ) werden verwendet, um anzuzeigen, dass bestimmte Maschen in dieselbe Einstichmasche gearbeitet werden sollen, etwa: „(1 fM, 1 hStb, 1 fM) in die folg M". Außerdem finden sich in runden Klammern auch zusätzliche Informationen. Eine der häufigsten zusätzlichen Informationen ist „(RS)" nach einer Reihenangabe, was bedeutet, dass diese Reihe auf der rechten Seite, also der Vorderseite der Arbeit, liegt. Ein weiterer Hinweis ist „(zählen als)" nach der Anweisung, mehrere Luftmaschen zu häkeln – etwa „5 Lm (zählen als 1 Stb, Lm 2)". Das bedeutet, dass fünf Luftmaschen gehäkelt werden, die als ein Stäbchen und zwei Luftmaschen zählen.

Am Ende jeder Reihe wird außerdem oft in Klammern die Maschenanzahl, die man nach dieser Reihe gehäkelt haben sollte, angegeben. Bei einer Anleitung, nach der sich Häkelstücke in verschiedenen Größen anfertigen lassen, können größere Größen oder höhere Maschenanzahlen für die verschiedenen Größen ebenfalls in Klammern angegeben werden.

VIELFACHES

Am Anfang jeder Anleitung ist angegeben, wie viele Luftmaschen für die Luftmaschenkette angeschlagen werden müssen. Dabei handelt es sich normalerweise um eine genaue Anzahl, es kann aber auch sein, dass ein „Vielfaches" einer bestimmten Maschenanzahl angegeben wird (dies ist etwa bei den Musterbeispielen in Kapitel 3 der Fall). Wenn es in einer Anleitung heißt „Ein Vielfaches von 3 Lm + 2 anschl", bedeutet das, dass drei, sechs oder neun usw. Luftmaschen gehäkelt und dann zwei weitere Luftmaschen hinzugefügt werden sollen, also 3 + 2, 6 + 2, 9 + 2 usw.

Falsche Noppen

Bei diesem Muster werden zwei unterschiedlich hohe Grundmaschen kombiniert. Die höheren Doppelstäbchen werden von den festen Maschen links und rechts neben ihnen nach unten gezogen, sodass sie aussehen wie kleine Noppen.

Luftmaschenkette: Eine gerade Anzahl Lm anschl.
Reihe 1: 1 fM in die 2. Lm ab Nd, 1 fM in jede folg Lm bis R-Ende, wenden.
Reihe 2: 1 Lm, 1 fM in die letzte fM der Vor-R, *1 DStb in die folg fM, 1 fM in die folg fM, ab * bis R-Ende wdh, wenden.
Reihen 3–5: 1 Lm, 1 fM in jede folg M bis R-Ende, wenden.
Reihen 2–5 wdh.

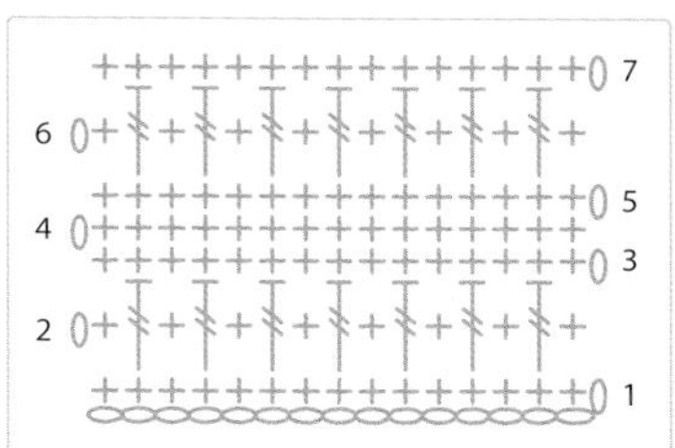

SYMBOLE
- Lm
- fM
- DStb

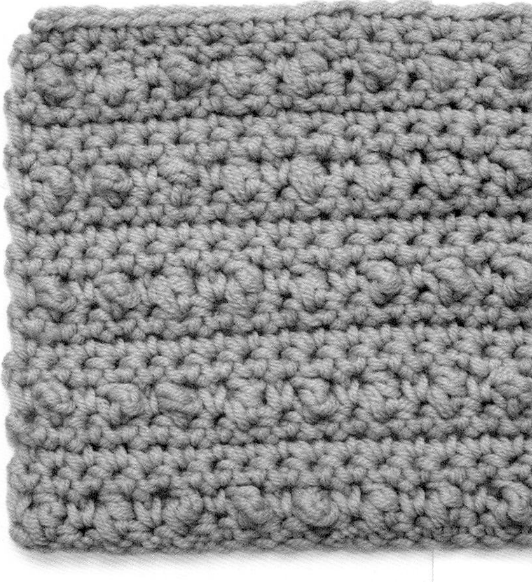

HÄKELSCHRIFTEN VERSTEHEN

Meist gibt es neben der schriftlichen Häkelanleitung auch eine Häkelschrift, eine hilfreiche visuelle Darstellung der schriftlichen Anleitung. Es gibt verschiedene Arten von Häkelschriften, sie enthalten aber immer einen Überblick mit den verwendeten Symbolen.

HÄKELSCHRIFTEN MIT SYMBOLEN

Häkelschriften mit Symbolen veranschaulichen die Häkelanleitung und zeigen an, wo die verschiedenen Maschen platziert werden sollen. Eine Häkelschrift vermittelt somit einen visuellen Eindruck davon, wie das fertige Stück aussehen wird. Jedes Symbol steht dabei für eine Masche. Manche ziehen es vor, nur mithilfe von Häkelschriften zu arbeiten, da sie sich das Muster so besser vorstellen können. Andere bevorzugen eine Kombination aus schriftlicher Anleitung und Häkelschrift.

Um Häkelschriften zu verstehen, ist es notwendig, sich mit den verwendeten Symbolen vertraut zu machen. Das Beispiel oben enthält die Häkelschrift sowie die dazu schriftliche Häkelanleitung für falsche Noppen. In der Häkelschrift sieht man, wo die jeweiligen Maschen platziert werden sollen, die Arbeitsrichtung und die Anzahl der Reihen.

Häkelschriften für in Reihen gehäkelte Projekte haben auf jeder Seite Nummern, meist beginnend unten rechts mit 1. Reihen auf der Vorderseite, sogenannte Hinreihen, sind auf der rechten Seite der Häkelschrift nummeriert und werden von rechts nach links gelesen. Reihen auf der Rückseite, sogenannte Rückreihen, sind auf der linken Seite der Häkelschrift nummeriert und werden von links nach rechts gelesen, das heißt, jede Reihe wird von dort, wo die jeweilige Zahl steht, gehäkelt. Bei Häkelschriften für das Häkeln in Runden beginnt man in der Mitte, und die Runden sind meist am jeweiligen Rundenbeginn mit einer Zahl versehen. Wenn nicht anders angegeben, wird jede Runde gegen den Uhrzeigersinn gelesen, was der Arbeitsrichtung entspricht.

Wenn man nach einer Häkelschrift arbeiten möchte, ist es hilfreich, eine vergrößerte Kopie anzufertigen, bei der man bereits gehäkelte Reihen oder Runden markiert.

FARBDIAGRAMME

Bei Tapestry- und Intarsienmustern wird meist nach einem Farbdiagramm und nicht nach einer schriftlichen Anleitung gearbeitet. Jedes Quadrat des Diagramms steht für eine Masche, und auch hier wird immer von unten nach oben gearbeitet. Eine Legende gibt Hinweise, welches Garn durch welche Farbe dargestellt wird. Weitere Informationen dazu finden Sie auf den Seiten 106 und 107.

FILETHÄKELSCHRIFTEN

Filethäkeln ist eine besondere Form des Häkelns, bei der es ebenfalls oft keine schriftliche Anleitung gibt. Die Filethäkelschrift ähnelt einer Kreuzstichvorlage mit einem Raster, wobei kleine Punkte in den Quadraten oder gefüllte Quadrate anzeigen, wo die jeweiligen Maschen gehäkelt werden sollen. Weitere Informationen dazu finden Sie auf Seite 95.

SCHEMATISCHE DARSTELLUNGEN

Viele Häkelanleitungen für Kleidungsstücke enthalten zudem auch eine schematische Darstellung – ähnlich einem Schnittmuster. Dabei handelt es sich um eine Umrisszeichnung, die zeigt, wo wichtige Maße genommen werden sollten. Die Darstellung ist zudem hilfreich, um das Kleidungsstück beim Spannen und Bügeln in die richtige Form zu bringen, und zeigt, wo die Zu- und Abnahmen erfolgen, etwa an der Taille oder an den Ärmeln.

Maschenprobe

Die Maschenprobe bezieht sich auf die Gesamtzahl der Maschen und Reihen für ein bestimmtes Maß, in der Regel ein Quadrat mit einer Seitenlänge von 10 cm. Es ist wichtig, dass Ihre Häkelarbeit der in der Anleitung angegebenen Maschenprobe entspricht, damit das fertige Häkelstück die richtige Größe hat. Die Maschenprobe wird durch viele Faktoren beeinflusst: die Art des Garns, die Größe und Art der Häkelnadel, die gehäkelten Maschen und die individuelle Arbeitsweise.

ERSTE HILFE

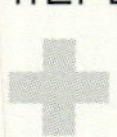

DIE MASCHENANZAHL IST KORREKT, ABER DIE ANZAHL DER REIHEN STIMMT NICHT MIT DER MASCHENPROBE ÜBEREIN. WAS JETZT?

Grundsätzlich ist es wichtiger, dass die Anzahl der Maschen übereinstimmt – aber es gibt ein paar Dinge, die man beachten kann, um auch die richtige Anzahl an Reihen zu erhalten.

- Probieren Sie, mit einer Häkelnadel in einer anderen Stärke zu häkeln, um auf die richtige Anzahl von Reihen zu kommen, ohne dass dadurch die Anzahl der Maschen beeinflusst wird.
- Alternativ kann man auch versuchen, eine Häkelnadel aus einem anderen Material zu verwenden oder einfach an der eigenen Technik zu feilen. Es kann etwa sein, dass man eine unbequeme Haltung einnimmt, wodurch man verkrampft und die Maschen zu fest häkelt.
- Wenn die Anzahl der Reihen trotz alldem nicht mit der in der Maschenprobe angegebenen Anzahl übereinstimmt, bleibt schlussendlich nur noch, die Anzahl der Reihen im jeweiligen Muster anzupassen, also etwa vor oder nach den Zu- oder Abnahmen für eine Ärmelöffnung entsprechend mehr oder weniger Reihen zu häkeln.

MASCHENPROBE MESSEN

Häkeln Sie mit dem angegebenen Garn, der empfohlenen Häkelnadelstärke und den Maschen aus der Anleitung ein großzügig bemessenes Probestück. Ist die Maschenprobe etwa für ein 10 x 10 cm großes Quadrat angegeben, sollte man ein Quadrat in der Größe von etwa 15–20 x 15–20 cm häkeln. Anschließend das Probestück am besten auch spannen (siehe Seite 42).

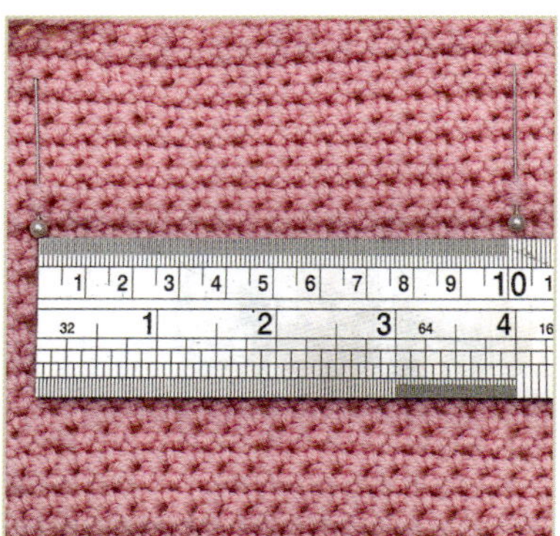

SCHRITT 1
Das Probestück auf eine ebene Fläche legen, ein Metalllineal genau auf eine Reihe legen und im Abstand von 10 cm jeweils eine Stecknadel einstechen. Anschließend die Maschen zwischen den Stecknadeln zählen, dabei auch halbe Maschen berücksichtigen.

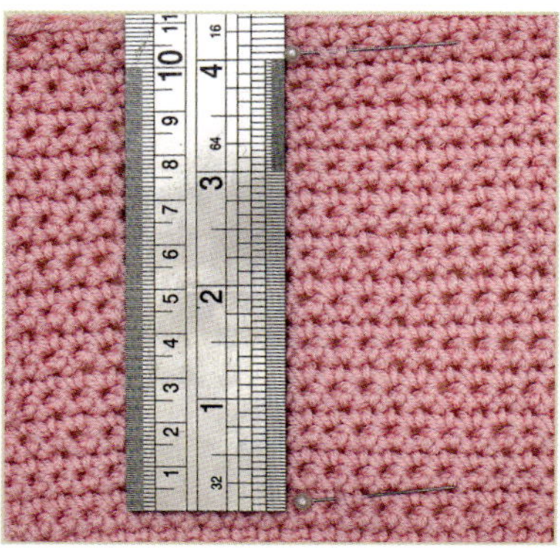

SCHRITT 2
Nun die Reihen auf 10 cm zählen. Dafür das Lineal senkrecht auf das Probestück legen und wieder im Abstand von 10 cm Stecknadeln einstechen. Nun die Reihen zwischen den Stecknadeln zählen, dabei auch halbe Reihen berücksichtigen.

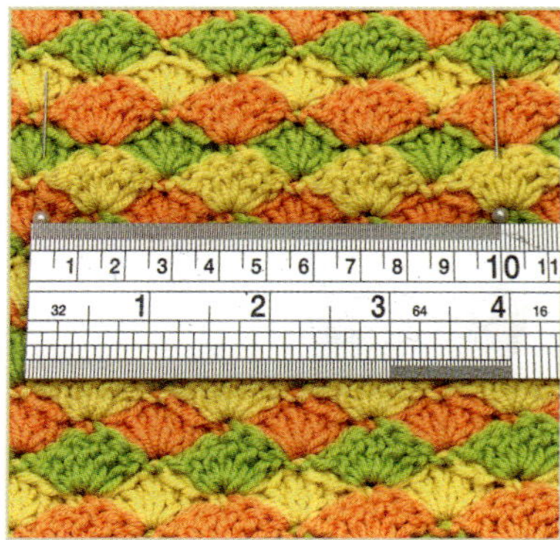

SCHRITT 3
Bei Häkelmustern kann die Maschenprobe auch als Vielfaches der Musterwiederholung anstatt als feste Anzahl von Maschen und Reihen angegeben werden, zum Beispiel: „8 Musterwiederholungen = 9 cm". Dann einfach den angegebenen Abstand mit einem Lineal abmessen, mit Stecknadeln markieren und die Anzahl der Musterwiederholungen zwischen den Stecknadeln zählen.

MASCHENPROBE ANPASSEN

Weicht die Maschenprobe des Probestücks von der in der Anleitung angegebenen ab, kann es helfen, eine Nadel mit einer anderen Stärke zu verwenden:

- Zu viele Maschen oder Musterwiederholungen – die Maschen sind zu klein, verwenden Sie eine größere Nadel.
- Zu wenige Maschen oder Musterwiederholungen – die Maschen sind zu groß, verwenden Sie eine kleinere Nadel.

Fertigen Sie so lange Probestücke an, bis die Maschenprobe des Probestücks mit der angegebenen Maschenprobe übereinstimmt.

GLEICHES GARN, ANDERE NADELSTÄRKE

Die beiden Probestücke aus Stäbchen wurden mit DK-Wollgarn sowie einer 3,5-mm-Häkelnadel (links) beziehungsweise einer 4,5-mm-Häkelnadel (rechts) gearbeitet.

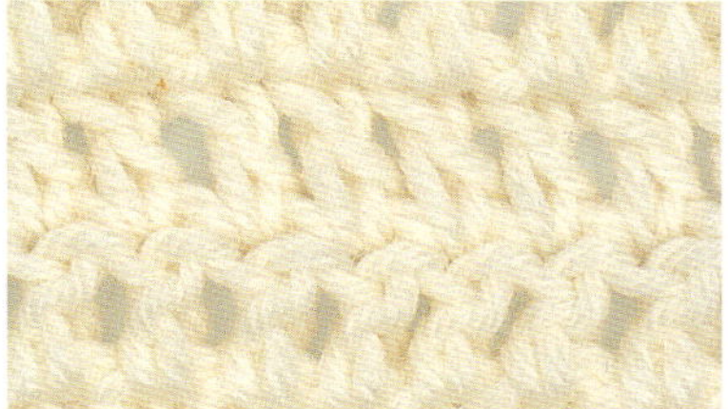

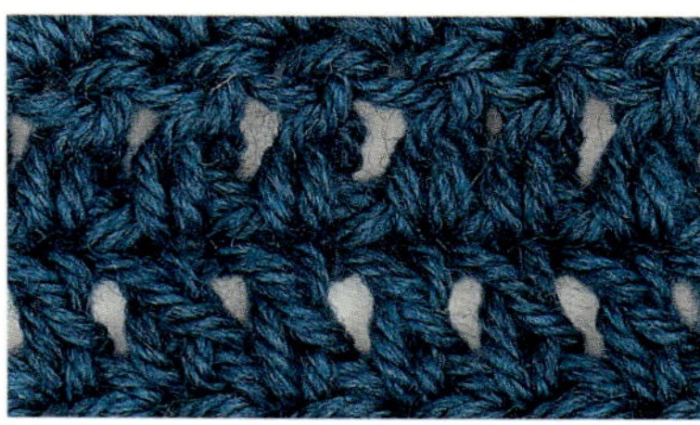

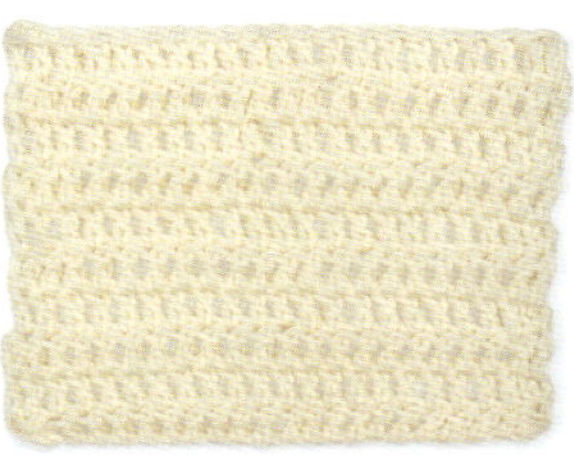

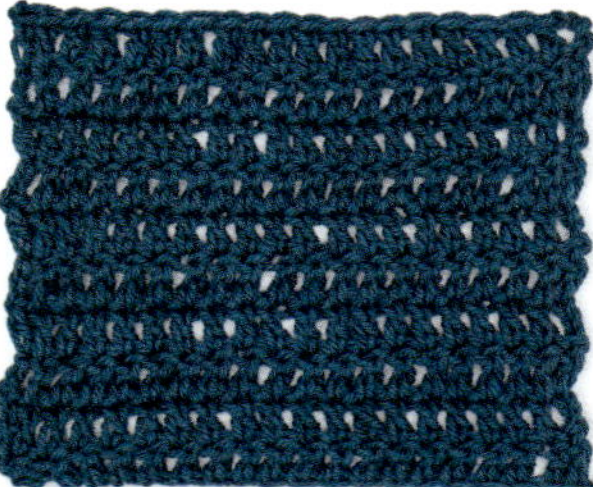

Oben sind die Maschen in der tatsächlichen Größe abgebildet, die Abbildungen unten wurden auf 25 % verkleinert.

GLEICHE NADELSTÄRKE, ANDERES GARN

Die beiden Probestücke aus festen Maschen wurden mit einer 4-mm-Häkelnadel sowie einem DK-Wollgarn (links) beziehungsweise einem Aran-Wollgarn (rechts) gehäkelt.

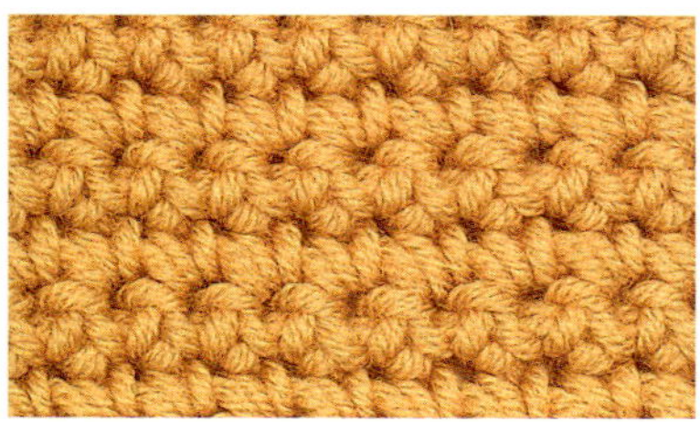

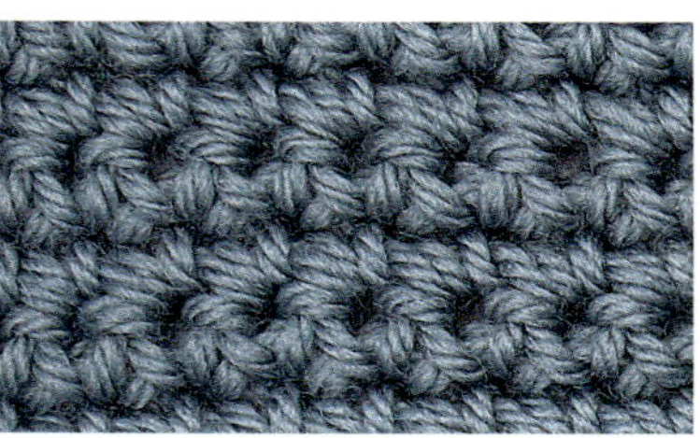

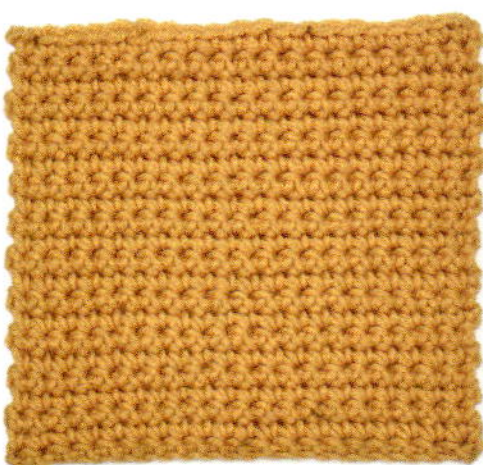

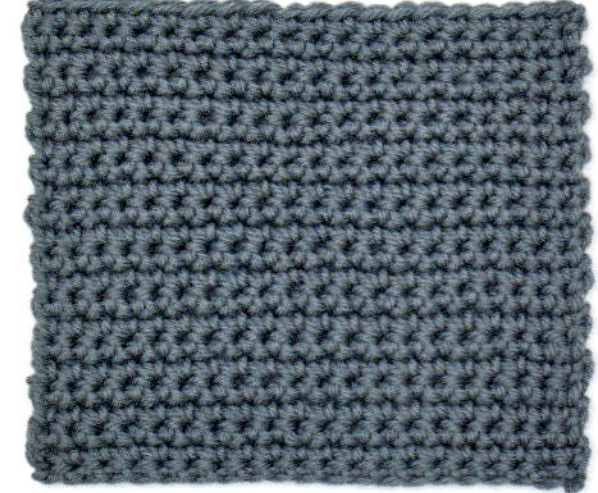

Oben sind die Maschen in der tatsächlichen Größe abgebildet, die Abbildungen unten wurden auf 25 % verkleinert.

ERSTE HILFE

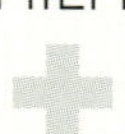

WAS VERSTEHT MAN UNTER DEM FALL EINES HÄKELSTÜCKS?

Der Fall beschreibt die Art und Weise, wie sich ein fertiges Häkelstück verhält: Ist es steif und fest oder leicht und luftig? Der Fall hängt dabei von den gehäkelten Maschen, dem verwendeten Garn und der Nadelstärke ab. Eine hohe Anzahl an Maschen bei der Standard-Maschenprobe ergibt einen steifen Stoff, der ideal für robuste Projekt wie eine Häkeltasche ist, aber weniger geeignet für einen Schal oder ein Tuch. Auch das Spannen der Häkelarbeit kann den Fall beeinflussen – Leinengarne werden durch das Waschen etwa weicher.

Stücke aus höheren Maschen und mit Mustern mit vielen Luftmaschen fallen zudem weicher als Stücke aus nur festen Maschen, denn dabei können sich die Maschen unabhängig voneinander bewegen, sodass das fertige Häkelstück natürlicher „fließt". Indem man die Maschenprobe misst und anpasst, um die empfohlene Anzahl von Maschen und Reihen zu erreichen, fällt das fertige Häkelstück so, wie es der Designer beabsichtigt hat, und man erhält die geeignete Passform für Kleidungsstücke oder ein robustes, widerstandsfähiges Material für gehäkelte Aufbewahrungskörbe, Taschen oder Spielzeug.

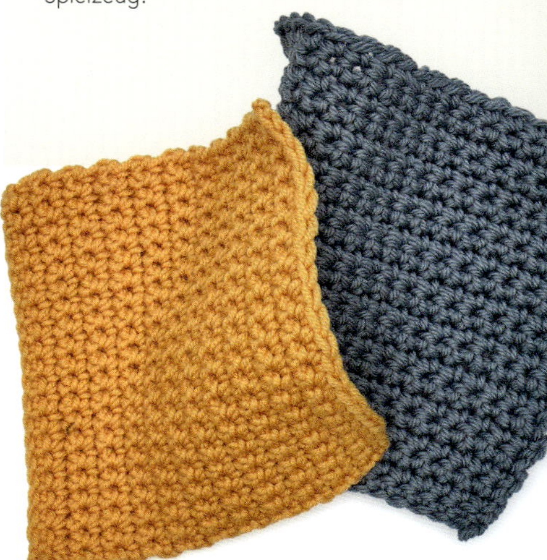

Die jeweilige Maschenprobe beeinflusst den Fall sowie die Größe des fertigen Häkelstücks.

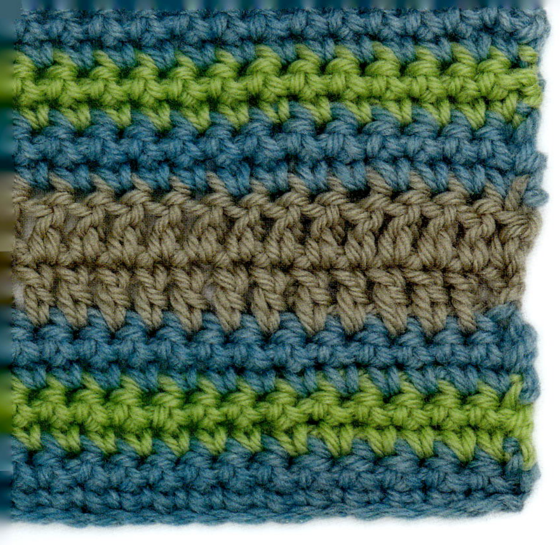

Garnwechsel

Um ein neues Garn anzufügen, etwa wenn man ein Knäuel aufgebraucht hat oder die Farbe wechseln möchte, muss man einen Garnwechsel durchführen. Garnwechsel werden bevorzugt am Ende einer Reihe durchgeführt, um ein schöneres Ergebnis zu erzielen. Das Häkeln von verschiedenfarbigen Streifen ist eine einfache, aber effektive erste Methode, um Arbeiten mit einem simplen Muster aufzuwerten.

GARNWECHSEL MIT UNVOLLSTÄNDIGER MASCHE

Garnwechsel führt man am besten am Ende einer Reihe durch, sodass man die nächste Reihe gleich in der neuen Farbe oder mit dem neuen Garn beginnen kann. Hier wird ein Garnwechsel bei festen Maschen gezeigt.

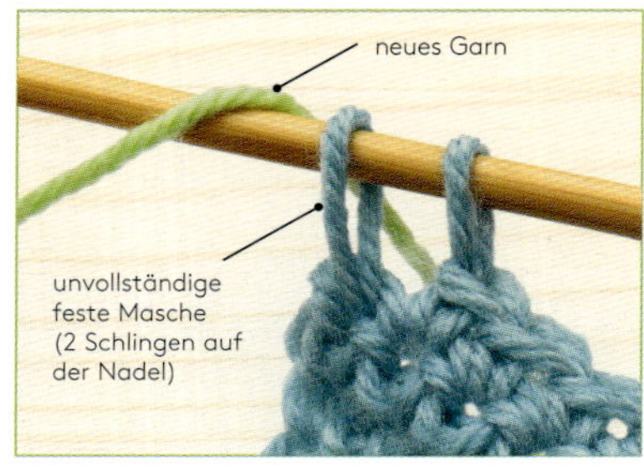

SCHRITT 1
Die letzte feste Masche der Reihe unvollständig lassen, sodass zwei Schlingen auf der Nadel liegen. Den Arbeitsfaden abschneiden und etwa 5 cm lang hängen lassen. Den neuen Arbeitsfaden einmal von hinten nach vorn um die Nadel legen, dabei ein etwa 5 cm langes Fadenende lassen.

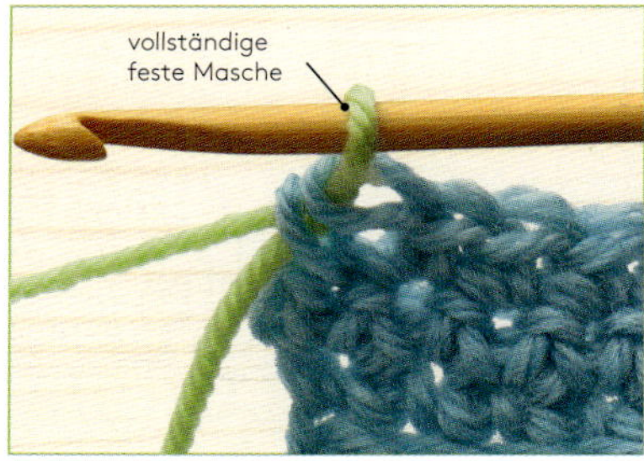

SCHRITT 2
Den neuen Arbeitsfaden durch beide auf der Nadel liegenden Schlingen ziehen, um die unvollständige feste Masche fertigzuhäkeln. Die Masche durch leichten Zug an beiden Fadenenden festziehen.

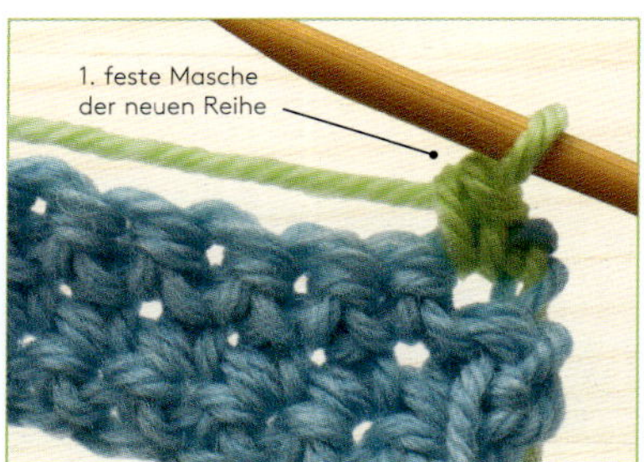

SCHRITT 3
Die Arbeit wenden und mit dem neuen Garn eine Wendeluftmasche häkeln. Durch den Garnwechsel am Ende der vorherigen Reihe kann nun die erste Masche in der neuen Reihe bereits vollständig in der neuen Farbe gehäkelt werden.

STREIFEN HÄKELN

Häkelt man Streifen, die jeweils aus einer geraden Anzahl an Reihen bestehen, finden die Farbwechsel immer am selben Rand der Arbeit statt, sodass man die verschiedenfarbigen Garne am Rand hängen lassen und mitführen kann, anstatt sie jedes Mal abzuschneiden und dann wieder anzufügen. Man nennt das auch „den Faden mitlaufen lassen". Um auf die andere Farbe zu wechseln, einfach bis zum letzten Umschlag der letzten Masche häkeln und dann die Masche mit dem hängengelassenen Garn fertighäkeln. Das funktioniert so allerdings nur bei Streifen, die nicht breiter sind als zwei Reihen, sonst sind am Rand unschöne Spannfäden zu sehen. Bei breiteren Streifen ist es notwendig, am Ende der Reihe den eigentlichen und den mitlaufenden Arbeitsfaden zu überkreuzen, sodass keine langen Spannfäden entstehen.

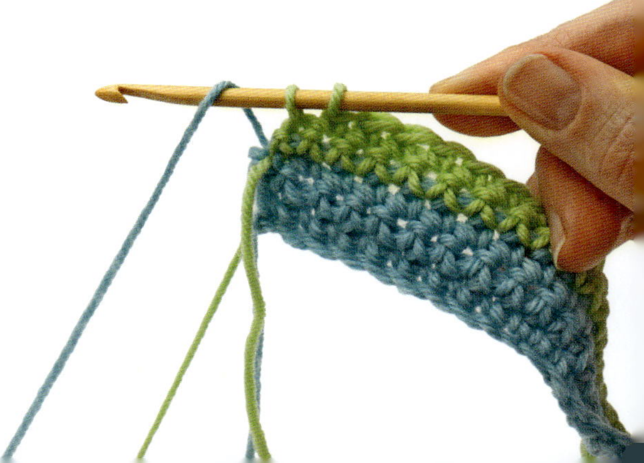

FADENENDEN UMHÄKELN

Nach dem Garnwechsel kann man das abgeschnittene Fadenende einfach auf der Rückseite der Arbeit hängen lassen und später mit einer Sticknadel ohne Spitze vernähen (siehe Seite 41). Mit ein wenig Übung ist es aber auch möglich, das Fadenende in der nächsten Reihe zu umhäkeln und sich so das Vernähen am Ende zu ersparen. Dazu wird das Fadenende hinter die vorherige Maschenreihe gelegt und mit den neuen Maschen umhäkelt.

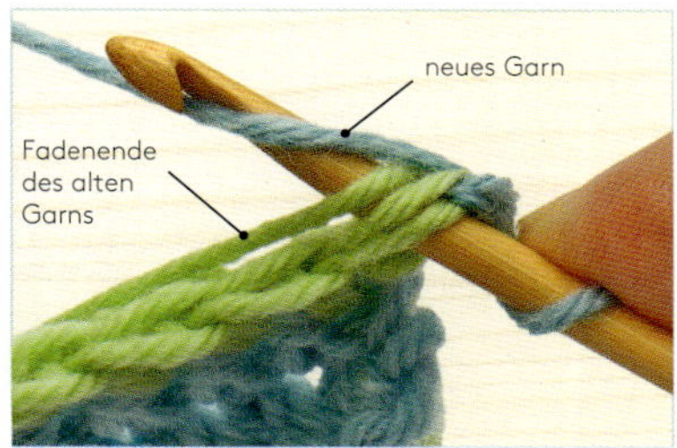

SCHRITT 1

Das Fadenende hinter die vorherige Maschenreihe legen. Wenn man wie hier in Streifen gehäkelt und die Fäden am Rand mitführt, dann gibt es nur beim erstmaligen Farbwechsel lose Fadenenden – oder wenn man ein Garn nicht mehr für weitere Streifen braucht. Um das Fadenende zu umhäkeln, mit der Nadel in die letzte Masche der vorherigen Reihe einstechen, sodass das Fadenende dabei ebenfalls auf der Nadel liegt, und dann wie gewohnt die nächste Masche häkeln.

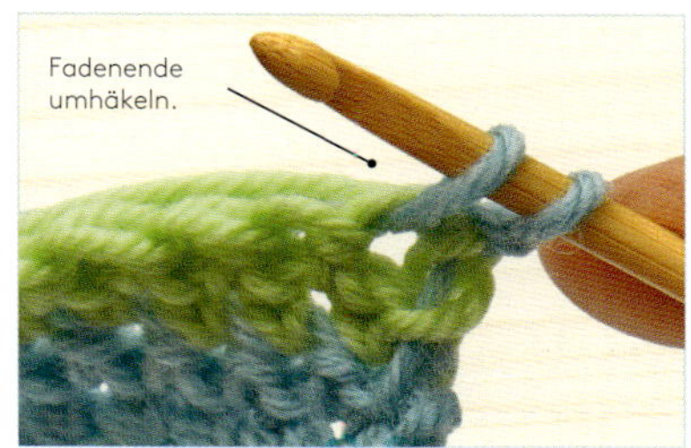

SCHRITT 2

Ist die Masche fertiggehäkelt, ist das Fadenende auf der Rückseite der Arbeit und durch das Umhäkeln mit dem neuen Garn kaum mehr zu sehen. Die Reihe normal fertighäkeln und dabei bei den ersten fünf bis sechs Maschen das Fadenende wie in Schritt 1 umhäkeln.

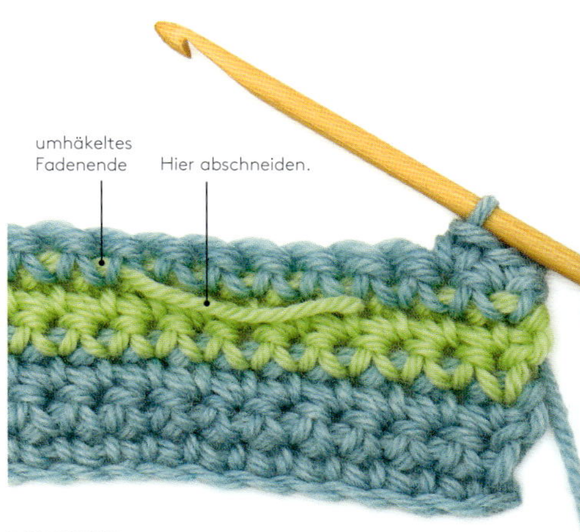

SCHRITT 3

Wenn man nun die Arbeit wendet, sieht man, dass das Fadenende sauber umhäkelt ist. Das verbleibende Fadenende kann man nun nah an der letzten Masche abschneiden. Wichtig ist es dabei, Garnwechsel am besten am Ende einer Rückreihe durchzuführen, sodass das Fadenende auf der Rückseite der Arbeit umhäkelt werden kann.

GARNWECHSEL MIT ANFANGSSCHLINGE

Ein neues Garn kann man auch mithilfe einer Anfangsschlinge anfügen. Diese Methode eignet sich für jede Maschenart, hier wird der Garnwechsel am Beginn einer Reihe Stäbchen gezeigt. Beim Garnwechsel mit Anfangsschlinge empfiehlt es sich, das neue Garn am Anfang einer neuen Reihe anzufügen.

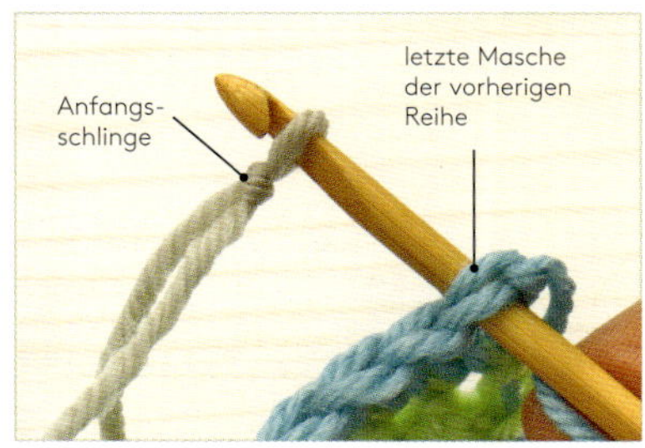

SCHRITT 1

Mit dem neuen Garn eine Anfangsschlinge häkeln, als würde man eine Luftmaschenkette häkeln wollen. Die Schlinge von der Nadel schieben, mit der Nadel von vorn nach hinten in die letzte Masche der vorherigen Reihe einstechen und die Anfangsschlinge wieder auf die Nadel nehmen.

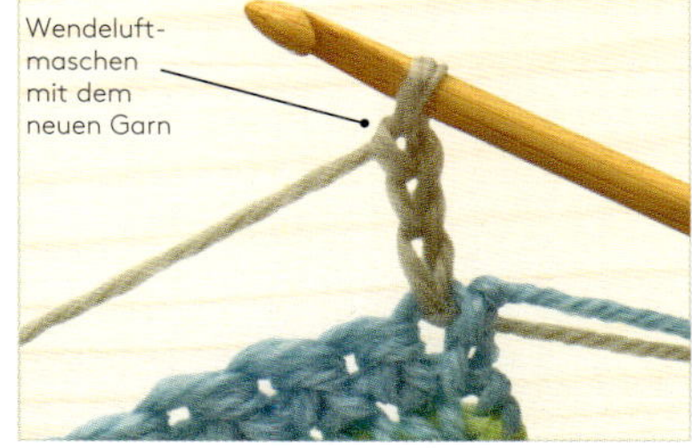

SCHRITT 2

Die Anfangsschlinge bis zum Knoten durchziehen, den Arbeitsfaden von hinten nach vorn um die Nadel legen und die angegebene Anzahl an Wendeluftmaschen häkeln.

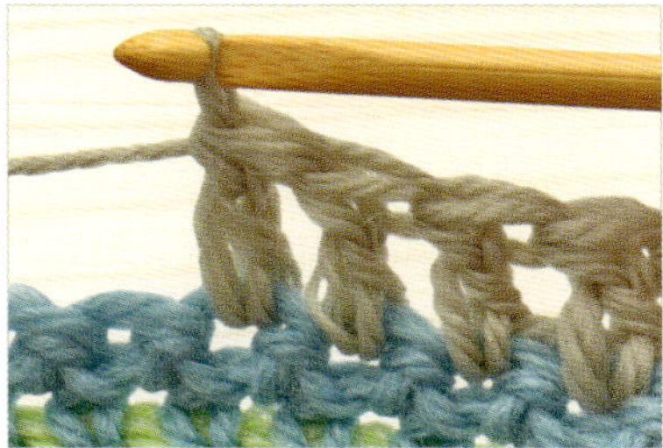

SCHRITT 3

Nun ganz normal mit dem neuen Garn weiterhäkeln. Die Fadenenden kann man umhäkeln (siehe oben) oder anschließend vernähen.

SYMBOLE

- ⬭ Lm
- + fM
- T hStb
- ⊤ Stb

Ungleiche Streifen

Für dieses Muster braucht man vier verschiedenfarbige Garne: A, B, C und D. Die letzte Masche in jeder Reihe wird in die obere Wendemasche der vorherigen Reihe gehäkelt.

Luftmaschenkette: Mit Garn A die gewünschte Anzahl an Lm + 1 anschl.
Reihe 1: 1 fM in die 3. Lm ab Nd, 1 fM in jede folg Lm bis R-Ende, wenden.
Reihe 2: 1 Lm (zählt als 1 fM), 1 M überg, 1 fM in jede folg M bis R-Ende, wenden. Garn A abschneiden und durchziehen, Garn B anfügen.
Reihe 3: 2 Lm (zählen als 1 hStb), 1 M überg, 1 hStb in jede folg M bis R-Ende, wenden.
Reihe 4: Wie Reihe 3 arb. Garn B abschneiden und durchziehen, Garn C anfügen.
Reihe 5: 3 Lm (zählen als 1 Stb), 1 M überg, 1 Stb in jede folg M bis R-Ende, wenden. Garn C abschneiden und durchziehen, Garn D anfügen.
Reihe 6: 1 Lm (zählt als 1 fM), 1 M überg, 1 fM in jede folg M bis R-Ende, wenden. Garn D abschneiden und durchziehen, Garn C anfügen.
Reihe 7: 2 Lm (zählen als 1 hStb), 1 M überg, 1 hStb in jede folg M bis R-Ende, wenden. Garn C abschneiden und durchziehen, Garn B anfügen.
Reihen 2–7 nach folgendem Farbmuster wdh: B, A, B, C, D, C.

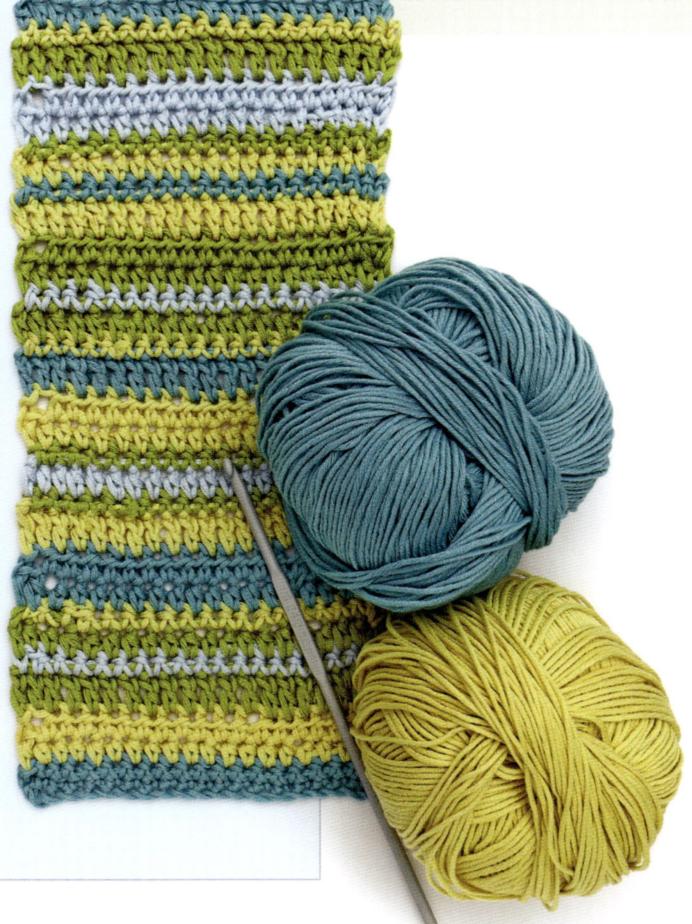

ERSTE HILFE

HILFE! IN MEINEM GARN IST EIN KNOTEN – WAS JETZT?

Wenn man einen Knoten im Garn hat, kann dieser zu einer Schwachstelle in der Häkelarbeit führen. Wenn noch genug Garn bis zum Knoten übrig ist, um bis zum Ende der Reihe zu häkeln, führen Sie dann einfach einen Garnwechsel mit einer unvollständigen Masche (siehe Seite 32) oder einer Anfangsschlinge (siehe Seite 33) durch. Wenn sich der Knoten in der Mitte einer Reihe befinden, arbeiten Sie bis zum letzten Umschlag der nächsten Masche, schneiden Sie das Garn ab und fügen Sie es nach dem Knoten mit einem Garnwechsel mit einer unvollständigen Masche wieder an. Die Fadenenden dann einfach auf der Rückseite umhäkeln.

STREIFEN MAL ANDERS

Indem man unterschiedlich hohe Maschen innerhalb einer Reihe kombiniert und verschiedenfarbige Garne verwendet, lässt sich einem Streifenmuster eine interessante Optik verleihen. Das ist ein sehr einfaches Muster – eigentlich nur eine Abfolge von Streifen, die aus je zwei Reihen bestehen –, das einen tollen Ersatz für etwas kompliziertere Wellenmuster (siehe Seite 98) ergibt. Es lohnt sich also, damit zu experimentieren!

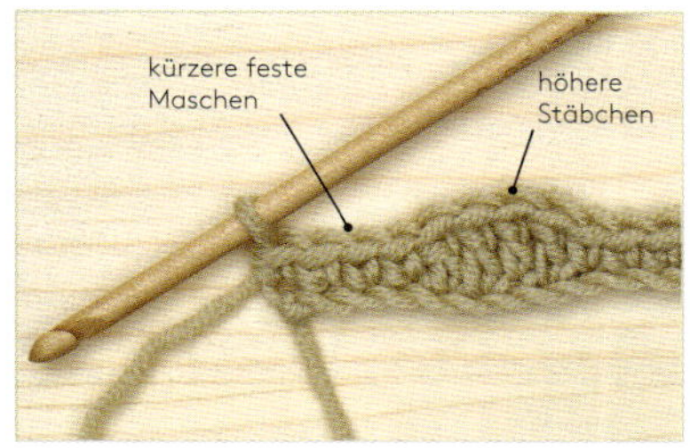

SCHRITT 1

Indem man mit Maschen in verschiedenen Höhen arbeitet, entsteht der Eindruck eines Wellenmusters. Hier werden in den ersten beiden Reihen abwechselnd jeweils vier feste Maschen und vier Stäbchen gehäkelt (feste Maschen und Stäbchen sind dabei übereinander positioniert), um diesen Effekt zu erzielen.

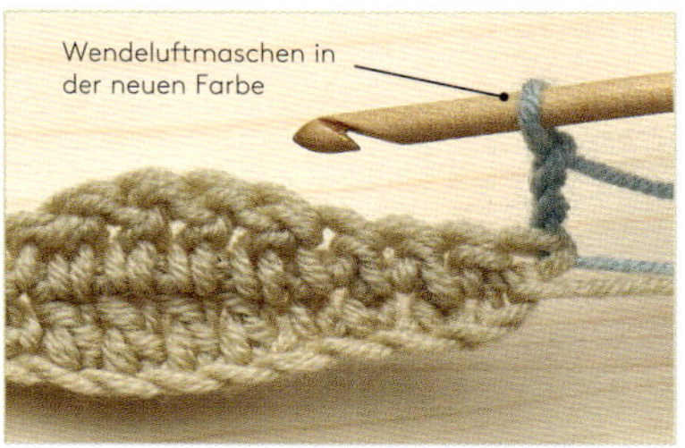

SCHRITT 2

Am Ende der zweiten Reihe folgt ein Garnwechsel beim letzten Umschlag der letzten festen Masche (siehe Seite 32).

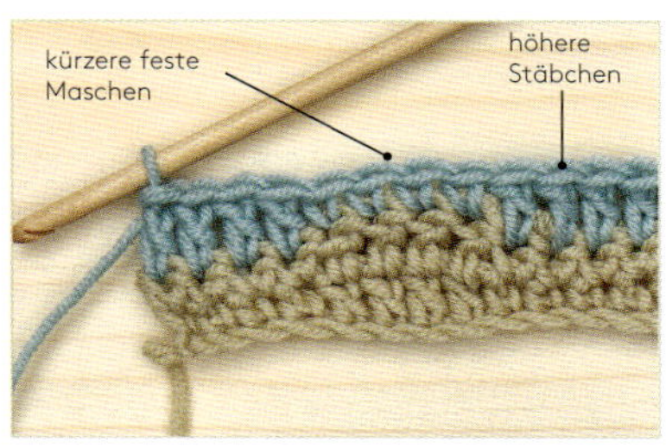

SCHRITT 3

In der dritten Reihe werden ebenfalls abwechselnd feste Maschen und Stäbchen gearbeitet, allerdings werden nun die festen Maschen in die Stäbchen und die Stäbchen in die festen Maschen gearbeitet.

Gewellte Streifen

Für dieses Muster braucht man zwei verschiedenfarbige Garne: A und B. Alle zwei Reihen findet ein Garnwechsel statt, dabei die Fäden jeweils nicht abschneiden, sondern am Rand mitführen. Die letzte Masche in jeder Reihe wird in die obere Wendemasche der vorherigen Reihe gehäkelt.

Luftmaschenkette: Mit Garn A ein Vielfaches von 8 Lm + 5 anschl.
Reihe 1: 1 fM in 3. M ab Nd, 1 fM in jede der folg 2 Lm, *1 Stb in jede der folg 4 Lm, 1 fM in jede der folg 4 Lm, ab * bis R-Ende wdh, wenden.
Reihe 2: 1 Lm (zählt als 1 fM), 1 fM überg, 1 fM in jede der folg 3 fM, *1 Stb in jedes der folg 4 Stb, 1 fM in jede der folg 4 fM, ab * bis R-Ende wdh, dabei beim letzten Umschlag auf Garn B wechseln, wenden.
Reihe 3: 3 Lm (zählen als 1 Stb), 1 fM überg, 1 Stb in jede der folg 3 fM, *1 fM in jedes der folg 4 Stb, 1 Stb in jede der folg 4 fM, ab * bis R-Ende wdh, wenden.
Reihe 4: 3 Lm (zählen als 1 Stb), 1 Stb überg, 1 Stb in jedes der folg 3 Stb, *1 fM in jede der folg 4 fM, 1 Stb in jedes der folg 4 Stb, ab * bis R-Ende wdh, dabei beim letzten Umschlag auf Garn A wechseln, wenden.
Reihe 5: 1 Lm (zählt als 1 fM), 1 Stb überg, 1 fM in jedes der folg 3 Stb, *1 Stb in jede der folg 4 fM, 1 fM in jede der folg 4 Stb, ab * bis R-Ende wdh, wenden.
Reihe 6: Wie Reihe 2.
Reihen 3–6 wdh.

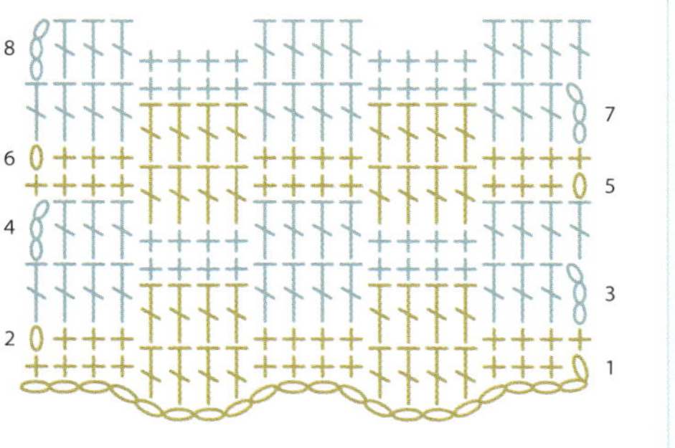

SYMBOLE
Lm
fM
Stb

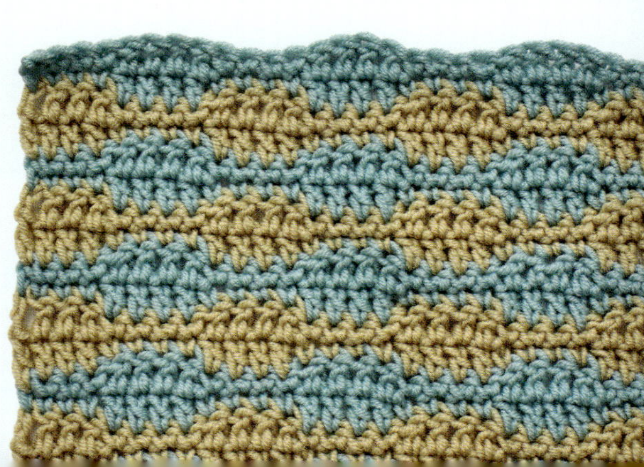

Zu- und Abnahmen

Zu- und Abnahmen bezeichnen das Erhöhen bzw. das Verringern der Maschenanzahl in einer Reihe. Das ist etwa für das Häkeln von Kuscheltieren oder Kleidungsstücken notwendig. Zu- und Abnahmen können an jeder beliebigen Stelle innerhalb einer Reihe gearbeitet werden, um einen unsichtbaren Übergang zu erzielen – oder man kann Maschen am Rand zu- oder abnehmen, wodurch ein Treppenmuster entsteht. Die Beispiele unten zeigen verschiedene Arten von Zu- und Abnahmen.

ERSTE HILFE

BEI IN EINE EINSTICHMASCHE GEHÄKELTE MASCHEN AM RAND SEHEN DIE RÄNDER UNORDENTLICH AUS – WAS TUN?

Für einen sauberen Abschluss am Anfang einer Reihe die erste Masche und dann die Zunahme häkeln. Am Ende der Reihe bis zu den letzten zwei Maschen häkeln – die letzte Masche ist meist die (obere) Wendeluftmasche. Die Zunahme in die vorletzte Masche häkeln und dann die letzte Masche wie gewohnt häkeln. Zur Formgebung bei Kleidungsstücken werden Zunahmen mit zwei Maschen in eine Einstichmasche oft am Anfang und Ende von Reihen gearbeitet. Indem man sie so arbeitet, erhält man saubere Ränder, an denen sich die einzelnen Teile gut zusammennähen lassen.

QUADRAT

Für dieses Quadrat wird eine Luftmaschenkette in der Länge von zwei Seiten des Quadrats angeschlagen. In der Mitte jeder Reihe werden nun Maschen abgenommen, indem zwei festen Maschen zusammengehäkelt werden – so entsteht ein gleichmäßiges Quadrat.

RAUTE

Für eine Raute werden bis zur Mitte in jeder Reihe Maschen zugenommen, indem am Rand jeweils zwei feste Maschen in eine Masche gehäkelt werden, ab der Mitte werden jeweils am Rand zwei feste Maschen zusammengehäkelt.

ZACKEN

Bis zur Mitte wird an einem Rand jeweils eine Masche zu- und am anderen eine Masche abgenommen, ab der Mitte andersherum.

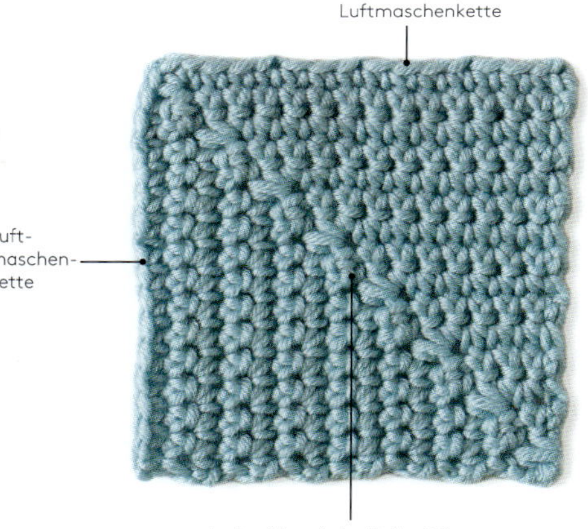

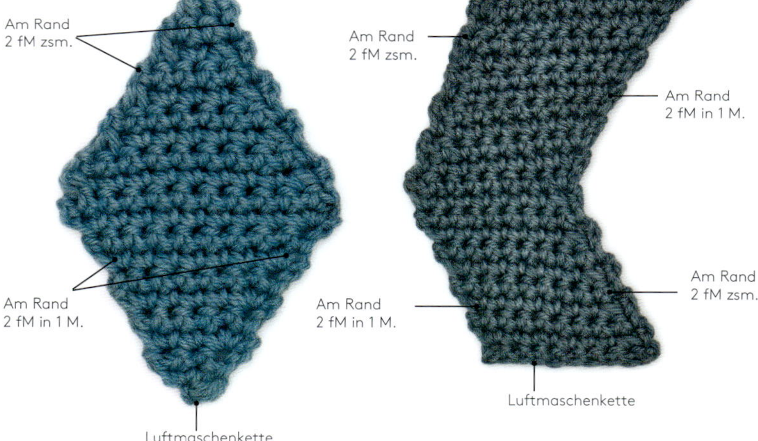

T-FORM

Zunahmen am Reihenbeginn und am Reihenende dienen dazu, das Häkelstück oben breiter werden zu lassen.

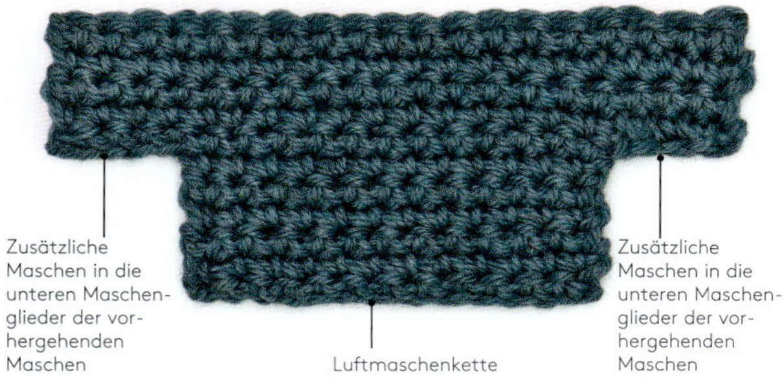

UMGEKEHRTE T-FORM

Abnahmen am Reihenbeginn und am Reihenende dienen dazu, das Häkelstück oben schmaler werden zu lassen.

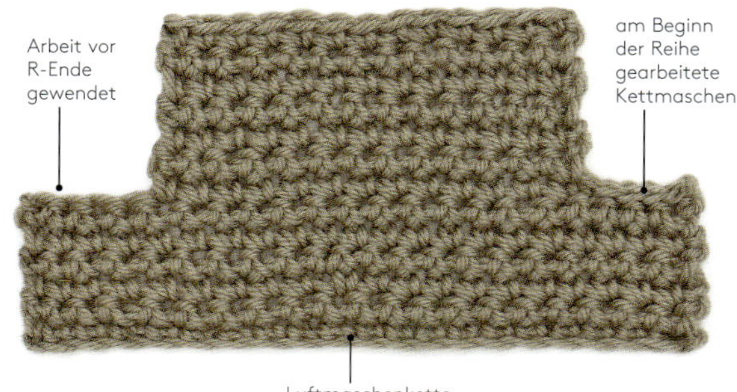

ZUNAHMEN

Meist erfolgen Zunahmen dadurch, dass zwei (oder mehr) Maschen in dieselbe Einstichmasche gearbeitet werden. Durch diese Methode lassen sich Maschen an jeder beliebigen Stelle innerhalb einer Reihe hinzufügen. Zudem kann man Zunahmen auch am Reihenbeginn oder am Reihenende arbeiten, indem man zusätzliche Luftmaschen hinzufügt und dann in diese hineinhäkelt; dadurch entsteht allerdings ein treppenförmig abgestufter Rand. Die hier gezeigten Beispiele wurden mit festen Maschen gehäkelt, aber das Prinzip ist bei allen Grundmaschen dasselbe.

MASCHENZUNAHME INNERHALB EINER REIHE

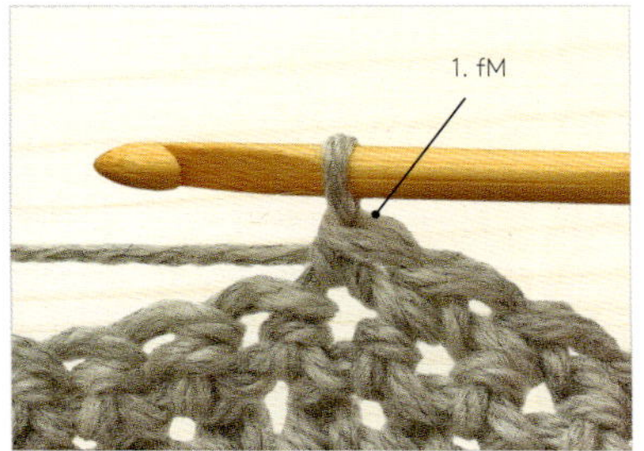

SCHRITT 1

Bis zu der Stelle, an der die Zunahme erfolgen soll, häkeln, dann wie gewohnt eine feste Masche in die nächste Masche der vorherigen Reihe häkeln.

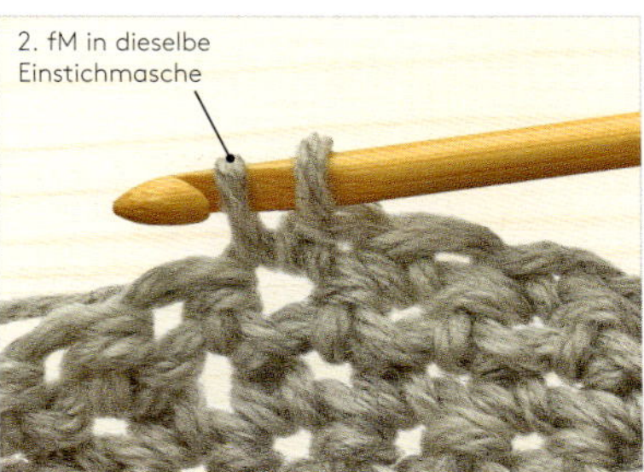

SCHRITT 2

Anstatt nun die nächste feste Masche in die nächsten Masche der vorherigen Reihe zu häkeln, eine zweite feste Masche in dieselbe Masche der vorherigen Reihe häkeln.

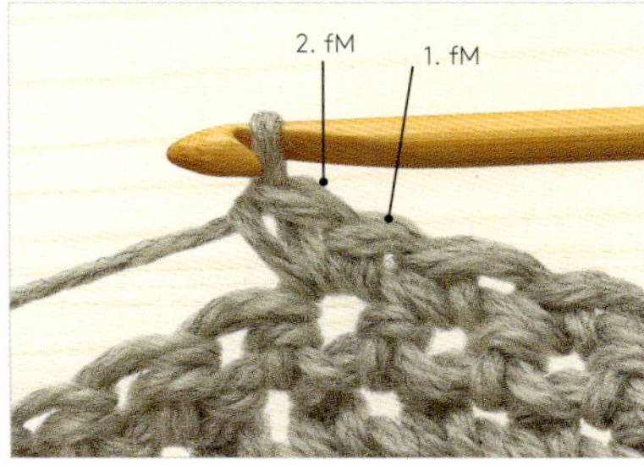

SCHRITT 3

Damit wurde eine Masche zugenommen – man bezeichnet diese Art der Zunahme auch einfache Zunahme. Um mehr als eine Masche zuzunehmen, häkelt man einfach mehrere Maschen in dieselbe Einstichmasche. Häkelt man etwa eine dritte feste Masche in dieselbe Einstichmasche, hat man zwei Maschen zugenommen – diese Art der Zunahme bezeichnet man auch als doppelte Zunahme.

MASCHENZUNAHME AM REIHENBEGINN

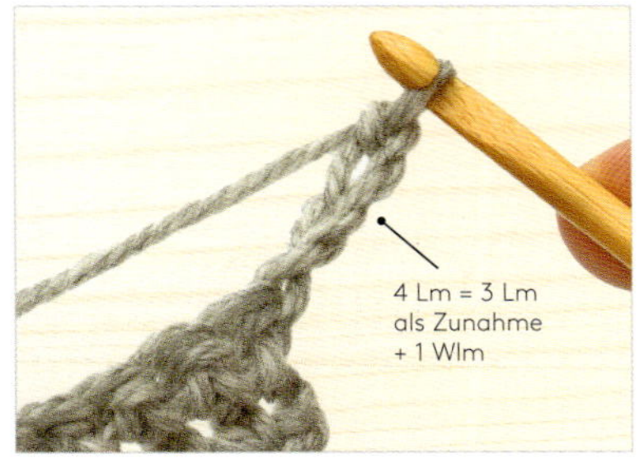

SCHRITT 1

Um mehrere Maschen am Rand der Arbeit zuzunehmen, bis zum Reihenende häkeln, die Arbeit wenden und dann so viele Luftmaschen häkeln, wie Maschen zugenommen werden sollen, plus die angegebenen Wendeluftmaschen. In diesem Beispiel sollen drei Maschen zugenommen werden – daher werden vier Luftmaschen gehäkelt: drei Luftmaschen für die Zunahme und eine Wendeluftmasche. Hier wird mit festen Maschen gearbeitet, daher braucht man nur eine Wendeluftmasche, bei höheren Maschen unbedingt auf die korrekte Anzahl an Wendeluftmaschen achten.

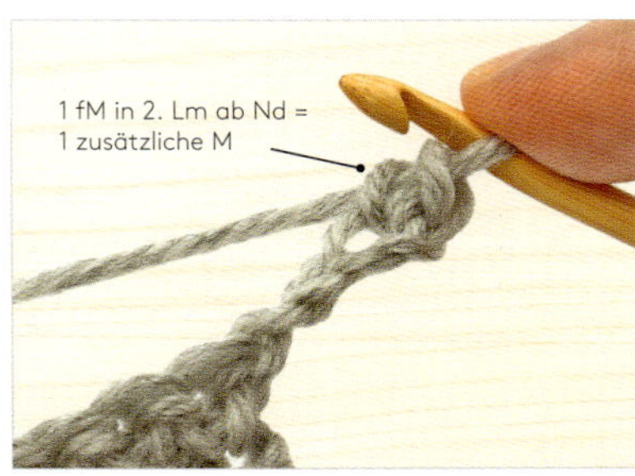

SCHRITT 2

Die Wendeluftmasche übergehen (bei höheren Maschen muss man entsprechend mehr Wendeluftmaschen übergehen) und dann in jede der zusätzlichen Luftmaschen eine feste Masche häkeln.

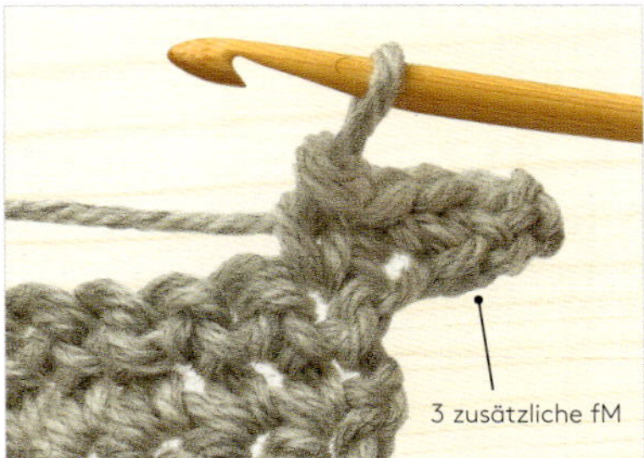

SCHRITT 3

Damit wurden drei Maschen zugenommen – am besten zählt man die Maschen nach, um sicherzugehen, dass man die richtige Anzahl zugenommen hat.

SCHRITT 4

Für symmetrische Zunahmen an beiden Rändern der Arbeit werden am Reihenbeginn zusätzliche Luftmaschen und am Reihenende zusätzliche Maschen in das untere Maschenglied der jeweils vorhergehenden Masche gehäkelt.

ABNAHMEN

Das Verringern der Maschenanzahl wird als Abnehmen von Maschen bezeichnet. Abnahmen dienen dazu, Formen und Effekte wie etwa Zickzack- und Wellenmuster zu erzeugen oder Arm- oder Halsausschnitte an Kleidungsstücken zu arbeiten. Indem man Zu- und Abnahmen über eine Reihe hinweg kombiniert, lassen sich interessante Muster erzeugen.

MASCHENABNAHME INNERHALB EINER REIHE FESTER MASCHEN

Diese Methode ermöglicht es, die Maschenanzahl gleichmäßig über eine Reihe hinweg zu reduzieren. Die häufigste Art der Abnahme ist die einfache Abnahme, bei der zwei Maschen gemeinsam abgemascht beziehungsweise zusammengehäkelt werden, um eine Masche abzunehmen. Die Abkürzung für das Abnehmen einer Masche in einer Reihe fester Maschen lautet „2 fM zsm", was bedeutet, dass zwei feste Maschen zusammengehäkelt werden. Es ist aber auch möglich, mehr als zwei Maschen auf einmal nach demselben Prinzip abzunehmen. Eine Abnahme von zwei Maschen, eine sogenannte doppelte Abnahme, wird zum Beispiel durch das Zusammenhäkeln von drei Maschen erreicht. Bei festen Maschen lautet die Abkürzung dafür „3 fM zsm".

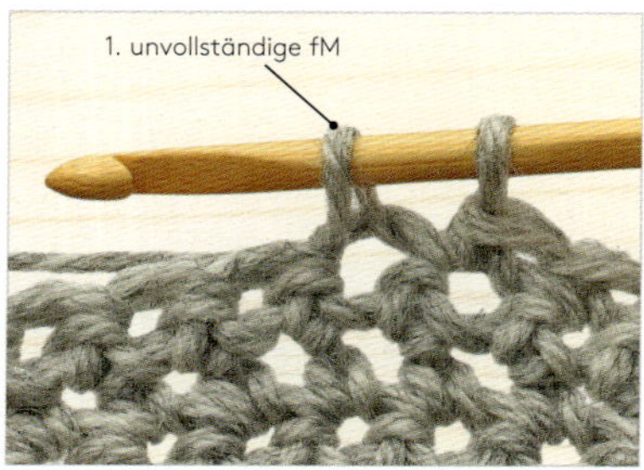

SCHRITT 1
Bis zu der Stelle, an der die Abnahme erfolgen soll, häkeln, dann wie gewohnt eine feste Masche in die nächste Masche der vorherigen Reihe häkeln, diese aber nur bis zum letzten Umschlag arbeiten – damit liegen zwei Schlingen auf der Nadel.

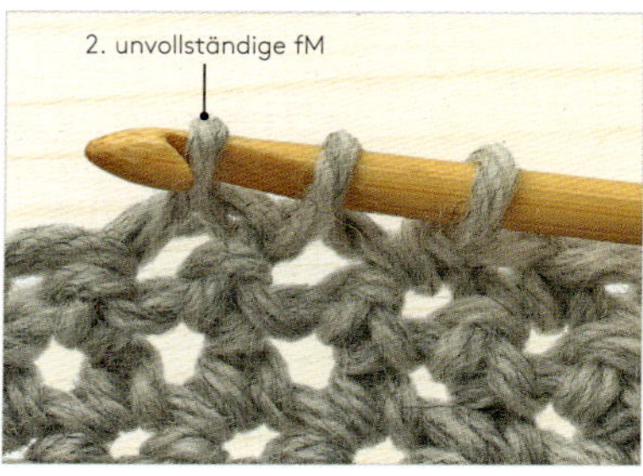

SCHRITT 2
Nun mit der Nadel in die nächste Masche der vorherigen Reihe einstechen, den Arbeitsfaden einmal von hinten nach vorn um die Nadel legen (Umschlag) und durchziehen – nun liegen drei Schlingen auf der Nadel.

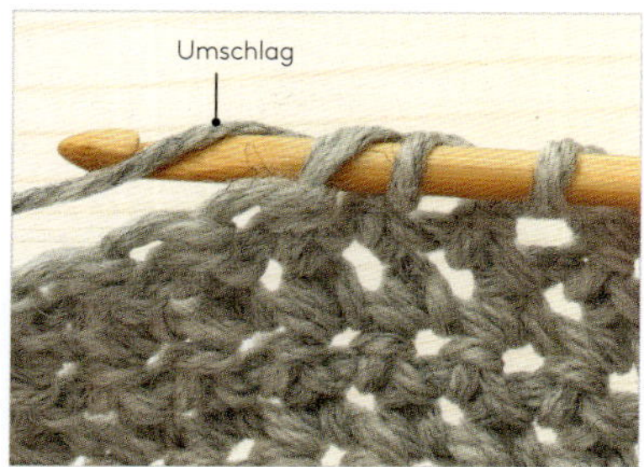

SCHRITT 3
Den Arbeitsfaden einmal von hinten nach vorn um die Nadel legen (Umschlag) und durch alle drei Schlingen auf der Nadel ziehen.

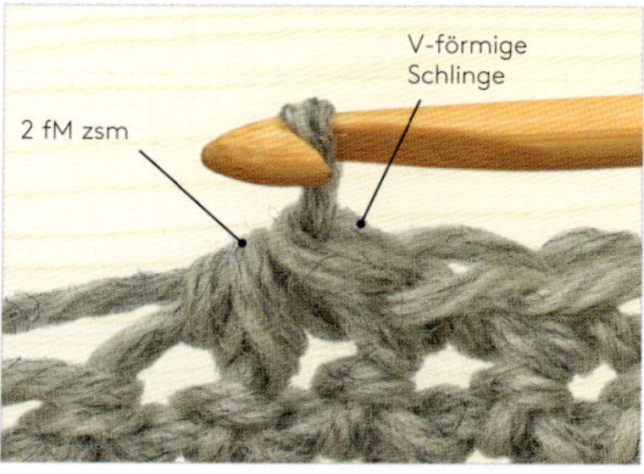

SCHRITT 4
Damit wurde eine Masche abgenommen. Die fertige Masche besteht aus zwei unvollständigen festen Maschen, die oben miteinander verbunden sind, sodass nur eine V-förmige Schlinge zu sehen ist.
In der nächsten Reihe wie gewohnt mit der Nadel unterhalb dieser V-förmigen Schlinge einstechen und eine feste Masche in die zusammengehäkelten festen Maschen der vorherigen Reihe arbeiten.

3 UNGEWÖHNLICHE MASCHENABNAHMEN

1 Die Maschenanzahl lässt sich zudem auch verringern, indem man einfach eine Masche der vorherigen Reihe übergeht (sprich auslässt). Diese Technik wird meist am Anfang einer Reihe angewendet, sie kann allerdings zu einer kleinen Lücke führen. Bei Anfängern geschehen diese Abnahmen oft ungewollt – was dazu führt, dass sich die Häkelarbeit wellt. Das ist ein weiterer Grund dafür, sich anzugewöhnen, regelmäßig die Maschen zu zählen, um die Maschenanzahl nicht unabsichtlich zu verringern.

2 Bei dickeren Garnen können klassische Abnahmen, bei denen mehrere Maschen zusammengehäkelt werden (etwa 2 fM zsm), eine Lücke in der Arbeit hinterlassen. Um dies zu vermeiden, mit der Nadel nicht wie gewohnt jeweils unterhalb der V-förmigen Schlinge der beiden nächsten Maschen in der vorherigen Reihe einstechen, sondern stattdessen bei der ersten Masche mit der Nadel nur in das vordere Maschenglied, also die vordere Schlaufe des Vs, und bei der zweiten nur in das hintere Maschenglied, also die hintere Schlaufe des Vs, einstechen. (Siehe Seite 77 für eine ähnliche Methode, die unsichtbare Abnahme genannt wird und bei Amigurumi beliebt ist.)

3 Eine weitere, aber etwas weniger oft verwendete Methode, Maschen abzunehmen, besteht darin, die Arbeit am Ende der Reihe einfach zu wenden, ohne die letzte Masche zu häkeln. Dabei entstehen allerdings kleine Stufen am Rand.

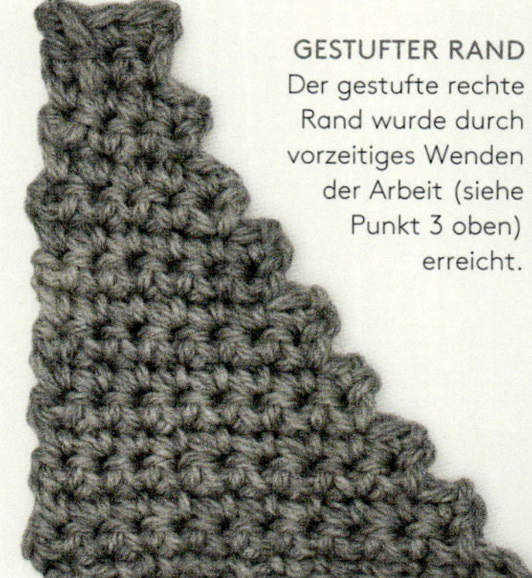

GESTUFTER RAND
Der gestufte rechte Rand wurde durch vorzeitiges Wenden der Arbeit (siehe Punkt 3 oben) erreicht.

MASCHENABNAHME INNERHALB EINER REIHE ANDERER MASCHEN

Nach dem gleichen Prinzip wie bei festen Maschen lassen sich auch Abnahmen innerhalb einer Reihe anderer Maschen arbeiten. Dafür einfach die jeweilige Masche bis zum letzten Umschlag arbeiten und die Masche unvollständig lassen. Dann die zweite Masche wie gewohnt ebenfalls bis zum letzten Umschlag arbeiten und anschließend den Arbeitsfaden durch alle auf der Nadel liegenden Schlingen ziehen, um die Maschen zusammenzuhäkeln. In diesem Beispiel werden zwei Stäbchen zusammengehäkelt (2 Stb zsm).

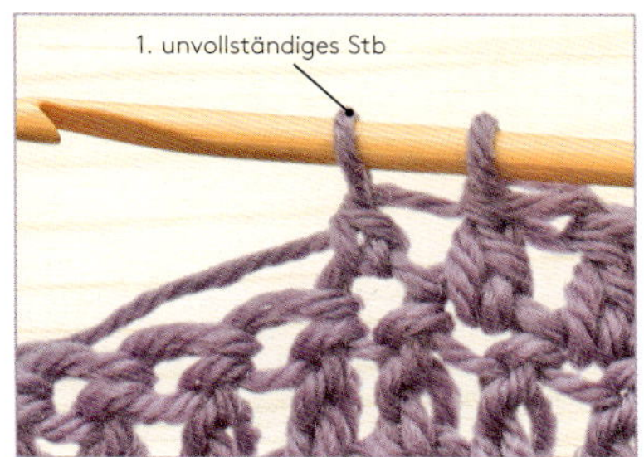

SCHRITT 1

Bis zu der Stelle, an der die Abnahme erfolgen soll, häkeln, dann den Arbeitsfaden von hinten nach vorn um die Nadel legen (Umschlag) und in die nächste Masche einstechen, den Arbeitsfaden wieder von hinten nach vorn um die Nadel legen (Umschlag) und durchziehen (drei Schlingen auf der Nadel). Den Arbeitsfaden wieder von hinten nach vorn um die Nadel legen (Umschlag) und durch die ersten beiden auf der Nadel liegenden Schlingen ziehen.

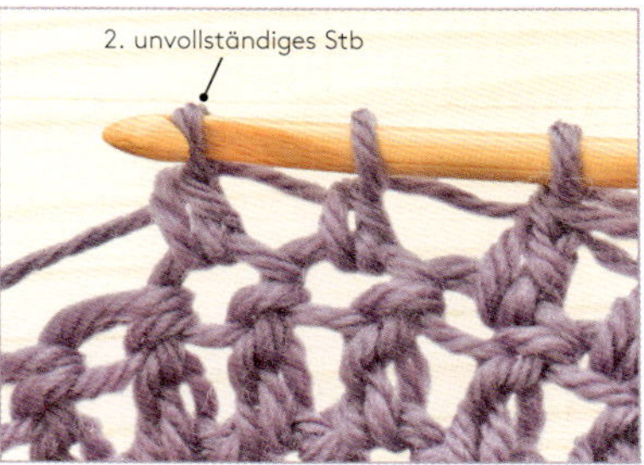

SCHRITT 2

Nun den Arbeitsfaden von hinten nach vorn um die Nadel legen (Umschlag), in die nächste Masche einstechen und das zweite Stäbchen häkeln, bis drei Schlingen auf der Nadel liegen.

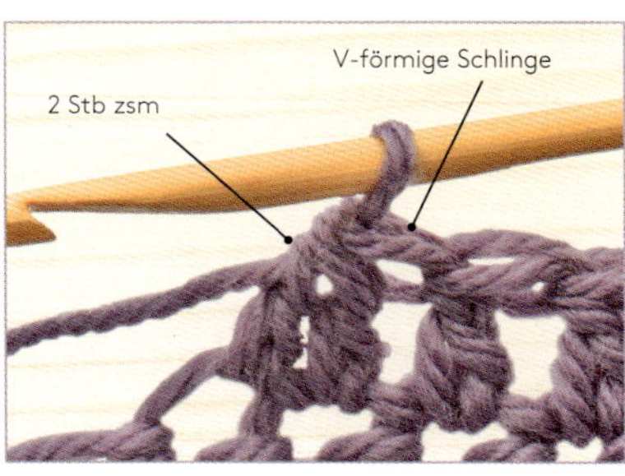

SCHRITT 3

Den Arbeitsfaden von hinten nach vorn um die Nadel legen (Umschlag) und durch alle drei auf der Nadel liegenden Schlingen ziehen. Damit wurde eine Masche abgenommen. Die fertige Masche besteht aus zwei unvollständigen Stäbchen, die oben miteinander verbunden sind, sodass nur eine V-förmige Schlinge zu sehen ist. In der nächsten Reihe wie gewohnt mit der Nadel unterhalb dieser V-förmigen Schlinge einstechen und ein Stäbchen in die zusammengehäkelten Stäbchen der vorherigen Reihe arbeiten.

MASCHENABNAHME AM REIHENBEGINN UND AM REIHENENDE

Abnahmen am Reihenbeginn und am Reihenende sind geeignet, um mehrere Maschen auf einmal abzunehmen. Diese Methode kommt vor allem bei Armausschnitten zum Einsatz und funktioniert bei allen Grundmaschen nach demselben Prinzip.

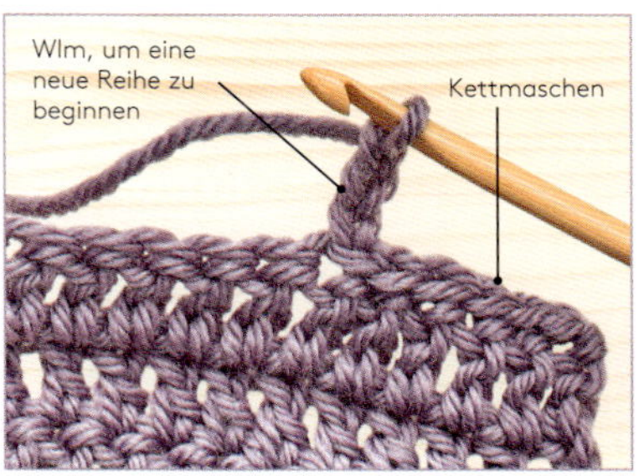

SCHRITT 1

Am Reihenbeginn werden statt normalen Maschen Kettmaschen gehäkelt, um die erforderliche Zahl an Maschen abzunehmen – dann wird die erforderliche Anzahl an Wendeluftmaschen gearbeitet und die Reihe wie angegeben fertiggehäkelt. In den folgenden Reihen wird nicht in die Kettmaschen gehäkelt. Dabei kann es hilfreich sein, die letzte Kettmasche mit einem Maschenmarkierer zu kennzeichnen, um nicht aus Versehen in der nächsten Reihe eine Masche in diese zu häkeln.

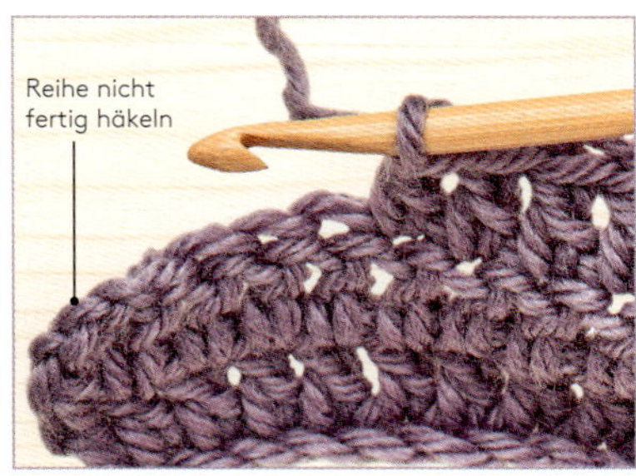

SCHRITT 2

Für Maschenabnahmen am Reihenende wird die Arbeit einfach gewendet, ohne die Reihe fertigzuhäkeln. In der jeweiligen Anleitung ist angegeben, wann genau man die Arbeit wenden soll. In die übergangenen Maschen wird auch in den folgenden Reihen nicht gehäkelt.

Fertigstellung

Wenn man etwas Zeit investiert, um ein Häkelstück sorgfältig fertigzustellen, kann das einen großen Unterschied im Hinblick auf das Endergebnis machen. In diesem Abschnitt finden Sie Hinweise zu den wichtigsten Techniken, mit denen Sie Ihrer Arbeit ein professionelles Finish verleihen können: vom Vernähen loser Fadenenden über das Spannen oder Bügeln, um Maschen zu glätten und die Form zu fixieren, bis hin zum Verbinden von Häkelstücken durch Zusammennähen oder Zusammenhäkeln.

FADENENDEN VERNÄHEN

Bei jedem Projekt gibt es mindestens zwei lose Fadenenden – eines am Anfang und eines am Ende –, die auf der Rückseite des Häkelstücks vernäht werden sollten. Im Idealfall sollte man die Fadenenden immer relativ lang hängen lassen – etwa 10–15 cm –, damit man genug Spielraum hat, um sie mit einer Sticknadel ohne Spitze zu vernähen. Es gibt beim Vernähen keine wirklichen Regeln, außer dass dies auf der Rückseite geschehen sollte – senkrecht, waagrecht oder diagonal. Wichtig ist dabei zu beachten, dass es einige Garnarten gibt, etwa Baumwoll- oder Seidengarne, die leicht rutschig sind und sich dadurch lockern können, hier sollte man besonders darauf achten, die Fadenenden sorgfältig zu vernähen. Bei anderen Garnarten, etwa bei Woll- oder Mohairgarnen, „verhaken" sich die Fasern hingegen und bleiben dadurch stabil verbunden. Zur Veranschaulichung wird hier beim Vernähen ein Garn in einer kontrastierenden Farbe verwendet.

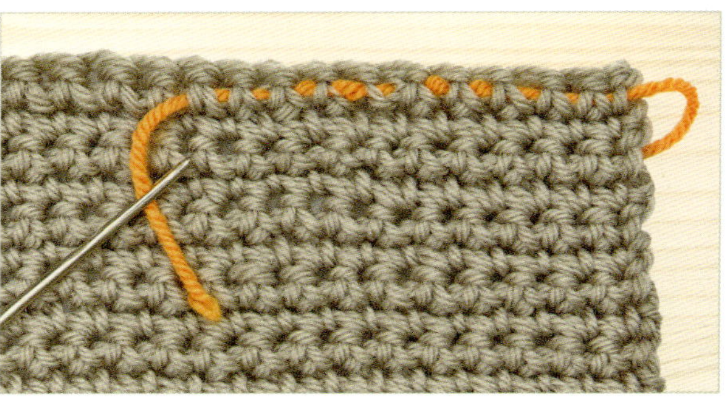

FADENENDEN WAAGRECHT VERNÄHEN

Das Fadenende in eine Sticknadel ohne Spitze fädeln, auf der Rückseite waagrecht durch mehrere Maschen einer Reihe ziehen und dann abschneiden. Dabei ist es wichtig, darauf zu achten, dass das vernähte Fadenende auf der Vorderseite nicht zu sehen ist.

FADENENDEN SENKRECHT VERNÄHEN

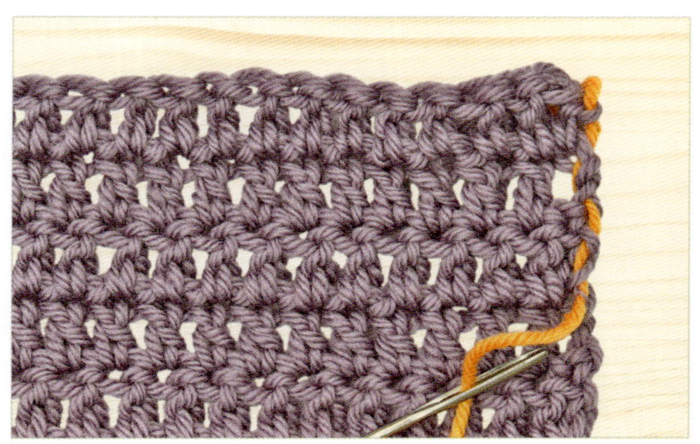

SCHRITT 1

Bei höheren Maschen, wie etwa Stäbchen, ist es meist einfacher, das Fadenende auf der Rückseite senkrecht durch die Randmaschen zu ziehen. Dabei von oben beginnen und das Fadenende durch einige Maschen ziehen.

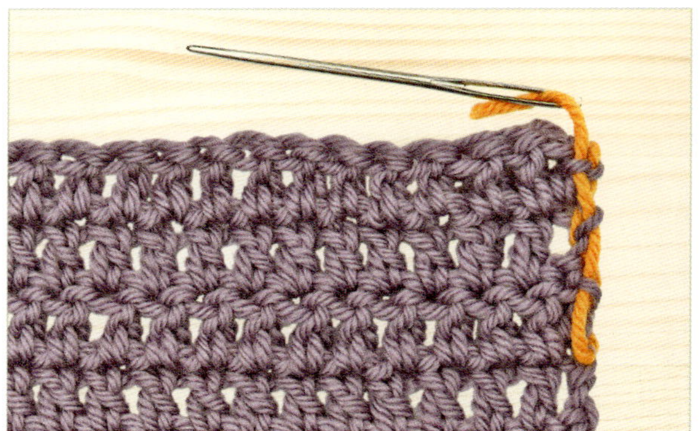

SCHRITT 2

Anschließend das Fadenende von unten nach oben durch einige Maschen ziehen und dann abschneiden.

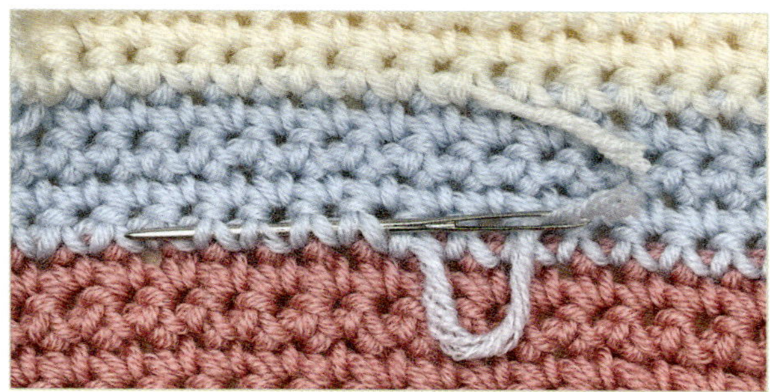

VERSCHIEDENFARBIGE FADENENDEN VERNÄHEN

Wenn man verschiedenfarbige Garne verwendet hat, sollte man die Fadenenden auf der Rückseite jeweils durch Maschen in derselben Farbe ziehen. Am besten versucht man außerdem, sie mit etwas Abstand zueinander zu vernähen, damit das Werkstück flach bleibt und sich nicht wölbt. Am Ende die Fadenenden knapp nach der letzten Masche abschneiden.

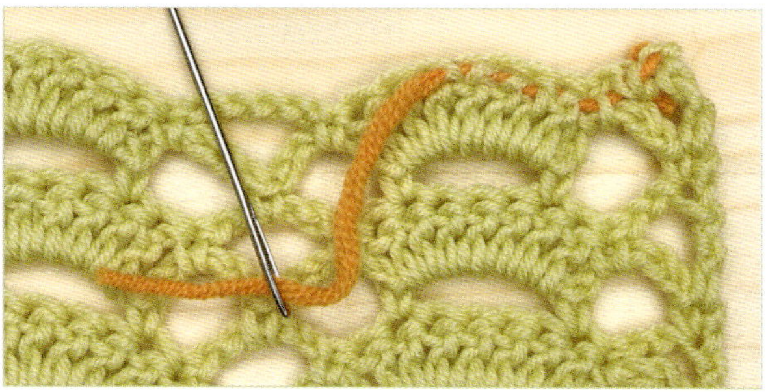

VERNÄHEN BEI LOCHMUSTERN

Bei durchbrochenen Mustern zieht man die Fadenenden auf der Rückseite durch die Umschläge höherer Maschen oder die Knoten auf der Rückseite von Luftmaschen. Dabei sollte man darauf achten, dass die vernähten Fadenenden auf der Vorderseite möglichst nicht zu sehen sind. Sollen Häkelstücke später zusammengehäkelt oder -genäht werden, vernäht man die Fadenenden am besten nicht direkt am Rand, damit der Saum später nicht wulstig wird.

SPANNEN UND BÜGELN

Fertige Häkelarbeiten beziehungsweise Häkelteile, die später zusammengenäht werden sollen, sollten entweder gebügelt oder gespannt (siehe Seite 42) werden. Dadurch werden unebene Maschen geglättet und die Form wird fixiert. Manchmal genügt es, die Häkelarbeit einfach nur mit einem lauwarmen Bügeleisen flachzudrücken, um sie zu glätten. Achten Sie dabei immer auf die Anweisungen auf der Garnbanderole: Bei einigen Garnarten wird empfohlen, beim Bügeln ein (feuchtes) Tuch auf die Häkelarbeit zu legen. Wenn Sie sich nicht sicher sind, ob Sie ein Garn bügeln können, verwenden Sie am besten Ihre Maschenprobe als Probestück. Beim Bügeln unbedingt nur leichten Druck ausüben, um die Maschen nicht zu zerdrücken, und das Bügeleisen immer wieder anheben und dann wieder auf die Häkelarbeit setzen, anstatt es hin- und herzubewegen.

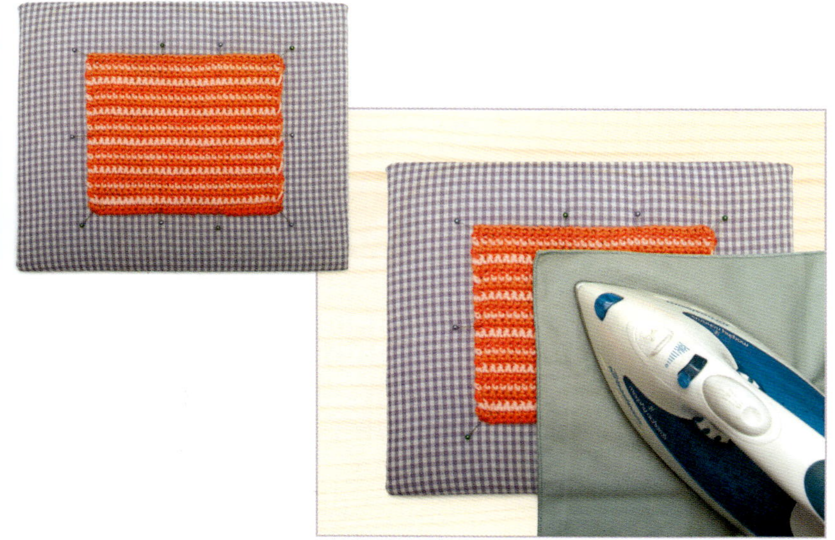

ERSTE HILFE + WOHER WEISS MAN, OB MAN EIN HÄKELSTÜCK SPANNEN ODER BÜGELN SOLL?

Im Grunde ist das Geschmackssache, aber hier ein paar Tipps dazu:

- Häkelteile, die später zusammengenäht werden, sollten immer entweder gebügelt (siehe links) oder gespannt (siehe Seite 42) werden.
- Häkelstücke wie etwa Amigurumi, Spielsachen oder Einrichtungsgegenstände wie etwa gehäkelte Körbe müssen meist nicht gebügelt oder gespannt werden.
- Spannen empfiehlt sich bei strukturierten Mustern und Projekten mit verschiedenen Garnen.
- Wenn auf der jeweiligen Garnbanderole eine Temperatur, bei der das Garn gebügelt werden kann, angegeben ist, kann es bei dieser bedenkenlos gebügelt werden (meist ist das bei natürlichen Fasern wie Wolle oder Baumwolle der Fall).
- Garne, die mit dem Hinweis „Nicht bügeln" versehen sind, sollten stattdessen gespannt werden (meist synthetische Garne oder solche mit Struktur).

SPANNEN

Viele Anfänger schrecken vor dem Spannen zurück, weil sie nicht genau wissen, was das bedeutet, und ignorieren diesen Schritt – aber das Spannen kann im Hinblick auf das fertige Häkelstück tatsächlich einen großen Unterschied machen. Beim Spannen werden die Maschen zunächst gelockert und dann in die richtige Form gebracht. Dabei wird in der Regel Wasser oder Dampf verwendet, damit sich die Fasern des Garns optimal entfalten können. Außerdem können so Häkelstücke und Ränder, die sich wellen oder einrollen, geglättet werden, bevor man sie zusammennäht. Man braucht dafür eine ebene Fläche, einige Handtücher oder andere saugfähige Materialien (achten Sie darauf, dass sie farbecht sind!) und Steck- oder Spannnadeln. Welche Methode Sie zum Spannen wählen, ist weitgehend eine Frage des persönlichen Geschmacks.

NASS SPANNEN

Diese Methode eignet sich vor allem für natürliche Fasern, nimmt allerdings etwas mehr Zeit in Anspruch – aber das ist es wert! Bei hellen Garnen trägt diese Methode außerdem dazu bei, etwaige Verfärbungen zu beseitigen.

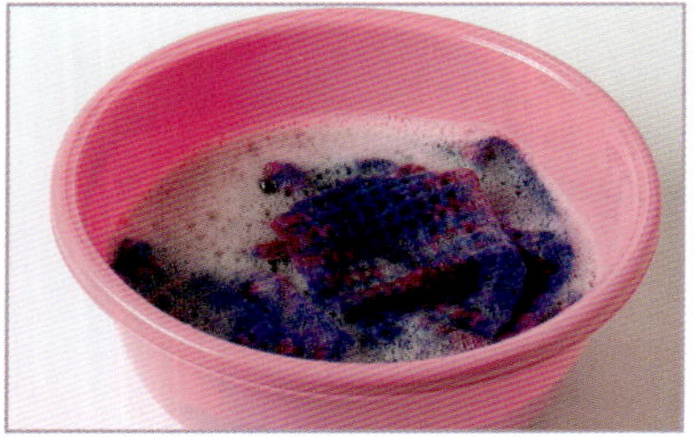

SCHRITT 1

Das Häkelstück mindestens 10 Minuten lang in kaltem oder lauwarmem Wasser (achten Sie auf etwaige Empfehlungen auf der Garnbanderole) einweichen. Zusätzlich kann man eine milde Seife oder ein geeignetes (Woll-)Waschmittel verwenden.

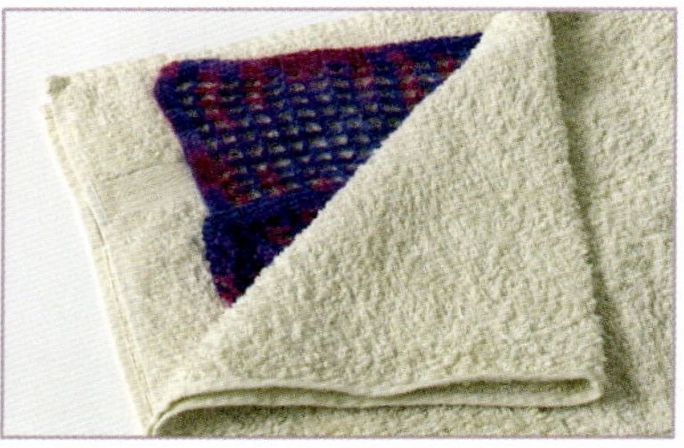

SCHRITT 2

Das Häkelstück anschließend vorsichtig ausdrücken – aber keinesfalls zu stark auswringen, da die Fasern besonders in nassem Zustand sehr empfindlich sind. Es kann auch hilfreich sein, die Häkelarbeit zwischen mehreren Lagen Handtuch zu legen und dann auszudrücken, um so das überschüssige Wasser aufzusaugen.

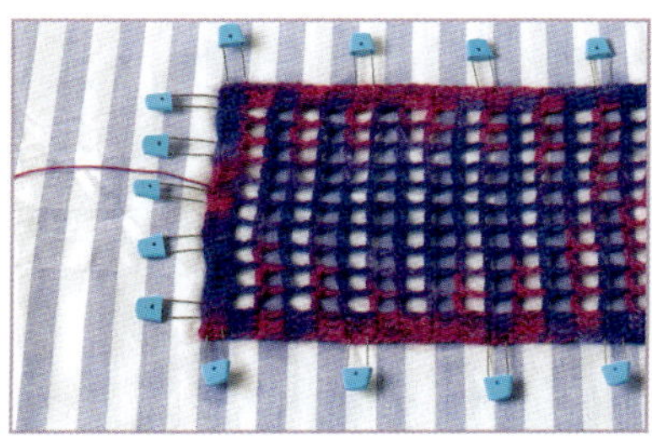

SCHRITT 3

Das Häkelstück dann flach auflegen, in Form bringen und – gegebenenfalls nach den in der Anleitung angegebenen Maßen – aufspannen und anschließend vollständig trocknen lassen.

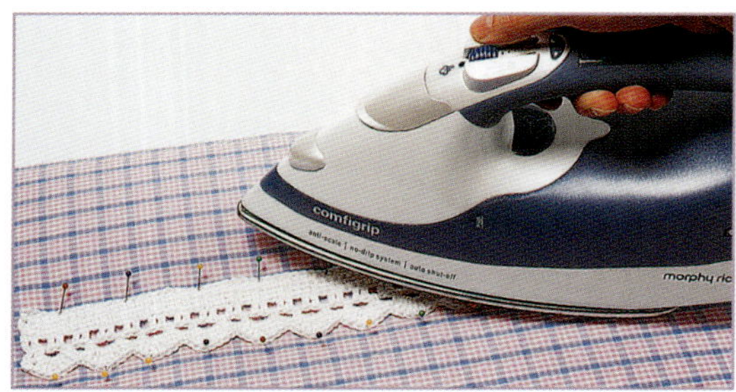

SPANNEN UND BEDAMPFEN

Wenn man keine Zeit hat, um das Häkelstück nass zu spannen, sowie bei kleinen Häkelstücken empfiehlt es sich, das Häkelstück zu spannen und dann dampfzubügeln. Dafür das Häkelstück flach auflegen, in Form bringen und feststecken. Das Bügeleisen mit etwas Abstand über das Häkelstück halten, sodass es die Fasern nicht berührt, dann sanft bedampfen und anschließend vollständig trocknen lassen. Diese Methode eignet sich sowohl für Natur- als auch für Synthetikgarne, wobei manche Woll- und Acrylfasern keiner direkten Hitze ausgesetzt werden sollten – gehen Sie dabei also besonders vorsichtig vor.

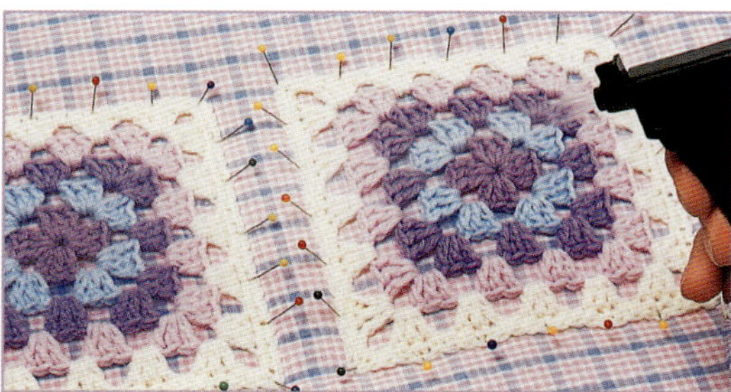

SPANNEN UND BESPRÜHEN

Das Häkelstück flach, eventuell auf ein Handtuch, um Feuchtigkeit aufzusaugen, auflegen, in Form bringen und – gegebenenfalls nach den in der Anleitung angegebenen Maßen – aufspannen. Eine Sprühflasche mit kaltem bis lauwarmem Wasser füllen und das Häkelstück großzügig besprühen. Anschließend vollständig trocknen lassen und dann die Stecknadeln entfernen. Für die meisten Kunstfasern ist diese Methode völlig ausreichend.

HÄKELSTÜCKE ZUSAMMENNÄHEN

Häkelstücke können ganz einfach mit einer Sticknadel zusammengenäht werden. Zum Zusammennähen wird in der Regel das gleiche Garn wie für das Projekt verwendet (siehe dazu auch Erste Hilfe auf Seite 44). Bei mehrfarbigen Häkelstücken verwendet man am besten ein Garn, das möglichst gut zu allen Garnfarben passt. Die Häkelteile vor dem Zusammennähen immer mit Stecknadeln zusammenstecken. Zur Veranschaulichung wird hier zum Zusammennähen ein Garn in einer kontrastierenden Farbe verwendet.

RÜCKSTICH

Der Rückstich erzeugt eine unsichtbare Naht, die sehr stabil, aber dafür wenig dehnbar ist, da jeder Stich den vorherigen überlappt. Er eignet sich zum Zusammennähen von einzelnen Teilen eines Kleidungsstücks, für Taschen, Heimtextilien und Gegenstände, die einer regelmäßigen Nutzung standhalten müssen.

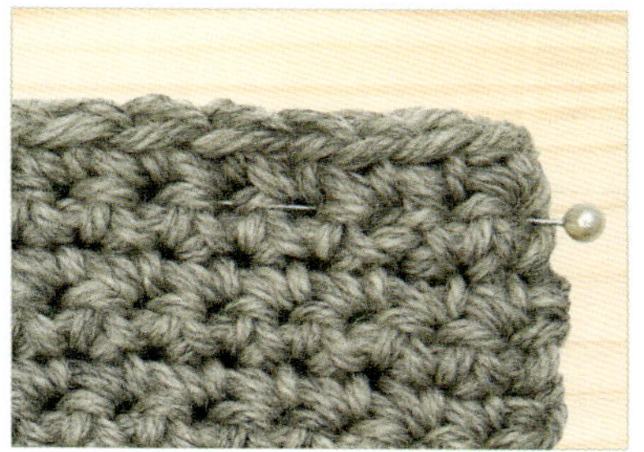

SCHRITT 1
Die Häkelteile rechts auf rechts legen und mit Stecknadeln zusammenstecken. Dabei darauf achten, dass die Kanten und Reihen genau aufeinanderliegen.

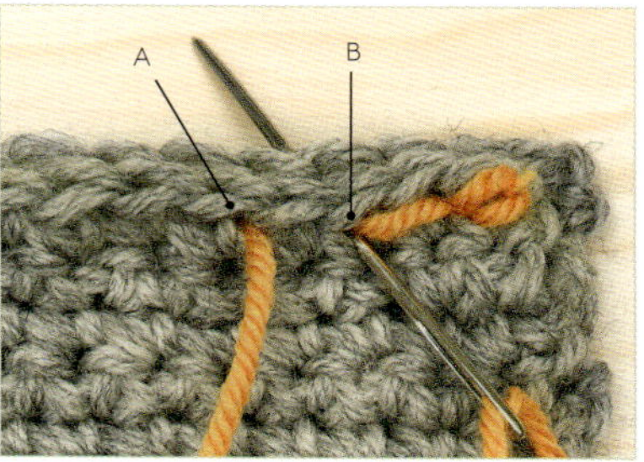

SCHRITT 2
Am rechten Rand des Häkelstücks beginnen und den Faden mit ein oder zwei Stichen fixieren. Nun dicht am Rand von rechts nach links eine Reihe Rückstiche arbeiten. Dafür die Nadel von hinten jeweils ein kleines Stück vor dem vorherigen Stich (A) einstechen, dann wieder nach hinten führen und dort einstechen, wo der vorherige Stich endet (B).

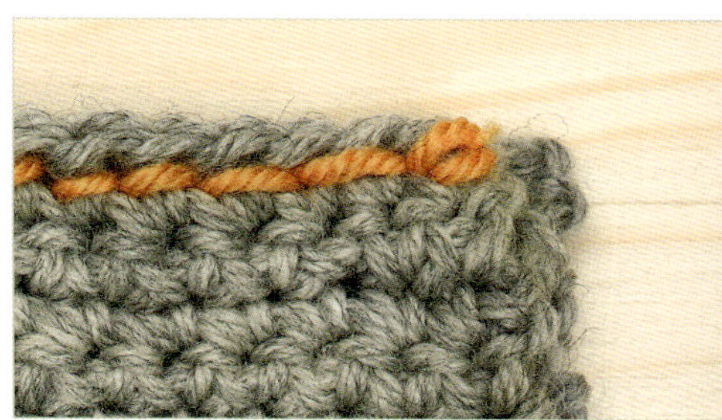

SCHRITT 3
So die beiden Häkelstücke entlang der gesamten Kante zusammennähen. Das Fadenende am Schluss sorgfältig vernähen, damit die Naht nicht aufgeht.

ÜBERWENDLICHSTICH

Der Überwendlichstich ist etwas flexibler als der Rückstich. Er ist daher besonders für Armausschnitte geeignet, wo die Naht stabil, aber dennoch dehnbar sein sollte. Dieser Stich ist bei Häkeldesignern und erfahrenen Häkelfans sehr beliebt, weil so eine auf der rechten Seite so gut wie unsichtbare Naht entsteht. Verwendet man ein Garn in einer kontrastierenden Farbe, lässt sich mit diesem Stich aber auch ein dekorativer Abschluss erzeugen.

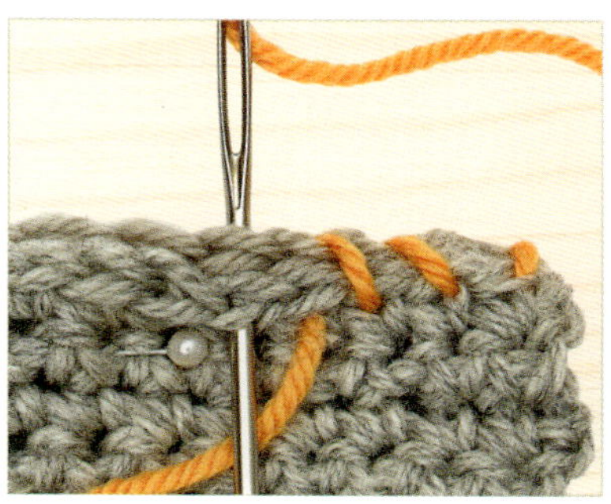

SCHRITT 1
Die Häkelteile rechts auf rechts legen und mit Stecknadeln zusammenstecken. Auch hier wird von links nach rechts gearbeitet. Mit der Nadel von hinten senkrecht durch beide Schichten stechen, den Faden durchziehen und dann die Nadel leicht nach links versetzt wieder von hinten senkrecht einstechen, sodass sich eine Schlinge um die Kante legt.

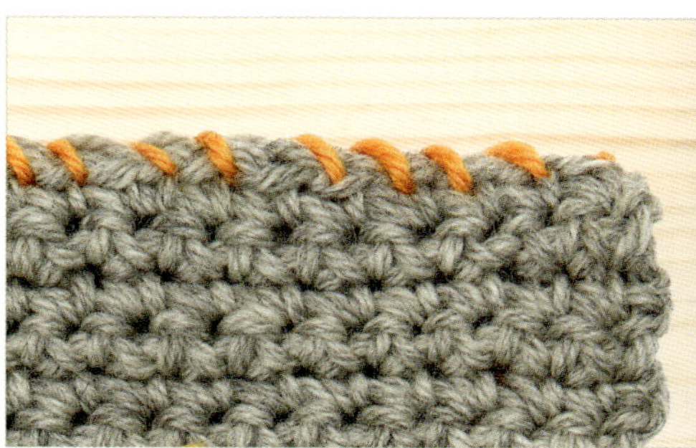

SCHRITT 2
So die beiden Häkelstücke entlang der gesamten Kante zusammennähen. Beim Zusammennähen entlang von Reihen mit der Nadel unterhalb der V-förmigen Schlingen einstechen. Beim Zusammennähen entlang seitlicher Kanten in die jeweiligen Maschen oder die Wendeluftmaschen und nicht in die Maschenzwischenräume einstechen, damit die Naht stabil wird.

HÄKELSTÜCKE ZUSAMMENHÄKELN

Das Zusammenhäkeln ist eine beliebte Methode zum Verbinden von Teilen bei Accessoires, Decken und Gegenständen, die eine stabile Naht benötigen, weniger geeignet ist diese Methode für Kleidungsstücke, da die fertige Naht voluminöser ist als beim Zusammennähen. Häkelteile können auch auf der rechten Seite zusammengehäkelt werden, um eine interessante Optik zu erzielen. Dabei ist es immer wichtig, mit der Häkelnadel in die Maschen und nicht in die Maschenzwischenräume einzustechen, um ein sauberes Ergebnis zu erzielen. Zur Veranschaulichung wird hier zum Zusammenhäkeln ein Garn in einer kontrastierenden Farbe verwendet.

ZUSAMMENHÄKELN MIT KETTMASCHEN

Beim Zusammenhäkeln mit Kettmaschen entsteht eine stabile, feste Naht. Diese Methode eignet sich etwa für Taschen, Kissenbezüge und andere Gegenstände, die stark beansprucht werden. Die Häkelteile immer rechts auf rechts legen und mit Stecknadeln zusammenstecken.

SCHRITT 1
Beim Zusammenhäkeln entlang der oberen und unteren Kanten mit der Nadel in die erste Masche beider Häkelteile (unterhalb der beiden V-förmigen Schlingen) einstechen und den Arbeitsfaden von hinten nach vorn um die Nadel legen (Umschlag). Beim Zusammennähen entlang der Ränder die Kettmaschen in die vom Rand aus zweite Masche arbeiten, um eine saubere und stabile Naht zu erhalten.

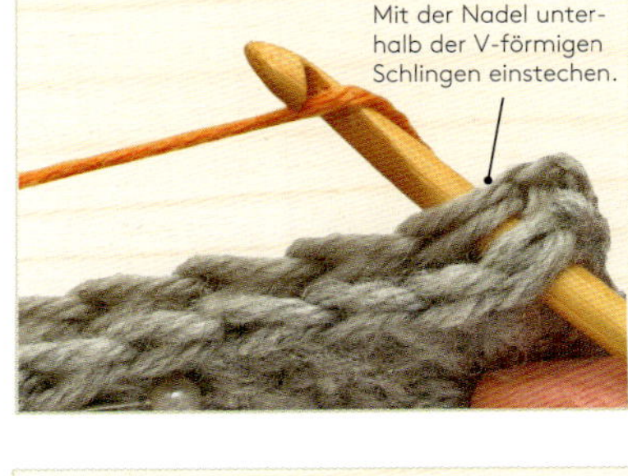

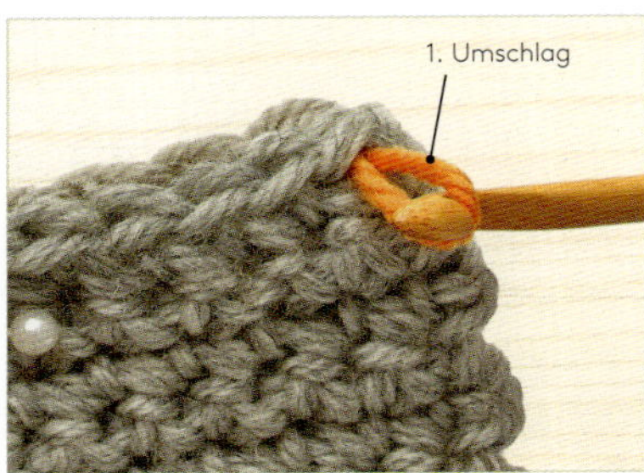

SCHRITT 2
Den Arbeitsfaden durchziehen.

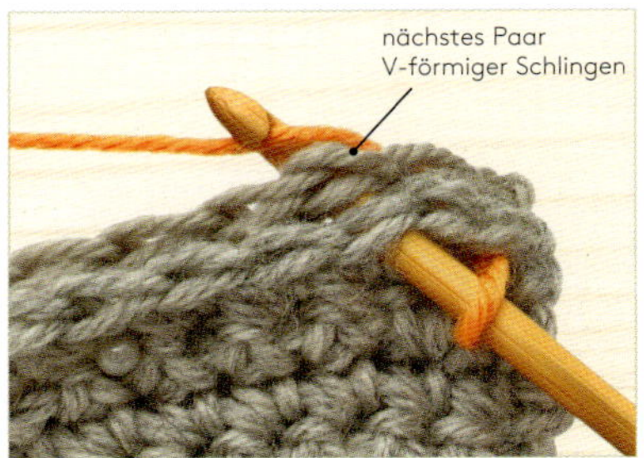

SCHRITT 3
Mit der Nadel von vorn nach hinten in die nächste Masche beider Häkelteile einstechen.

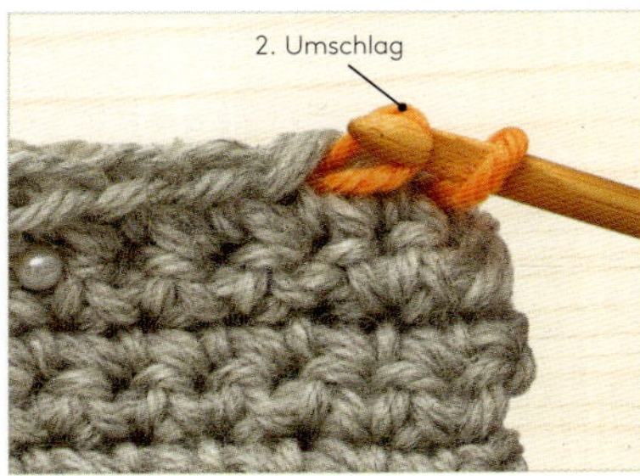

SCHRITT 4
Den Arbeitsfaden von hinten nach vorn um die Nadel legen (Umschlag) und durchziehen.

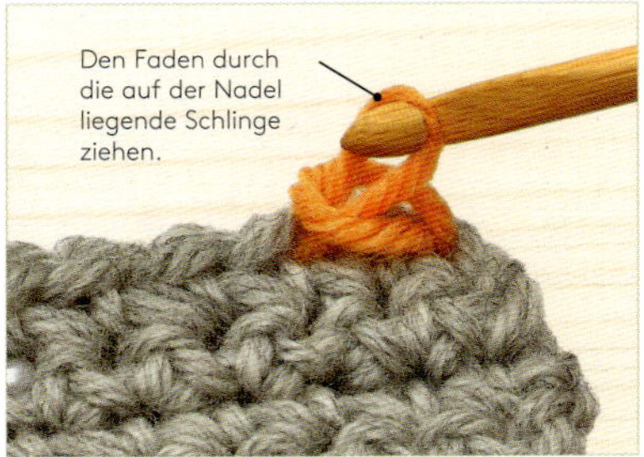

SCHRITT 5
Den Arbeitsfaden anschließend auch durch die auf der Nadel liegende Schlinge ziehen – somit wurde eine Kettmasche gehäkelt.

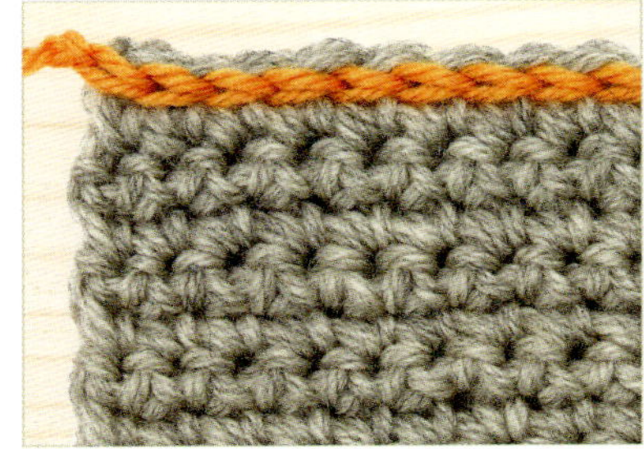

SCHRITT 6
Nach diesem Prinzip weitere Kettmaschen entlang der Kante häkeln, dann den Faden abschneiden und das Fadenende vernähen.

ERSTE HILFE

WOHER WEISS ICH, WELCHE METHODE SICH FÜR MEIN PROJEKT EIGNET?

Es gibt verschiedene Methoden, um die einzelnen Teile eines Häkelprojekts miteinander zu verbinden. Welche Methode man verwendet, hängt davon ab, was man verbinden möchte und welche Methode man persönlich bevorzugt. In diesem Buch finden Sie einen Überblick über die gängigsten Stiche und Maschen zum Zusammenhäkeln mit Hinweisen, wann sie meist verwendet werden.

Bei jeder Methode sollte man vor allem darauf achten, dass die Stiche beziehungsweise die Maschen gleichmäßig gearbeitet werden. Außerdem sollte man die Stiche und Maschen nicht zu fest arbeiten, da sich die Naht sonst verziehen kann. Nachdem men viele Stunden mit einem Häkelprojekt verbracht hat, ist die zusätzliche Mühe, die man für die Fertigstellung der Arbeit aufwendet, wichtig, damit man ein möglichst professionelles Ergebnis erzielt. Um saubere Nähte zu arbeiten, braucht man etwas Übung – experimentieren Sie also am besten mit den verschiedenen Methoden und üben Sie sie, bis Sie sie beherrschen.

ZUSAMMENHÄKELN MIT FESTEN MASCHEN

Verwendet man zum Zusammenhäkeln feste Maschen, erhält man eine stabile, aber dennoch flexible Naht, die sich besonders für Kleidungsstücke eignet. Die Häkelteile immer rechts auf rechts legen und mit Stecknadeln zusammenstecken.

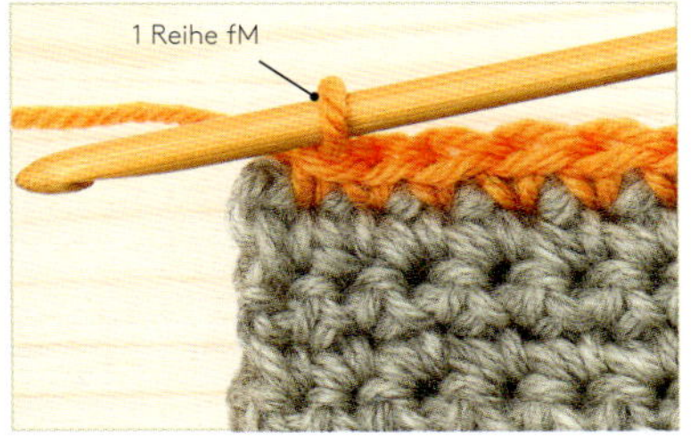

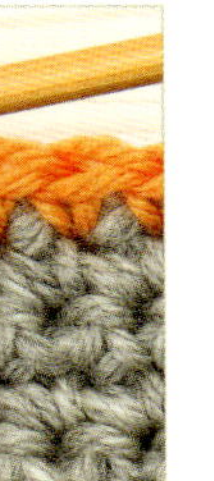

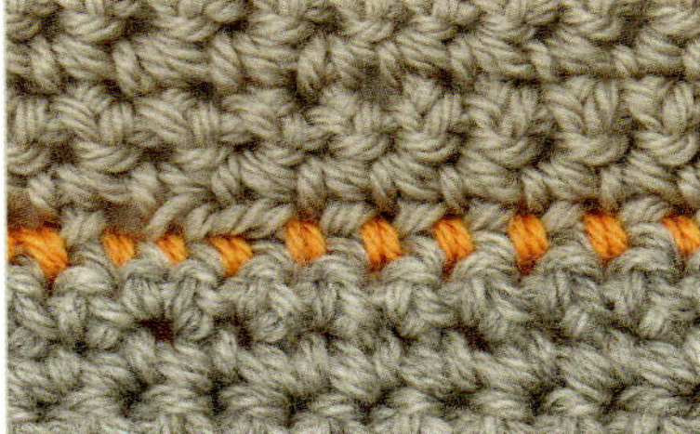

SCHRITT 1

Mit der Nadel in die erste Masche beider Häkelteile (unterhalb der beiden V-förmigen Schlingen) einstechen, den Arbeitsfaden von hinten nach vorn um die Nadel legen (Umschlag), durchziehen und eine feste Masche häkeln. Nach diesem Prinzip weitere, möglichst gleichmäßige feste Maschen arbeiten, sodass eine flache Naht entsteht.

SCHRITT 2

Auf der rechten Seite ist hier eine gleichmäßige Naht erkennbar, die aber so gut wie unsichtbar ist, wenn man mit demselben Garn wie für die Häkelteile arbeitet.

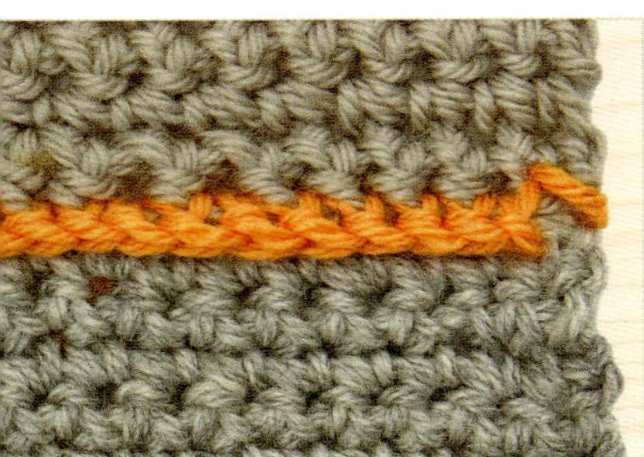

DEKORATIVE NAHT AUS FESTEN MASCHEN

Das Prinzip ist das gleiche wie beim Zusammenhäkeln mit festen Maschen, nur dass die Häkelteile hier links auf links zusammengesteckt werden. Diese Methode eignet sich für Decken und andere Heimtextilien sowie als dekoratives Element bei Kleidungsstücken. Da die Naht nicht flach ist, eignet sie sich, etwa bei Kissen, eher für die Kanten, häkelt man einzelne Motive so zusammen, sorgt die Naht für zusätzliche Struktur.

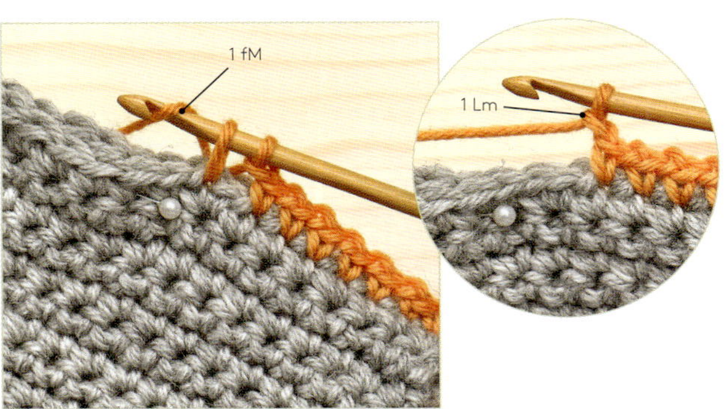

FESTE MASCHEN UND LUFTMASCHEN

Die Häkelteile rechts auf rechts legen und mit Stecknadeln zusammenstecken. Mit der Nadel in die erste Masche beider Häkelteile (unterhalb der beiden V-förmigen Schlingen) einstechen, den Arbeitsfaden von hinten nach vorn um die Nadel legen (Umschlag), durchziehen und eine feste Masche häkeln. Nun eine Luftmasche und in die nächste Masche beider Häkelteile wieder eine feste Masche häkeln. Nach diesem Prinzip weiter abwechselnd feste Maschen und Luftmaschen häkeln.

5 TIPPS ZUM ZUSAMMENHÄKELN

1 Beim Aufeinanderlegen der Häkelstücke darauf achten, dass die Maschen und Reihen der beiden Stücke jeweils direkt übereinander ausgerichtet sind, und die Stücke immer zusammenstecken, damit nichts verrutscht.

2 Zum Zusammenhäkeln die gleiche Nadelstärke wie für die einzelnen Häkelteile verwenden.

3 Beim Zusammennähen entlang von Reihen die Maschen immer in je zwei übereinanderliegende Maschen arbeiten. Beim Zusammenhäkeln entlang von seitlichen Kanten sind möglicherweise mehr Maschen nötig, je nach Höhe der verwendeten Maschen – bei Stäbchen sollten etwa pro zwei Stäbchen drei Maschen zum Zusammenhäkeln gearbeitet werden. Arbeiten Sie nach Augenmaß, sodass eine saubere Naht entsteht, oder folgen Sie den Anweisungen in der Anleitung.

4 Meist empfiehlt es sich, die Nähte nach dem Zusammenhäkeln auseinanderzubügeln. Dafür die Naht flach auflegen und auf der Rückseite mit einem lauwarmen Bügeleisen sanft bügeln (achten Sie auf etwaige Bügelhinweise auf der Garnbanderole oder legen Sie einen stabilen Baumwollstoff auf die Naht, sodass das Garn keiner direkten Hitze ausgesetzt wird).

5 Lassen Sie sich Zeit und achten Sie auf eine geeignete Lichtquelle, damit Sie gut arbeiten können. Saubere Nähte verleihen Ihren Projekten den letzten Schliff, sie sind also etwas Mühe wert!

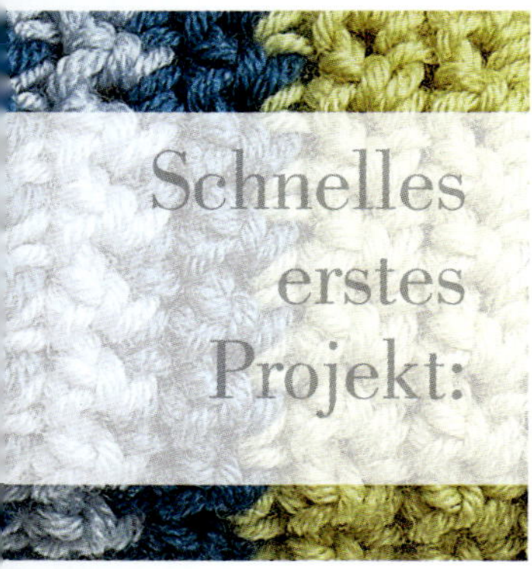

Stulpen

Diese einfachen, aber sehr hübschen Stulpen, die ohne Zu- und Abnahmen nur aus festen Maschen gefertigt werden, sind das perfekte Projekt für Einsteiger. Das Highlight ist das Streifenmuster als Abschluss, das für Farbakzente sorgen.

GRÖSSE

Umfang (leicht dehnbar):
S: 17 cm
M: 19 cm
L: 21 cm
Länge (alle Größen):
18 cm

MASCHENPROBE

16 fM und 22 Reihen = 10 x 10 cm

DAS BRAUCHEN SIE

- je 50 g DK-Wollgarn in Gelb (A), Dunkelblau (B) und Hellblau (C); die hier gezeigten Stulpen wurden mit DMC Woolly (100 % Merinowolle, Lauflänge: ca. 125 m) in den Farben 092 (A), 077 (B) und 071 (C) gehäkelt, aber jedes DK-Wollgarn eignet sich als Ersatz
- Häkelnadel: 4 mm
- Sticknadel ohne Spitze

ABKÜRZUNGEN UND TECHNIKEN

fM = feste Masche (Seite 23)
Lm = Luftmasche (Seite 18)
M = Masche(n)
Garnwechsel (Seite 32)
Rückstich (Seite 43)

ANMERKUNGEN

- Nach dieser Anleitung lassen sich Stulpen in den Größen S, M und L häkeln, die Maschenzahl vor der Klammer bezieht sich dabei auf die Größe S, gefolgt von jener für M und L in Klammern – S(M:L). Die Anleitung beginnt beim Bündchen.
- Die erste Luftmasche am Beginn jeder Reihe zählt nicht als Masche.
- Die Länge der Stulpen lässt sich anpassen, indem man entsprechend mehr oder weniger Reihen mit Garn A häkelt.
- Der Garnwechsel kann entweder mit einer unvollständigen Masche oder mit einer Anfangsschlinge erfolgen. Beim Garnwechsel die Fadenenden nicht abschneiden – außer es ist explizit angegeben –, sondern am Rand mitführen.

STULPE (X 2)

Luftmaschenkette: Mit Garn B 27(29:31) Lm anschl.
Reihe 1: 1 fM in die 2. Lm ab Nd, 1 fM in jede folg Lm bis R-Ende, wenden. (26[28:30] M)
Reihe 2: 1 Lm, 1 fM in jede folg fM bis R-Ende, wenden.
Reihe 2 nach folgendem Farbmuster wdh:
Reihen 3–4: Garn C.
Reihen 5–6: Garn B.
Reihen 7–8: Garn C.
Reihen 9–10: Garn B.
Garn B und Garn C abschneiden und durchziehen.
Reihen 11–36: Garn A.
Garn A abschneiden und durchziehen, Garn B anfügen.
Reihen 37–38: Garn B.
Garn B abschneiden und durchziehen, Fadenenden vernähen.
Das Häkelstück der Länge nach rechts auf rechts zusammenfalten, entlang der Seitenkanten mit einer Rückstichnaht zusammennähen, dabei eine Öffnung für den Daumen lassen, und schließlich wenden.

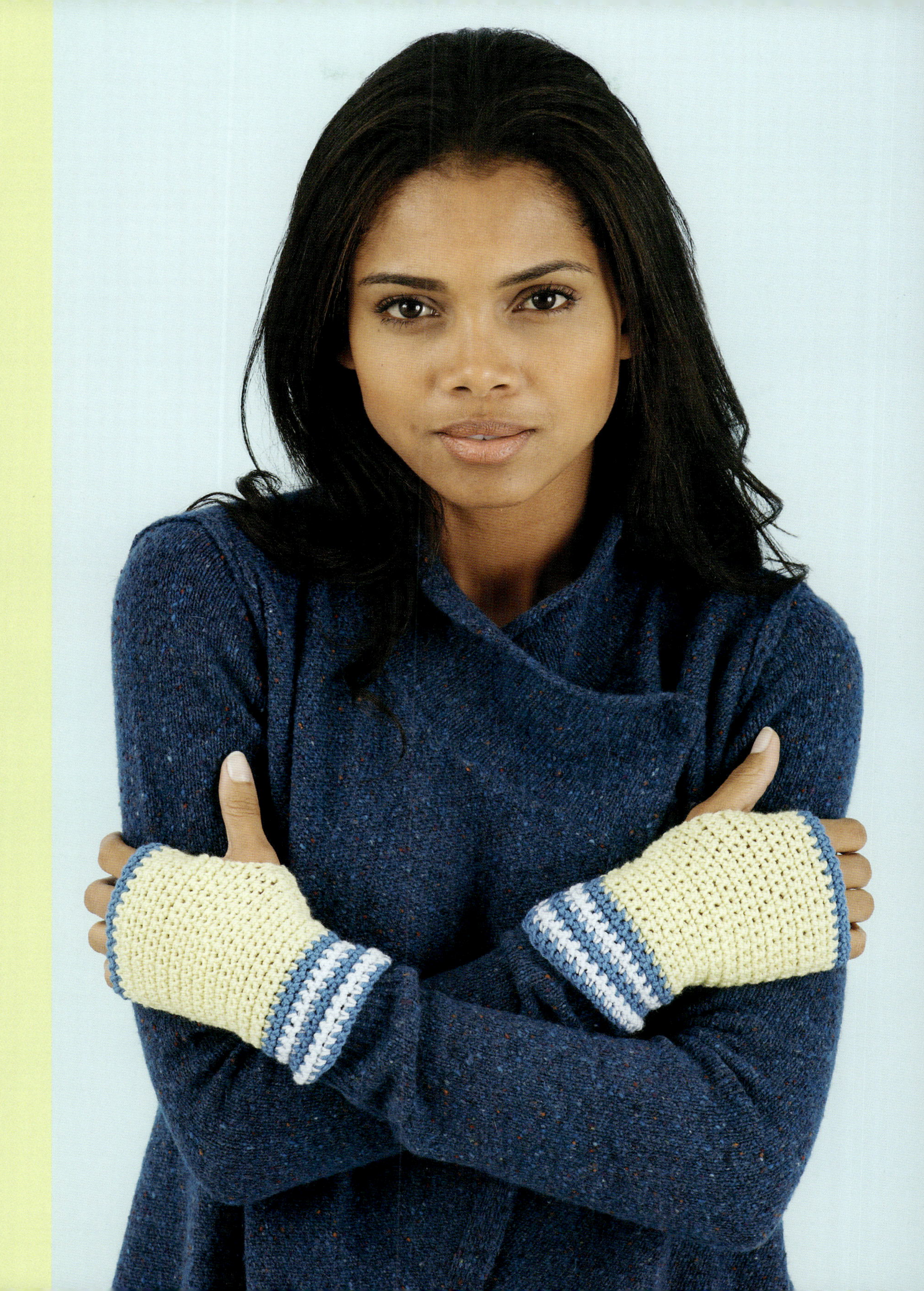

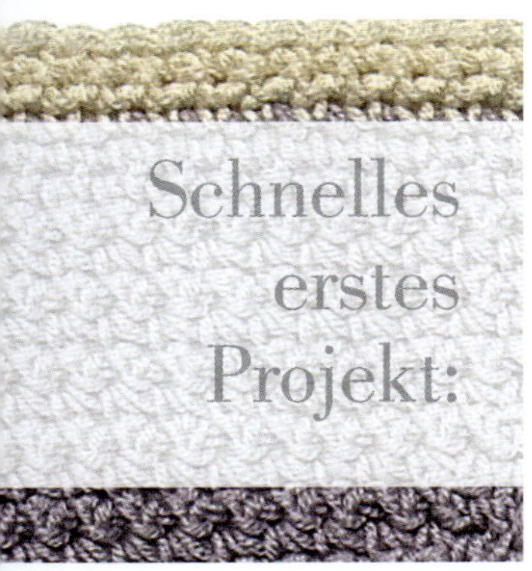

Wimpelgirlande

Diese bunte Wimpelgirlande sorgt im Handumdrehen für Partystimmung und ist perfekt als Dekoration für ein Spielzimmer oder für ein Sommerfest im Freien. Aus festen Maschen mit einfachen Abnahmen gefertigt, ist dieses Projekt besonders für Anfänger geeignet.

GRÖSSE

Wimpel: 15 x 11 cm (maximale Länge und Breite)
Länge Wimpelgirlande: ca. 230 cm

MASCHENPROBE

Ein Dreieck häkeln und mit den Größenangaben oben vergleichen – wenn notwendig die Nadelstärke anpassen.

DAS BRAUCHEN SIE

- je 50 g DK-Wollgarn in vier kräftigen Farben sowie in Weiß; die hier gezeigte Wimpelgirlande wurde mit DMC Woolly (100 % Merinowolle, Lauflänge: ca. 125 m) in den Farben 061, 074, 084, 102 und 03 gehäkelt, aber jedes DK-Wollgarn eignet sich als Ersatz
- Häkelnadel: 4 mm
- Sticknadel ohne Spitze

ABKÜRZUNGEN UND TECHNIKEN

2 fM zsm / 3 fm zsm = zwei bzw. drei feste Maschen zusammenhäkeln (Seite 38)
fM = feste Masche (Seite 23)
Lm = Luftmasche (Seite 18)
M = Masche(n)
wdh = wiederholen
Maschenabnahme innerhalb einer Reihe fester Maschen (Seite 38)

ANMERKUNGEN

- Die Wimpel werden von der langen Seite zur Spitze hin gearbeitet.
- Die erste Luftmasche am Beginn jeder Reihe zählt nicht als Masche.
- Die Länge der Wimpelgirlande lässt sich anpassen, indem man mehr oder weniger Wimpel hinzufügt beziehungsweise den Abstand zwischen den Wimpeln variiert.

WIMPEL (X 12)

Je drei Wimpel in einer der vier Farben häkeln.
Luftmaschenkette: 22 Lm anschl.
Reihe 1: 1 fM in die 2. Lm ab Nd, 1 fM in jede folg Lm bis R-Ende, wenden. (21 M)
Reihe 2: 1 Lm, 2 fM zsm, 1 fM in jede folg fM bis zu den letzten 2 fM, 2 fM zsm, wenden. (19 M)
Reihe 3: 1 Lm, 1 fM in jede folg fM bis R-Ende, wenden.
Reihen 4–18: Reihen 2–3 wdh, bis noch 3 fM übrig sind, dabei mit einer Reihe 2 enden.
Reihe 19: 3 fM zsm.
Faden abschneiden und durchziehen, Fadenenden vernähen.

ABSCHLUSS (FÜR ALLE WIMPEL)

Das jeweilige Garn an der oberen linken Ecke des Dreiecks anfügen, 3 fM in die Ecke, 1 fM in jedes folg R-Ende bis zur nächsten Ecke, 3 fM in die untere Ecke, 1 fM in jedes folg R-Ende bis zur oberen rechten Ecke, 3 fM in die Ecke, 1 fM in jede folg Lm bis R-Ende.
Faden abschneiden und durchziehen, Fadenenden vernähen.
Die fertigen Wimpel bügeln, sodass sie flach liegen.

GIRLANDE

Reihe 1: Mit dem weißen Garn 30 Lm anschl, *einen Wimpel aufnehmen und 1 fM in jede fM entlang der oberen Kante des Wimpels häkeln, 4 Lm, ab * wdh, bis alle Wimpel verbunden sind, dabei die verschiedenfarbigen Wimpel abwechselnd anordnen. Nach dem letzten Dreieck 30 Lm häkeln und wenden.
Reihe 2: 1 Lm, 1 fM in jede folg fM und jede folg Lm bis R-Ende.
Faden abschneiden und durchziehen, Fadenenden vernähen.
Schlingen zum Aufhängen: Mit dem weißen Garn 10 Lm anschl. Faden abschneiden und durchziehen, Fadenenden verknoten. Nach dem Prinzip eine weitere Schlinge häkeln und die Schlingen mithilfe der Fadenenden jeweils an einem Ende der Girlande festnähen.

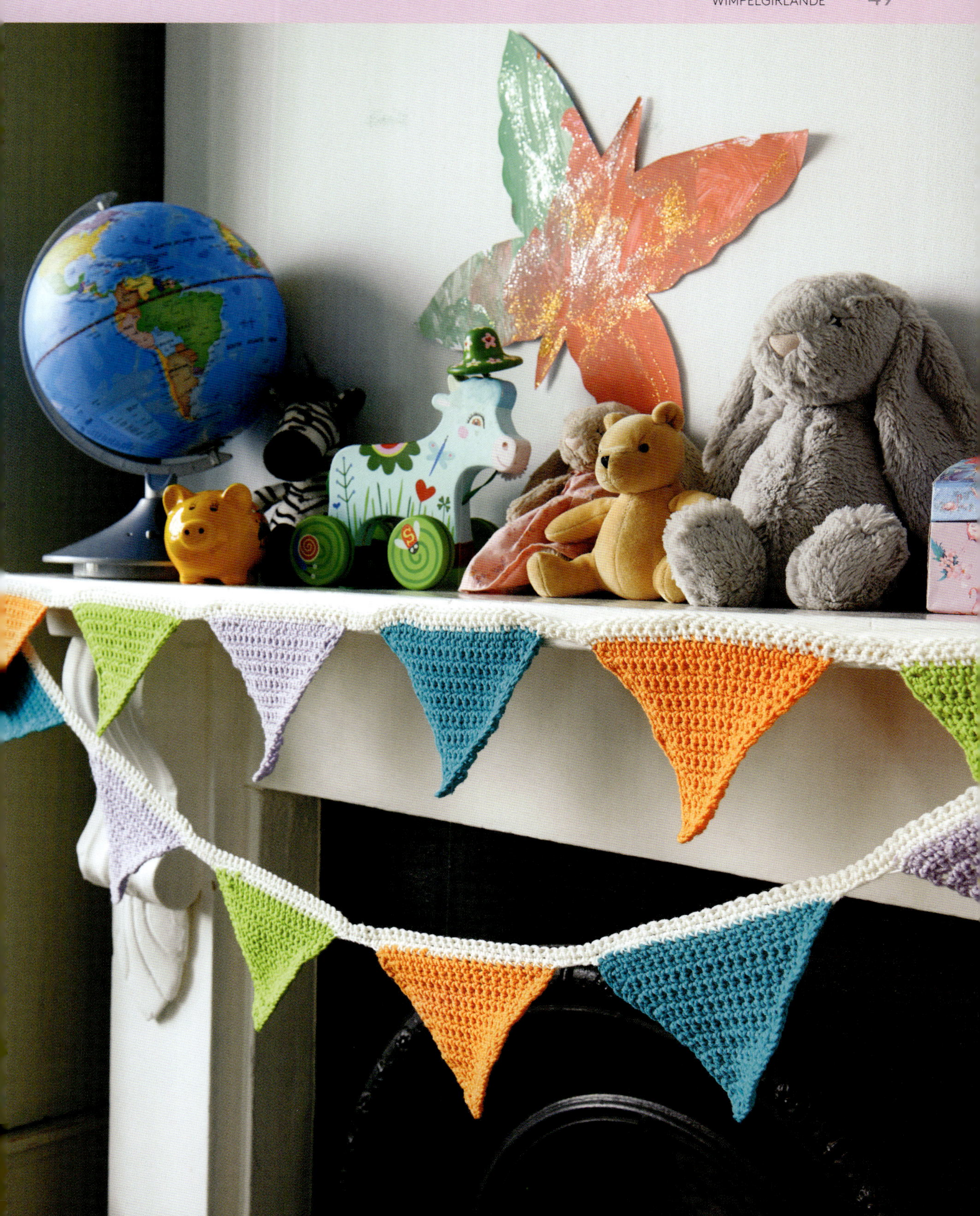

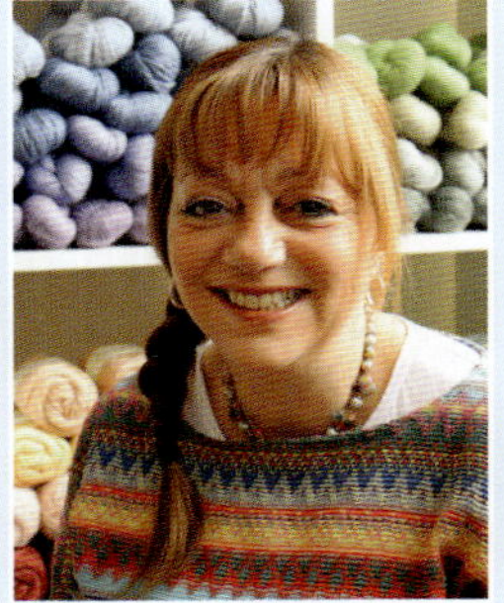

Gastdesignerin Ali Campbell

Ich lebe im Norden von Dorset, England, und habe meinen Platz in der wunderbaren Welt des Häkelns gefunden. Ich entwerfe nicht nur meine eigenen Häkeldesigns, sondern bringe auch anderen Häkeln bei, in einem eigens dafür eingerichteten „Klassenzimmer" bei mir zuhause – der sogenannten Old School – und in den nahegelegenen Städten Shaftesbury und Sherborne. Ich hoffe, in Zukunft noch mehr unterrichten zu können, denn es ist meine große Leidenschaft, dieses wunderbare Handwerk an andere weiterzugeben. Ich habe bereits ein Buch geschrieben, *Crochet for Beginners who want to Improve*, das im Eigenverlag erschienen ist, und plane nun ein zweites. Mehr Informationen über mich und meine Arbeit finden Sie unter www.gethookedoncrochet.co.uk.

Weicher Schal mit Spiralfransen

Dieser simple Schal wird aus in diesem Kapitel behandelten Grundmaschen gehäkelt. Mit der luxuriösen, dicken Wolle ist er zudem im Handumdrehen fertig.

GRÖSSE
18 x 92 cm

MASCHENPROBE
18 M (jedes Stb und jede Lm zählen dabei als 1 M) und 4 Reihen = 10 x 10 cm nach dem Spannen

DAS BRAUCHEN SIE
- 5 x 50 g Chunky-Wollgarn; der hier gezeigte Schal wurde mit Bergere de France Merinos Alpaga (60 % Merinowolle / 40 % Alpakawolle, Lauflänge ca. 65 m) in der Farbe Bleu Ciel 29905 gehäkelt
- Häkelnadel: 7 mm
- Sticknadel ohne Spitze

ABKÜRZUNGEN UND TECHNIKEN
fM = feste Masche (Seite 23)
Km = Kettmasche (Seite 22)
Lm = Luftmasche (Seite 18)
M = Masche(n)
Stb = Stäbchen (Seite 24)
wdh = wiederholen
Wlm = Wendeluftmaschen (Seite 22)
Spiralkordeln (Seite 120)

ANMERKUNGEN
- Die vier Luftmaschen am Beginn jeder Reihe zählen als ein Stäbchen und eine Luftmasche.
- Bei den Fransen handelt es sich um Spiralkordeln die an die kurzen Enden des Schals gehäkelt werden.

SCHAL

Luftmaschenkette: 28 Lm anschl.
Reihe 1: 1 Stb in 6. Lm ab Nd, 1 Lm, *1 Lm überg, 1 Stb in die folg Lm, 1 Lm, ab * bis R-Ende wdh, dabei mit 1 Stb in die letzte Lm enden, wenden. (13 Stb)
Reihen 2–90: 4 Lm, 1 Lm überg, *1 Stb in das folg Stb, 1 Lm, ab * bis R-Ende wdh, dabei mit 1 Stb in die 3. der 4 Wlm enden, wenden.

FRANSEN

Reihe 91: 1 Lm (zählt als 1 fM), 1 M überg, 1 fM in jede folg M, dabei mit 1 fM in die 3. der 4 Wlm enden, wenden. (25 M)
Reihe 92: *10 Lm, 2 fM in die 2. Lm ab Nd, 2 fM in jede folg Lm bis R-Ende, nächste fM von Reihe 91 überg, 1 Km in die folg fM, ab * bis R-Ende wdh, dabei mit 1 Km in die 1. Lm von Reihe 91 enden. (13 Spiralkordeln)
Faden abschneiden, durchziehen und Fadenenden vernähen.
Das Garn an die Luftmaschenkette am anderen kurzen Ende des Schals anfügen und Reihen 91–92 wdh.
Faden abschneiden und durchziehen, Fadenenden vernähen.

SYMBOLE
- Lm
- Km
- fM
- Stb
- 2 fM in dieselbe M

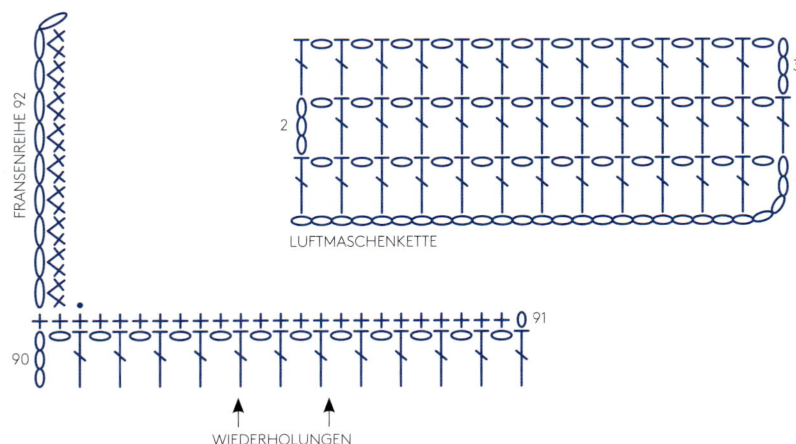

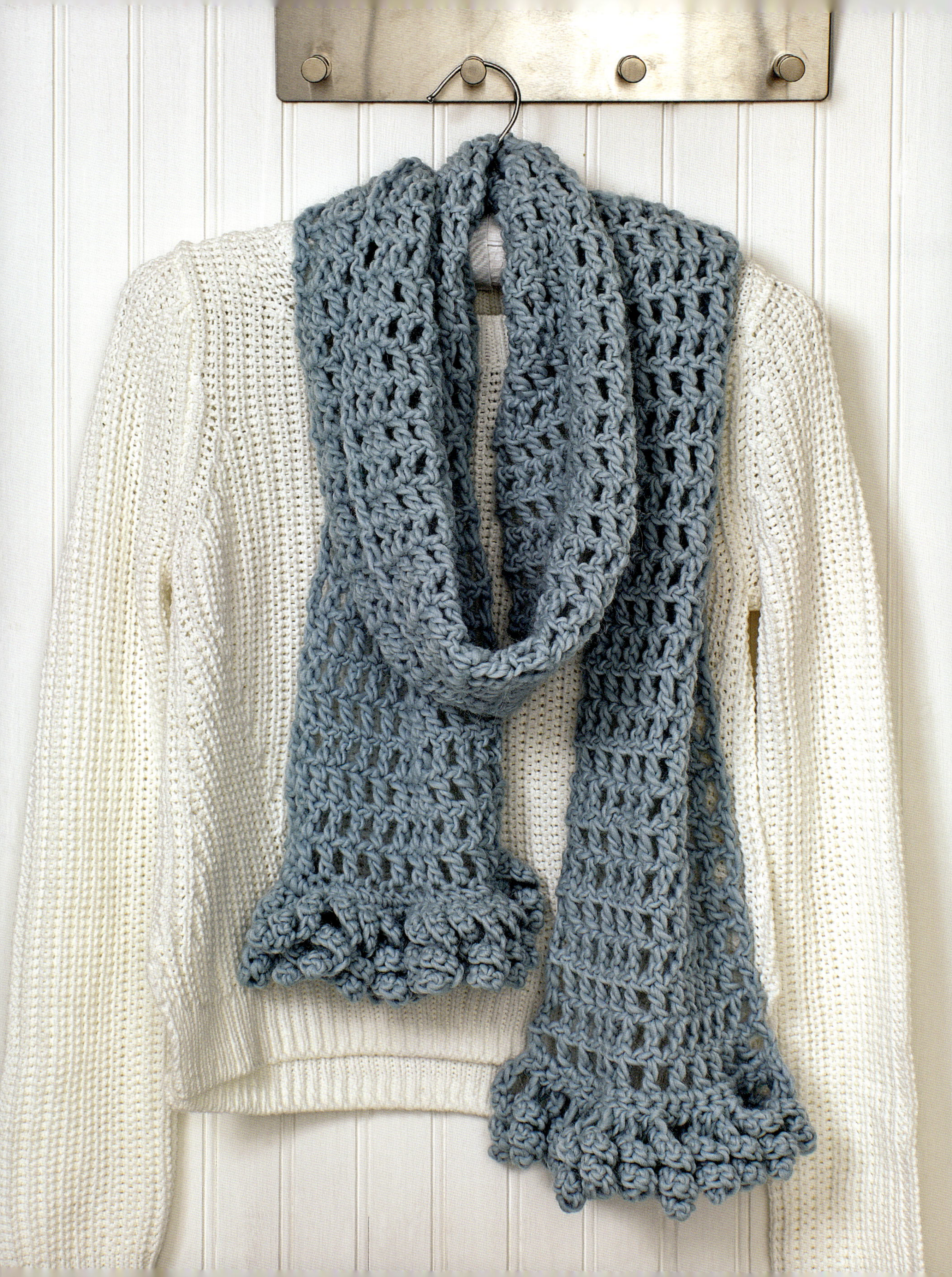

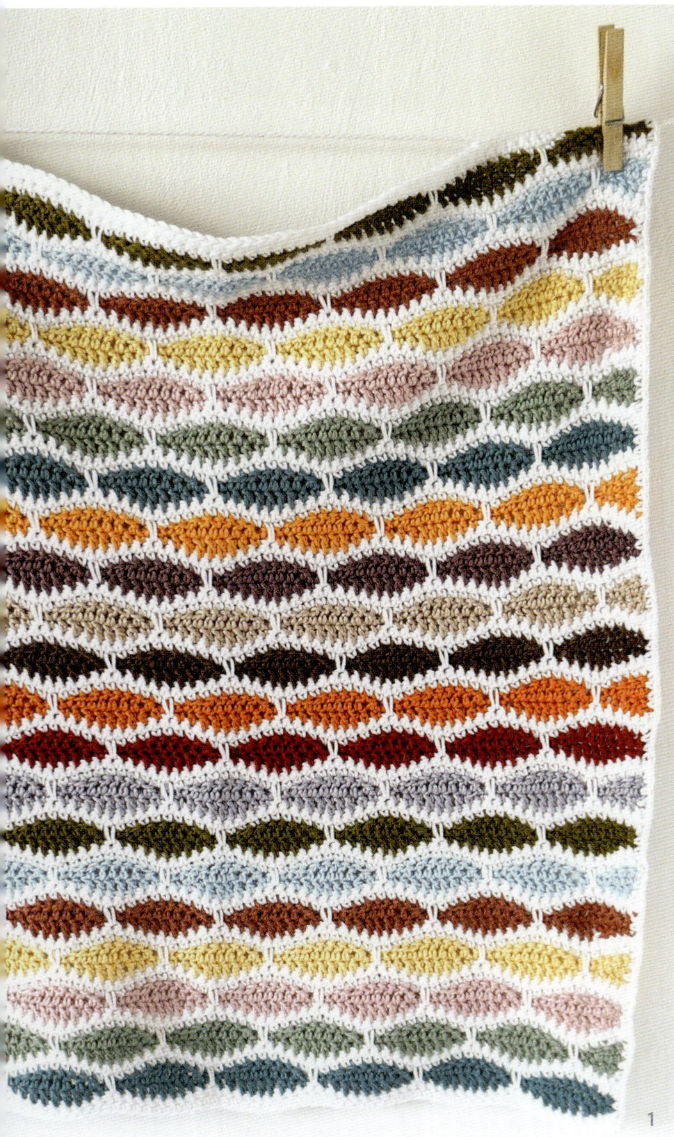
1

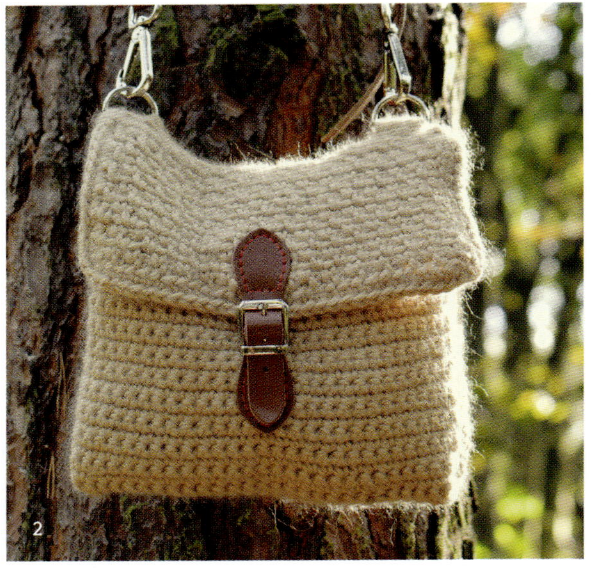
2

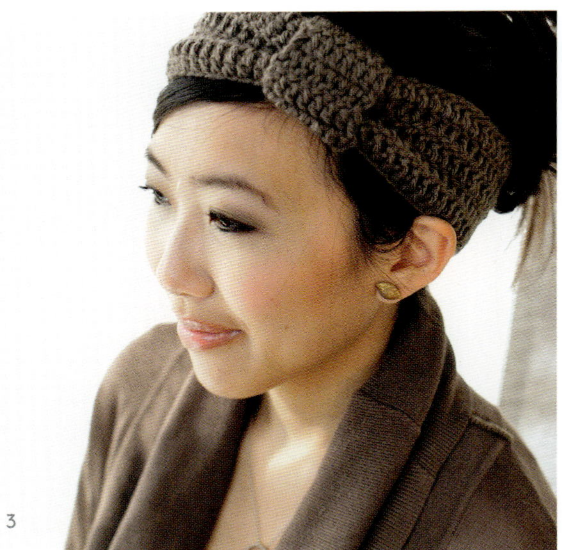
3

Inspirationen

1. BABYDECKE „BERTIE", AMY ASTLE
Unterschiedlich hohe Maschen (feste Maschen, halbe Stäbchen und Stäbchen) und die Kombination aus fröhlichen hellen Farben und einem neutralen Hintergrund machen diese Decke zu etwas ganz Besonderem. Die Einfassung aus dem neutralen Garn verdeckt geschickt eventuelle Fadenenden und sorgt für eine professionelle Optik.

2. UMHÄNGETASCHE „MAISY", TRACEY TODHUNTER
Chunky-Alpakagarn und der Riemen sowie die Schnalle aus Leder machen aus einer einfachen, aus festen Maschen gearbeiteten Tasche ein modisches Highlight. Hier wurde mit einer Nadel mit geringerer Stärke gehäkelt, wodurch eine stabile, robuste Tasche entsteht.

3. STIRNBAND MIT KNOTEN, STEPHANIE LAU
Zwei aus Stäbchen gehäkelte Streifen werden hier im Handumdrehen zu einem stylischen Accessoire: Indem man den kürzeren gehäkelten Streifen um ein einfaches Stirnband legt, entsteht eine interessante Knotenoptik. Die Raffung verstärkt die Illusion eines Knotens und ist eine tolle Möglichkeit der Formgebung ohne Maschenzu- beziehungsweise -abnahmen.

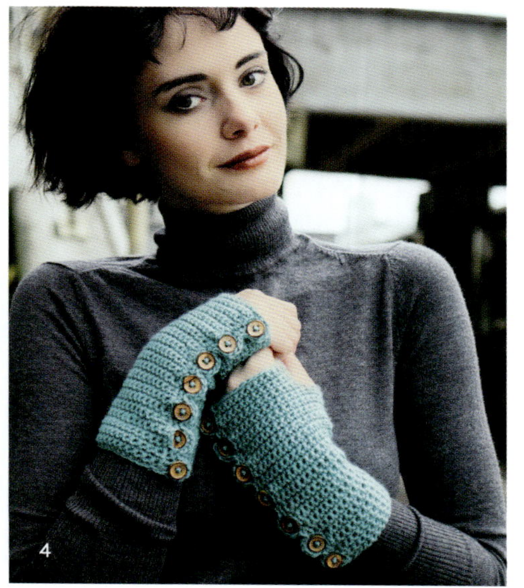
4

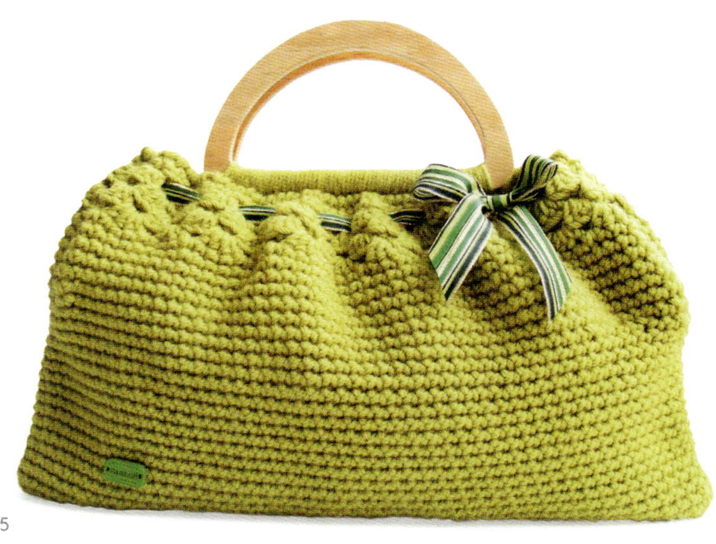
5

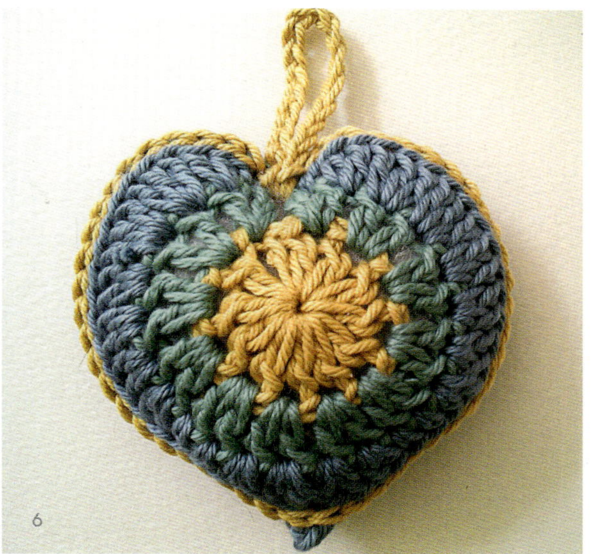
6

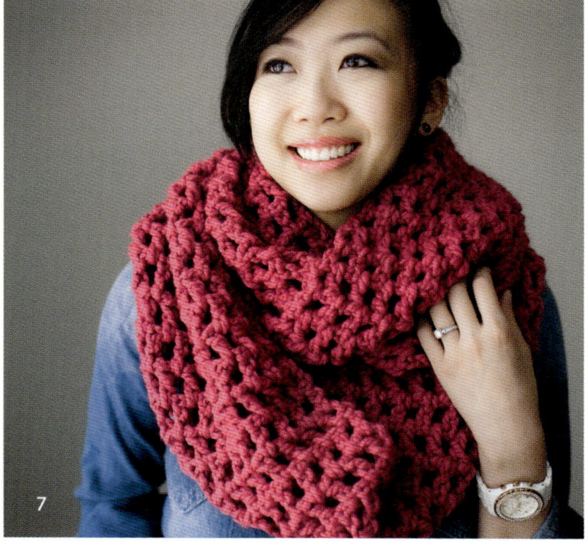
7

4. STULPEN,
TRACEY TODHUNTER
Die fröhliche Farbe und die Holzknöpfe verwandeln ein an sich einfaches Projekt in einen echten Hingucker. Für die Daumenöffnung wurde ein Knopfloch gehäkelt, die Seitennaht wird mit Knöpfen geschlossen.

5. GEHÄKELTE BEUTELTASCHE,
RASA GRIGAITE
Diese hübsche Beuteltasche zeigt, wie man mit einer kräftigen Farbe und einer einfachen Struktur eine tolle Wirkung erzielen kann. Durch die Holzgriffe und das bunte Band wird die aus festen Maschen gehäkelte Tasche ein echtes Fashion-Piece. Die Raffung entlang der oberen Kante entsteht durch das in eine Reihe eingefädelte Band.

6. HERZAUFHÄNGER,
LEONIE MORGAN
Für dieses hübsche Deko-Element wurden zwei Herzmotive mit einer dekorativen Naht aus Kettmaschen zusammengehäkelt und gefüllt. Die Herzmotive bestehen aus Maschen in verschiedenen Höhen – und eine einfache Luftmaschenkette dient als Aufhänger.

7. KUSCHELSCHAL, STEPHANIE LAU
Hohe Maschen ergeben bei diesem stylishen Kuschelschal ein grobes Lochmuster. Der lange gehäkelte Streifen wurde dafür an den kurzen Seiten zum Schlauch geschlossen, die kräftige Farbe erzeugt eine tolle Optik.

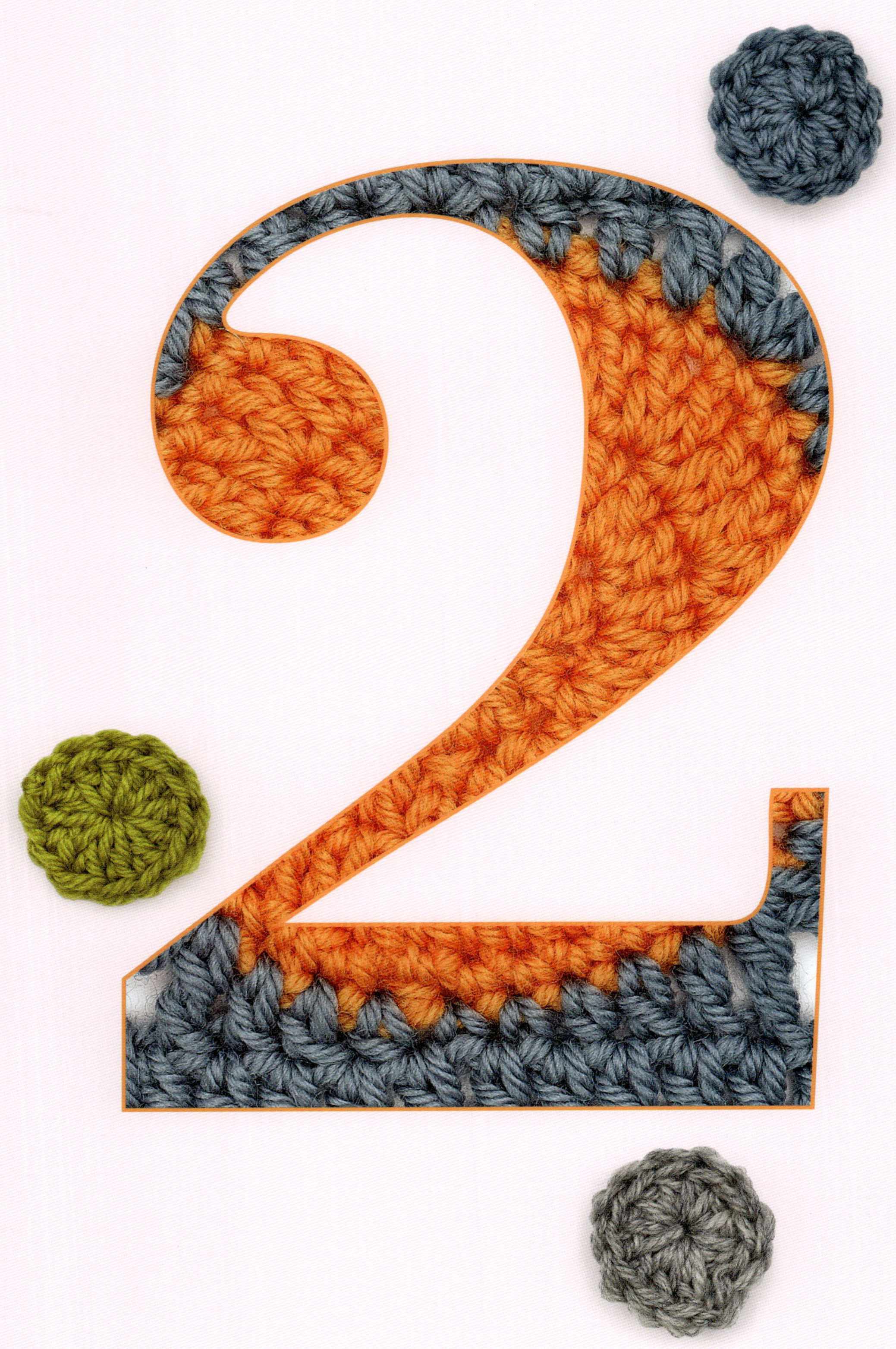

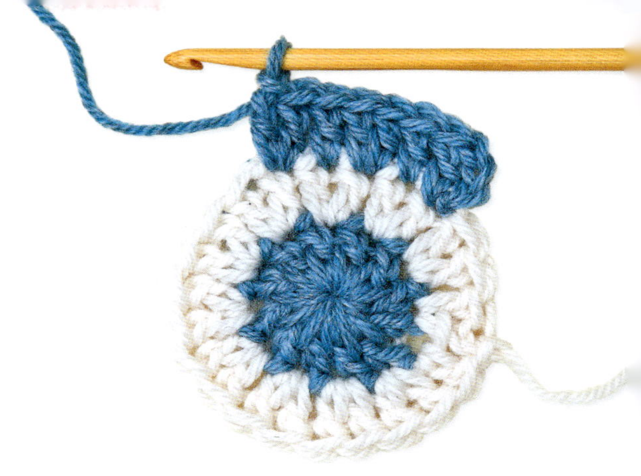

KAPITEL 2

In Runden häkeln

Das Häkeln in Runden anstatt in Reihen ist die Grundlage vieler Häkelprojekte, denn so lassen sich alle möglichen Formen kreieren: von einfachen runden Häkelmotiven bis hin zu dreidimensionalen Schläuchen für Amigurumi – eine japanische Häkelkunst, bei der kleine (Tier-)Figuren und Puppen gehäkelt werden. Auch in diesem Kapitel können Sie mit schnellen ersten Projekten Ihr Wissen in die Tat umsetzen – und zum Schluss noch einen süßen Amigurumi-Fuchs häkeln!

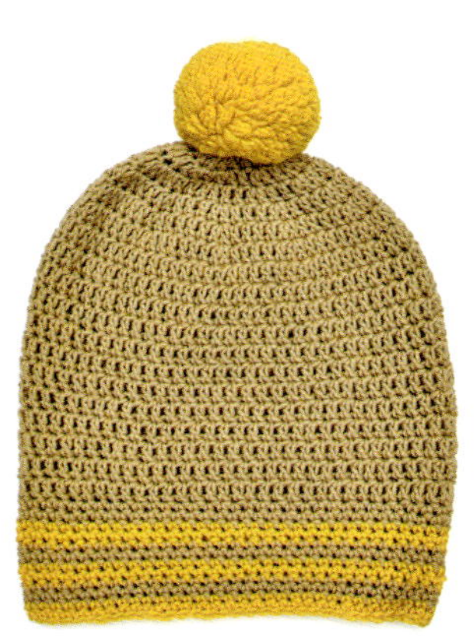

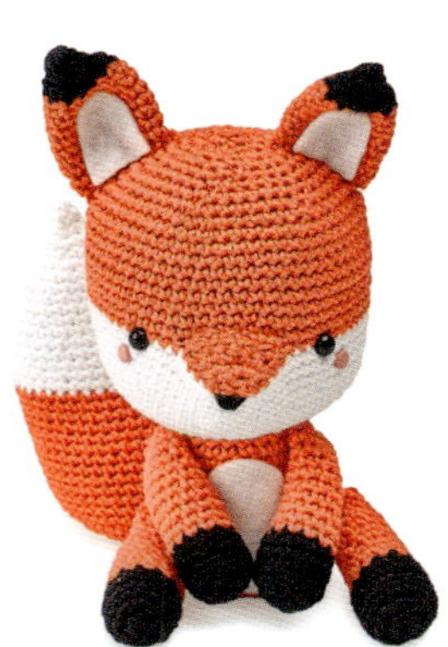

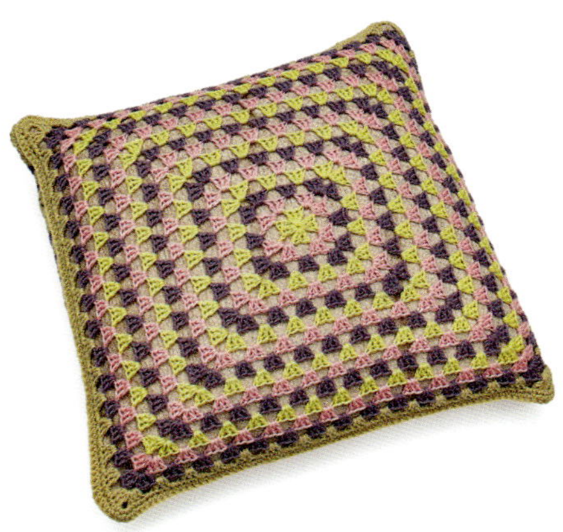

So geht's

Beim Häkeln in Runden beginnt man mit einem Ring, in den die Maschen der ersten Runde gehäkelt werden. Die drei häufigsten Arten von Ringen sind die zum Ring geschlossene Luftmaschenkette bzw. der Anfangsring, der Magische Ring und die Fingerschlaufe, wobei sich nach der Fertigstellung eine fast identische Optik ergibt. Wenn also in einer Anleitung nicht explizit angegeben ist, welche Technik man verwenden soll, wählen Sie einfach die, die Ihnen am besten gefällt. Das Ziel ist ein stabiler Ring, der sich im Laufe der Zeit nicht lockert.

ANFANGSRING

Hierbei handelt es sich um eine einfache Luftmaschenkette, die mit einer Kettmasche zu einem Anfangsring geschlossen wird. Der Anfangsring muss groß genug sein, um die erste Runde Maschen in diesen hineinzuhäkeln, dabei ist in der jeweiligen Anleitung angegeben, wie viele Luftmaschen man dafür anschlagen muss. Das ist der stabilste Ring.

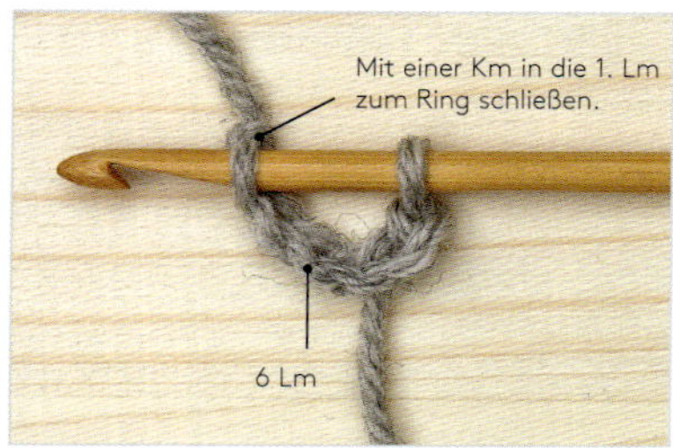

SCHRITT 1
Die angegebene Anzahl an Luftmaschen anschlagen (hier sind es sechs Luftmaschen) und mit einer Kettmasche in die erste Luftmasche zum Ring schließen.

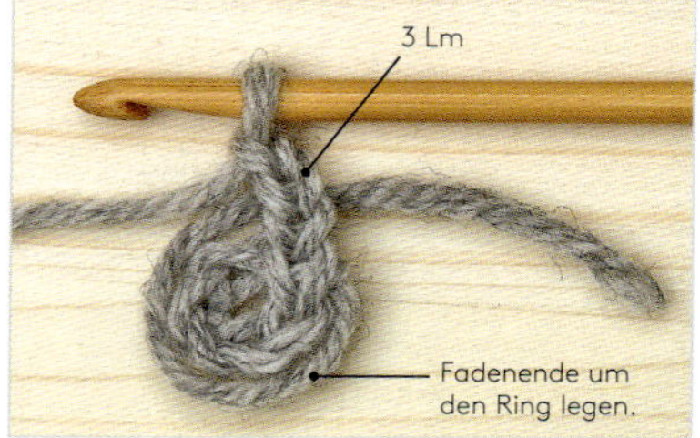

SCHRITT 2
Nach Wunsch kann man das Fadenende um den Anfangsring legen und umhäkeln – so erspart man sich das Vernähen. Nun werden einfach alle Maschen der ersten Runde in den Anfangsring gehäkelt. Für eine Runde aus Stäbchen wie hier beginnt man mit drei Anfangsluftmaschen, die als erstes Stäbchen der Runde zählen.

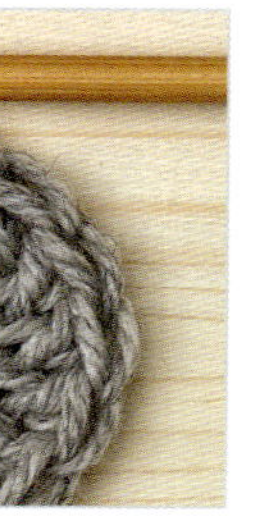

SCHRITT 3
Die angegebene Anzahl von Maschen in den Anfangsring häkeln, dabei das Fadenende umhäkeln. Achten Sie dabei darauf, die Maschen in die Mitte des Rings und nicht in die Luftmaschen zu häkeln.

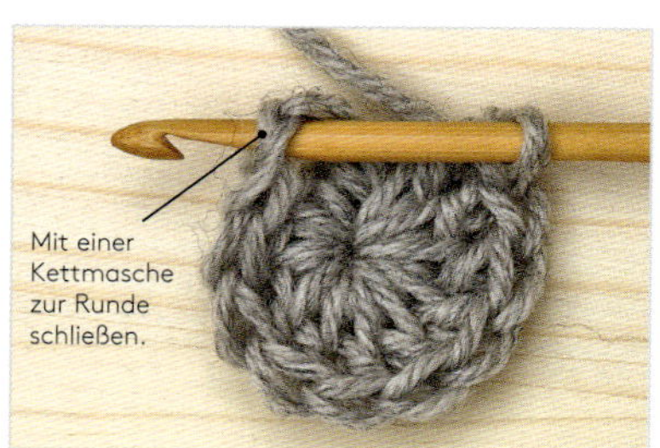

SCHRITT 4
Die letzte und die erste Masche der Runde mit einer Kettmasche in die obere der Anfangsluftmaschen zur Runde schließen.

MAGISCHER RING

Der Magische Ring ist eine beliebte Methode, um mit dem Häkeln in Runden zu beginnen, insbesondere bei Amigurumi-Projekten. Der Ring kann mithilfe des Fadenendes zusammengezogen werden, sodass in der Mitte kein Loch entsteht.

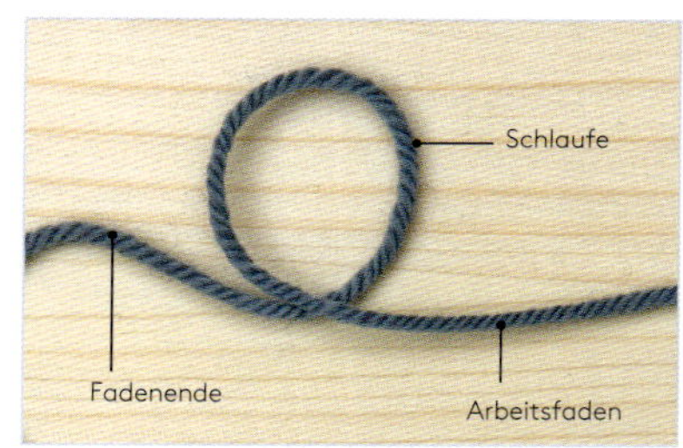

SCHRITT 1
Mit dem Faden eine Schlaufe bilden, dabei liegt der Arbeitsfaden über dem Fadenende.

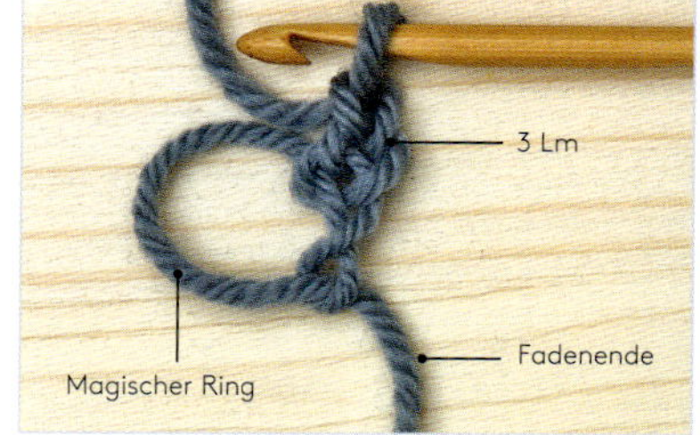

SCHRITT 2
Mit der Nadel in den Ring einstechen, den Arbeitsfaden holen und die angegebene Anzahl Anfangsluftmaschen häkeln (hier sind das drei Luftmaschen).

ERSTE HILFE

WAS SIND ANFANGSLUFTMASCHEN?

Meist beginnt jede Runde mit einer gewissen Anzahl von Luftmaschen, um die Höhe der Maschenkörper jener Maschen, die in der folgenden Runde gehäkelt werden sollen, zu erreichen. Diese Luftmaschen entsprechen den Wendeluftmaschen beim Häkeln in Reihen, sie werden beim Häkeln in Runden aber meist Anfangsluftmaschen genannt, da hier nicht gewendet wird. Auch die Anfangsluftmaschen können als erste Masche zählen, dies ist in der jeweiligen Anleitung angegeben.

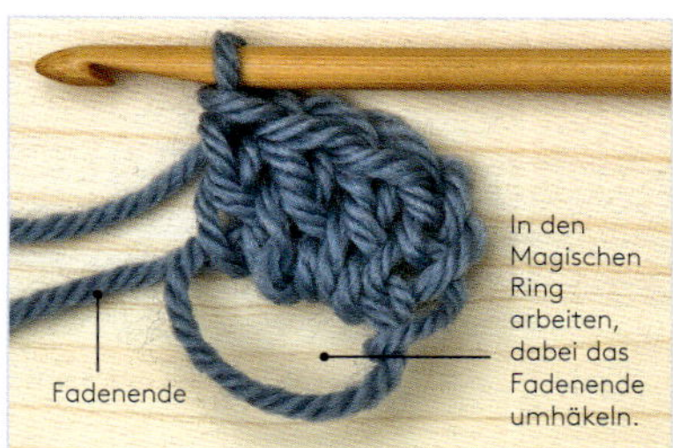

SCHRITT 3
Die angegebene Anzahl von Maschen in den Magischen Ring häkeln, dabei das Fadenende umhäkeln (das ist hierbei besonders wichtig).

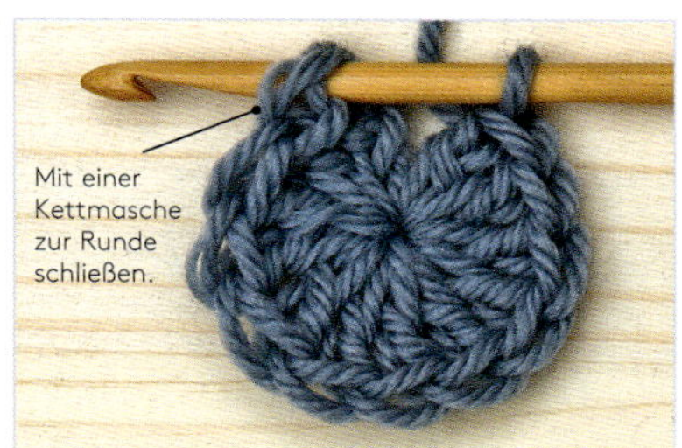

SCHRITT 4
Die letzte und die erste Masche der Runde mit einer Kettmasche in die obere der Anfangsluftmaschen zur Runde schließen. Nun vorsichtig am Fadenende ziehen, um das Loch in der Mitte zu schließen.

FINGERSCHLAUFE

Eine weniger verbreitete, aber ebenfalls sehr nützliche Methode zum Arbeiten eines Rings ist die Fingerschlaufe. Auch hier wird das Fadenende umhäkelt, um einen stabilen Ring zu bilden. Diese Methode funktioniert am besten mit Wollgarnen, bei Garnen mit glatten Fasern wie Seiden- oder Baumwollgarnen kann es sein, dass sich der so gebildete Ring mit der Zeit löst.

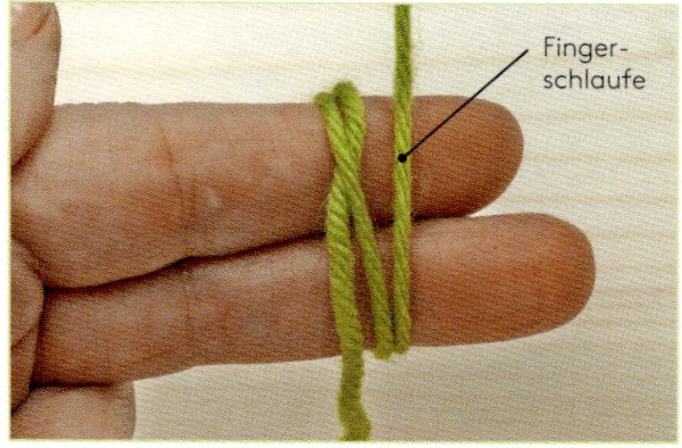

SCHRITT 1
Das Fadenende mehrmals um ein oder zwei Finger der linken Hand legen.

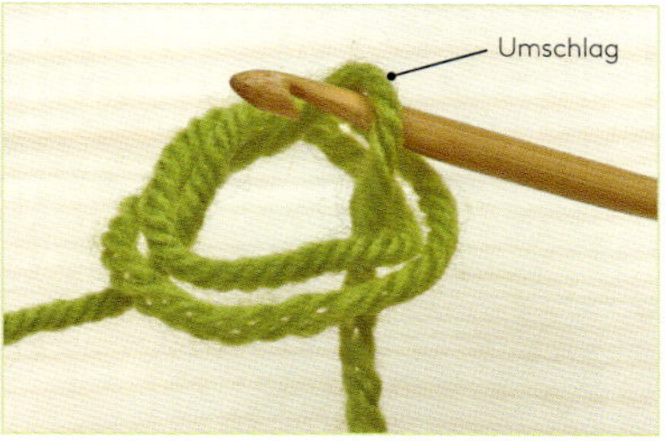

SCHRITT 2
Die Schlaufe von den Fingern ziehen, mit der Nadel in den Ring einstechen, den Arbeitsfaden holen und durchziehen.

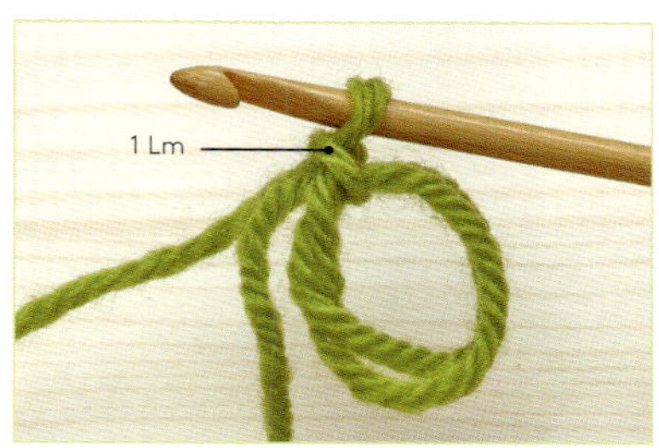

SCHRITT 3
Eine Luftmasche häkeln, um den Ring zu sichern.

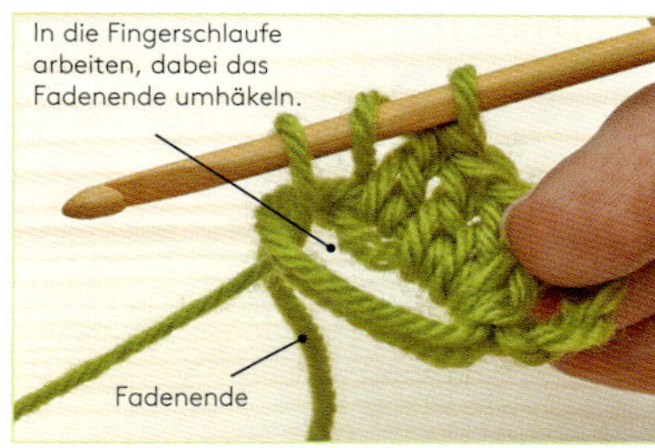

SCHRITT 4
Die angegebene Anzahl von Anfangsluftmaschen und Maschen in die Fingerschlaufe häkeln, dabei das Fadenende umhäkeln.

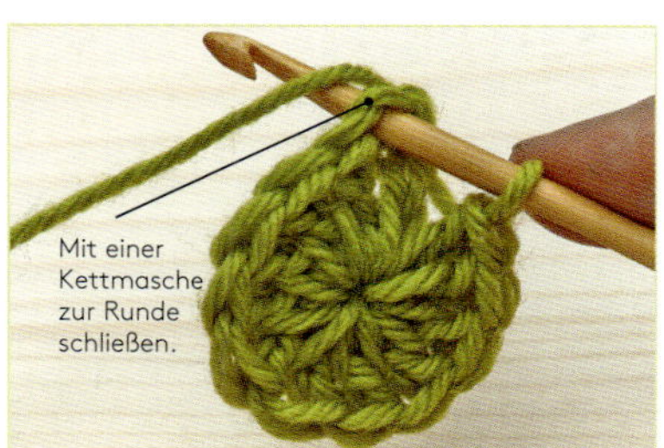

SCHRITT 5
Die letzte und die erste Masche der Runde mit einer Kettmasche in die obere der Anfangsluftmaschen zur Runde schließen. Nun vorsichtig am Fadenende ziehen, um das Loch in der Mitte zu schließen.

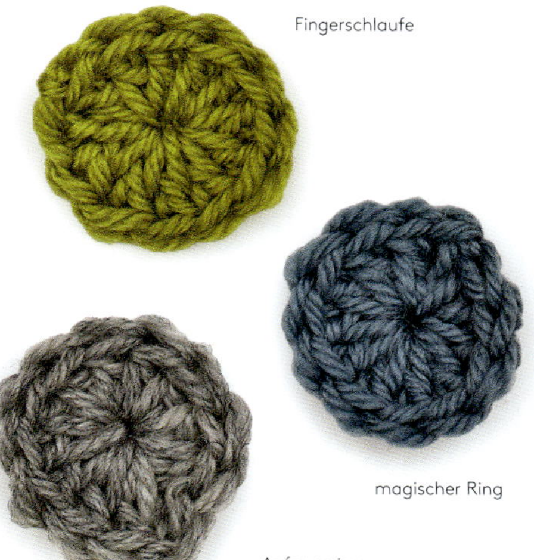

Kreise und Spiralen

Kreise und Spiralen werden durch gleichmäßig verteilte Zunahmen in jeder Runde gehäkelt, die dafür sorgen, dass ein flacher Kreis beziehungsweise eine flache Spirale entsteht. Wenn man keine Maschen zunimmt, entsteht ein Schlauch (siehe Seite 70). Beim Häkeln von Kreisen wird die erste und die letzte Masche jeder Runde mit einer Kettmasche verbunden. Bei Spiralen werden die Runden ohne Kettmaschen gearbeitet, um einen Spiraleffekt zu erzielen.

KREISE HÄKELN

Kreise können mit jeder Art von Maschen gehäkelt werden. Hier wird zuerst ein Anfangsring (siehe Seite 56) gearbeitet, weitergehäkelt wird dann mit Stäbchen. Jede Runde beginnt mit drei Anfangsluftmaschen, die als erstes Stäbchen zählen.

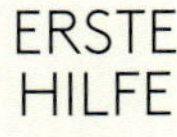

ERSTE HILFE

WIE VIELE MASCHEN MUSS MAN ZUNEHMEN?

Die Höhe der Maschen und das Häkelmuster bestimmen, wie viele Zunahmen man in jeder Runde häkeln muss. Je höher die Maschen sind, desto mehr Zunahmen sind erforderlich, um einen flachen, gleichmäßigen Kreis zu erhalten. Bei zu wenigen Zunahmen wölbt sich der Kreis, bei zu vielen werden die Ränder ungleichmäßig und gewellt. Wichtig ist außerdem, immer die Maschen zu zählen, bevor man mit der nächsten Runde beginnt, um sicherzustellen, dass man die richtige Anzahl an Zunahmen gearbeitet hat. In der Anleitung ist angegeben, wie viele Zunahmen notwendig sind und wo diese gearbeitet werden.

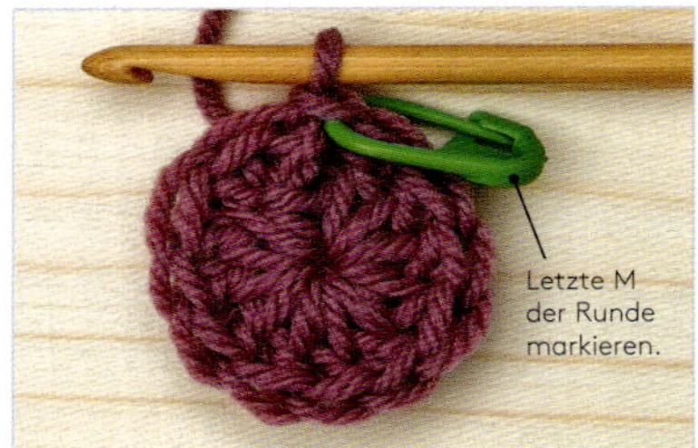

SCHRITT 1
Die angegebene Anzahl von Maschen in den Anfangsring häkeln (hier sind das zwölf Stäbchen) und dann die letzte und die erste Masche der Runde mit einer Kettmasche in die obere der Anfangsluftmaschen zur Runde schließen. Es ist hilfreich, die letzte Masche der Runde zu markieren, damit man weiß, wann die nächste Runde beendet ist. Den Maschenmarkierer mit jeder weiteren Runde versetzen.

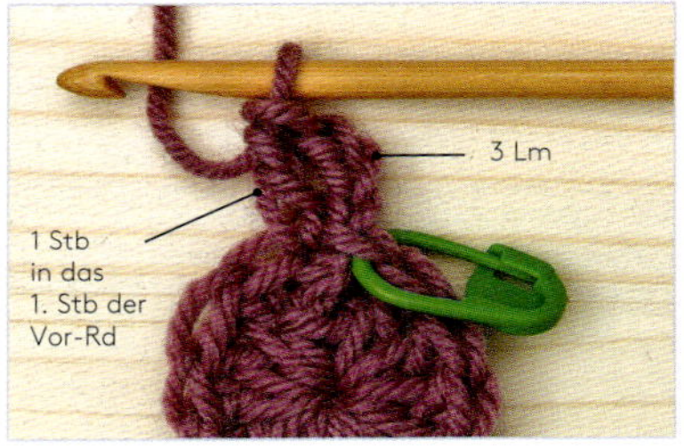

SCHRITT 2
Die angegebene Anzahl an Anfangsluftmaschen und dann das erste Stäbchen in dieselbe Masche wie die Anfangsluftmaschen häkeln – hier wird das erste Stäbchen der zweiten Runde also in das erste Stäbchen der Vorrunde gearbeitet („3 Lm, 1 Stb in das 1. Stb der Vor-Rd"). Damit wurde eine Masche zugenommen.

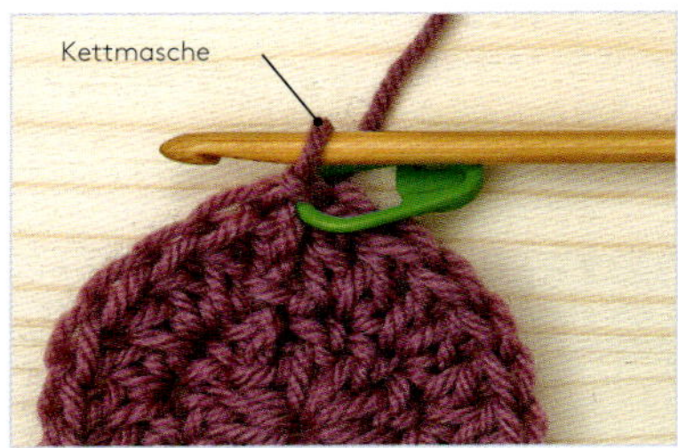

SCHRITT 3
Nach diesem Prinzip weitere Zunahmen vornehmen, indem in jedes Stäbchen der Vorrunde zwei Stäbchen gehäkelt werden. Schließlich die letzte und die erste Masche mit einer Kettmasche in die obere der Anfangsluftmaschen zur Runde schließen und den Maschenmarkierer versetzen. Damit ist die zweite Runde fertig (insgesamt 24 Stäbchen).

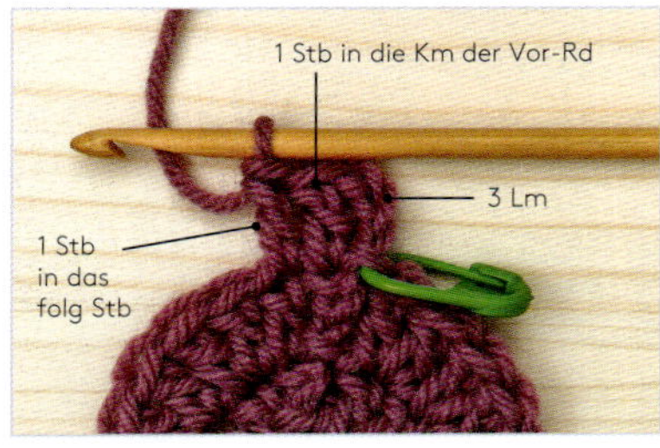

SCHRITT 4
In der dritten Runde drei Anfangsluftmaschen, ein Stäbchen in die Kettmasche der Vorrunde und ein Stäbchen in das folgende Stäbchen häkeln.

SCHRITT 5
Zwei Stäbchen in das nächste Stäbchen und ein Stäbchen in das folgende Stäbchen häkeln. Diese Maschenabfolge bis zum Rundenende wiederholen und dann die Runde wie gewohnt mit einer Kettmasche schließen. Jetzt die Maschen zählen: Insgesamt sollten es nun 36 Stäbchen sein. Nach diesem Prinzip werden nun in allen folgenden Runden gleichmäßig verteilte Zunahmen gearbeitet, um einen gleichmäßigen Kreis zu erhalten.

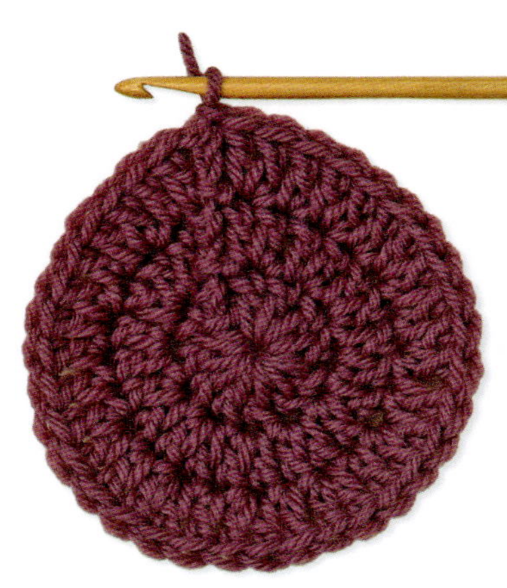

GARNWECHSEL

Auch Kreise lassen sich mehrfarbig gestalten. Am einfachsten ist dabei der Garnwechsel mit einer unvollständigen Masche wie beim Häkeln in Reihen (siehe Seite 32). Schöner werden die Übergänge allerdings, wenn man den alten Faden abschneidet und durchzieht und das neue Garn an einer anderen Stelle der Runde mithilfe einer Anfangsschlinge anfügt (siehe Seite 33).

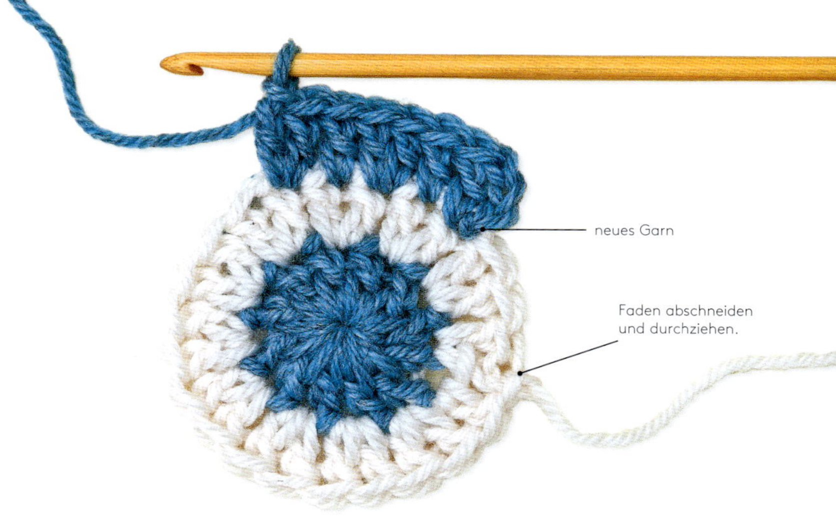

UNSICHTBARER ÜBERGANG

Beim Schließen einer Runde wird üblicherweise die letzte und die erste Masche mit einer Kettmasche verbunden. Das funktioniert sehr gut, manchmal entstehen so aber kleine Lücken. Mit mehr Übung kann man sich an dieser Methode für einen unsichtbaren Übergang versuchen. Diese Technik nennt man auch Grafting oder Maschenstich. Dabei wird das Garn nach jeder Runde abgeschnitten und dann wieder angefügt – was man sowieso machen muss, wenn man in verschiedenen Farben häkelt, bei einfarbigen Projekten entstehen so aber „unnötige" Fadenenden, die man dann vernähen muss, daher wird diese Methode dabei oft nur für die letzte Runde verwendet.

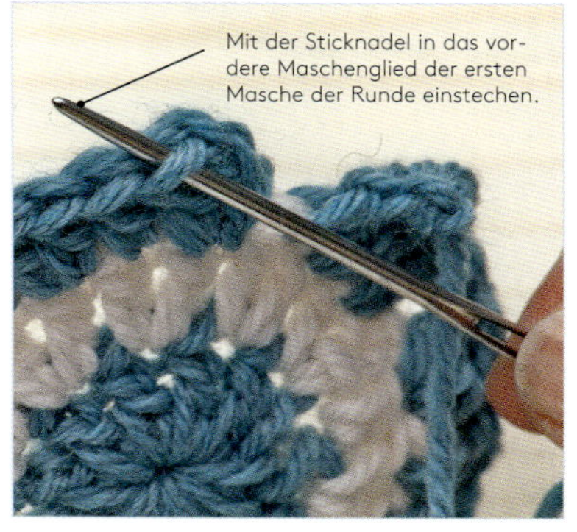

SCHRITT 1

Bis zur letzten Masche der Runde häkeln, aber die Runde nicht mit einer Kettmasche schließen, sondern den Faden abschneiden, durchziehen und etwa 15 cm lang abschneiden. Das Fadenende auf eine Sticknadel ohne Spitze fädeln, mit dieser von vorn nach hinten in das vordere Maschenglied der ersten echten Masche – nicht der oberen Anfangsluftmasche – der Runde einstechen und den Faden durchziehen.

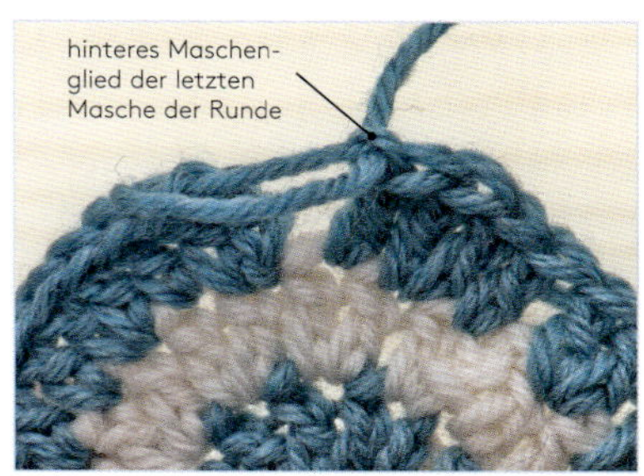
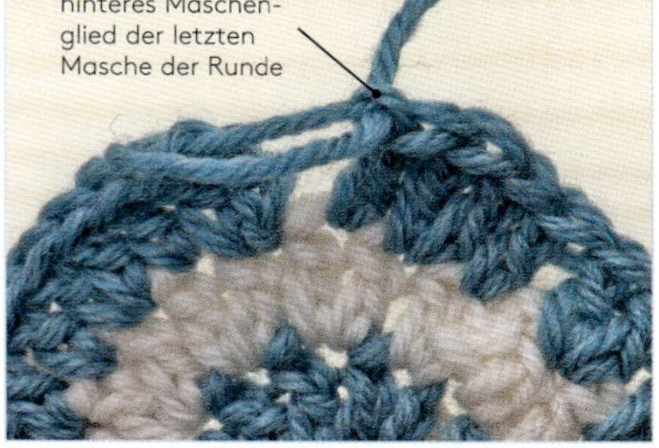

SCHRITT 2

Anschließend mit der Sticknadel von vorn nach hinten in das hintere Maschenglied der letzten Masche der Runde einstechen und den Faden durchziehen.

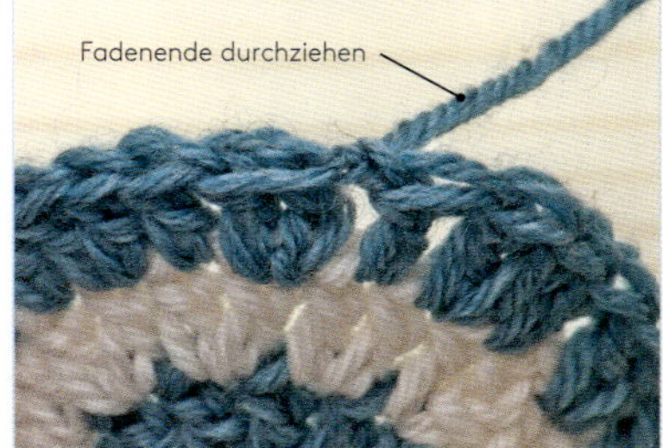

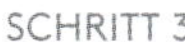
SCHRITT 3

Den genähten Stich vorsichtig festziehen, sodass der Kreis schön flach liegt, und dann das Fadenende auf der Rückseite vernähen.

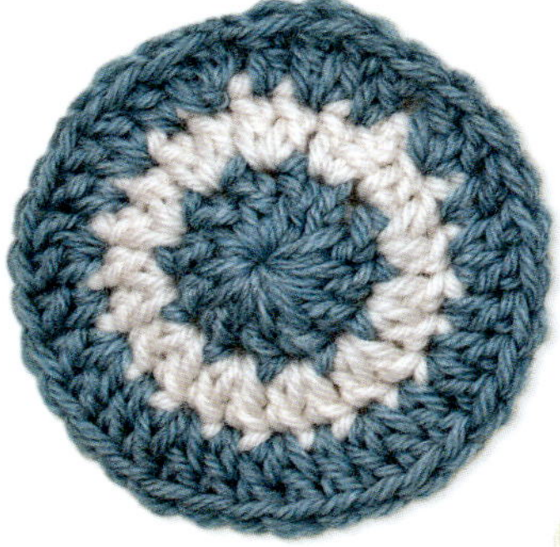
Maschenstiche

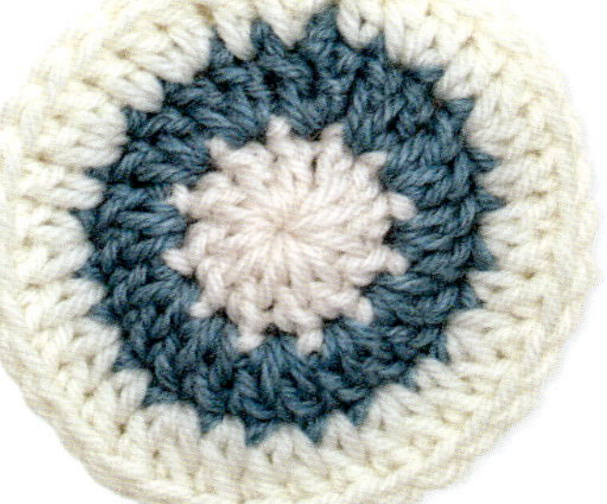
Kettmaschen

Sonne in der Mitte

Anfangsring: 6 Lm anschl und mit 1 Km zur Runde schließen.
Runde 1: 1 Lm (zählt als 1 fM), 9 fM in den Ring, 1 Km in die 1. fM. (10 fM)
Runde 2: 5 Lm (zählen als 1 Stb, 2 Lm), [1 Stb in die folg fM, 2 Lm] x 9, 1 Km in die 3. der 5 Anf-Lm. (10 Stb)
Runde 3: 3 Lm (zählen als 1 Stb), [2 Stb in den folg 2-Lm-ZR, 1 Stb in das folg Stb] x 9, 2 Stb in den letzten 2-Lm-ZR, 1 Km in die obere der 3 Anf-Km. (30 Stb)
Runde 4: 3 Lm (zählen als 1 Stb), [2 Stb in das folg Stb, 1 Stb in das folg Stb] x 14, 2 Stb in das letzte Stb, 1 Km in die obere der 3 Anf-Lm. (45 Stb)
Runde 5: *1 Stb überg, 5 hStb in das folg Stb (1 Halbkreis), 1 Stb überg, 1 Km in das folg Stb, ab * bis Rd-Ende wdh. (11 Halbkreise)
Faden abschneiden und durchziehen, Fadenenden vernähen.

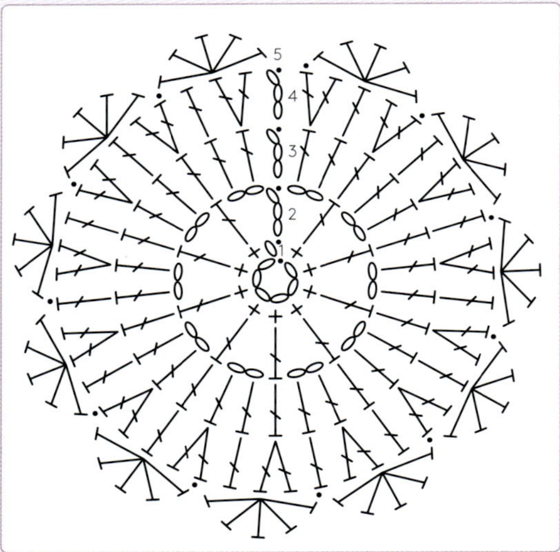

SYMBOLE
- Lm
- Km
- f
- hStb
- Stb

ERSTE HILFE

WAS BEDEUTET „IN DEN LUFTMASCHEN-ZWISCHENRAUM" HÄKELN?

Durch Luftmaschen zwischen Maschen entsteht zusätzlicher Platz für Maschen der folgenden Runde. Eine so entstehende Lücke wird Luftmaschenzwischenraum (Lm-ZR) genannt; wird dieser wie hier links durch zwei Luftmaschen gebildet, wird er in der Anleitung als „2-Lm-ZR" bezeichnet. Ist in der Anleitung angegeben, in den Luftmaschenzwischenraum zu häkeln, müssen die Maschen in die Lücke unterhalb der Luftmaschen und nicht in diese hinein gearbeitet werden. Luftmaschenzwischenräume sind fester Bestandteil einer Vielzahl von Mustern und etwa besonders wichtig, um die Ecken in quadratischen Häkelmotiven wie Granny Squares (siehe Seite 64) zu bilden.

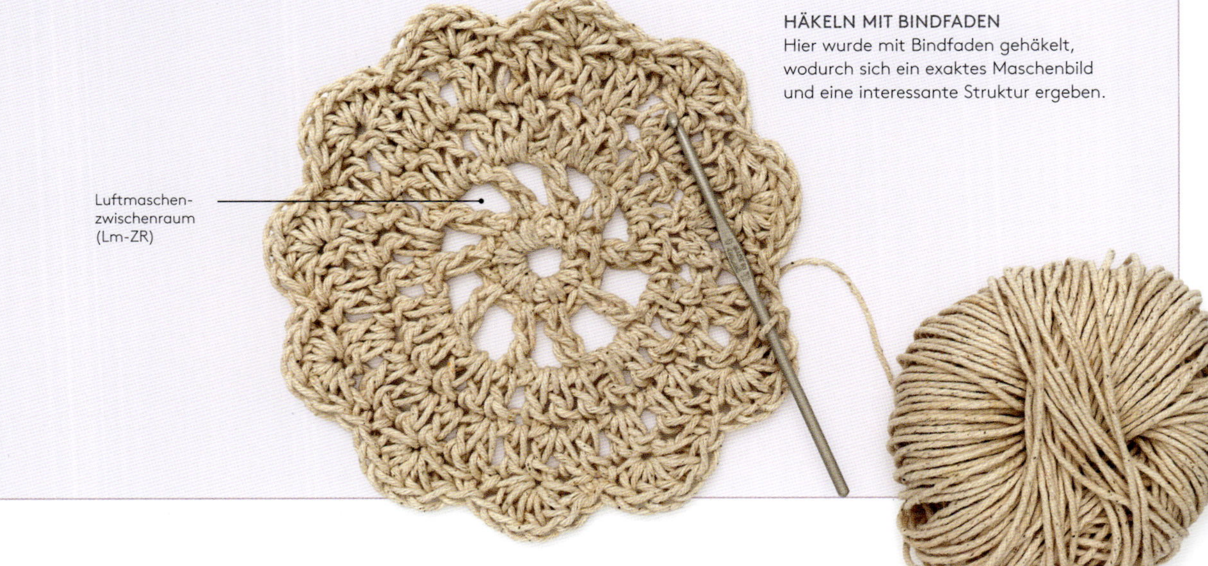

HÄKELN MIT BINDFADEN
Hier wurde mit Bindfaden gehäkelt, wodurch sich ein exaktes Maschenbild und eine interessante Struktur ergeben.

SPIRALEN HÄKELN

Auch Spiralen lassen sich mit jeder Art von Maschen häkeln, im Beispiel unten werden feste Maschen gehäkelt. Bei Spiralen ist es besonders wichtig, die letzte Masche jeder Runde mit einem Maschenmarkierer zu kennzeichnen, denn sonst verliert man schnell den Überblick. Am einfachsten geht das mit einem Maschenmarkierer mit Schnappverschluss – diesen einfach bei jeder letzten Masche der Runde in diese versetzen.

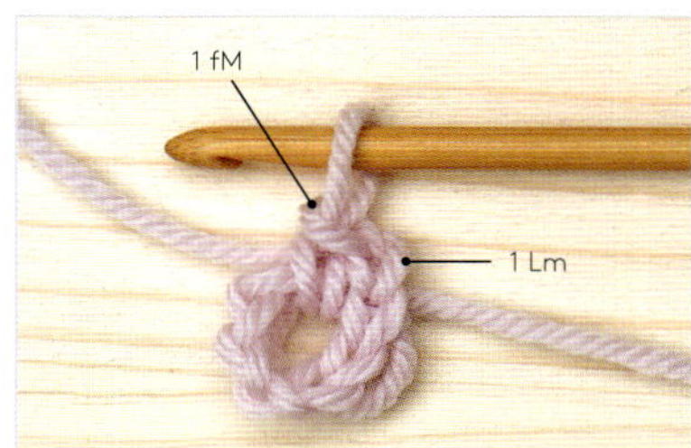

SCHRITT 1

Einen Anfangsring (siehe Seite 56) häkeln. Eine Anfangsluftmasche (diese zählt nicht als erste Masche) häkeln, mit der Nadel in den Ring einstechen und eine feste Masche häkeln.

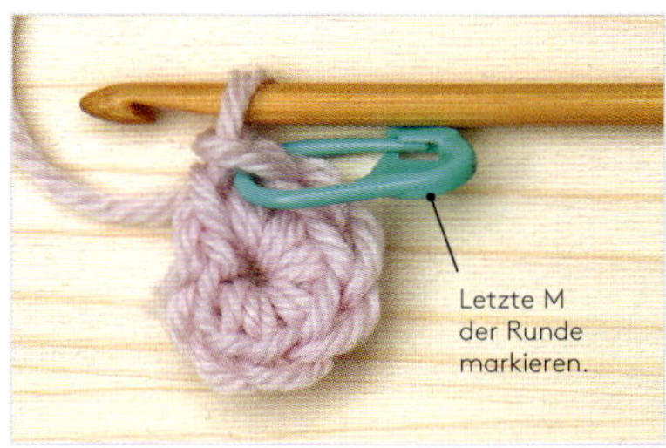

SCHRITT 2

Die angegebene Anzahl fester Maschen in den Ring häkeln (hier sind das sechs feste Maschen), aber am Ende nicht mit einer Kettmasche zur Runde schließen, sondern stattdessen die letzte Masche mit einem Maschenmarkierer kennzeichnen.

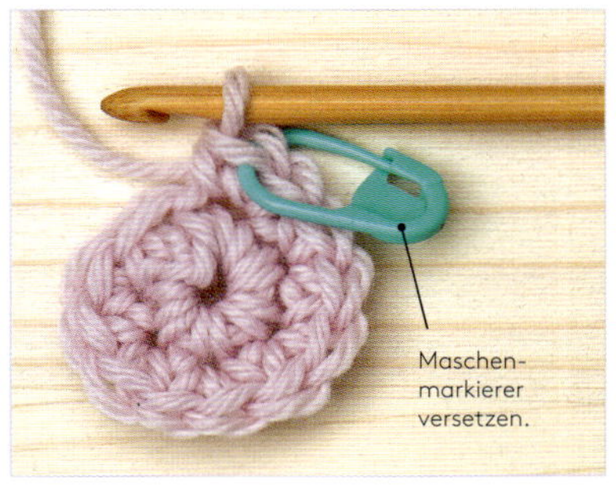

SCHRITT 3

Nun die zweite Runde häkeln, dabei die in der Anleitung angegebenen Zunahmen arbeiten. Hier werden in jede feste Masche der Vorrunde zwei feste Maschen gehäkelt (insgesamt zwölf feste Maschen). Den Maschenmarkierer kurz beiseitegeben, um die letzten zwei Maschen zu häkeln und dann die letzte Masche der zweiten Runde markieren.

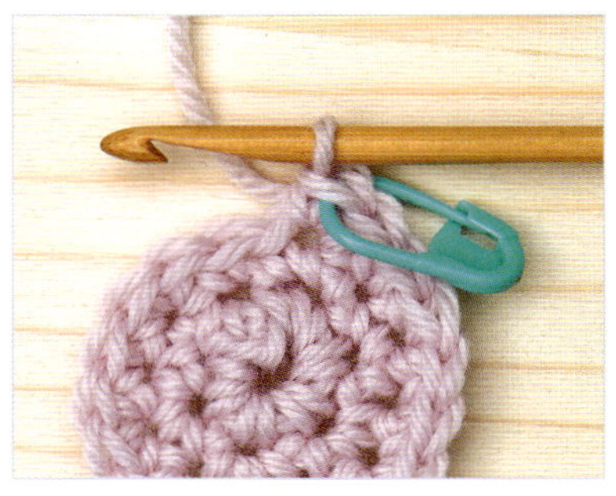

SCHRITT 4

In der nächsten Runde erfolgen die Zunahmen nach folgendem Prinzip: eine feste Masche in die nächste Masche, zwei feste Maschen in die folgende Masche und immer so weiter bis zum Ende der Runde. Jetzt die Maschen zählen, insgesamt sollten es 18 feste Maschen sein. Nach diesem Prinzip werden nun in allen folgenden Runden gleichmäßig verteilte Zunahmen gearbeitet, um eine Spirale in der gewünschten Größe zu häkeln.

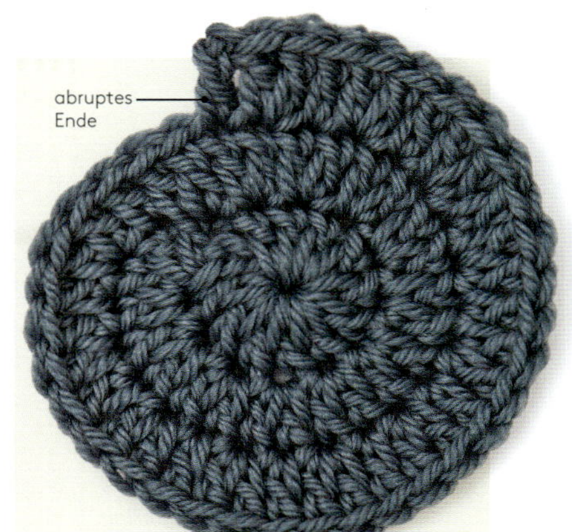

ERSTE HILFE

WIE LASSEN SICH ABRUPTE ENDEN BEI SPIRALEN VERMEIDEN?

Das abrupte Ende in der letzten Runde der Spirale lässt sich durch eine Verringerung der Maschenhöhe verhindern. Das ist vor allem hilfreich, wenn man Spiralen aus höheren Maschen, etwa Stäbchen, häkelt, wo das Ende meist sehr deutlich zu sehen ist. Dafür einfach bis zur letzten Masche der Runde häkeln und dann abgestuft kürzere Maschen arbeiten, um einen schönen Übergang zu erhalten. Für das Beispiel unten wurden zwei halbe Stäbchen in das letzte Stäbchen der Vorrunde, eine feste Masche in das folgende Stäbchen und eine Kettmasche in das nächste Stäbchen gehäkelt. Dann den Faden wie gewohnt abschneiden und durchziehen, und die Fadenenden vernähen.

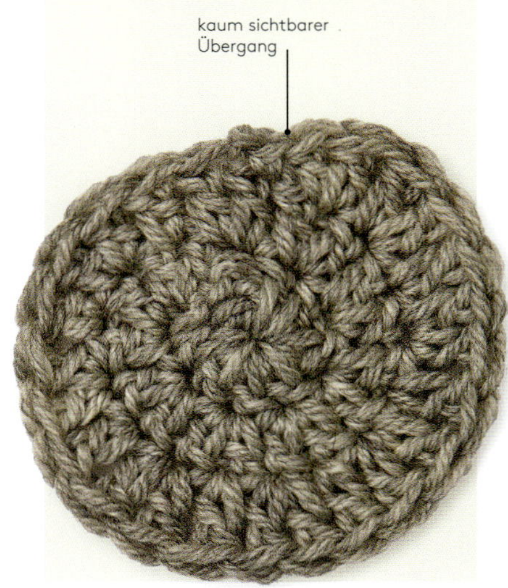

Blöcke und Motive

Kleinformatige Häkelprojekte wie Blöcke oder vergleichbare kleinere Motive sind sehr beliebt, da sie leicht zu transportieren sind und eine ideale Möglichkeit darstellen, um Garnreste zu verarbeiten. Neben Kreisen (siehe Seite 58) können auch Formen wie Quadrate, Dreiecke und Sechsecke gearbeitet werden. Jedes der Häkelmotive in diesem Abschnitt beginnt mit einem Anfangsring (siehe Seite 56), der für eine stabile Basis sorgt und von dem ausgehend sich die Motive wunderbar arbeiten lassen.

AUSWAHL UND VERWENDUNG VON BLÖCKEN UND MOTIVEN

Bei Projekten aus Blöcken oder Häkelmotiven lässt sich wunderbar experimentieren, aber man sollte sich immer gut überlegen, welche Blöcke und Motive für welches Projekt am besten geeignet sind. Stabile Blöcke eignen sich etwa besser für eine Einkaufstasche als luftige Lochmusterblöcke, es sei denn, man unterlegt diese zusätzlich mit Stoff. Blöcke können auf verschiedene Arten zusammengefügt werden; die häufigsten Blockanordnungen sind rechts abgebildet. Am besten häkelt man zunächst einige Musterblöcke, um Garn- und Farbkombinationen auszuprobieren und die Größe zu messen, zeichnet dann eine Skizze mit der Blockanordnung und zählt, wie viele Blöcke man insgesamt braucht. Mithilfe der Musterblöcke lässt sich dann berechnen, wie viel Garn man für das gesamte Projekt einplanen muss.

EINEN EINFACHEN QUADRATISCHEN BLOCK HÄKELN

Durch gleichmäßig verteilte Zunahmen entsteht ein Kreis, werden die Zunahmen allerdings an bestimmten Stellen – den späteren Ecken – gruppiert, erhält man im Handumdrehen ein Quadrat, ein Sechseck, ein Dreieck oder jede andere eckige Form. Hier werden die Zunahmen an vier Stellen vorgenommen, um einen quadratischen Block zu häkeln.

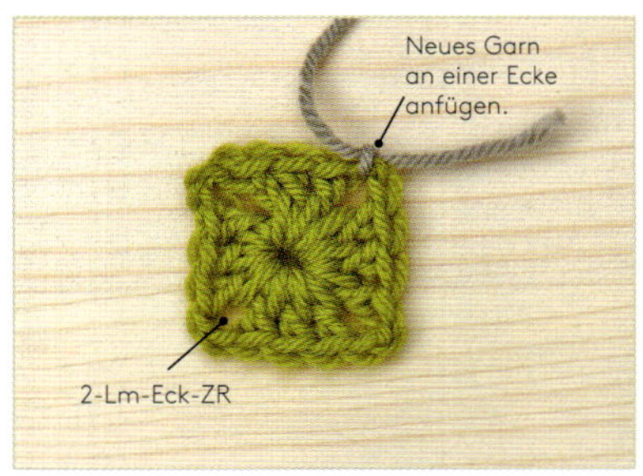

SCHRITT 1
Der Anleitung gegenüber bis zum Ende der ersten Runde folgen. In dieser Runde wurden vier Eckzwischenräume aus je zwei Luftmaschen („2-Lm-Eck-ZR") gehäkelt. Das Garn für die nächste Runde an den ersten Eckzwischenraum der Vorrunde anfügen. Das neue Garn wurde hier mithilfe eines einfachen Knotens (siehe Erste Hilfe auf Seite 65) angefügt.

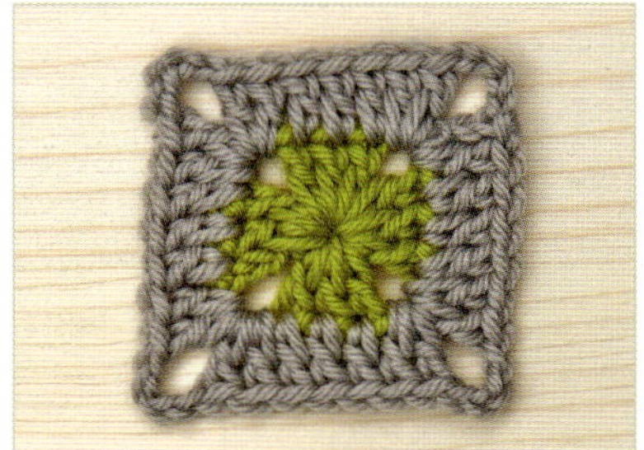

SCHRITT 2
Nun die zweite Runde wie angegeben häkeln, dabei entlang der Seitenkanten ein Stäbchen in jede Masche der Vorreihe und in jeden Eckzwischenraum zwei Stäbchen, vier Luftmaschen und nochmals zwei Stäbchen häkeln. Zählen Sie regelmäßig die Maschen, um sicherzugehen, dass die Anzahl der Maschen pro Kante immer gleich ist.

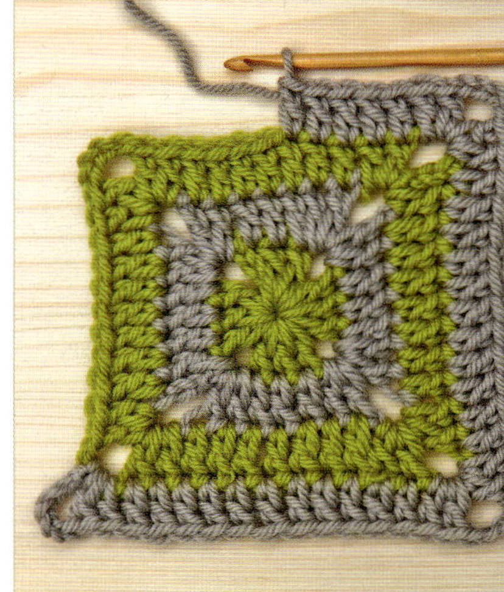

SCHRITT 3
In weiteren Runden werden jeweils in die Eckzwischenräume weitere Zunahmen gehäkelt, dadurch steigt die Anzahl der Maschen entlang der Kanten, die Eckzwischenräume bleiben aber immer gleich groß. Nach diesem Prinzip lassen sich beliebig viele Runden hinzufügen, um ein Quadrat in der gewünschten Größe zu erhalten.

ERSTE HILFE

WAS GENAU VERSTEHT MAN UNTER BLÖCKEN UND MOTIVEN?

Häkelarbeiten werden meist in einem Stück gehäkelt – ist das nicht der Fall, sondern es werden mehrere kleinere Einzelteile zusammengefügt, nennt man diese Blöcke. Blöcke haben in der Regel eine gleichmäßige Form, sind also etwa quadratisch oder sechseckig, und werden ähnlich wie bei einem Patchworkmuster nach einem bestimmten Muster zusammengefügt, um ein größeres Stück wie etwa eine Decke zu erhalten. Blöcke können in Reihen oder in Runden gearbeitet werden. In diesem Zusammenhang trifft man auch immer wieder auf den Begriff „(Häkel-)Motiv". Das ist im Prinzip auch ein Block, allerdings können Häkelmotive auch unregelmäßig sein, und sie werden meist in der Runde gearbeitet.

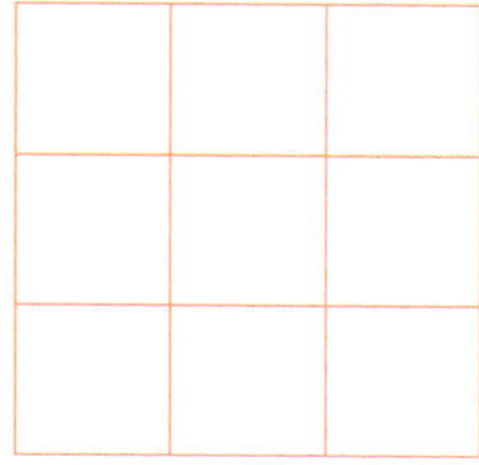

QUADRATE
Quadratische Blöcke werden horizontal oder vertikal zu Streifen zusammengefügt, die dann wiederum zusammengesetzt werden.

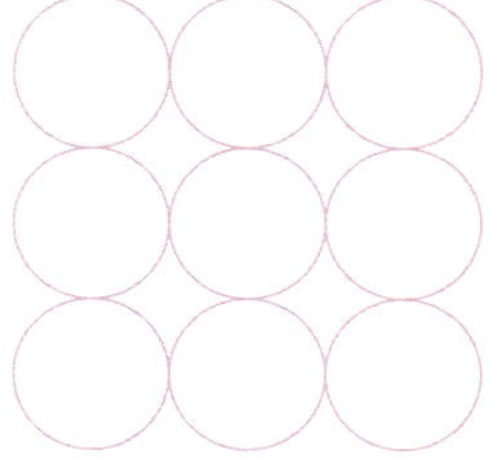

KREISE
Kreisförmige Motive werden meist in Reihen angeordnet und dann an den Berührungspunkten mit einigen Stichen zusammengenäht.

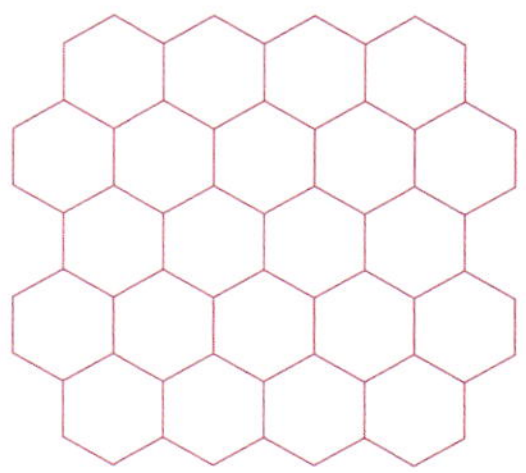

SECHSECKE
Sechsecke werden wie quadratische Blöcke zusammengefügt. Für die Ränder eignen sich halbe Sechsecke, oder man lässt sie wie hier unregelmäßig.

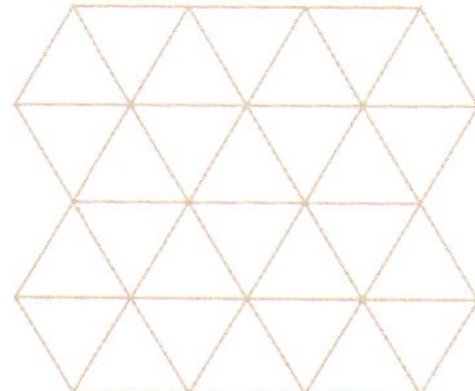

DREIECKE
Dreieckige Blöcke werden zunächst zu horizontalen Streifen zusammengefügt. Beim Zusammensetzen dieser Streifen sollte man darauf achten, dass die Spitzen und Ecken der Dreiecke jeweils genau übereinander ausgerichtet sind.

Einfacher quadratischer Block

Für dieses Muster braucht man zwei verschiedenfarbige Garne: A und B.

Anfangsring: Mit Garn A 6 Lm anschl und mit 1 Km zur Runde schließen.
Runde 1: 5 Lm (zählen als 1 Stb, 2 Lm), [3 Stb in den Ring, 2 Lm] x 3, 2 Stb in den Ring, 1 Km in die 3. der 5 Anf-Lm. Garn A abschneiden und durchziehen, Garn B an den 1. 2-Lm-Eck-ZR der Rd anfügen.
Runde 2: 7 Lm (zählen als 1 Stb, 4 Lm), 2 Stb in denselben 2-Lm-Eck-ZR, *1 Stb in jedes der folg 3 Stb, (2 Stb, 4 Lm, 2 Stb) in den folg 2-Lm-Eck-ZR, ab * noch 2 x wdh, 1 Stb in jedes der folg 2 Stb, 1 Stb in die 3. der 5 Anf-Lm der Vor-Rd, 1 Stb in den folg 2-Lm-Eck-ZR, 1 Km in die 3. der 7 Anf-Lm. Garn B abschneiden und durchziehen, Garn A an den 1. 4-Lm-Eck-ZR der Rd anfügen.
Runde 3: 7 Lm (zählen als 1 Stb, 4 Lm), 2 Stb in denselben 4-Lm-Eck-Zr, *1 Stb in jedes der folg Stb bis zum Eck-ZR, (2 Stb, 4 Lm, 2 Stb) in den 4-Lm-Eck-ZR, ab * noch 2 x wdh, 1 Stb in jedes folg Stb entlang der Seite, 1 Stb in die 3. der 7 Anf-Lm der Vor-Rd, 1 Stb in den folg 4-Lm-Eck-ZR, 1 Km in die 3. der 7 Anf-Lm. Garn A abschneiden und durchziehen, Garn B an den 1. 4-Lm-Eck-ZR der Rd anfügen.
Runde 4: Wie Runde 3 arb.
Faden abschneiden und durchziehen, Fadenenden vernähen.

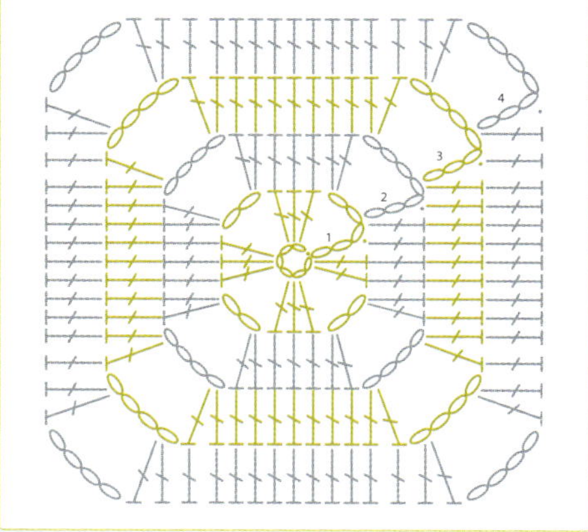

SYMBOLE
- Lm
- Km
- Stb

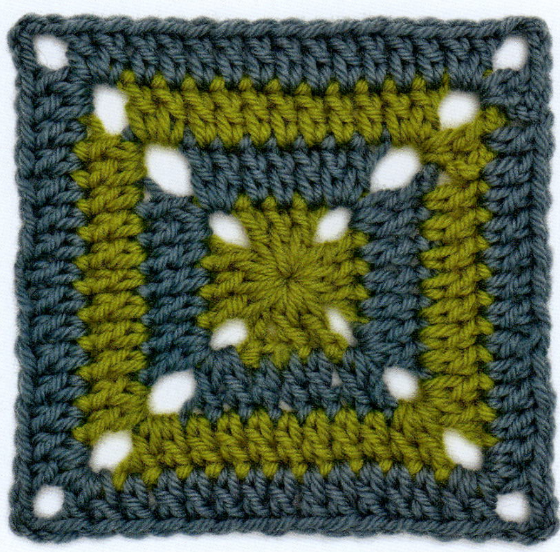

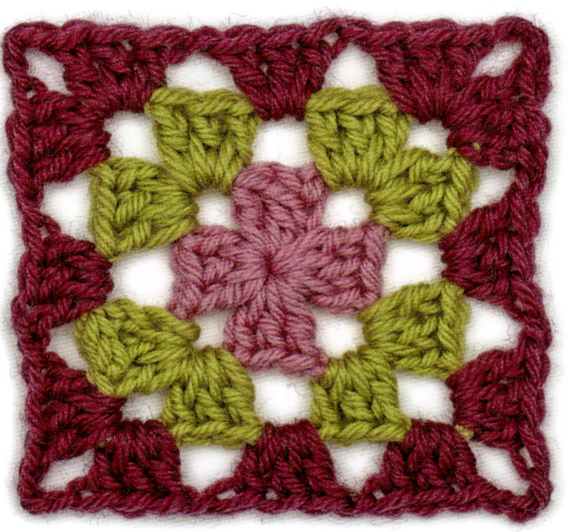

GRANNY SQUARES

Das klassische quadratische Granny Square ist das wohl bekannteste Häkelmotiv, aber nach diesem Prinzip lassen sich auch andere Formen wie Dreiecke oder Sechsecke arbeiten (siehe Seite 66). Für das klassische Granny Square werden in jeder Runde abwechselnd mehrere Stäbchen und mehrere Luftmaschen gehäkelt. Dabei werden die Stäbchen in jeder folgenden Runde in die Luftmaschenzwischenräume der vorherigen Runde gearbeitet. In regelmäßigen Abständen werden zudem zusätzliche Stäbchen und Luftmaschen gehäkelt, um die Ecken zu bilden. Vergewissern Sie sich vor jeder Runde, dass Sie an jeder Ecke die richtige Anzahl von Stäbchen und Luftmaschen gehäkelt haben, um die gewünschte Form zu erhalten.

EIN KLASSISCHES GRANNY SQUARE HÄKELN

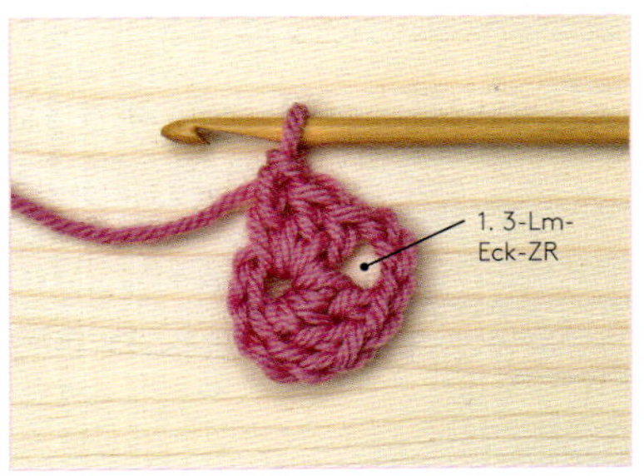

SCHRITT 1
Sechs Luftmaschen anschlagen und mit einer Kettmasche zur Runde schließen. Für die erste Runde drei Anfangsluftmaschen und dann zwei Stäbchen, drei Luftmaschen und drei Stäbchen in den Ring arbeiten. Damit wurde die erste Ecke gehäkelt.

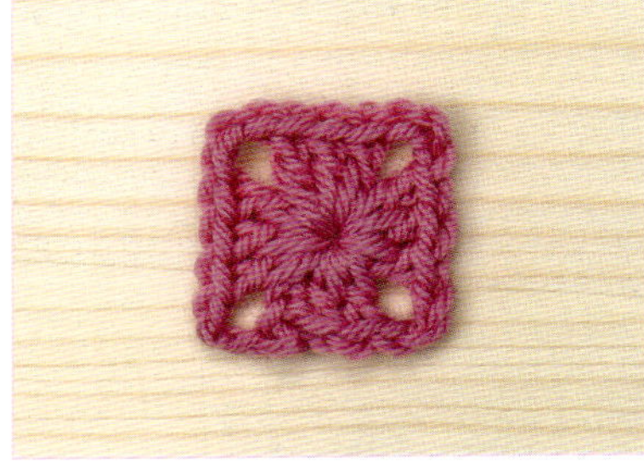

SCHRITT 2
Nun zweimal drei Luftmaschen und drei Stäbchen in den Ring häkeln, dann nochmals drei Luftmaschen arbeiten und mit einer Kettmasche zur Runde schließen. Damit erhält man vier Eckzwischenräume aus jeweils drei Luftmaschen. Im Folgenden werden in jeder Runde drei Stäbchen, drei Luftmaschen und wieder drei Stäbchen in die Eckzwischenräume gearbeitet.

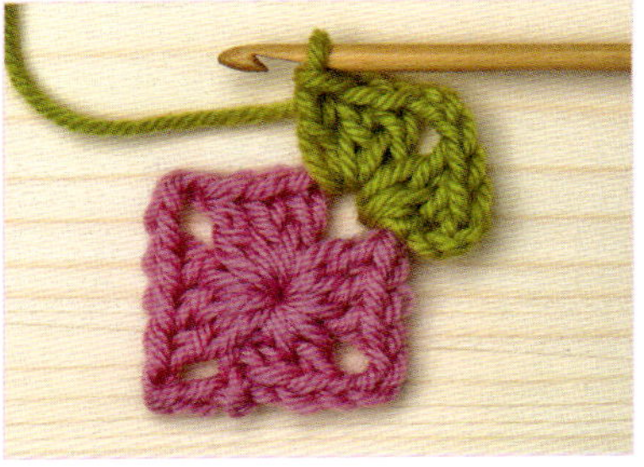

SCHRITT 3
Das Garn für die nächste Runde an den ersten Eckzwischenraum der Vorrunde anfügen. Das neue Garn wurde hier mithilfe eines einfachen Knotens (siehe Erste Hilfe gegenüber) angefügt. Die erste Ecke der zweiten Runde wie in Schritt 1 beschrieben in den Eckzwischenraum arbeiten.

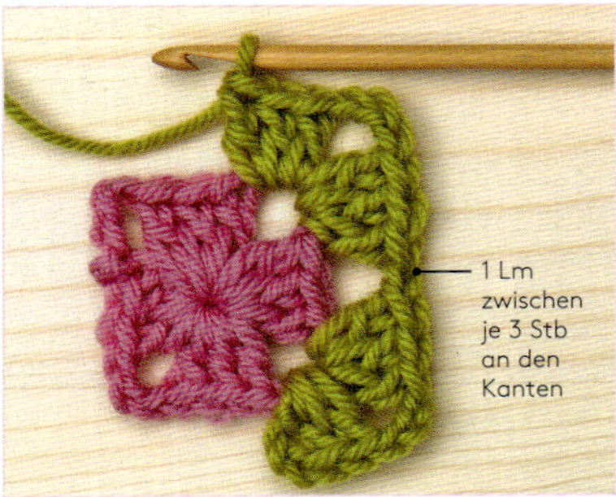

SCHRITT 4
Eine Luftmasche und dann drei Stäbchen, drei Luftmaschen und drei Stäbchen in den folgenden Eckzwischenraum häkeln. Damit enthält man an der Seitenkante einen Luftmaschenzwischenraum aus einer Luftmasche. Im Folgenden werden in jeder Runde drei Stäbchen in diese Luftmaschenzwischenräume gearbeitet.

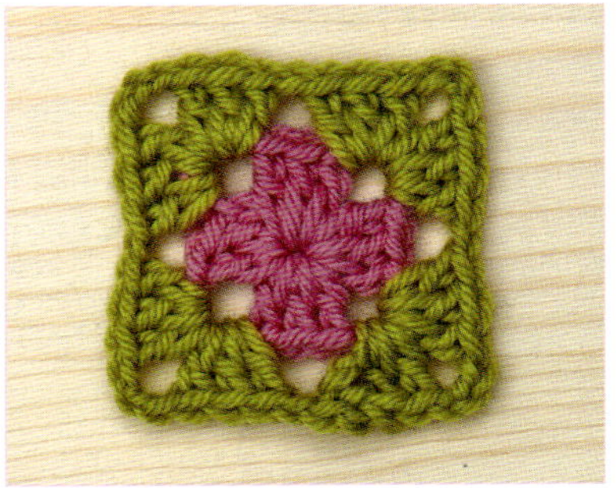

SCHRITT 5
Die Runde nach diesem Prinzip fertighäkeln und mit einer Kettmasche zur Runde schließen. Damit erhält man vier Eckzwischenräume aus jeweils drei Luftmaschen und vier weitere Luftmaschenzwischenräume aus jeweils einer Luftmaschen an den Seitenkanten.

SCHRITT 6
Nach diesem Prinzip kann man nun weitere Runden häkeln – das heißt jeweils drei Stäbchen, drei Luftmaschen und wieder drei Stäbchen in die Eckzwischenräume und drei Stäbchen in die Luftmaschenzwischenräume an den Seitenkanten. Dabei unbedingt darauf achten, vor und nach je drei Stäbchen an den Seitenkanten eine Luftmasche zu arbeiten, sonst wellt sich das Granny Square später unschön. An jeder Seitenkante steigt damit in weiteren Runden die Anzahl der Luftmaschenzwischenräume aus einer Luftmasche. In der dritten Runde hat man etwa an jeder Seitenkante bereits zwei dieser Luftmaschenzwischenräume.

ERSTE HILFE

WIE WECHSELT MAN DAS GARN BEI MOTIVEN?

Es gibt verschiedene Methoden, um einen Garnwechsel bei Motiven durchzuführen. An einfachsten ist der Garnwechsel mit einer Anfangsschlinge (siehe Seite 33), aber man kann auch mit einem simplen Knoten arbeiten.

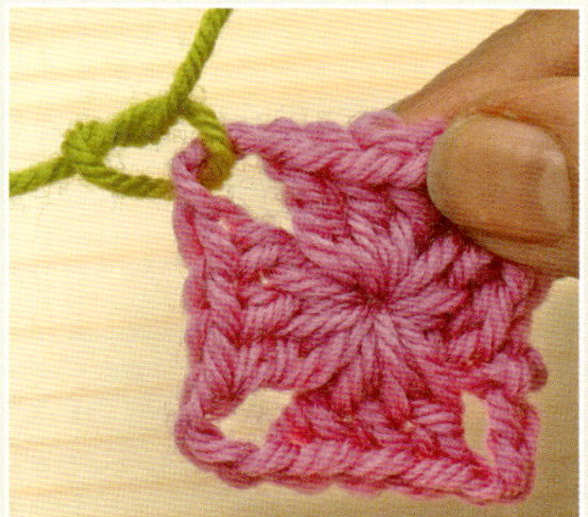

SCHRITT 1
Das Fadenende des neuen Garns in einen Luftmaschenzwischenraum fädeln und einen einfachen Knoten machen, dabei das Fadenende etwa 5 cm lang hängen lassen (es kann später vernäht werden).

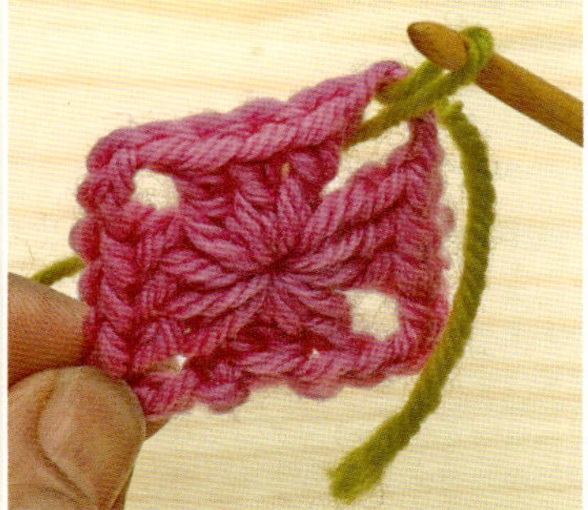

SCHRITT 2
Mit der Nadel von vorn nach hinten in den Luftmaschenzwischenraum einstechen, den Arbeitsfaden holen und die angegebene Anzahl an Anfangsluftmaschen häkeln.

5 EINSATZMÖGLICHKEITEN FÜR GRANNY SQUARES

1 Man kann mehrere Quadrate zusammennähen, um einen Kissenbezug zu erhalten.

2 Zu einem langen Streifen zusammengefügt ergeben Granny Squares einen hübschen Schal.

3 Aus Wolle gearbeitete größere Granny Squares ergeben tolle Topfuntersetzer. Wolle wirkt isolierend – hübsch und praktisch!

4 Mehrere kleine Granny Squares aus Baumwolle ergeben hübsche Untersetzer für Tassen oder Gläser.

5 Anstatt vieler kleiner Quadrate kann man auch ein großes aus verschiedenen Farben häkeln.

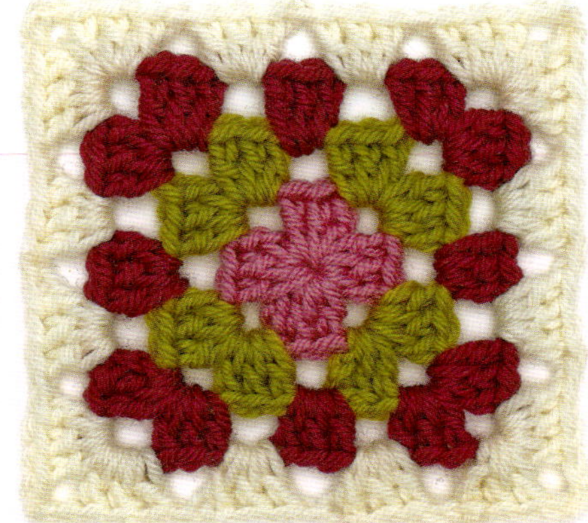

Klassisches Granny Square

Für dieses Muster braucht man vier verschiedenfarbige Garne: A, B, C und D.

Anfangsring: Mit Garn A 6 Lm anschl und mit 1 Km zur Runde schließen.
Runde 1: 3 Lm (zählen als 1 Stb), 2 Stb in den Ring, 3 Lm, [3 Stb in den Ring, 3 Lm] x 3, 1 Km in die obere der 3 Anf-Lm. Garn A abschneiden und durchziehen, Garn B an den 1. 3-Lm-Eck-ZR der Runde anfügen.
Runde 2: 3 Lm (zählen als 1 Stb), (2 Stb, 3 Lm, 3 Stb) in denselben 3-Lm-Eck-ZR, 1 Lm, *(3 Stb, 3 Lm, 3 Stb) in den folg 3-Lm-Eck-ZR, 1 Lm, ab * noch 2 x wdh, 1 Km in die obere der 3 Anf-Lm. Garn B abschneiden und durchziehen, Garn C an den 1. 3-Lm-Eck-ZR der Runde anfügen.
Runde 3: 3 Lm (zählen als 1 Stb), (2 Stb, 3 Lm, 3 Stb) in denselben 3-Lm-Eck-ZR, 1 Lm, 3 Stb in den folg 1-Lm-ZR, 1 Lm, *(3 Stb, 3 Lm, 3 Stb) in den folg 3-Lm-Eck-ZR, 1 Lm, 3 Stb in den folg 1-Lm-ZR, 1 Lm, ab * noch 2 x wdh, 1 Km in die obere der 3 Anf-Lm. Garn C abschneiden und durchziehen, Garn D an den 1. 3-Lm-Eck-ZR der Runde anfügen.
Runde 4: 3 Lm (zählen als 1 Stb), (2 Stb, 3 Lm, 3 Stb) in denselben 3-Lm-Eck-ZR, (1 Lm, 3 Stb) in jeden der folg 1-Lm-ZR bis zum Eck-ZR, 1 Lm, *(3 Stb, 3 Lm, 3 Stb) in den 3-Lm-Eck-ZR, (1 Lm, 3 Stb) in jeden der folg 1-Lm-ZR bis zum Eck-ZR, 1 Lm, ab * noch 2 x wdh, 1 Km in die obere der 3 Anf-Lm.
Faden abschneiden und durchziehen, Fadenenden vernähen.

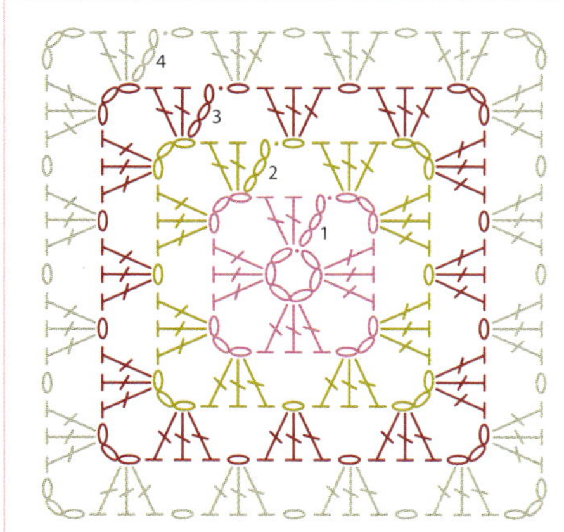

SYMBOLE
- Lm
- Km
- Stb

DREIECKE UND SECHSECKE HÄKELN

Nach dem Prinzip des klassischen Granny Squares (siehe Seite 64) können auch andere Formen wie etwa Dreiecke oder Sechsecke gehäkelt werden: Wenn man drei statt vier Ecken arbeitet, erhält man ein Dreieck, bei sechs Ecken ein Sechseck, bei acht Ecken ein Achteck und so weiter.

GRANNY-DREIECK

Für dieses Muster braucht man drei verschiedenfarbige Garne: A, B und C.

Anfangsring: Mit Garn A 6 Lm anschl und mit 1 Km zur Runde schließen.
Runde 1: 3 Lm (zählen als 1 Stb), 2 Stb in den Ring, 3 Lm, [3 Stb in den Ring, 3 Lm] x 2, 1 Km in die obere der 3 Anf-Lm. Garn A abschneiden und durchziehen, Garn B an den 1. 3-Lm-Eck-ZR der Runde anfügen.
Runde 2: 3 Lm (zählen als 1 Stb), (2 Stb, 3 Lm, 3 Stb) in denselben 3-Lm-Eck-ZR, *2 Lm, (3 Stb, 3 Lm, 3 Stb) in den folg 3-Lm-Eck-ZR, ab * noch 1 x wdh, 2 Lm, 1 Km in die obere der 3 Anf-Lm. Garn B abschneiden und durchziehen, Garn C an den 1. 3-Lm-Eck-ZR der Runde anfügen.
Runde 3: 3 Lm (zählen als 1 Stb), (2 Stb, 3 Lm, 3 Stb) in denselben 3-Lm-Eck-ZR, 2 Lm, 3 Stb in den folg 2-Lm-ZR, *2 Lm, (3 Stb, 3 Lm, 3 Stb) in den folg 3-Lm-Eck-ZR, 2 Lm, 3 Stb in den folg 2-Lm-ZR, ab * noch 1 x wdh, 2 Lm, 1 Km in die obere der 3 Anf-Lm. Garn C abschneiden und durchziehen, Garn B an den 1. 3-Lm-Eck-ZR der Runde anfügen.
Runde 4: 3 Lm (zählen als 1 Stb), (2 Stb, 3 Lm, 3 Stb) in denselben 3-Lm-Eck-ZR, (2 Lm, 3 Stb) in jeden der folg 2-Lm-ZR bis zum Eck-ZR, 2 Lm, *(3 Stb, 3 Lm, 3 Stb) in den 3-Lm-Eck-ZR, (2 Lm, 3 Stb) in jeden der folg 2-Lm-ZR bis zum Eck-ZR, 2 Lm, ab * noch 1 x wdh, 1 Km in die obere der 3 Anf-Lm.
Faden abschneiden und durchziehen, Fadenenden vernähen

DREIECKE SPANNEN

Machen Sie sich keine Sorgen, wenn die Ecken des Dreiecks etwas abgerundet aussehen. Nach dem Spannen werden die Ecken spitzer und die Seitenkanten gerade.

SYMBOLE

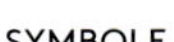

Lm
Km
Stb

GRANNY-SECHSECK

Für dieses Muster braucht man drei verschiedenfarbige Garne: A, B und C.

Anfangsring: Mit Garn A 6 Lm anschl und mit 1 Km zur Runde schließen.
Runde 1: 3 Lm (zählen als 1 Stb), 2 Stb in den Ring, 3 Lm, [3 Stb in den Ring, 3 Lm] x 5, 1 Km in die obere der 3 Anf-Lm. Garn A abschneiden und durchziehen, Garn B an den letzten 3-Lm-Eck-ZR anfügen.
Runde 2: 3 Lm (zählen als 1 Stb), (2 Stb, 3 Lm, 3 Stb) in denselben 3-Lm-Eck-ZR, *1 Lm, (3 Stb, 3 Lm, 3 Stb) in den folg 3-Lm-Eck-ZR, ab * noch 4 x wdh, 1 Lm, 1 Km in die obere der 3 Anf-Lm. Garn B abschneiden und durchziehen, Garn C an den 1. 3-Lm-Eck-ZR der Runde anfügen.
Runde 3: 3 Lm (zählen als 1 Stb), (2 Stb, 3 Lm, 3 Stb) in denselben 3-Lm-Eck-ZR, *1 Lm, 3 Stb in den folg 1-Lm-ZR, 1 Lm, (3 Stb, 3 Lm, 3 Stb) in den folg 3-Lm-Eck-ZR, ab * noch 4 x wdh, 1 Lm, 3 Stb in den folg 1-Lm-ZR, 1 Lm, 1 Km in die obere der 3 Anf-Lm. Faden abschneiden und durchziehen, Fadenenden vernähen.

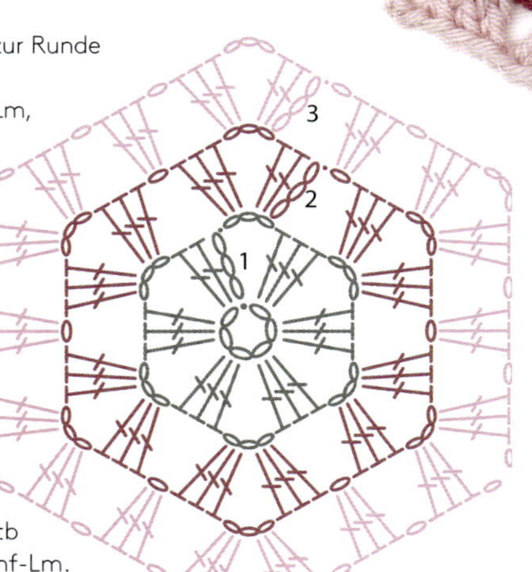

KREIS IM QUADRAT

Durch die Kombination verschiedener Formen lassen sich wunderschöne Motive kreieren, wobei runde Formen innerhalb eines quadratischen Rahmens besonders wirkungsvoll sind. Dieser Kreis innerhalb eines Quadrats ist ein hübsches Motiv für Decken und Heimtextilien.

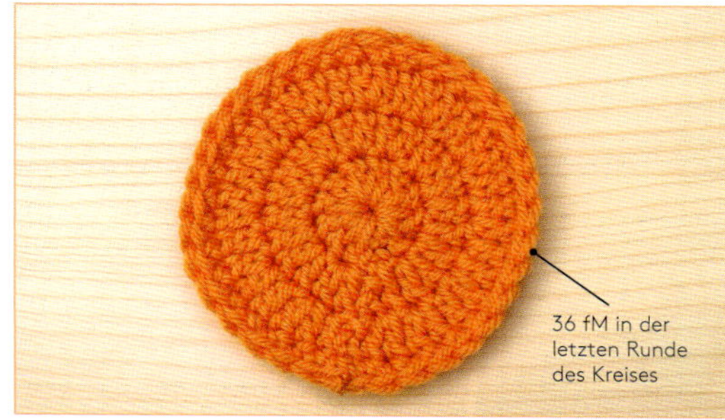

SCHRITT 1

Der Anleitung rechts bis zum Ende der vierten Runde folgen, um den Kreis zu arbeiten. Nun die Maschen zählen: Es sollten insgesamt 36 feste Maschen in der letzten Runde des Kreises sein.

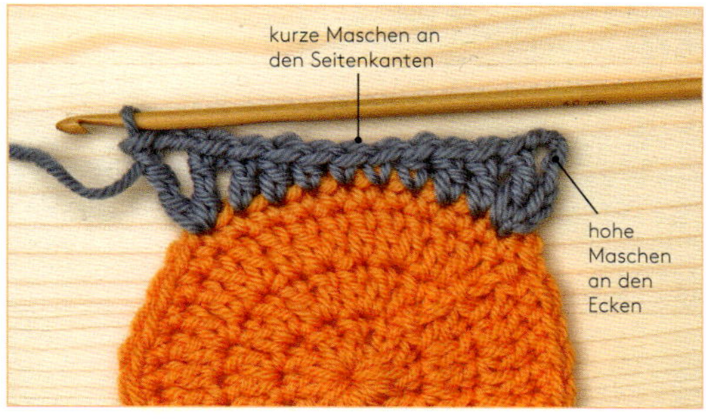

SCHRITT 2

Garn B an eine beliebige feste Masche anfügen und sechs Luftmaschen häkeln (diese zählen als das erste Doppelstäbchen plus zwei Luftmaschen für die erste Ecke). Ein Doppelstäbchen in dieselbe feste Masche wie die sechs Luftmaschen arbeiten, damit ist die erste Ecke fertig. Wie in der Anleitung angegeben weiterhäkeln. Durch die kürzeren Maschen an den Seitenkanten und die höheren Maschen an den Ecken entsteht ein Quadrat.

SCHRITT 3

Nach der fünften Runde ist der Kreis bereits von einem quadratischen Rahmen umgeben. Zählen Sie nun die Maschen, um sicherzugehen, dass jede Seitenkante gleich lang ist. In der letzten Runde wird in jede Masche ein Stäbchen gearbeitet, das sorgt für einen stabilen Abschluss.

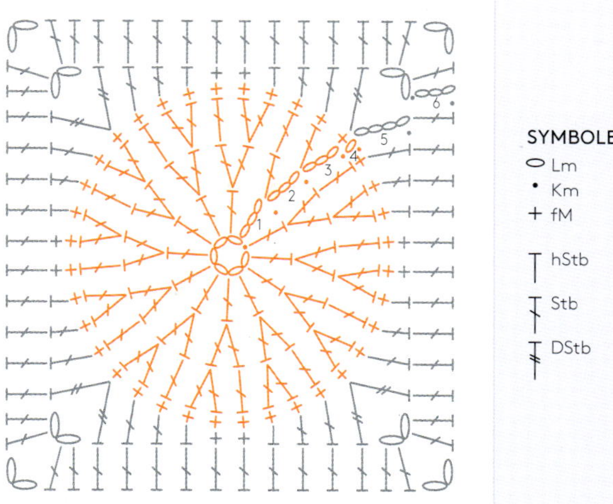

Kreis im Quadrat

Für dieses Muster braucht man zwei verschiedenfarbige Garne: A und B.

Anfangsring: Mit Garn A 6 Lm anschl und mit 1 Km zur Runde schließen.
Runde 1: 3 Lm (zählen als 1 Stb), 11 Stb in den Ring, 1 Km in die obere der 3 Anf-Lm. (12 Stb)
Runde 2: 3 Lm (zählen als 1 Stb), 1 Stb in die obere der 3 Anf-Lm der Vor-Rd, 2 Stb in jedes der folg 11 Stb, 1 Km in die obere der 3 Anf-Lm. (24 Stb)
Runde 3: 3 Lm (zählen als 1 Stb), 1 Stb in die obere der 3 Anf-Lm der Vor-Rd, 1 Stb in das folg Stb, [2 Stb in das folg Stb, 1 Stb in das folg Stb] x 11, 1 Km in die obere der 3 Anf-Lm. (36 Stb)
Runde 4: 1 Lm, 1 fM in jedes Stb der Vor-Rd, 1 Km in die Anf-Lm. (36 fM). Garn A abschneiden und durchziehen, Garn B an eine beliebige fM anfügen.
Runde 5: 6 Lm (zählen als 1 DStb, 2 Lm), 1 DStb in dieselbe fM, *1 Stb in jede der folg 2 fM, 1 hStb in die folg fM, 1 fM in jede der folg 2 fM, 1 hStb in die folg fM, 1 Stb in jede der folg 2 fM **, (1 DStb, 2 Lm, 1 DStb) in die folg fM, ab * noch 2 x wdh, dann von * bis ** noch 1 x wdh, 1 Km in die 4. der 6 Anf-Lm. (40 M, 4 2-Lm-Eck-ZR)
Runde 6: 1 Km in den 1. 2-Lm-Eck-ZR der Vor-Rd, 3 Lm (zählen als 1 Stb), (1 Stb, 2 Lm, 2 Stb) in denselben 2-Lm-Eck-ZR, *1 Stb in jede folg M bis zum 2-Lm-Eck-ZR, (2 Stb, 2 Lm, 2 Stb) in den 2-Lm-Eck-ZR, ab * noch 2 x wdh, 1 Stb in jede folg M bis zum letzten 2-Lm-Eck-ZR, 1 Km in die obere der 3 Anf-Lm.
Faden abschneiden und durchziehen, Fadenenden vernähen

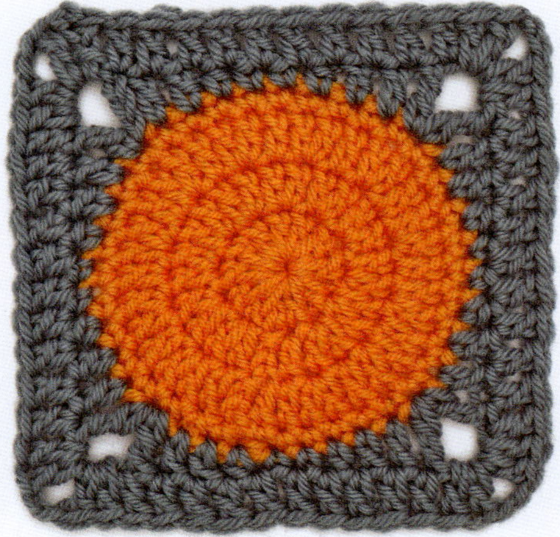

BLUME IM QUADRAT

Diese Blume im Quadrat ist ein sehr hübsches Motiv, mit dem sich verschiedene Techniken üben lassen. Obwohl es komplexer ist als die vorherigen Motive, ist es einfacher zu häkeln, als es auf den ersten Blick erscheint.

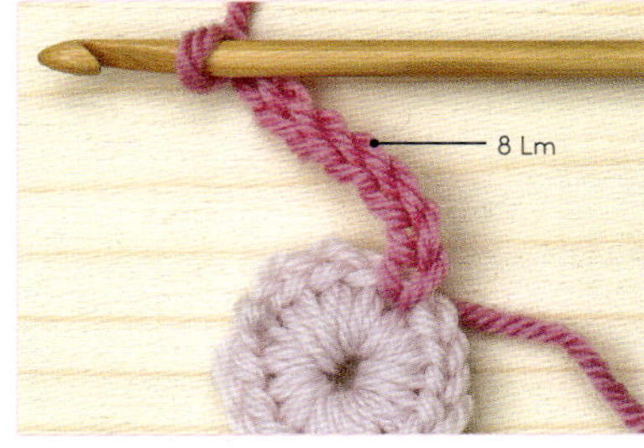

SCHRITT 1
Der Anleitung gegenüber bis zum Ende der ersten Runde folgen, um das Innere der Blume zu arbeiten. Garn B (Farbe der Blütenblätter) an eine beliebige feste Masche der ersten Runde anfügen und acht Luftmaschen häkeln.

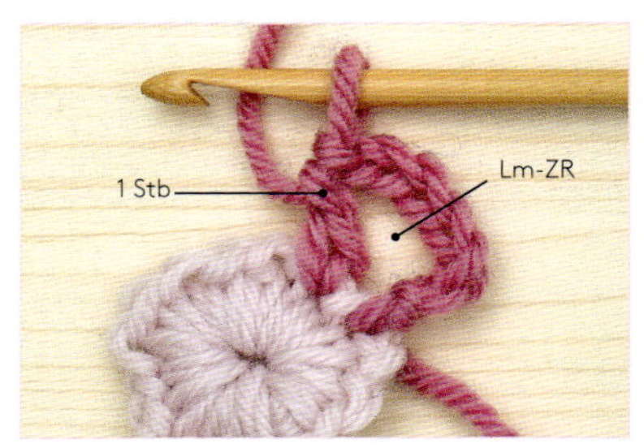

SCHRITT 2
Die folgende Masche der ersten Runde übergehen und ein Stäbchen in die nächste Masche häkeln. Das ergibt den ersten Luftmaschenzwischenraum, in den in der folgenden Runde ein Blütenblatt gehäkelt wird. Nach diesem Prinzip weiterhäkeln, bis man insgesamt acht Luftmaschenzwischenräume sowie acht Stäbchen hat.

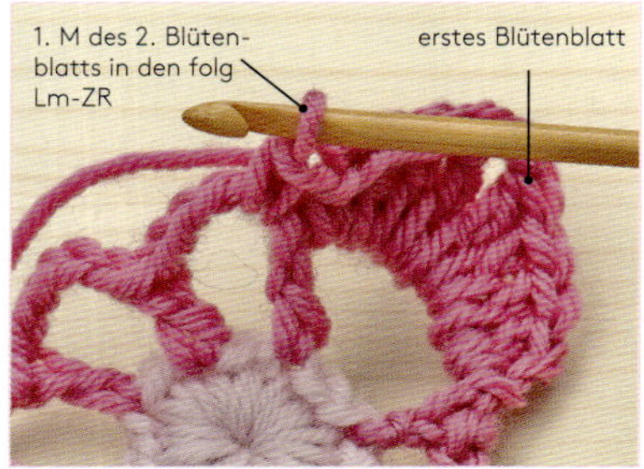

SCHRITT 3
Eine Kettmasche in den folgenden Luftmaschenzwischenraum häkeln. Nun werden die Blütenblätter gearbeitet, dafür in der dritten Runde alle Maschen in den eckigen Klammern jeweils in denselben Luftmaschenzwischenraum häkeln. Dabei werden die Maschen zur Spitze der Blütenblätter hin immer höher.

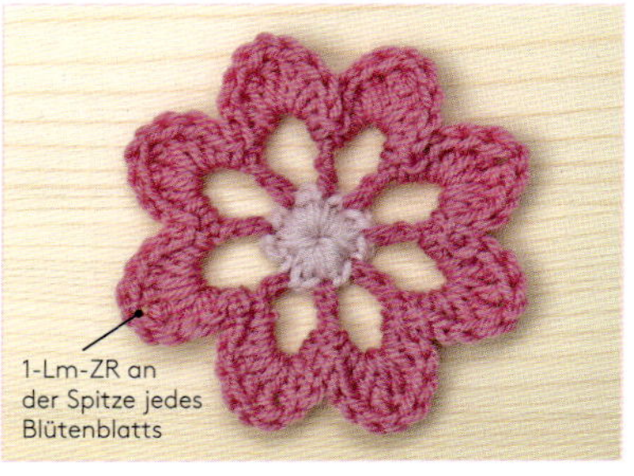

SCHRITT 4
Nach diesem Prinzip insgesamt acht Blütenblätter häkeln, eines in jeden Luftmaschenzwischenraum. An der Spitze jedes Blütenblattes befindet sich ein Luftmaschenzwischenraum aus einer Luftmasche. An einen dieser Luftmaschenzwischenräume wird Garn C für das Quadrat angefügt.

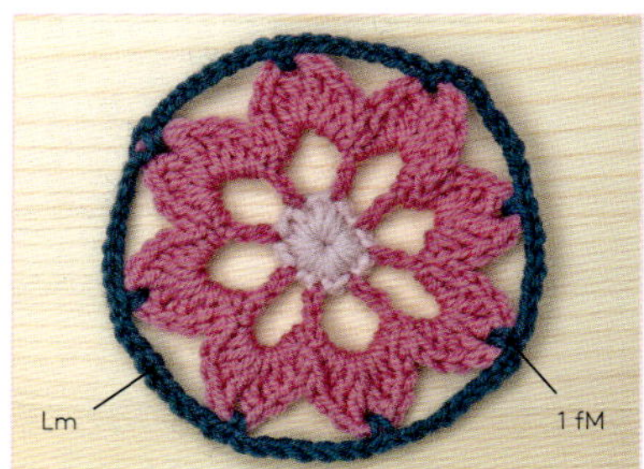

SCHRITT 5
Garn C an einen der Luftmaschenzwischenräume an der Spitze eines Blütenblatts anfügen und die vierte Runde der Anleitung häkeln. Am Ende der Runde ist die Blumen durch einen Kreis aus Luftmaschen umrahmt, der mit jeweils einer festen Masche mit den Spitzen der Blütenblätter verbunden ist.

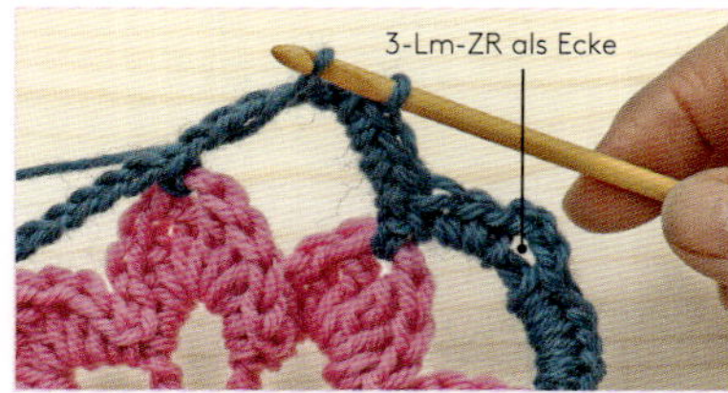

SCHRITT 6
Die fünfte Runde der Anleitung häkeln. Nun wird aus dem Kreis eine quadratische Einfassung. Dafür werden in die Luftmaschenzwischenräume feste Maschen gehäkelt, und Luftmaschenzwischenräume aus jeweils drei Luftmaschen bilden die vier Ecken des Quadrats.

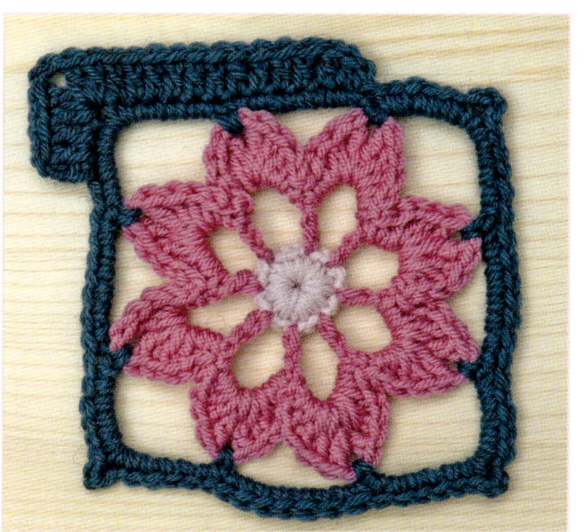

SCHRITT 7
Hier sieht man den Beginn der letzten Runde. Dabei wird in jede feste Masche ein Stäbchen gehäkelt, was für einen stabilen Abschluss sorgt, die Ecken bestehen wie gewohnt aus mehreren Stäbchen und Luftmaschen.

Blume im Quadrat

Für dieses Muster braucht man drei verschiedenfarbige Garne: A, B und C.

Anfangsring: Mit Garn A 8 Lm anschl und mit 1 Km zur Runde schließen.
Runde 1: 1 Lm, 16 fM in den Ring, 1 Km in die 1. fM.
Garn A abschneiden und durchziehen, Garn B an eine beliebige fM anfügen.
Runde 2: 8 Lm (zählen als 1 Stb, 5 Lm), [1 fM überg, 1 Stb in die folg fM, 5 Lm] x 7, 1 Km in die 3. der 8 Anf-Lm.
Runde 3: 1 Km in den folg 5-Lm-ZR, [(1 fM, 1 hStb, 2 Stb, 1 DStb, 1 Lm, 1 DStb, 2 Stb, 1 hStb, 1 fM) in den 5-Lm-ZR] x 8, 1 Km in die 1. fM.
Garn B abschneiden und durchziehen, Garn C an einen beliebigen 1-Lm-ZR anfügen.
Runde 4: 1 Lm, 1 fM in denselben 1-Lm-ZR, *7 Lm, 1 fM in den folg 1-Lm-ZR, 9 Lm **, 1 fM in den folg 1-Lm-ZR, ab * noch 2 x wdh, dann von * bis ** noch 1 x wdh, 1 Km in die 1. fM.
Runde 5: 1 Km in den folg 7-Lm-ZR, 1 Lm, *7 fM in den 7-Lm-ZR, (6 fM, 3 Lm, 6 fM) in den folg 9-Lm-ZR, ab * noch 3 x wdh, 1 Km in die 1. fM.
Runde 6: 3 Lm (zählen als 1 Stb), *1 Stb in jede fM bis zum 3-Lm-Eck-ZR, (2 Stb, 3 Lm, 2 Stb) in den 3-Lm-Eck-ZR, ab * noch 3 x wdh, 1 Stb in jede der folg 6 fM, 1 Km in die obere der 3 Anf-Lm.
Faden abschneiden und durchziehen, Fadenenden vernähen.

VARIATION

Das Motiv oben rechts wurde mit einem Wollgarn gehäkelt, das Motiv unten mit einem Baumwollgarn, wodurch das Maschenbild etwas klarer ist. Bei dem Motiv unten wurde zudem das Muster etwas variiert: Hier wurde die Anfangsluftmasche am Beginn der Runden mit einer festen Masche als ersten Masche weggelassen (Runden 1, 4 und 5). Manche Designer halten sie an dieser Stelle für überflüssig, wenn man in Runden arbeitet, da keine geraden Kanten benötigt werden, insbesondere wenn sie auf eine Kettmasche folgt.

SYMBOLE

- ⬭ Lm
- • Km
- + fM
- hStb
- Stb
- DStb

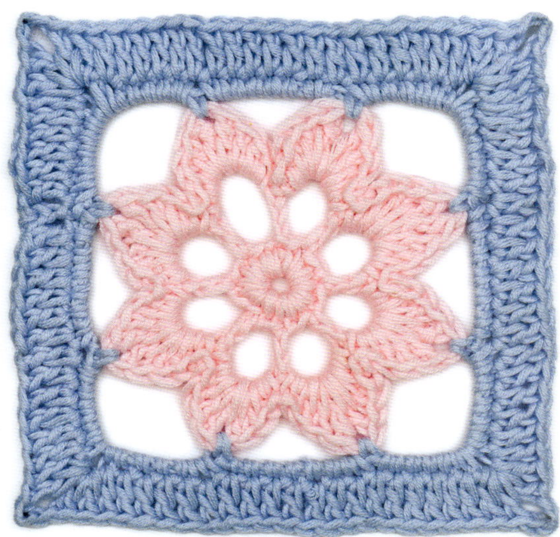

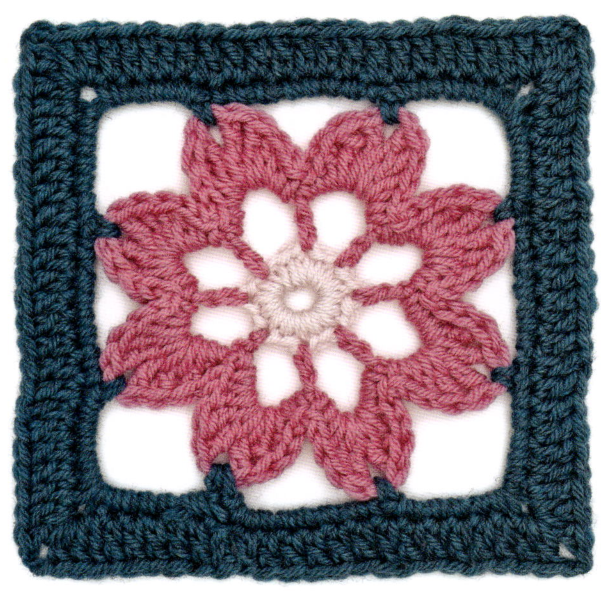

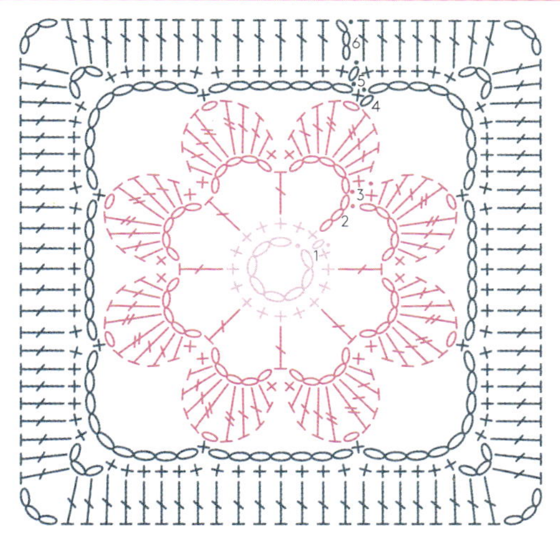

4 EINSATZMÖGLICHKEITEN FÜR HÄKELMOTIVE

1 Aus mehreren zusammengefügten Motiven lassen sich Schals oder Überwürfe fertigen.

2 Indem man sehr viele Motive zusammennäht (siehe Seite 43) oder mit festen Maschen zusammenhäkelt (siehe Seite 45) erhält man eine Decke. Motive mit stabilen Kanten eigenen sich dafür am besten.

3 Nach dem Prinzip des Granny-Square-Kissens (siehe Seite 72) lässt sich eine passende Decke fertigen, dafür einfach mehrere Quadrate zu Streifen zusammennähen und diese dann zusammenfügen. Und für das Kissen kann man etwa mit verschiedenen Motiven experimentieren!

4 Für eine farbenfrohe Girlande kann man Häkelmotive an ein (gehäkeltes) Band nähen. Das Granny-Dreieck (Seite 66) eignet sich hierfür besonders gut.

Schläuche häkeln

Arbeitet man ohne Zunahmen in Runden, lassen sich Schläuche häkeln. Auch hier beginnt man mit einer Luftmaschenkette, die zu einem Ring geschlossen wird und den Durchmesser des Schlauchs bestimmt. Die erste Runde wird in die Luftmaschen und nicht in den Ring gearbeitet, genau wie beim normalen Häkeln in Reihen.

SPIRALSCHLAUCH AUS FESTEN MASCHEN

Der einfachste aller Schläuche ist ein spiralförmig gehäkelter Schlauch aus festen Maschen (ohne Anfangsluftmaschen). Schläuche dieser Art sind die Grundlage vieler Amigurumi-Projekte: Sie kommen etwa zum Einsatz, um Arme und Beine dreidimensional und ohne Nähte zu arbeiten.

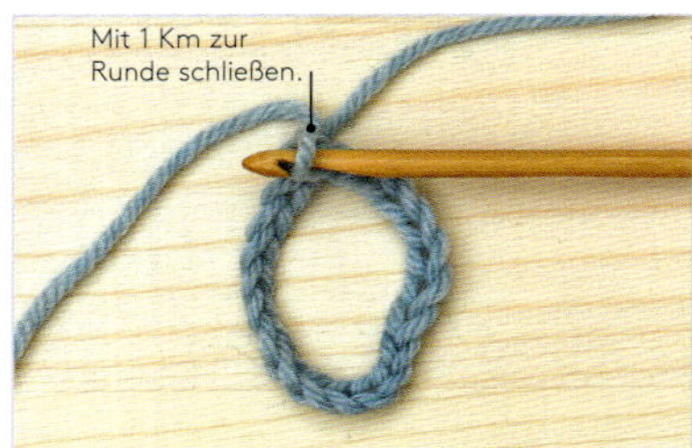

SCHRITT 1
20 Luftmaschen anschlagen und mit einer Kettmasche zur Runde schließen – dabei ist es besonders wichtig, dass sich die Luftmaschenkette nicht verdreht, da nun in die Luftmaschen gehäkelt wird.

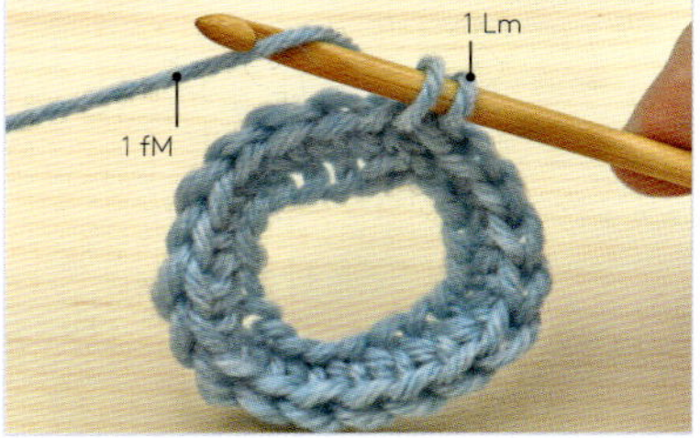

SCHRITT 2
Eine Luftmasche häkeln (diese zählt nicht als erste Masche der Runde) und dann eine feste Masche in die Kettmasche der Vorrunde häkeln. Anschließend in jede folgende Luftmasche des Anfangsrings ebenfalls eine feste Masche häkeln.

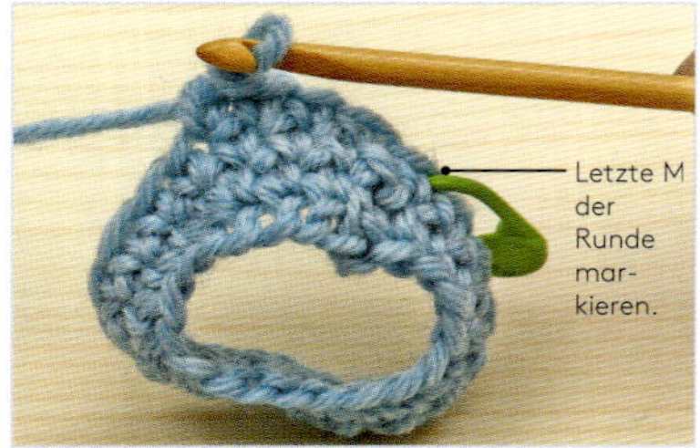

SCHRITT 3
Die letzte feste Masche der Runde markieren. In jeder folgenden Runde in jede feste Masche wieder eine feste Masche häkeln, dabei den Maschenmarkierer nach jeder Runde versetzen.

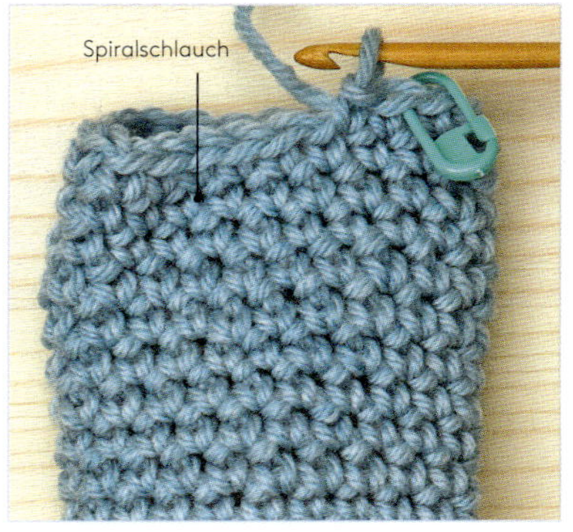

SCHRITT 4
Wenn der Schlauch länger wird, erkennt man, dass der Rundenbeginn immer weiter nach rechts wandert.

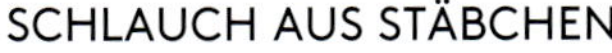

SCHLAUCH AUS STÄBCHEN

Diese Methode eignet sich, wenn man höhere Maschen häkelt, hier im Beispiel werden etwa Stäbchen gearbeitet. Dabei beginnt jede Runde an der gleichen Stelle, wenn man den Schlauch nach jeder Runde wendet. Wendet man ihn nicht, entsteht wie links ein Spiralschlauch.

OHNE WENDEN

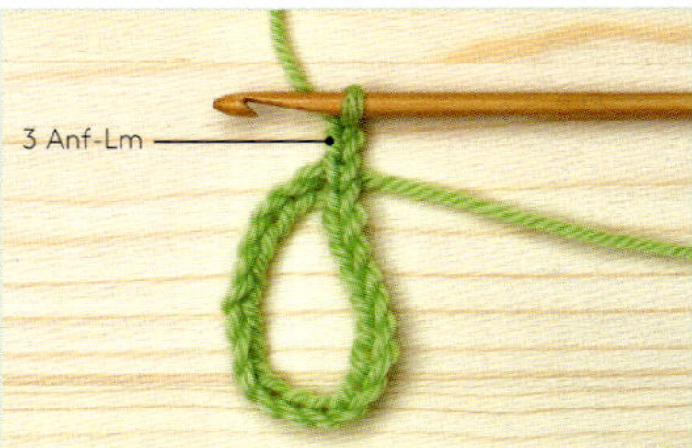

SCHRITT 1
20 Luftmaschen anschlagen und mit einer Kettmasche zur Runde schließen – dabei ist es besonders wichtig, dass sich die Luftmaschenkette nicht verdreht, da nun in die Luftmaschen gehäkelt wird. Drei Anfangsluftmaschen häkeln, diese zählen als erstes Stäbchen.

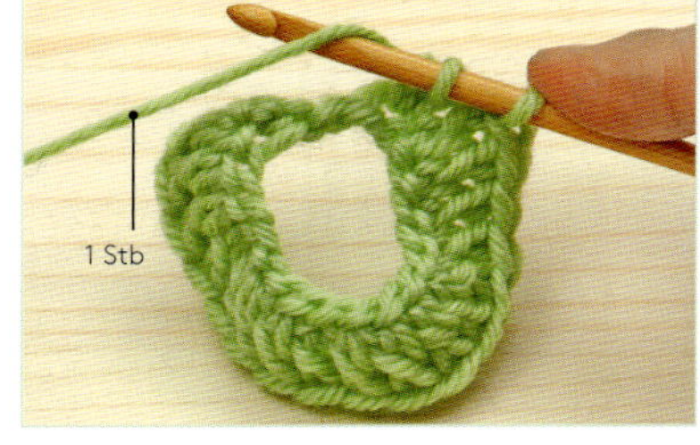

SCHRITT 2
Ein Stäbchen in jede Luftmasche des Anfangsrings häkeln.

3 GRÜNDE, WESHALB ES SICH LOHNT ZU LERNEN, WIE MAN SCHLÄUCHE HÄKELT

1 Wenn man diese Technik beherrscht, kann man süße Amigurumi-Projekte häkeln – wie etwa Finnley den Fuchs (siehe Seite 76).

2 Amigurumi-Figuren sind sehr einfach zu häkeln, sehen aber deutlich komplexer aus, sodass Sie Ihre Liebsten mit Ihren Häkelkenntnissen beeindrucken können.

3 Für Amigurumi-Projekte braucht man meist nicht viel Garn – so lassen sich Garnreste optimal verwerten.

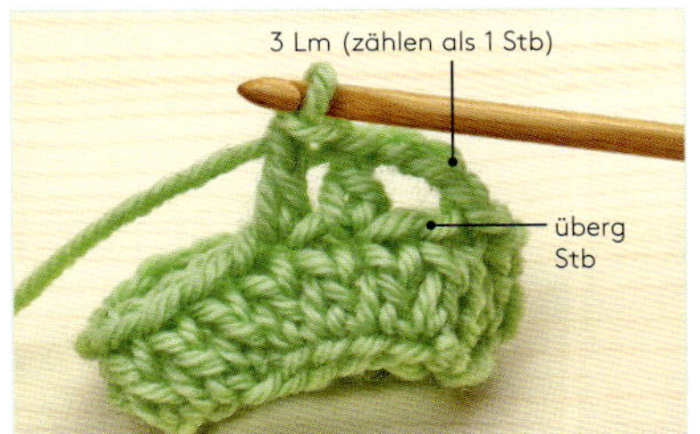

SCHRITT 3
Mit einer Kettmasche in die obere der drei Anfangsluftmasche zur Runde schließen. Für die nächste Runde drei Anfangsluftmaschen häkeln (zählen als ein Stäbchen), ein Stäbchen übergehen und dann in jedes folgende Stäbchen ein Stäbchen häkeln. Zum Schluss mit einer Kettmasche in die obere der drei Anfangsluftmaschen zur Runde schließen.

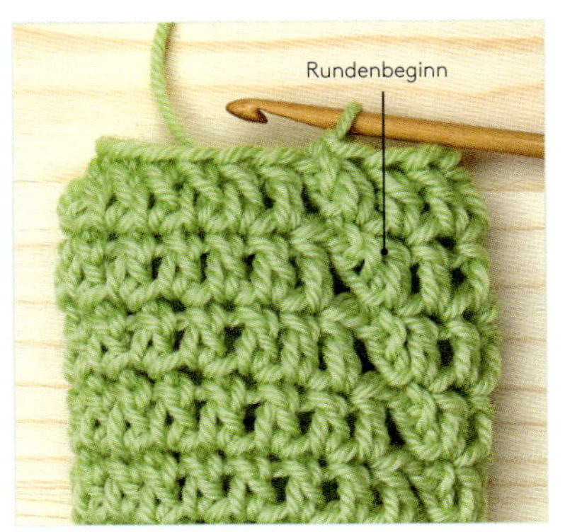

SCHRITT 4
Nach diesem Prinzip weitere Runden häkeln, bis der Schlauch die gewünschte Länge hat. Auch hier verlaufen die Rundenanfänge spiralförmig um den Schlauch.

MIT WENDEN

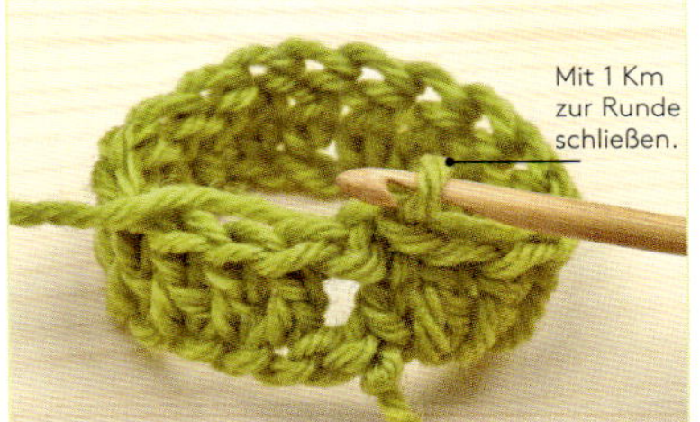

SCHRITT 1
Schritt 1 und 2 wie links beim Schlauch aus Stäbchen ohne Wenden wiederholen und dann mit einer Kettmasche in die obere der drei Anfangsluftmaschen zur Runde schließen.

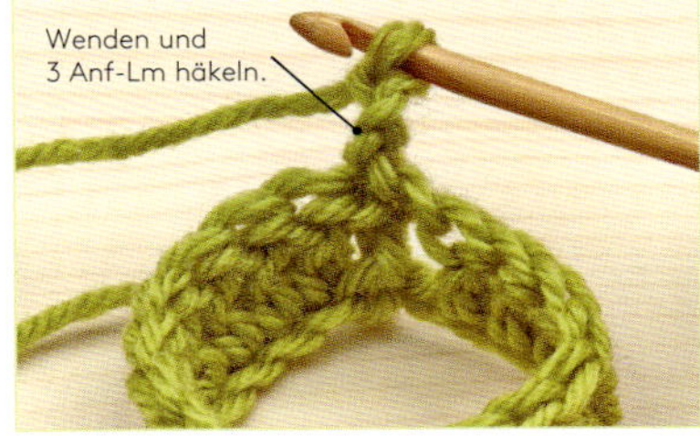

SCHRITT 2
Die Arbeit wenden und nun in die andere Richtung häkeln. Drei Anfangsluftmaschen häkeln (diese zählen als erstes Stäbchen), ein Stäbchen übergehen und dann in jedes folgende Stäbchen ein Stäbchen häkeln.

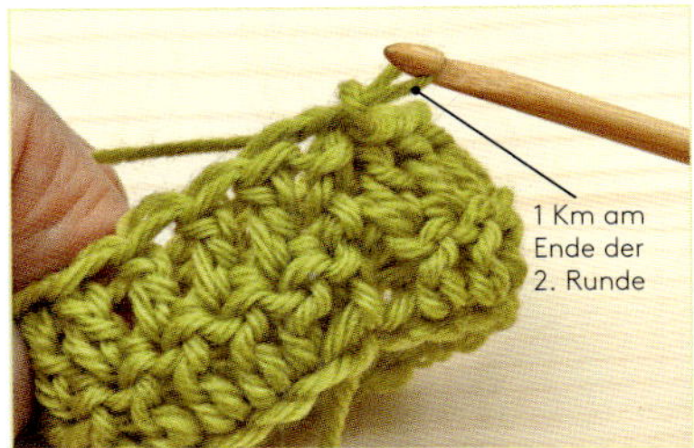

SCHRITT 3
Mit einer Kettmasche in die obere der drei Anfangsluftmaschen zur Runde schließen. Die Arbeit wieder wenden und nach diesem Prinzip eine weitere Runde häkeln. Wichtig ist dabei, immer drei Anfangsluftmaschen zu häkeln und das erste Stäbchen in jeder Runde zu übergehen.

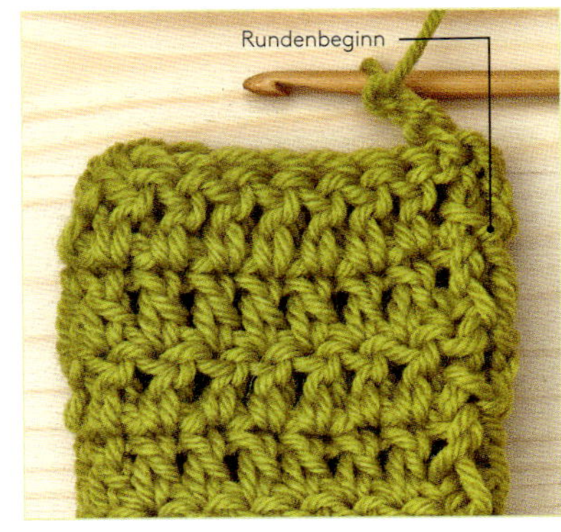

SCHRITT 4
Die angegebene Anzahl an Reihen häkeln. Durch das Wenden beginnen die Runden immer an derselben Stelle.

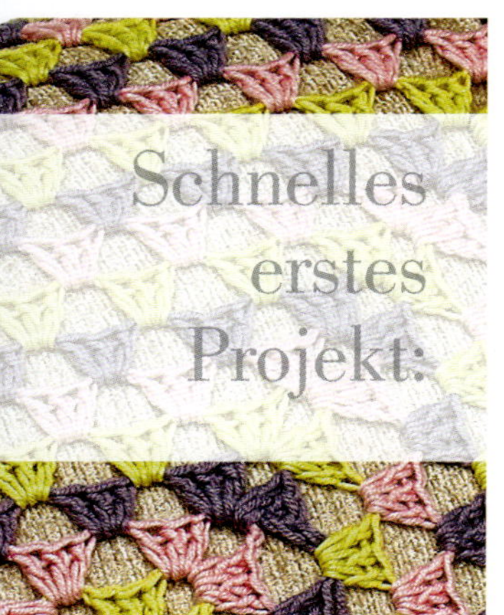

Granny-Square-Kissen

Die eine Seite dieses Kissens besteht aus 16 kleinen Granny Squares, die andere Seite aus einem großen – aber Sie können auch beide Seiten gleich arbeiten. Im Hinblick auf die Farben sind der Fantasie keine Grenzen gesetzt, allerdings sehen Pastellfarben wie hier besonders hübsch aus.

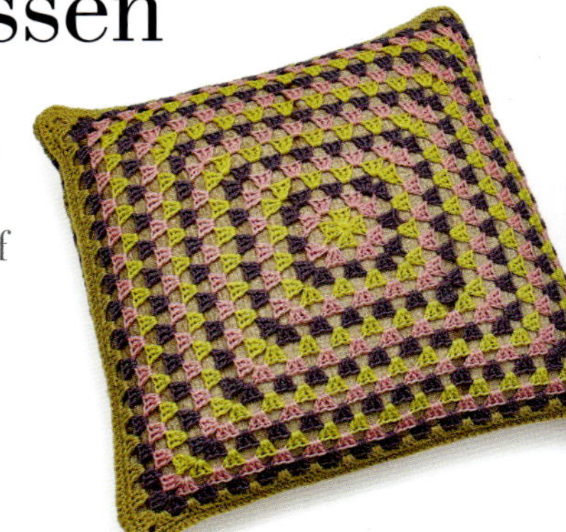

GRÖSSE

Passend für ein etwa 40 x 40 cm großes Kissen.
Jedes Granny Square ist etwa 9,5 x 9,5 cm groß.

MASCHENPROBE

Ein Granny Square häkeln und mit den Größenangaben oben vergleichen – wenn notwendig die Nadelstärke anpassen.

DAS BRAUCHEN SIE

- je 50 g DK-Wollgarn in Gelb (A), Pink (B), Lila (C) und Beige (D); das hier gezeigte Kissen wurde mit DMC Woolly (100 % Merinowolle, Lauflänge: ca. 125 m) in den Farben 092 (A), 042 (B), 062 (C) und 111 (D) gehäkelt, aber jedes DK-Wollgarn eignet sich als Ersatz
- Häkelnadel: 4 mm
- Sticknadel ohne Spitze
- Kissen: 40 x 40 cm

ABKÜRZUNGEN UND TECHNIKEN

fM = feste Masche (Seite 23)
Km = Kettmasche (Seite 22)
Lm-ZR = Luftmaschenzwischenraum
Lm = Luftmasche (Seite 18)
Stb = Stäbchen (Seite 25)
Anfangsring (Seite 56)
Ein klassisches Granny Square häkeln (Seite 64)
Zusammenhäkeln mit festen Maschen (Seite 45)

ANMERKUNGEN

- Die beiden Seiten des Kissens werden aus nach der Anleitung auf Seite 65 gehäkelten klassischen Granny Squares gefertigt. Dabei für das große Granny Square für die Seite B einfach die vierte Runde wiederholen, bis es die erforderliche Größe hat.
- Die kleinen Granny Squares werden anschließend mit festen Maschen zusammengehäkelt, ebenso die beiden Seiten des Kissens. Alternativ kann man die Motive sowie die beiden Seiten auch zusammennähen (siehe Seite 43).

SEITE A

Mithilfe der angegebenen Anleitung 16 Granny Squares nach folgendem Farbmuster häkeln
Runde 1: Garn A.
Runde 2: Garn B.
Runde 3: Garn C.
Runde 4: Garn D.
Zum Schluss alle Fadenenden vernähen.
Jeweils vier Granny Squares mit festen Maschen zu einem Streifen zusammenhäkeln, dann jeweils vier Streifen zu einem Quadrat zusammenhäkeln.
Abschluss: Garn D an einen beliebigen 3-Lm-Eck-ZR anfügen. 3 fM in jeden 3-Lm-Eck-ZR, 1 fM in jedes Stb und 1 fM in jeden 1-Lm-ZR arb und mit 1 Km in die 1. fM zur Runde schließen.

SEITE B

Mithilfe der angegebenen Anleitung ein großes Granny Square für die zweite Seite häkeln, dabei nach folgendem Farbmuster die Runden 1–4 wie angegeben und dann Runde 4 noch 12 x häkeln, bis man insgesamt 16 Runden gehäkelt hat:
Runde 1: Garn A.
Runde 2: Garn B.
Runde 3: Garn C.
Runden 4–15: Abwechselnd mit Garn A, B und C häkeln.
Runde 16: Garn D.
Faden abschneiden und durchziehen, Fadenenden vernähen.

FERTIGSTELLUNG

Die beiden Seiten links auf links legen und an drei Seiten zusammenstecken. Mit Seite A oben Garn D an eine beliebige feste Masche anfügen, dabei mit der Nadel in diese und die dahinterliegende feste Masche von Seite B einstechen, und 1 fM häkeln. In jedes folgende Paar aus festen Maschen entlang der drei zusammengesteckten Seiten ebenfalls eine feste Masche häkeln, um die beiden Seiten zusammenzuhäkeln. Die Stecknadeln entfernen, die Kissenhülle wenden, dass Kissen hineingeben und die offene Kante mit festen Maschen schließen. Faden abschneiden und durchziehen, Fadenenden vernähen.

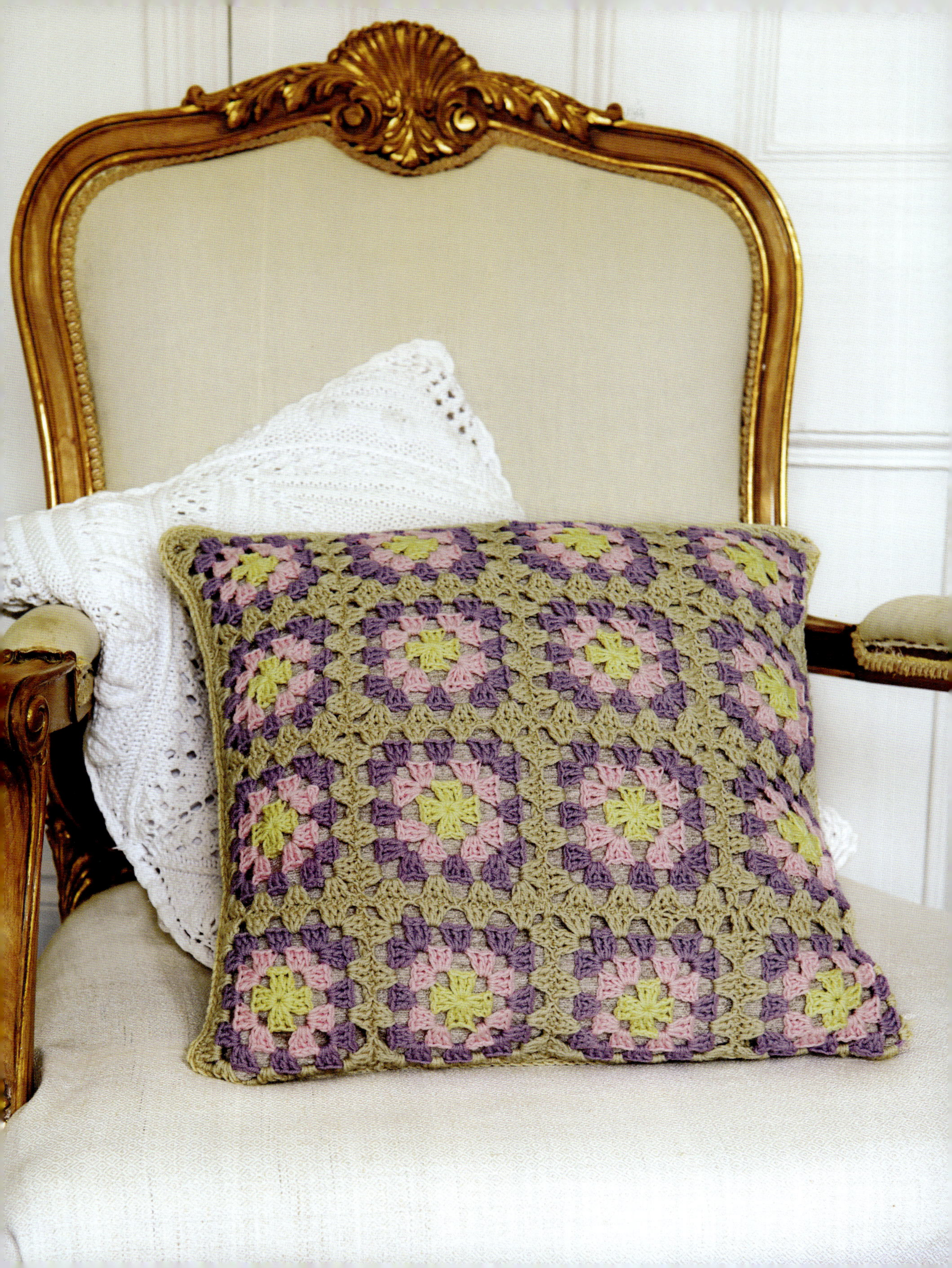

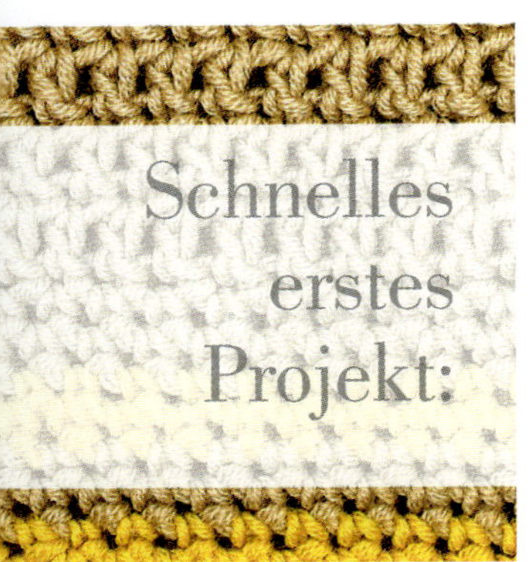

Bommelmütze

Diese einfache Mütze eignet sich für Groß und Klein, denn sie kann problemlos an die benötigte Größe angepasst werden. Auch beim Bommel kann man nach Lust und Laune variieren oder ihn einfach weglassen.

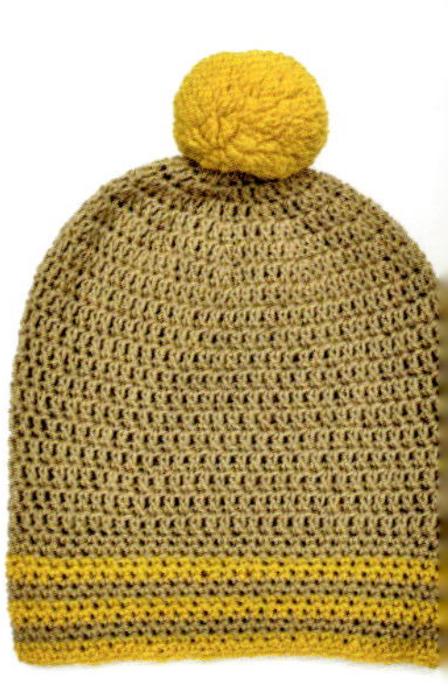

GRÖSSE

S: 23 cm lang, geeignet für einen Kopfumfang von bis zu 50 cm
M/L: 27 cm lang, geeignet für einen Kopfumfang von bis zu 55 cm
Die Länge lässt sich nach Bedarf anpassen.

MASCHENPROBE

16 Stb und 8 Reihen = 10 x 10 cm,
Ø der ersten fünf Runden: 10 cm

DAS BRAUCHEN SIE

- je 50 g DK-Wollgarn in Beige (A) und Gelb (B); die hier gezeigte Mütze wurde mit DMC Woolly (100 % Merinowolle, Lauflänge: ca. 125 m) in den Farben 111 (A) und 093 (B) gehäkelt, aber jedes DK-Garn mit einem relativ hohen Wollanteil eignet sich als Ersatz
- Häkelnadel: 4 mm
- Sticknadel ohne Spitze
- Pompon-Ring (oder zwei Pappkreise)

ABKÜRZUNGEN UND TECHNIKEN

fM = feste Masche (Seite 23)
Km = Kettmasche (Seite 22)
Lm = Luftmasche (Seite 18)
M = Masche(n)
Stb = Stäbchen (Seite 25)
wdh = wiederholen
Anfangsring (Seite 56)
Zunahmen (Seite 37)
Garnwechsel (Seite 32)

ANMERKUNGEN

- Die drei Luftmaschen am Beginn jeder Runde zählen als ein Stäbchen. Eine Luftmasche am Beginn einer Runde zählt nicht als Masche.
- Die Anleitung beginnt oben in der Mitte der Mütze. Bei den Garnwechseln für das Streifenmuster die Fadenenden nicht abschneiden, sondern das Garn mitführen.
- Für alle Größen sind die ersten Runden bis Runde 7 gleich, danach bezieht sich die Maschenzahl vor der Klammer auf die Größe S, gefolgt von jener für M und L in Klammern – S(M:L).
- Um eine längere Mütze zu häkeln, einfach mehr Runden aus Stäbchen vor dem Streifenmuster aus festen Maschen häkeln, für eine kürzere Mütze weniger Stäbchen-Runden häkeln.

MÜTZE

Anfangsring: Mit Garn A 4 Lm anschl und mit 1 Km zur Runde schließen.
Runde 1: 3 Lm, 9 Stb in den Ring, 1 Km in die obere der 3 Anf-Lm. (10 M)
Runde 2: 3 Lm, 1 Stb in die obere der 3 Anf-Lm der Vor-Rd, 2 Stb in jedes folg Stb, 1 Km in die obere der 3 Anf-Lm. (20 M)
Runde 3: 3 Lm, 2 Stb in das folg Stb, *1 Stb in jedes der folg 2 Stb, 2 Stb in das folg Stb, ab * bis Rd-Ende wdh, 1 Km in die obere der 3 Anf-Lm. (30 M)
Runde 4: 3 Lm, 1 Stb in das folg Stb, 2 Stb in das folg Stb, *1 Stb in jedes der folg 2 Stb, 2 Stb in das folg Stb, ab * bis Rd-Ende wdh, 1 Km in die obere der 3 Anf-Lm. (40 M)
Runde 5: 3 Lm, 1 Stb in jedes der folg 2 Stb, 2 Stb in das folg Stb, *1 Stb in jedes der folg 3 Stb, 2 Stb in das folg Stb, ab * bis Rd-Ende wdh, 1 Km in die obere der 3 Anf-Lm. (50 M)
Runde 6: 3 Lm, 1 Stb in jedes der folg 3 Stb, 2 Stb in das folg Stb, *1 Stb in jedes der folg 4 Stb, 2 Stb in das folg Stb, ab * bis Rd-Ende wdh, 1 Km in die obere der 3 Anf-Lm. (60 M)
Runde 7: 3 Lm, 1 Stb in jedes der folg 4 Stb, 2 Stb in das folg Stb, *1 Stb in jedes der folg 5 Stb, 2 Stb in das folg Stb, ab * bis Rd-Ende wdh, 1 Km in die obere der 3 Anf-Lm. (70 M)

Nur M/L:
Runde 8: 3 Lm, 1 Stb in jedes der folg 4 Stb, 2 Stb in das folg Stb, *1 Stb in jedes der folg 5 Stb, 2 Stb in das folg Stb, ab * bis Rd-Ende wdh, 1 Km in die obere der 3 Anf-Lm. (80 M)

Alle Größen:
Runden 8–17(9–19): 3 Lm, 2 Stb in jedes folg Stb bis Rd-Ende, 1 Km in die obere der 3 Anf-Lm.
Runde 18(20): 1 Lm, 1 fM in jedes folg Stb bis Rd-Ende, 1 Km in die Anf-Lm. (70[80] M)
Runde 19(21): 1 Lm, 1 fM in jede folg fM bis Rd-Ende, 1 Km in die Anf-Lm.
Runden 20–21(22–23): Garn B anfügen, 1 Lm, 1 fM in jede folg fM bis Rd-Ende, 1 Km in die Anf-Lm.
Runden 22–29(24–31): Wie Runde 19(21) arb, dabei Garnwechsel durchführen, sodass ein Streifenmuster aus je zwei Runden in einer Farbe entsteht.
Faden abschneiden und durchziehen, Fadenenden vernähen. Mit Garn B einen Pompon fertigen und oben an der Mütze festnähen.

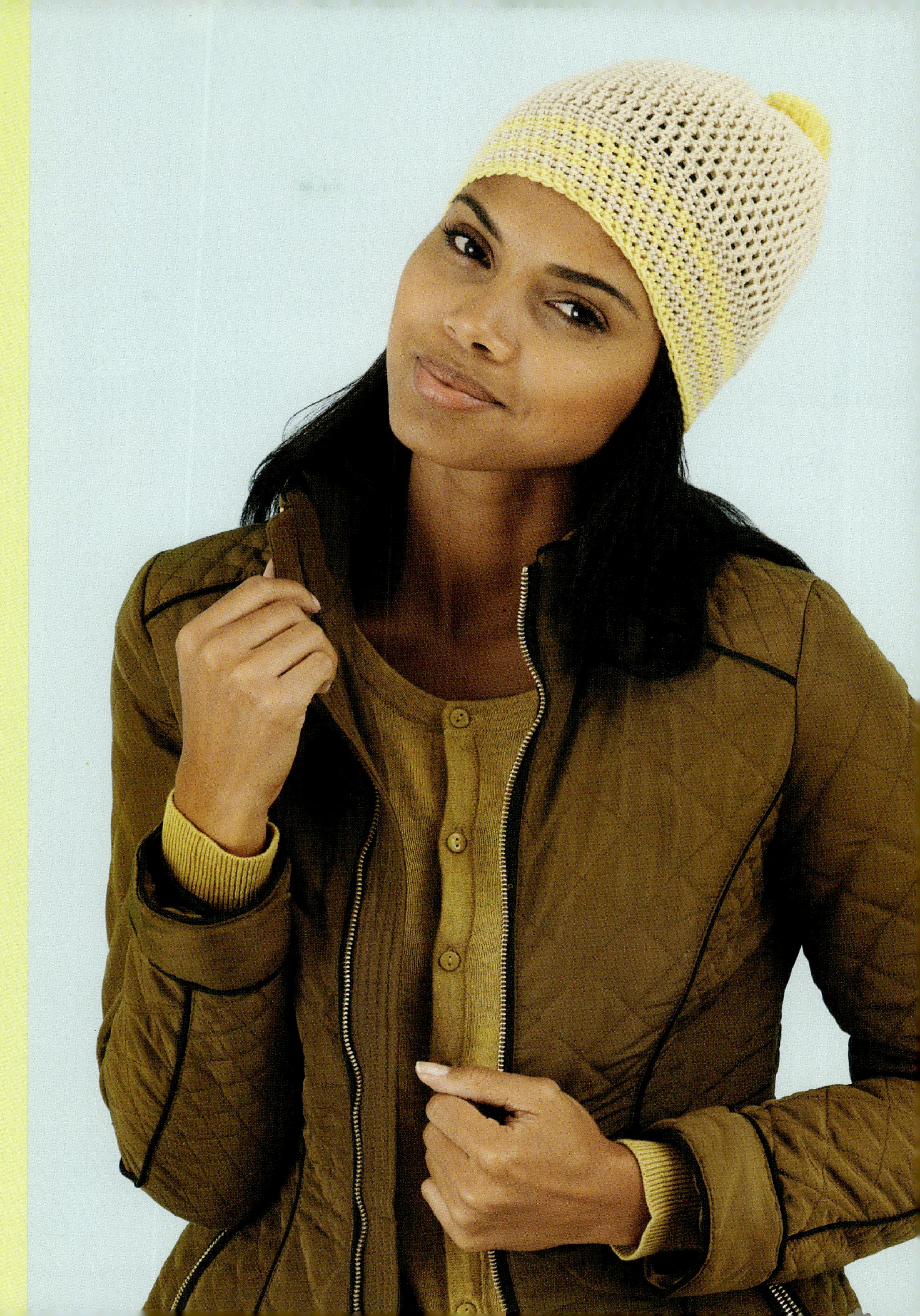

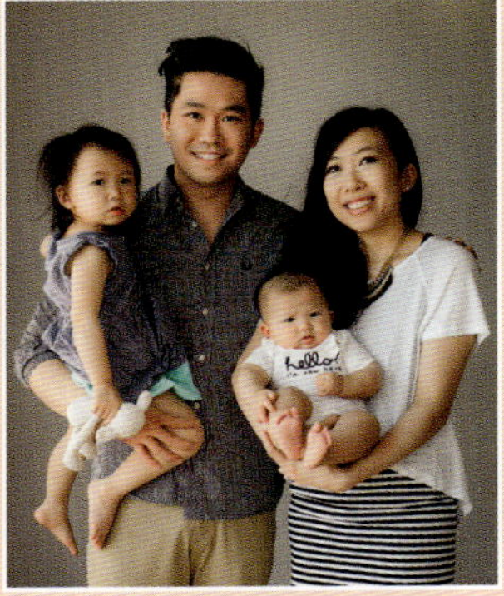

Gastdesignerin Stephanie Lau

Mein Name ist Stephanie Lau, und ich häkle eigentlich, seit ich denken kann. Nachdem ich geheiratet und zu arbeiten begonnen hatte, entdeckte ich meine Liebe zum Häkeln wieder – und die Welt der Amigurumi, einer japanischen Häkelkunst, bei der kleine (Tier-)Figuren gefertigt werden. Aufgrund meiner Begeisterung für Amigurumi startete ich im Januar 2011 meinen Blog *All About Ami*. Dort dokumentiere ich meine Projekte und teile meine Designs mit Menschen auf der ganzen Welt. Ich lebe mit meinem wunderbaren Ehemann Ryan, der mir beim Fotografieren, Entwerfen und Fertigstellen meiner Projekte hilft, in Alberta, Kanada, und bin außerdem Mama von zwei süßen kleinen Mädchen namens Myla und Brielle. Meine Projekte finden Sie unter www.AllAboutAmi.com.

Finnley der Fuchs

Finnley ist ein süßer Fuchs, der mit seinen Knopfaugen, den rosa Wangen und dem großen buschigen Schwanz jedem sofort ein Lächeln ins Gesicht zaubert. Er liebt es, Verstecken zu spielen, zu kuscheln und hin und wieder auch etwas Unfug zu treiben. Dieser kleine tierische Freund ist der perfekte Begleiter und Glücksbringer für Groß und Klein!

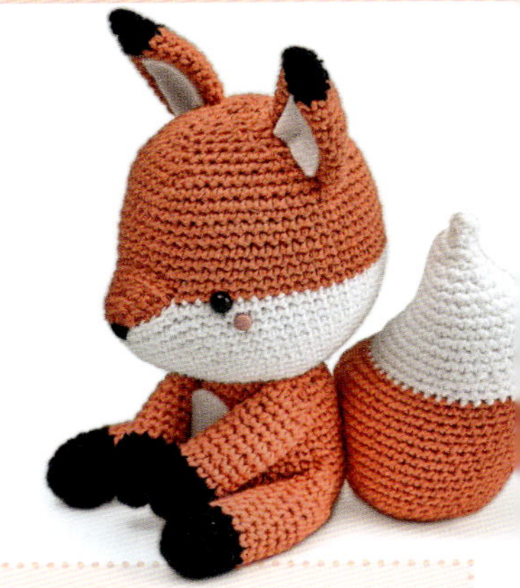

GRÖSSE

Höhe: 15 cm bis zur Spitze der Ohren
Breite: 10 cm unten

MASCHENPROBE

Für dieses Projekt braucht man keine akkurate Maschenprobe.
Ø der ersten fünf Runden des Kopfes des hier gezeigten Fuchses: 3,5 cm

DAS BRAUCHEN SIE

- je 50 g vierfädiges Baumwollgarn in Rot (A), Weiß (B) und Schwarz (C); der hier gezeigte Fuchs wurde mit DMC Natura Just Cotton (100 % Baumwolle, Lauflänge: ca. 155 m) in den Farben Coral N18, Ibiza N01 und Noir N11 gehäkelt
- Häkelnadel: 2 mm
- 2 schwarze Knopfaugen (Ø 6 mm)
- 2 flache pinke Perlen als Wangen
- Füllwatte
- schwarzes Stickgarn
- Sticknadel ohne Spitze
- ein kleines Stück weißer Filz
- Heißklebepistole

ABKÜRZUNGEN UND TECHNIKEN

2 fM zsm = zwei feste Maschen zusammenhäkeln (siehe Anmerkungen)
fM = feste Masche (Seite 23)
in hMgl = in hinteres Maschenglied arbeiten (Seite 84)
Km = Kettmasche (Seite 22)
Lm = Luftmasche (Seite 18)
M = Masche(n)
Magischer Ring (Seiten 56–57)
Garnwechsel (Seite 32)
Zu- und Abnahmen (Seite 36–39)
Schläuche häkeln (Seite 70)

ANMERKUNGEN

- Die Nase oben wird in Reihen gearbeitet, alle anderen Teile werden in Runden als Spiralschläuche aus festen Maschen gehäkelt. Achten Sie darauf, sorgfältig und gleichmäßig zu arbeiten, damit die Reihenanfänge möglichst nicht zu sehen sind. Markieren Sie die letzte Masche der Runden mit einem Maschenmarkierer, um nicht durcheinanderzukommen.
- Wenn angegeben ist, zwei Maschen zusammenzuhäkeln (2 fM zsm), eine unsichtbare Abnahme arbeiten (siehe Erste Hilfe gegenüber), sodass keine Lücken entstehen.
- Beim Anbringen der Arme und Beine sowie der Ohren darauf achten, dass die Stellen, an denen Garnwechsel durchgeführt wurden, nach hinten zeigen (siehe Seite 78).
- Für das Innere der Ohren und den Bauch aus Filz finden Sie Schablonen auf Seite 78, aber diese dienen nur als ungefähre Annäherungen. Wenn Ihr Fuchs größer oder kleiner ist, die Größe der Filzstücke einfach individuell anpassen.
- Auf Seite 78 findet sich zudem eine Anleitung für die mit Stickgarn aufgestickte Nasenspitze.

NASE OBEN

Luftmaschenkette: Mit Garn A 3 Lm anschl, dabei ein langes Fadenende zum Annähen der Nase an den Kopf lassen.
Reihe 1: 1 fM in die 2. Lm ab Nd, 1 fM in die folg Lm, wenden. (2 M)
Reihe 2: 1 Lm, [3 fM in die folg fM] x 2, wenden. (6 M)
Reihe 3: 1 Lm, 1 fM in jede folg fM bis R-Ende, wenden.
Reihe 4: 1 Lm, 2 fM in die 1. fM, 1 fM in jede der folg 4 fM, 2 fM in die letzte fM. (8 M)
Faden abschneiden, durchziehen und das Fadenende vernähen.

KOPF

Mit Garn B einen Magischen Ring arb.
Runde 1: 6 fM in den Ring. (6 M)
Runde 2: 2 fM in jede fM bis Rd-Ende. (12 M)
Runde 3: [1 fM in die folg fM, 2 fM in die folg fM] x 6. (18 M)
Runde 4: [1 fM in jede der folg 2 fM, 2 fM in die folg fM] x 6. (24 M)
Runde 5: [1 fM in jede der folg 3 fM, 2 fM in die folg fM] x 6. (30 M)
Runde 6: [1 fM in jede der folg 4 fM, 2 fM in die folg fM] x 6. (36 M)
Runde 7: [1 fM in jede der folg 5 fM, 2 fM in die folg fM] x 6. (42 M)
Runde 8: [1 fM in jede der folg 6 fM, 2 fM in die folg fM] x 6. (48 M)
Runde 9: [1 fM in jede der folg 7 fM, 2 fM in die folg fM] x 6. (54 M)
Runde 10: [1 fM in jede der folg 8 fM, 2 fM in die folg fM] x 6. (60 M)
Runden 11–12: 1 fM in jede fM bis Rd-Ende.
Runde 13: 1 fM in jede der folg 23 fM, [2 fM in die folg fM, 1 fM in jede der folg 3 fM] x 3, 2 fM in die folg fM, 1 fM in jede der folg 24 fM. (64 M)
Runden 14–17: 1 fM in jede fM bis Rd-Ende.
Auf Garn A wechseln und wie folgt eine Öffnung zum Anfügen der Nase oben arbeiten:
Runde 18: 1 fM in jede der folg 28 fM, 6 Lm, 11 fM überg, 1 fM in jede der folg 25 fM. (53 fM und 6 Lm)
Runde 19: 1 fM in jede der folg 28 fM, 1 fM in das hMgl jeder der folg 6 Lm, 1 fM in jede der folg 25 fM. (59 M)
Runden 20–27: 1 fM in jede fM bis Rd-Ende.
Runde 28: [1 fM in jede der folg 8 fM, 2 fM zsm] x 5, 1 fM in jeder der folg 9 fM. (54 M)
Runde 29: [1 fM in jede der folg 7 fM, 2 fM zsm] x 6. (48 M)
Runde 30: [1 fM in jede der folg 6 fM, 2 fM zsm] x 6. (42 M)
Runde 31: [1 fM in jede der folg 5 fM, 2 fM zsm] x 6. (36 M)
Die Knopfaugen beim Übergang von Garn A auf Garn B zwischen Runde 17 und Runde 18 jeweils etwa 3 M von der Nasenöffnung nach außen festnähen. Für die Wangen die flachen pinken Perlen zwischen Runde 15 und Runde 16 von den Augen ausgehend jeweils diagonal nach unten außen versetzt festnähen. Den Kopf zur Hälfte mit Füllwatte füllen. Die Nase oben an die dafür freigelassene Öffnung nähen und mit dem schwarzen Stickgarn die Nasenspitze aufsticken.
Runde 32: [1 fM in jede der folg 4 fM, 2 fM zsm] x 6. (30 M)
Runde 33: [1 fM in jede der folg 3 fM, 2 fM zsm] x 6. (24 M)
Runde 34: [1 fM in jede der folg 2 fM, 2 fM zsm] x 6. (18 M)
Runde 35: [1 fM in die folg fM, 2 fM zsm] x 6. (12 M)
Den Kopf komplett mit Füllwatte füllen.
Runde 36: [2 fM zsm] x 6. (6 M)
Faden abschneiden und durchziehen, Fadenenden vernähen.

OHREN (X 2)

Mit Garn C einen Magischen Ring arb.
Runde 1: 4 fM in den Ring. (4 M)
Runde 2: 1 fM in jede fM bis Rd-Ende.
Runde 3: 2 fM in jede fM bis Rd-Ende. (8 M)
Runde 4: [1 fM in die folg fM, 2 fM in die folg fM] x 4. (12 M)
Auf Garn A wechseln.
Runde 5: [1 fM in jede der folg 5 fM, 2 fM in die folg fM] x 2. (14 M)
Runde 6: [1 fM in jede der folg 6 fM, 2 fM in die folg fM] x 2. (16 M)
Runde 7: [1 fM in jede der folg 7 fM, 2 fM in die folg fM] x 2. (18 M)
Runden 8–10: 1 fM in jede fM bis Rd-Ende.
Runde 11: [1 fM in jede der folg 7 fM, 2 fM zsm] x 2. (16 M)
Runde 12: 1 fM in jede fM bis Rd-Ende.
In der folgenden Runde werden das rechte und das linke Ohr unterschiedlich gearbeitet, damit sie sich schöner an die Rundung des Kopfes anpassen.
Runde 13 (nur rechtes Ohr): 1 Lm, wenden, beginnend ab der 2. fM ab Nd 1 fM in jede der folg 8 fM.
Runde 13 (nur linkes Ohr): 1 Km in die folg fM, (1 Km, 1 Lm, 1 fM) in die folg fM, 1 fM in jede der folg 7 fM.
Faden abschneiden und durchziehen, dabei je ein langes Fadenende zum Annähen der Ohren lassen. Die Ohren so falten, dass die Garnwechsel auf der Rückseite positioniert sind und die Maschen, die in Runde 13 gearbeitet wurden, in der Mitte gefaltet sind. Diese Maschen sollten sich beim Annähen jeweils außen befinden, sodass sich die Ohren gut an die Rundung des Kopfes anpassen. Die zwei weißen Filzstücke für das Innere der Ohren ausschneiden und mit Heißkleber auf

ERSTE HILFE

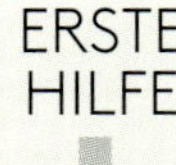

WIE FUNKTIONIERT DIE UNSICHTBARE ABNAHME?

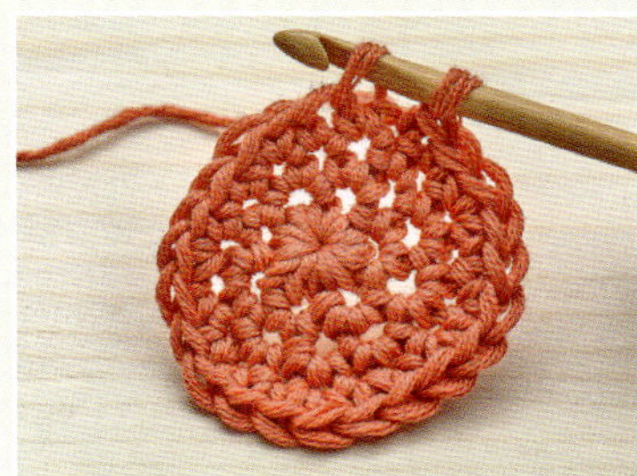

SCHRITT 1

Bis zur Anweisung „2 fM zsm" arbeiten, mit der Nadel nur in das vordere Maschenglied der nächsten Masche einstechen, den Arbeitsfaden holen und durchziehen (zwei Schlingen auf der Nadel).

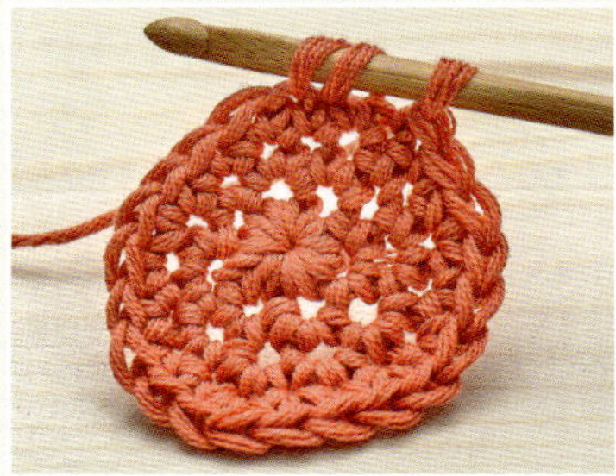

SCHRITT 2

Mit der Nadel in das vordere Maschenglied der nächsten Masche einstechen, den Arbeitsfaden holen und durchziehen (drei Schlingen auf der Nadel).

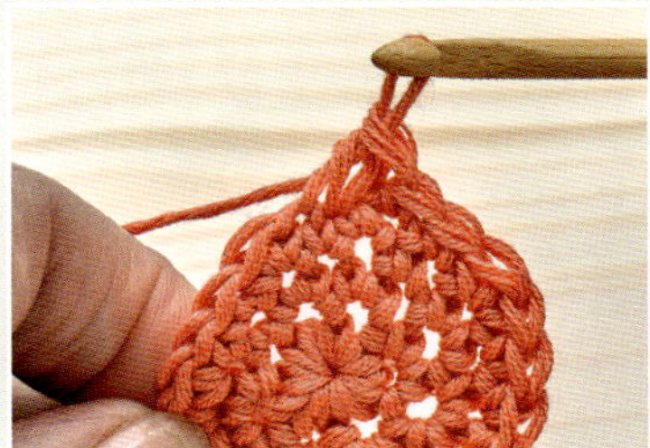

SCHRITT 3

Den Arbeitsfaden von hinten nach vorn um die Nadel legen und durch alle drei Schlingen auf der Nadel ziehen. Den Arbeitsfaden nochmals von hinten nach vorn um die Nadel legen und durch die verbleibenden zwei Schlingen ziehen. Damit wurde eine Masche unsichtbar abgenommen.

die Vorderseite der Ohren kleben. Die Ohren oben auf dem Kopf annähen.

KÖRPER

Mit Garn A einen Magischen Ring arb und die Runden 1–6 wie für den Kopf häkeln.
Runde 7: 1 fM in das hMgl jeder fM bis Rd-Ende.
Runden 8–12: 1 fM in jede fM bis Rd-Ende.
Runde 13: [1 fM in jede der folg 4 fM, 2 fM zsm] x 6. (30 M)
Runden 14–18: 1 fM in jede fM bis Rd-Ende.
Runde 19: [1 fM in jede der folg 3 fM, 2 fM zsm] x 6. (24 M)
Runde 20: 1 fM in jede fM bis Rd-Ende.
Faden abschneiden und durchziehen, dabei ein langes Fadenende zum Annähen an den Kopf lassen. Den Körper mit Füllwatte füllen und an den Kopf nähen. Den Bauch aus weißem Filz ausschneiden und auf den Körper kleben.

ARME (X 2)

Mit Garn C einen Magischen Ring arb.
Runde 1: 6 fM in den Ring. (6 M)
Runde 2: 2 fM in jede fM bis Rd-Ende. (12 M)
Runde 3: 1 fM in jede fM bis Rd-Ende.
Runde 4: 1 fM in das hMgl jeder fM bis Rd-Ende.
Runden 5–6: Wie Runde 3 arb.
Auf Garn A wechseln.
Runden 7–8: Wie Runde 3 arb.
Runde 9: [1 fM in jede der folg 4 fM, 2 fM zsm] x 2. (10 M)
Runden 10–16: Wie Runde 3 arb.
Faden abschneiden und durchziehen, dabei ein langes Fadenende zum Annähen an den Körper lassen. Die Arme locker mit Füllwatte füllen, das offene Ende zusammendrücken und zunähen. Die Arme seitlich an den Körper nähen.

Optional: Nach dem Annähen aller Teile (Arme, Beine und Schwanz) die Pfoten vorn zusammennähen, sodass der Fuchs schön sitzt.

BEINE (X 2)

Mit Garn C einen Magischen Ring arb und die Runden 1–6 wie für die Arme häkeln.
Auf Garn A wechseln.
Runden 7–13: Wie Runde 3 arb.
Runde 14: [1 fM in jede der folg 4 fM, 2 fM zsm] x 2. (10 M)
Runden 15–17: Wie Runde 3 arb.
Faden abschneiden und durchziehen, dabei ein langes Fadenende zum Annähen an den Körper lassen. Die Beine locker mit Füllwatte füllen, das offene Ende zusammendrücken und zunähen. Die Beine seitlich an den Körper nähen.

SCHWANZ

Mit Garn B einen Magischen Ring arb.
Runde 1: 4 fM in den Ring. (4 M)
Runde 2: 1 fM in jede fM bis Rd-Ende.
Runde 3: [1 fM in die folg fM, 2 fM in die folg fM] x 2. (6 M)
Runde 4: 2 fM in jede fM bis Rd-Ende. (12 M)
Runde 5: Wie Runde 2 arb.
Runde 6: 2 fM in jede der folg 6 fM, 1 fM in jede der folg 6 fM. (18 M)
Runde 7: Wie Runde 2 arb.
Runde 8: 1 fM in jede der folg 3 fM, 2 fM in jede der folg 6 fM, 1 fM in jede der folg 9 fM. (24 M)
Runden 9–11: Wie Runde 2 arb.
Runde 12: 2 fM in jede der folg 2 fM, 1 fM in jede der folg 18 fM, 2 fM in jede der folg 4 fM. (30 M)
Runde 13: Wie Runde 2 arb.
Runde 14: 2 fM in jede der folg 2 fM, 1 fM in jede der folg 24 fM, 2 fM in jede der folg 4 fM. (36 M)
Runden 15–17: Wie Runde 2 arb.
Auf Garn A wechseln.
Runde 18: 2 fM in die folg fM, 1 fM in jede der folg 30 fM, 2 fM in jede der folg 5 fM. (42 M)
Runde 19: Wie Runde 2 arb.
Runde 20: 1 fM in jede der folg 36 fM, 2 fM in jede der folg 6 fM. (48 M)
Runden 21–30: Wie Runde 2 arb.
Runde 31: [1 fM in jede der folg 6 fM, 2 fM zsm] x 6. (42 M)
Runde 32: [1 fM in jede der folg 5 fM, 2 fM zsm] x 6. (36 M)
Runde 33: [1 fM in jede der folg 4 fM, 2 fM zsm] x 6. (30 M)
Runde 34: [1 fM in jede der folg 3 fM, 2 fM zsm] x 6. (24 M)
Den Schwanz zur Hälfte mit Füllwatte füllen.
Runde 35: [1 fM in jede der folg 2 fM, 2 fM zsm] x 6. (18 M)
Runde 36: [1 fM in die folg fM, 2 fM zsm] x 6. (12 M)
Den Schwanz komplett mit Füllwatte füllen.
Runde 37: [2 fM zsm] x 6. (6 M)
Faden abschneiden und durchziehen, dabei ein langes Fadenende zum Annähen an den Körper lassen. Das lange Fadenende von Garn A mithilfe einer Sticknadel innen zwischen die Runden 28 und 29 des Schwanzes bringen und den Schwanz an dieser Stelle an den Körper annähen.

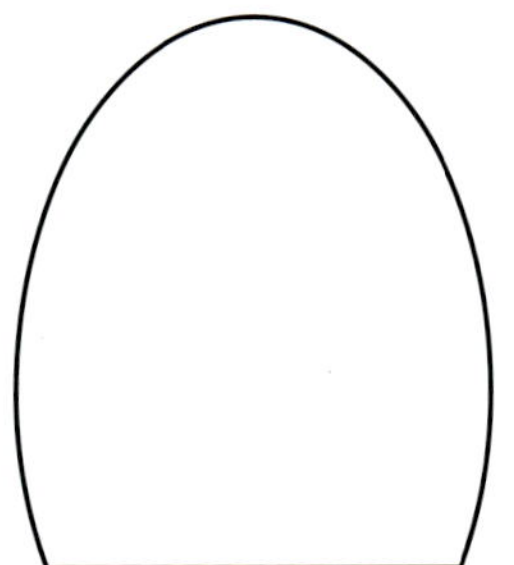

Bauch aus Filz

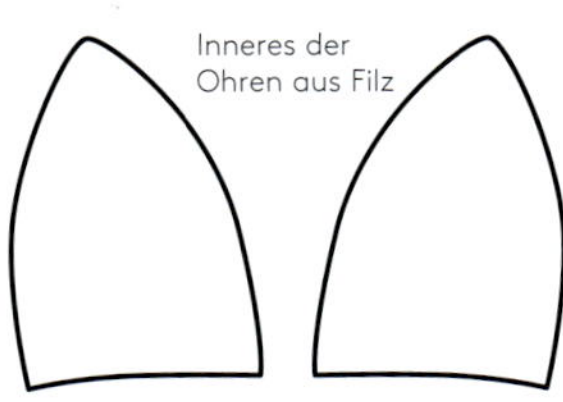
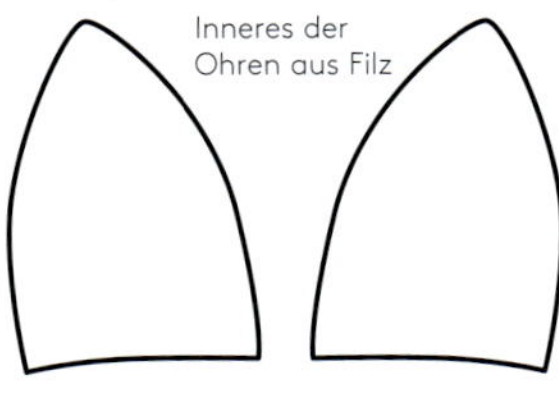

Inneres der Ohren aus Filz

OHREN VON VORN

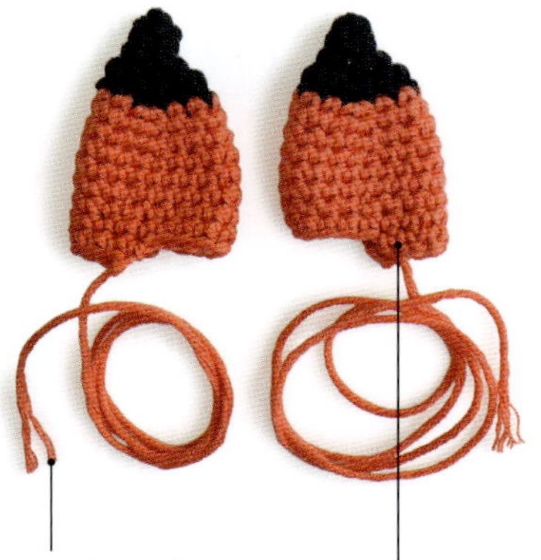

lange Fadenenden zum Annähen

Maschen der Runde 13 zusammengefaltet außen

OHREN VON HINTEN

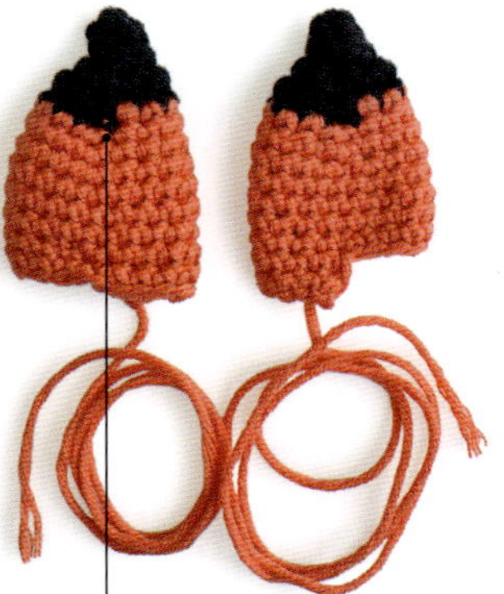

Garnwechsel auf der Rückseite

2 1 3

Gestickte Nasenspitze
Bei 1 mit der Nadel von hinten nach vorn stechen, bei 2 wieder einstechen, damit ist ein waagrechter Stich entstanden, und bei 3 wieder von hinten nach vorn stechen. Nun von 3 ausgehend vertikale Stiche zwischen 1 und 2 sticken, sodass zum Schluss ein geschlossenes Dreieck entsteht.

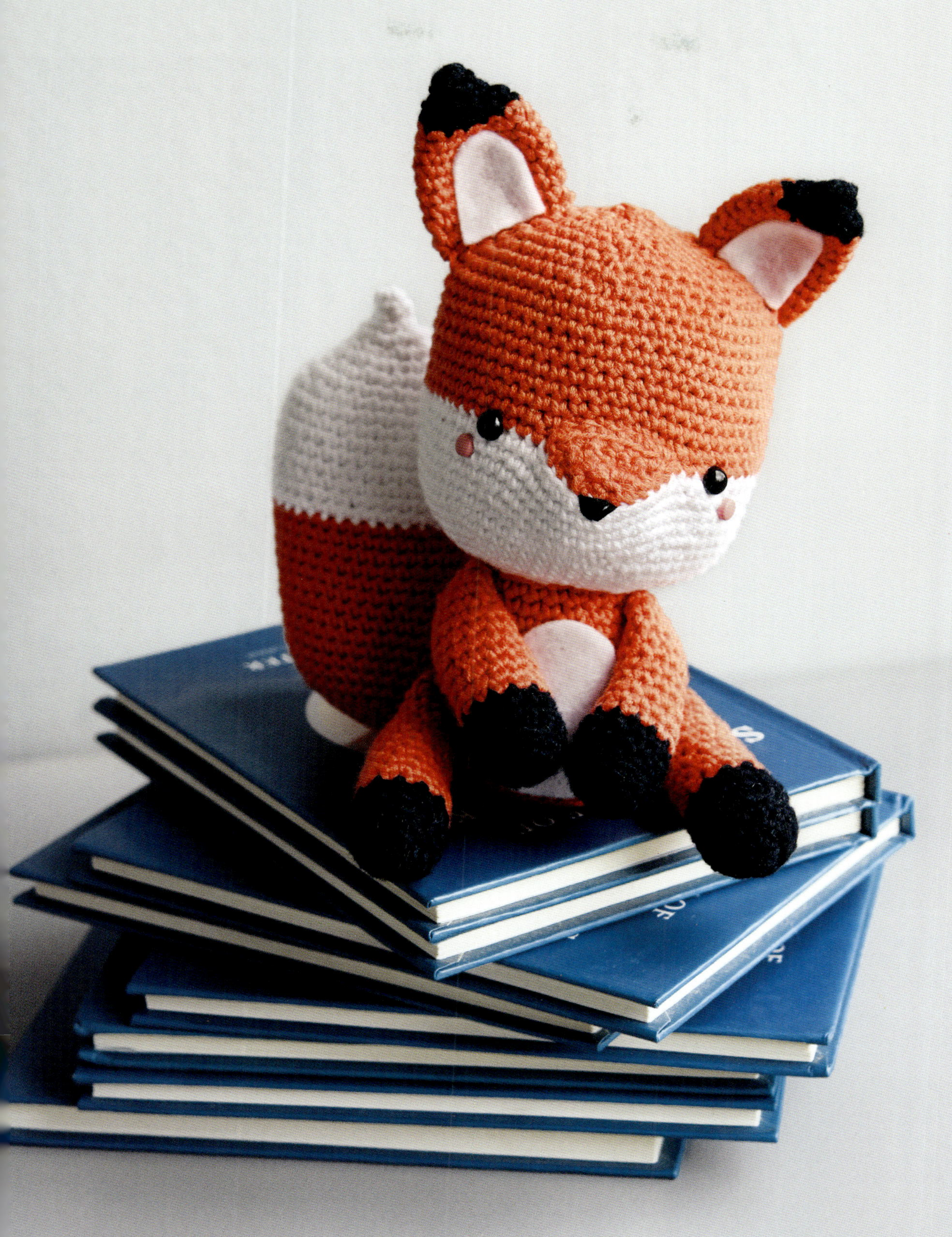

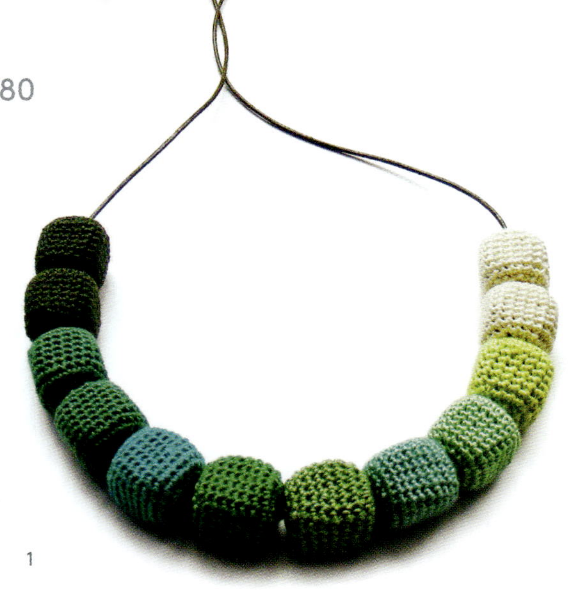

1

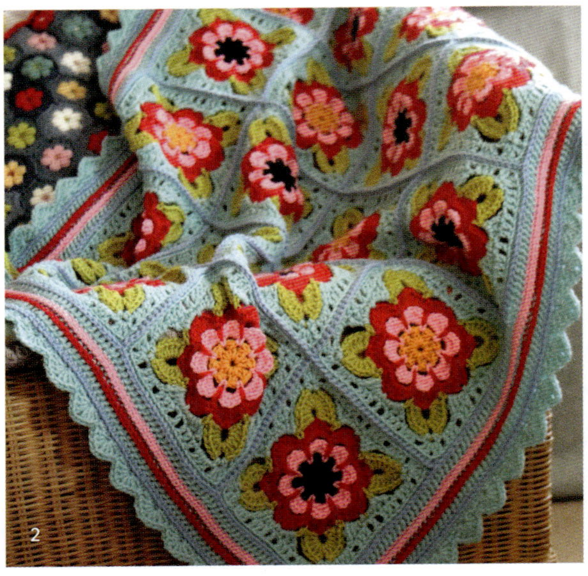

2

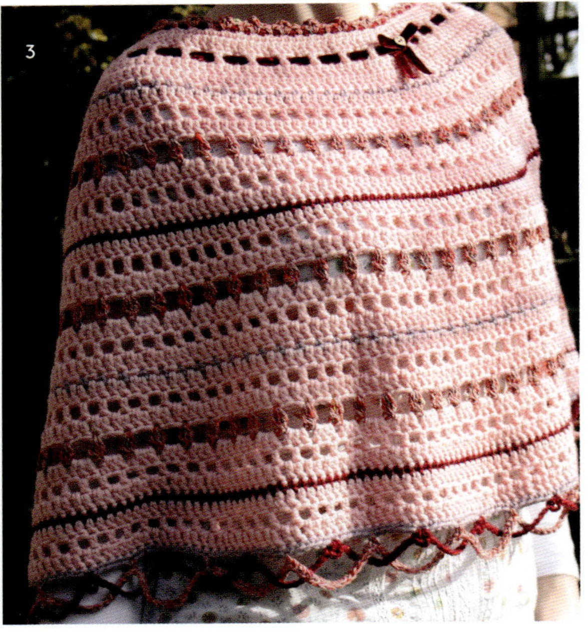

3

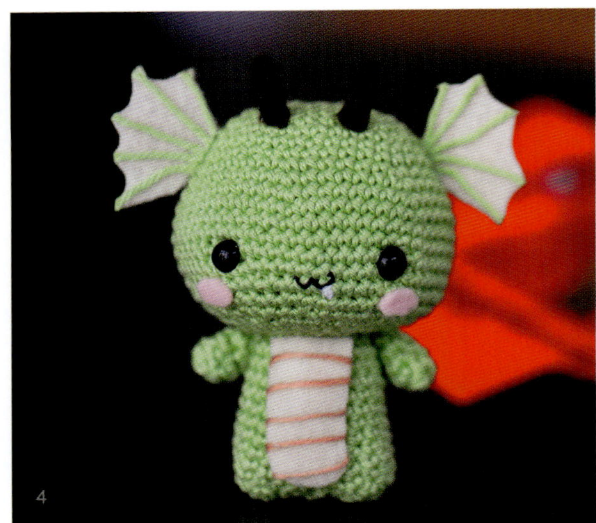

4

Inspirationen

1. GEHÄKELTE HALSKETTE „HAVE FUN", RASA GRIGAITE
Die Kugeln für diese Kette wurden ausgehend von einem einfachen Anfangsring mithilfe einer Reihe von Zu- und Abnahmen gearbeitet. Durch die Verwendung harmonierender Farben entsteht eine wunderschöne Häkelhalskette.

2. DECKE, SANDRA PAUL
Die einzelnen Motive für diese farbenfrohe Decke wurden in knalligen Farben gearbeitet und anschließend mit festen Maschen zusammengehäkelt. Rundherum sorgt eine dekorative Einfassung für den letzten Schliff. Da für die letzte Runde der Motive sowie für die Einfassung Garn in derselben Farbe verwendet wurde, entsteht eine einheitliche Optik.

3. PONCHO, SANDRA PAUL
Dieser Poncho wurde als Schlauch gehäkelt. Eine Kombination aus verschiedenen Maschenarten und toll harmonierende Farben machen aus einem simplen Poncho ein modernes, tragbares Kleidungsstück.

4. DRACHE, STEPHANIE LAU
Mit einfachen Amigurumi-Techniken (Magischer Ring und unsichtbare Abnahmen) entstand dieser süße Drache. Durch Details aus Filz, Knopfaugen und gestickte Verzierungen bezaubert dieser herzige Begleiter Groß wie Klein.

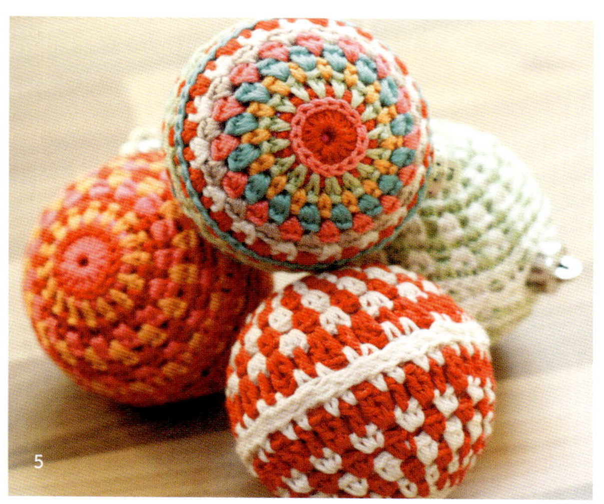

5

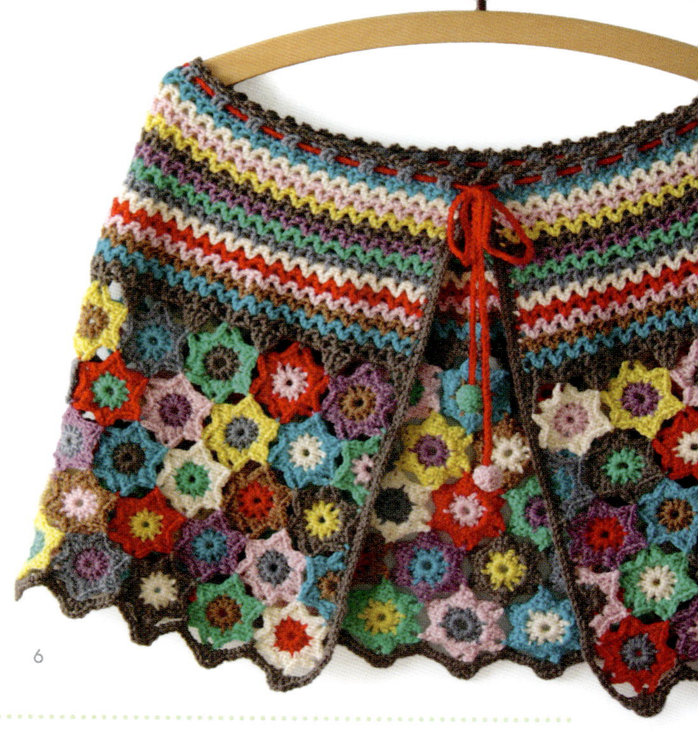

6

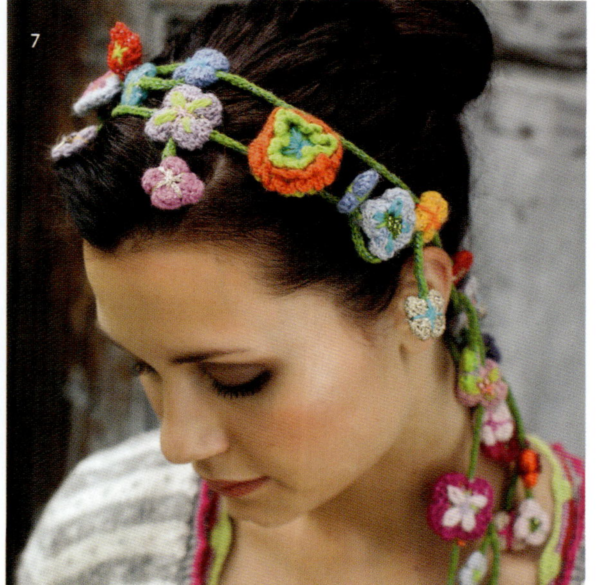

7

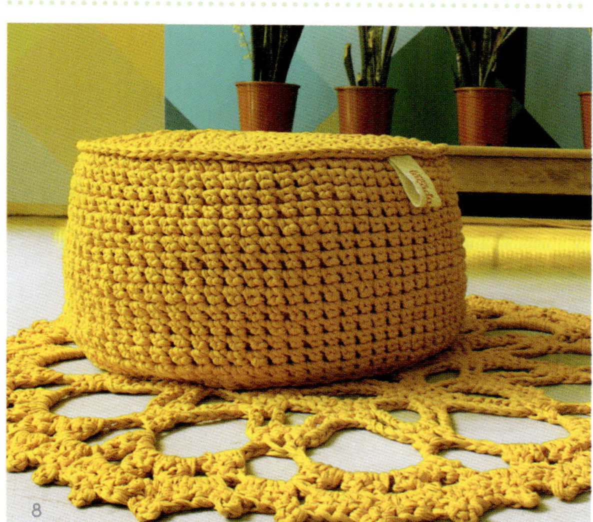

8

5. WEIHNACHTSBAUMKUGELN, KATE GREEN

Ausgehend von einem einfachen Anfangsring wurden hier mithilfe von Zunahmen Halbkugeln gefertigt, die dann über eine Glas-Weihnachtsbaumkugel gestülpt und zusammengenäht wurden. Durch die Kombination von knalligen und traditionellen Farben entstehen moderne Highlights für das nächste Fest.

6. CAPE, SANDRA PAUL

Dieses hübsche Häkel-Cape besteht aus kleinen Motiven, die jeweils in der letzten Runde zusammengehäkelt wurden. Der obere Abschluss aus Streifen in denselben Farben wie die Motive unterstreicht diese perfekt. Durch einen Tunnelzug und eine hübsche Kordel kann das Cape optimal angepasst werden.

7. BLUMENHAARBAND, SIDSEL J. HØIVIK

Bei diesem hübschen Haarband werden kleine Blumenmotive zu echten Hinguckern. Verbunden sind sie durch eine gehäkelte Kordel.

8. POUF UND TEPPICH, DAVID SOARES OLIVEIRA

Dieser luftige Teppich wertet jedes Zuhause auf – gefertigt wurde er mit Jumbo-Garn und einer großen Häkelnadel. Der dazu passende Pouf wurde aus strukturierten Maschen in Runden gehäkelt. Viele Häkeldesigner arbeiten gern mit kräftigen Farben um traditionelle Muster und Projekte, wie den an ein Häkeldeckchen erinnernden Teppich, modern wirken zu lassen.

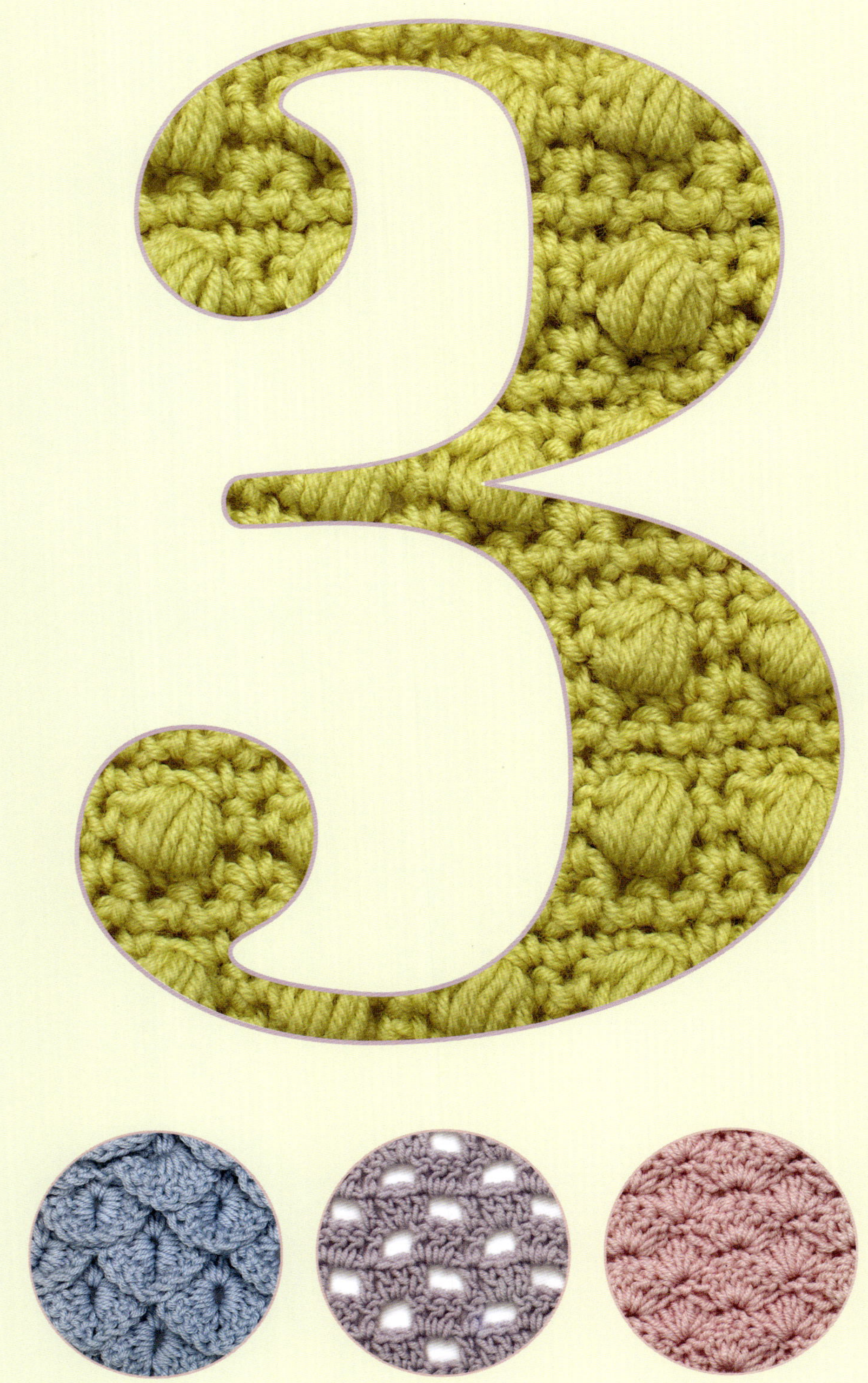

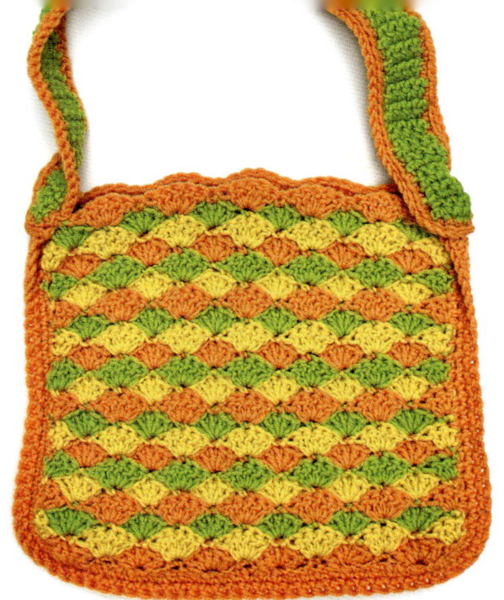

KAPITEL 3

Häkelmuster

Sobald man sich mit den Grundlagen vertraut gemacht hat, kann man beginnen, zu experimentieren und seine Fähigkeiten zu erweitern. Es gibt unzählige kreative Wege, um Häkelprojekte noch interessanter zu gestalten: In diesem Kapitel finden Sie einen Überblick über kreative Häkelmuster, mit denen sich auf Basis der Grundmaschen spannende Strukturen und eine tolle Optik erzielen lassen.

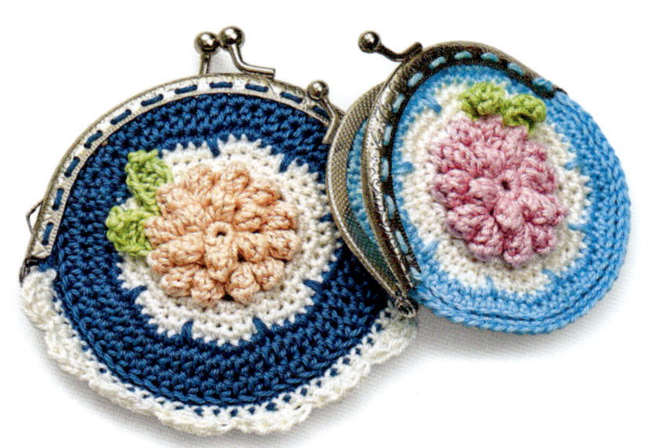

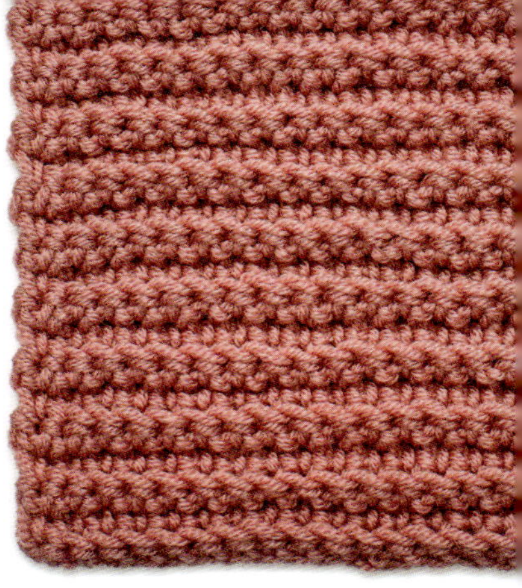

Einfache Varianten

Mit einfachen Variationen der Grundmaschen kann man Häkelarbeiten ein völlig anderes Aussehen verleihen. Indem man etwa mit der Häkelnadel in einen anderen Teil einer Masche einsticht oder zusätzliche Umschläge hinzufügt, lassen sich im Handumdrehen interessante Effekte erzielen.

NUR IN EIN MASCHENGLIED HÄKELN

Bei den meisten Maschen wird mit der Nadel unterhalb beider Schlaufen der V-förmigen Schlingen am oberen Ende der Maschen der vorherigen Reihe eingestochen. Wenn man mit der Nadel hingegen nur in eine dieser Schlaufen einsticht, lässt sich eine interessante Struktur erzeugen. Man kann diese Technik bei allen Grundmaschen anwenden; diese Beispiele wurden mit festen Maschen gearbeitet. Meist wird dabei eine normale feste Masche in die erste und die letzte Masche der Reihe gehäkelt, um einen stabilen Abschluss beziehungsweise eine stabile Kante zu erhalten, falls man das Häkelstück später mit einem anderen zusammenfügen oder eine Einfassung häkeln möchte.

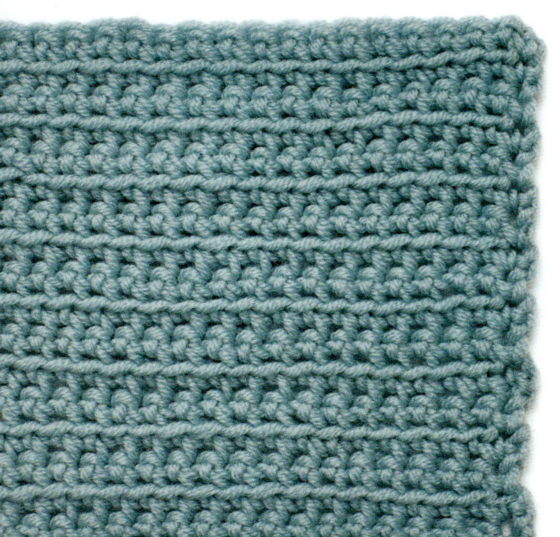

IN HINTERES MASCHENGLIED ARBEITEN

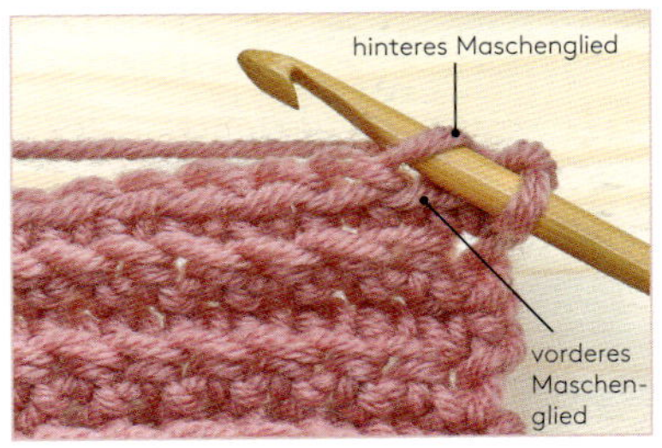

SCHRITT 1
Feste Maschen häkeln, dabei aber mit der Nadel nur in das hintere Maschenglied (hMgl), also die hintere Schlaufe, anstatt unterhalb beider Schlaufen der V-förmigen Schlinge der nächsten Masche der Vorreihe einstechen. Das hintere Maschenglied ist die Schlaufe, die jeweils vom Körper aus hinten liegt, wenn man in Reihen arbeitet (nicht unbedingt die, die auf der linken bzw. der Rückseite der Arbeit liegt).

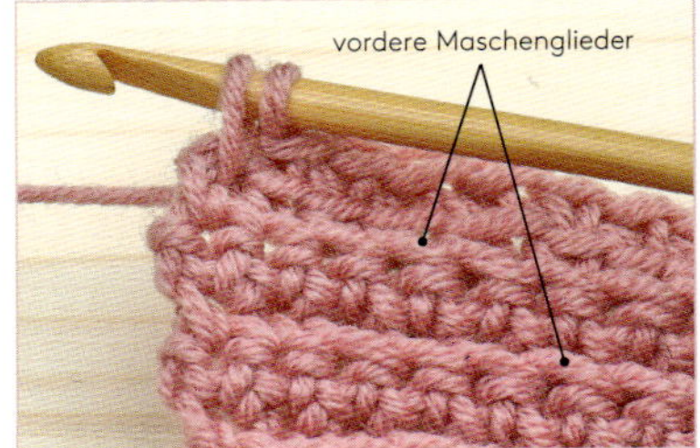

SCHRITT 2
Nach diesem Prinzip weitere feste Maschen in das hintere Maschenglied häkeln. Nach einigen Reihen sieht man die charakteristischen horizontalen Rippen, die die vorderen Maschenglieder bilden. Um einen stabilen Rand zu erhalten, jeweils in die erste und letzte Masche jeder Reihe eine normale feste Masche häkeln (also unterhalb beider Schlaufen der V-förmigen Schlinge einstechen).

IN VORDERES MASCHENGLIED ARBEITEN

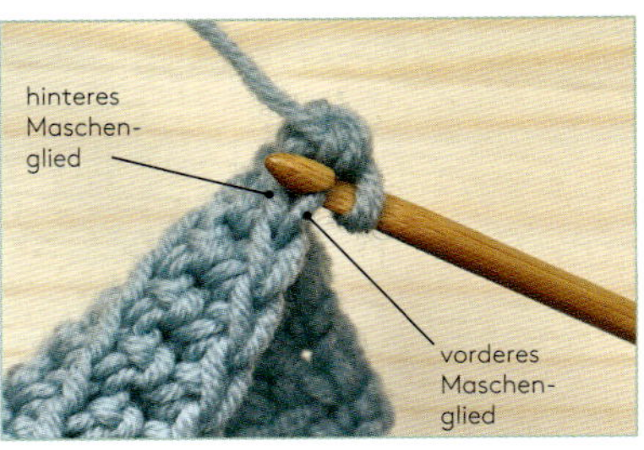

SCHRITT 1
Feste Maschen häkeln, dabei aber mit der Nadel nur in das vordere Maschenglied (vMgl), also die vordere Schlaufe, anstatt unterhalb beider Schlaufen der V-förmigen Schlinge der nächsten Masche der Vorreihe einstechen. Dadurch ergibt sich ein lockeres Maschenbild mit weichem Fall. Das vordere Maschenglied ist die Schlaufe, die jeweils vom Körper aus vorn liegt (nicht unbedingt die, die auf der rechten bzw. Vorderseite der Arbeit liegt).

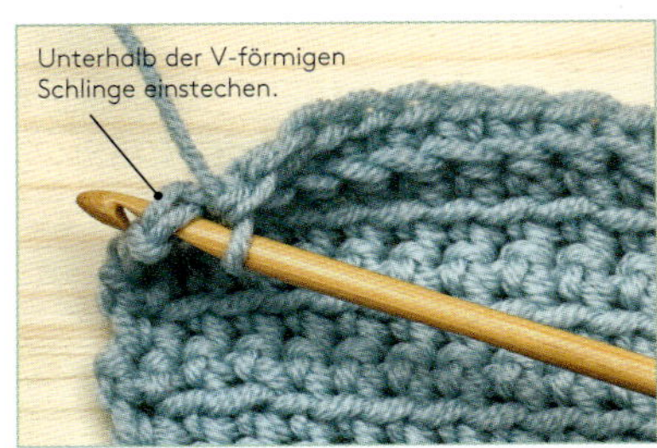

SCHRITT 2
Nach diesem Prinzip weitere feste Maschen in das vordere Maschenglied häkeln. Nach einigen Reihen sieht man die charakteristische Struktur und wie diese von jener normaler fester Maschen sowie von jener von in das hintere Maschenglied gearbeiteten festen Maschen abweicht. Für einen stabilen Rand sollte man auch hier in die erste und letzte Masche jeder Reihe eine normale feste Masche häkeln.

VERLÄNGERTE MASCHEN

Verlängerte Maschen sind etwas höhere Versionen der Grundmaschen. Dafür wird ein zusätzlicher Umschlag gearbeitet, wodurch lockere, flexible Maschen und ein Maschenbild mit tollem Fall entstehen. Verlängerte Maschen werden etwa oft als Übergangsmaschen zwischen einer kürzeren und einer höheren Masche gearbeitet, etwa beim Formen von Ecken. In diesem Beispiel wird eine verlängerte feste Masche (vfM) gehäkelt – nach demselben Prinzip lassen sich verlängerte Versionen aller Grundmaschen häkeln.

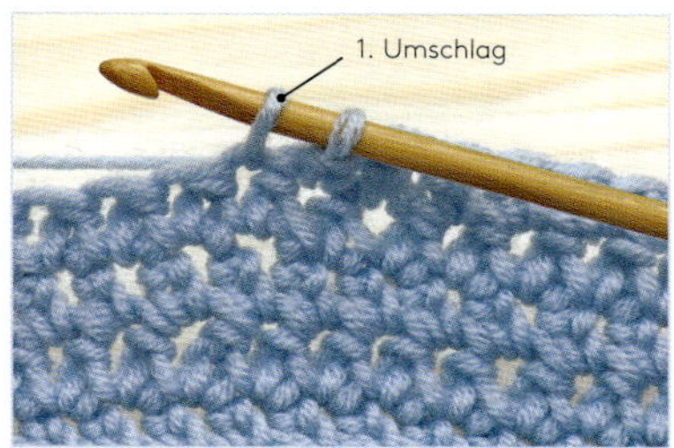

SCHRITT 1

Die Masche wird zunächst wie gewohnt gehäkelt, das heißt im Fall einer festen Masche mit der Nadel in die nächste Masche der Vorreihe einstechen, den Arbeitsfaden einmal von hinten nach vorn um die Nadel legen (Umschlag) und durchziehen.

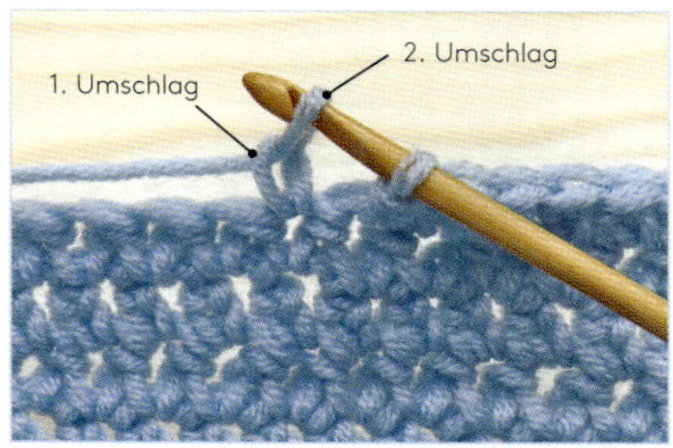

SCHRITT 2

Den Arbeitsfaden wieder von hinten nach vorn um die Nadel legen (Umschlag) und durch die erste Schlinge auf der Nadel ziehen. Damit wurde ein zusätzlicher Umschlag gearbeitet, der aus der festen Masche eine verlängerte feste Masche macht.

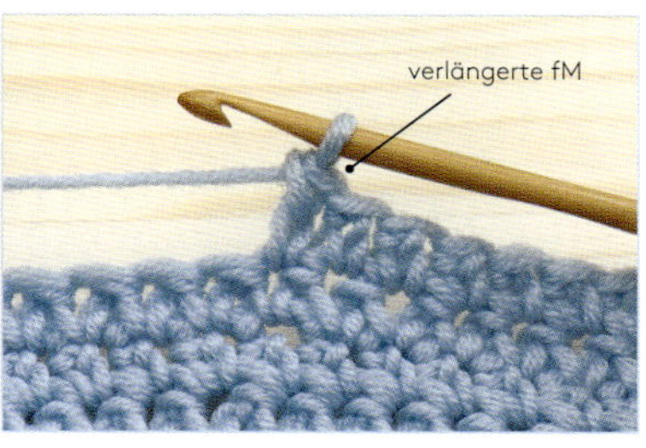

SCHRITT 3

Nun liegen wie gewohnt zwei Schlingen auf der Nadel und die feste Masche kann fertiggehäkelt werden. Dafür den Arbeitsfaden von hinten nach vorn um die Nadel legen (Umschlag) und durch beide auf der Nadel liegenden Schlingen ziehen.

Wechsel der Maschenglieder

Luftmaschenkette: Die gewünschte Anzahl an Lm + 1 anschl.
Reihe 1: 1 fM in die 2. Lm ab Nd, 1 fM in jede folg Lm bis R-Ende, wenden.
Reihe 2: 1 Lm, 1 fM in das vMgl jeder folg fM bis R-Ende, wenden.
Reihe 3: 1 Lm, 1 fM in das hMgl jeder folg fM bis R-Ende, wenden.
Reihen 2–3 wdh.

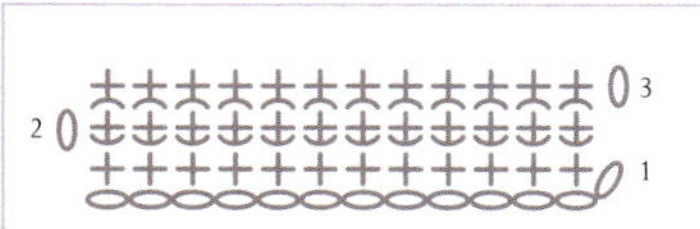

SYMBOLE
- Lm
- fM in das vMgl
- fM in das hMgl

Verlängerte feste Maschen

Luftmaschenkette: Die gewünschte Anzahl an Lm + 2 anschl.
Reihe 1: 1 vfM in die 3. Lm ab Nd, 1 vfM in jede folg Lm bis R-Ende, wenden.
Reihe 2: 2 Lm (zählen als 1 vfM), 1 vfM überg, 1 vfM in jede folg vfM bis R-Ende, dabei die letzten vfM in die obere der 2 Anf-Lm arb, wenden.
Reihe 2 wdh.

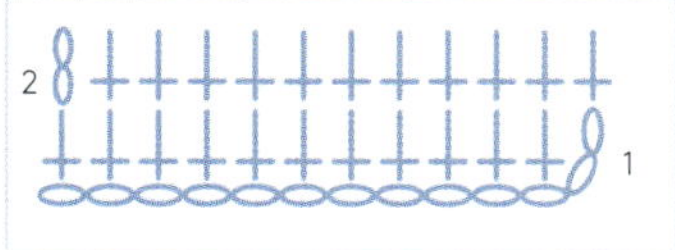

SYMBOLE
- Lm
- vfM

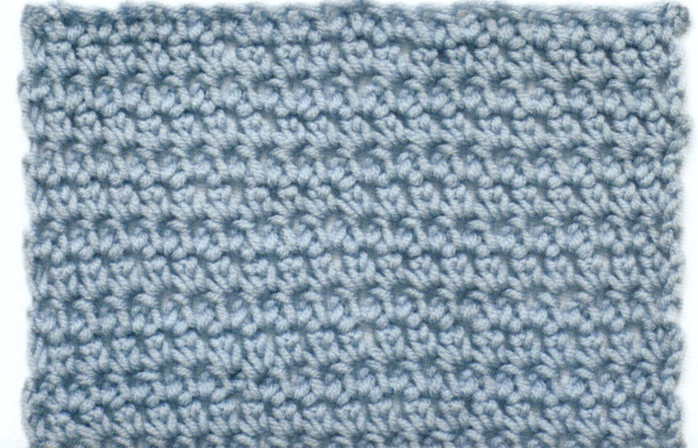

Relief- und erhabene Maschen

Reliefmaschen sind Maschen, die um den Maschenkörper der Maschen einer vorhergehenden Reihe oder Runde gehäkelt werden anstatt um die V-förmigen Schlingen. Reliefmaschen werden meist um höhere Maschen gearbeitet, etwa Stäbchen, da diese einen längeren Maschenkörper haben. Gekreuzte Maschen werden über andere Maschen gearbeitet, so entsteht eine Optik ähnlich einem gestrickten Zopfmuster. Tiefgestochene Maschen werden in Maschen in anderen Reihen als der Vorreihe gearbeitet.

RELIEFMASCHEN VORN

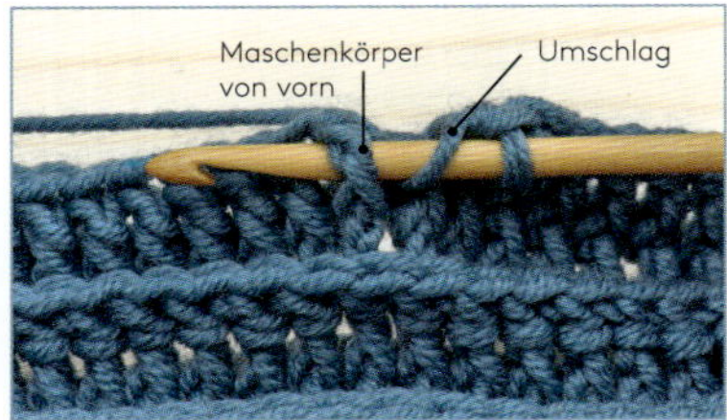

SCHRITT 1

Für dieses Beispiel soll ein Reliefstäbchen vorn (RStbv) gearbeitet werden. Den Arbeitsfaden dafür von hinten nach vorn um die Nadel legen (Umschlag), mit der Nadel von vorn nach hinten rechts neben dem Maschenkörper des nächsten Stäbchens der Vorreihe einstechen und von hinten links neben dem Maschenkörper wieder ausstechen.

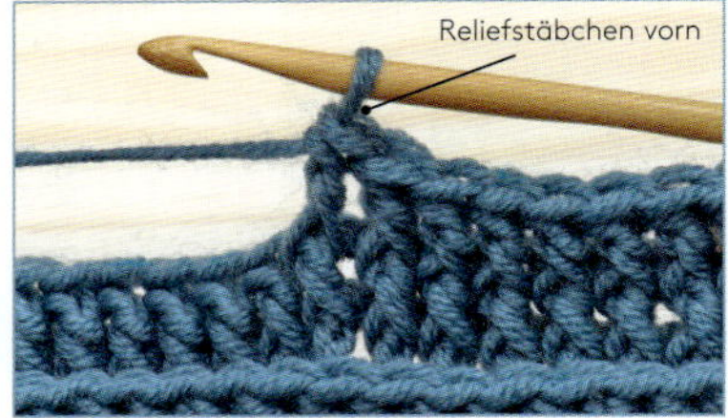

SCHRITT 2

Den Arbeitsfaden von hinten nach vorn um die Nadel legen (Umschlag), durchziehen und das Stäbchen wie gewohnt fertighäkeln.

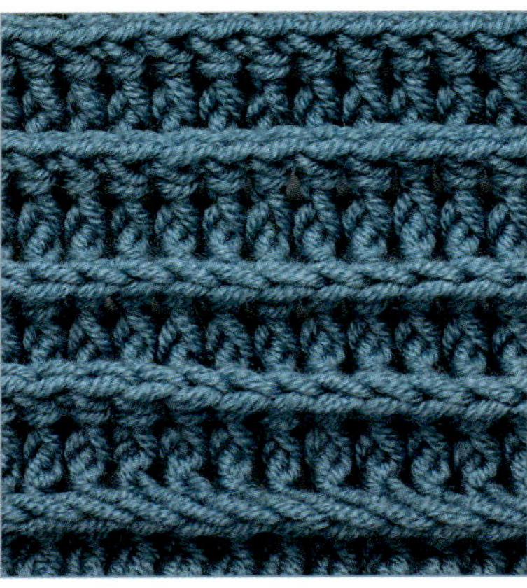

RELIEFMASCHEN HINTEN

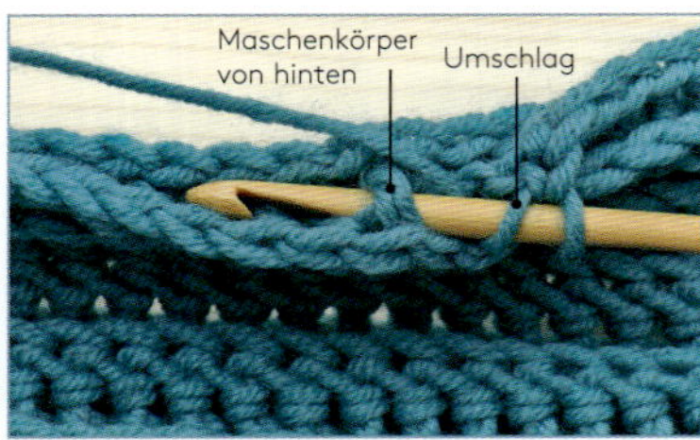

SCHRITT 1

Für dieses Beispiel soll ein Reliefstäbchen hinten (RStbh) gearbeitet worden. Den Arbeitsfaden dafür von hinten nach vorn um die Nadel legen (Umschlag), mit der Nadel auf der Rückseite der Häkelarbeit von hinten nach vorn rechts neben dem Maschenkörper des nächsten Stäbchens der Vorreihe einstechen und links neben dem Maschenkörper wieder ausstechen.

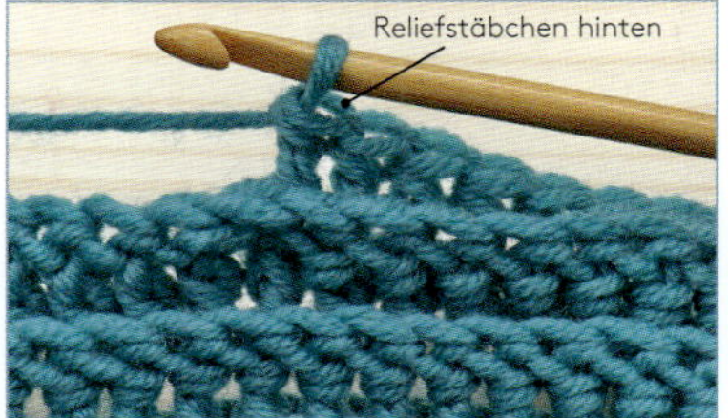

SCHRITT 2

Den Arbeitsfaden von hinten nach vorn um die Nadel legen (Umschlag), durchziehen und das Stäbchen wie gewohnt fertighäkeln.

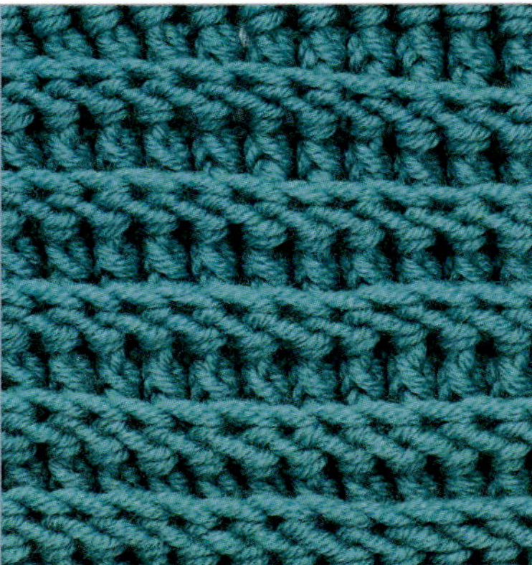

Rippenmuster

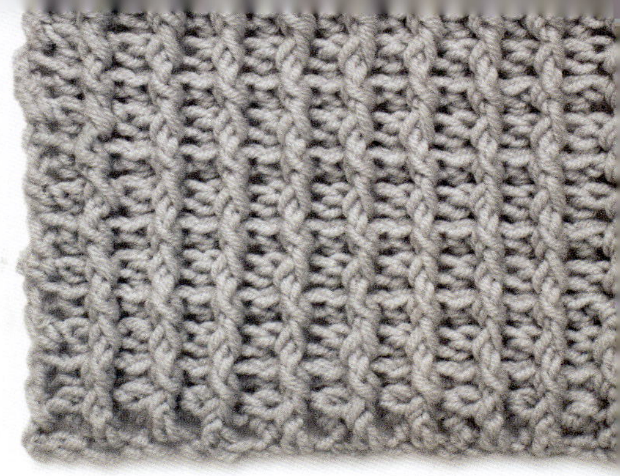

Durch die Kombination von Reliefmaschen vorn und hinten lässt sich ein elastischen Rippenmuster arbeiten, das etwa ideal für Bündchen ist. Reliefmaschen, in diesem Fall Reliefstäbchen, sind etwas kürzer als normale Maschen, daher werden wie hier meist entsprechend weniger Wendeluftmaschen gehäkelt.

SYMBOLE

- Lm
- Stb
- RStbv
- RStbh

Luftmaschenkette: Die gewünschte Anzahl an Lm + 2 anschl.
Reihe 1: 1 Stb in die 4. Lm ab Nd, 1 Stb in jede folg Lm bis R-Ende, wenden.
Reihe 2: 2 Lm, 1 Stb überg, *1 RStbv um das folg Stb, 1 RStbh um das folg Stb, ab * bis R-Ende wdh, dabei das letzte RStbv um die Wendeluftmaschen arb, wenden.
Reihe 2 wdh.

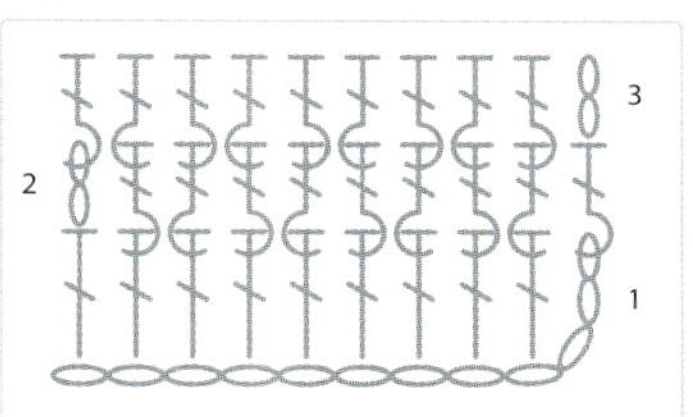

Korbmuster

Mithilfe von Reliefmaschen vorn und hinten lässt sich außerdem auch ein Muster häkeln, das an einen geflochtenen Korb erinnert. Dafür werden abwechselnd mehrere Reliefmaschen vorn und hinten gehäkelt. Dieses Muster eignet sich etwa toll für einen Schal, den man einfach in der gewünschten Länge häkeln kann, oder auch für Decken oder Kissen. Für Reliefmaschen braucht man etwas mehr Garn als für die normalen Grundmaschen – aber der Effekt ist es wert!

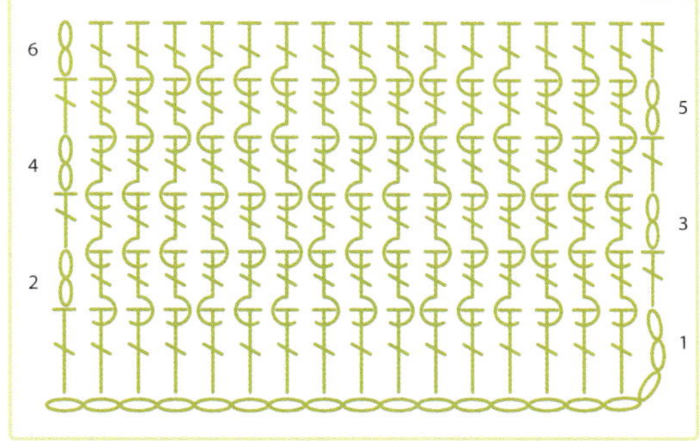

SYMBOLE

- Lm
- Stb
- RStbv
- RStbh

Luftmaschenkette: Ein Vielfaches von 6 Lm + 7 anschl.
Reihe 1: 1 Stb in die 4. Lm ab Nd, 1 Stb in jede folg Lm bis R-Ende, wenden.
Reihe 2: 2 Lm, 1 Stb überg, *1 RStbv um jedes der folg 3 Stb, 1 RStbh um jedes der folg 3 Stb, ab * bis zu den letzten 3 Stb wdh, 1 RStbv um jedes der letzten 3 Stb, 1 Stb in die obere der 3 Wlm, wenden.
Reihe 3: 2 Lm, 1 Stb überg, *1 RStbh um jedes der folg 3 Stb, 1 RStbv um jedes der folg 3 Stb, ab * bis zu den letzten 3 Stb wdh, 1 RStbh in jedes der letzten 3 Stb, 1 Stb in die obere der 2 Wlm, wenden.
Reihe 4: 2 Lm, 1 Stb überg, *1 RStbh um jedes der folg 3 Stb, 1 RStbv um jedes der folg 3 Stb, ab * bis zu den letzten 3 Stb wdh, 1 RStbh um jedes der letzten 3 Stb, 1 Stb in die obere der 2 Wlm, wenden.
Reihe 5: 2 Lm, 1 Stb überg, *1 RStbv um jedes der folg 3 Stb, 1 RStbh um jedes der folg 3 Stb, ab * bis zu den letzten 3 Stb wdh, 1 RStbv um jedes der letzten 3 Stb, 1 Stb in die obere der 2 Wlm, wenden.
Reihe 6: 2 Lm, 1 Stb überg, *1 RStbv um jedes der folg 3 Stb, 1 RStbh um jedes der folg 3 Stb, ab * bis zu den letzten 3 Stb wdh, 1 RStbv um jedes der letzten 3 Stb, 1 Stb in die obere der 2 Wlm, wenden.
Reihen 3–6 wdh.

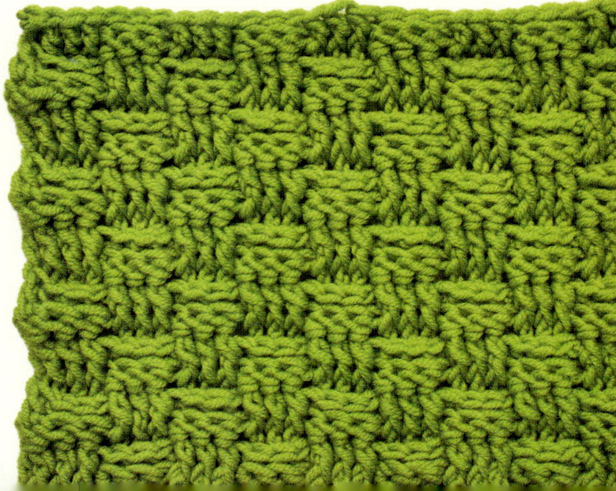

GEKREUZTE MASCHEN

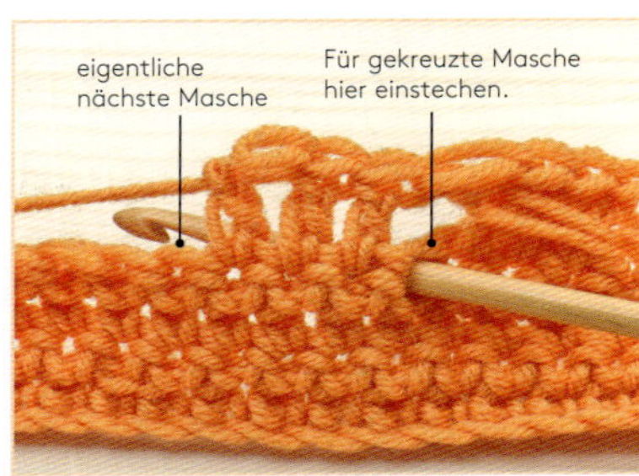

SCHRITT 1
Anstatt wie gewohnt die nächste Masche in die folgende Masche der Vorreihe zu arbeiten, wird bei gekreuzten Maschen mit der Nadel in die in der Anleitung angegebene Masche eingestochen. In diesem Beispiel wird für die gekreuzte Masche in die vierte Masche rechts neben der nächsten Maschen der Vorreihe eingestochen.

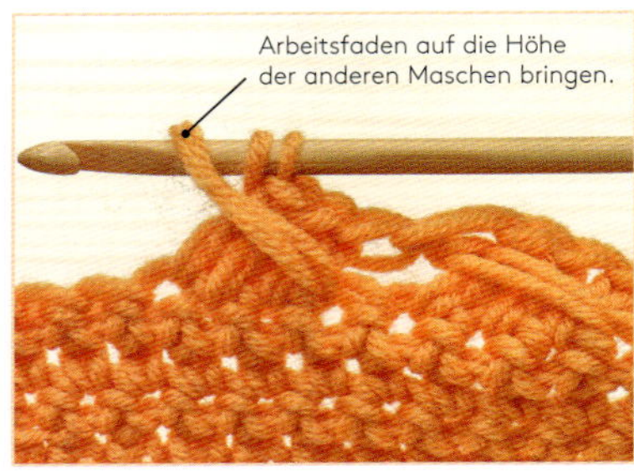

SCHRITT 2
Die Masche wie gewohnt häkeln, dabei aber den Arbeitsfaden auf die Höhe der anderen Maschen der Reihe durchziehen.

Zopfmuster

BESONDERE MASCHEN
Kreuz-Stb: 1 Stb, dabei mit der Nadel in die 4. fM rechts neben der nächsten fM der Vor-R einstechen (zuvor überg).

Luftmaschenkette: Ein Vielfaches von 4 Lm + 2 anschl.
Reihe 1 (LS): 1 fM in die 2. Lm ab Nd, 1 fM in jede folg Lm bis R-Ende, wenden.
Reihe 2: 3 Lm (zählen als 1 Stb), 1 fM überg, *1 fM überg, 1 Stb in jede der folg 3 fM, 1 Kreuz-Stb, ab * bis R-Ende wdh, dabei mit 1 Stb in die Wlm enden, wenden.
Reihe 3: 1 Lm (zählt als 1 fM), 1 Stb überg, 1 fM in jedes folg Stb bis R-Ende, dabei mit 1 fM in die obere der 3 Wlm enden, wenden.
Reihen 2–3 wdh.

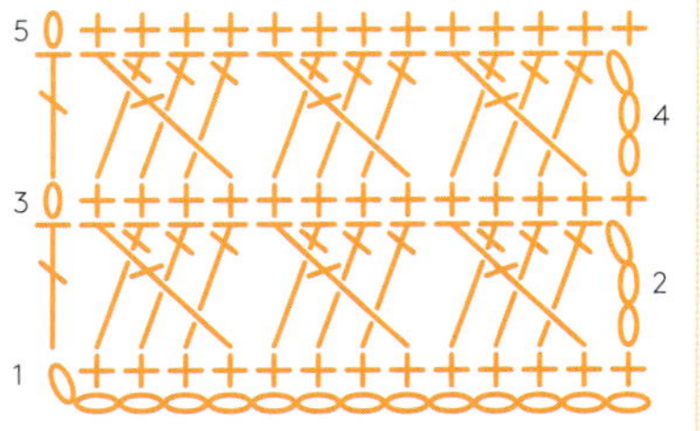

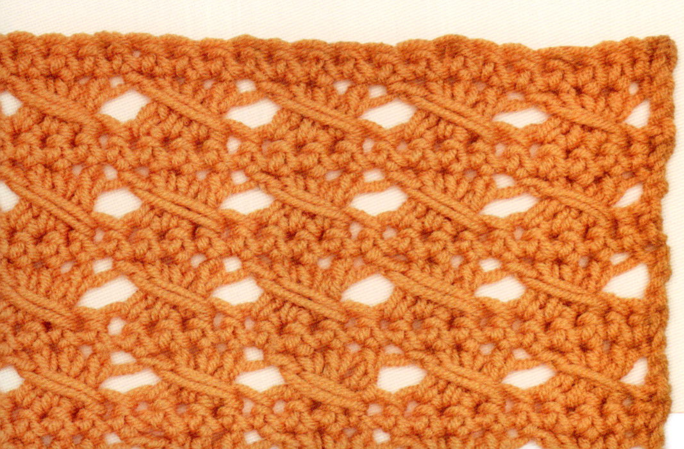

SYMBOLE
Lm
fM
Stb

5 TIPPS FÜR MEHR STRUKTUR

Einfachen Häkelmustern kann man mit einfachen Techniken eine tolle Struktur verleihen, dabei ist allerdings zu beachten, dass man etwa für Relief- und gekreuzte Maschen etwas mehr Garn braucht als für die Grundmaschen.

1 Muster aus einfachen Stäbchen können durch gekreuzte Maschen (siehe links) aufgepeppt werden. Üben Sie diese Technik zunächst an einem Probestück, um sicherzugehen, dass Sie die empfohlene Maschenprobe erreichen. Ein Schal ist ein ideales Projekt zum Experimentieren. Abweichungen von der Maschenprobe würden sich auf die Gesamtlänge auswirken, aber das lässt sich durch mehr oder weniger Reihen ganz einfach korrigieren. Ein geringer Unterschied in der Breite sollte nicht zu sehr auffallen.

2 Reliefstäbchen ergeben ein tolles Rippenmuster für Bündchen oder Mützenabschlüsse (siehe Seite 86).

3 Bei einem Muster aus festen Maschen kann man variieren, indem man Reihen abwechselnd in die vorderen und hinteren Maschenglieder arbeitet (siehe Seiten 84–85).

4 Aus Baumwollgarn lassen sich praktische Waschlappen arbeiten, indem man ein Quadrat aus festen Maschen häkelt, diese aber nur in die hinteren Maschenglieder arbeitet, so entsteht ein horizontales Rippenmuster, das besonders dehnbar ist und zudem toll aussieht (siehe Seite 84).

5 Die erste und die letzte Reihe eines einfachen Schals mit Puffmaschen (siehe Seite 93) häkeln.

TIEFGESTOCHENE MASCHEN

Tiefgestochene Maschen erzeugen eine dichte Struktur und ein auffälliges Muster, besonders wenn sie in einer anderen Farbe gearbeitet werden. Meist werden feste Maschen tiefgestochen (tfM), dabei wird mit der Nadel in eine Masche in einer der Reihen unterhalb der Vorreihe eingestochen. Der Arbeitsfaden wird dann auf die Höhe der Maschen der Arbeitsreihe gezogen und spannt sich über die Häkelfläche. Diese Maschen sollte man nicht zu fest häkeln, damit die dazwischenliegenden Reihen nicht zusammengezogen werden. Man kann auch mehrere tiefgestochene Maschen in eine Einstichmasche arbeiten.

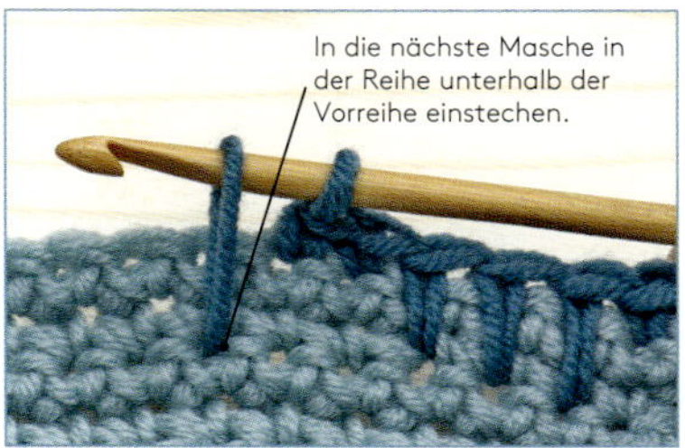

SCHRITT 1
Mit der Nadel von vorn nach hinten in die angegebene Masche in der angegebenen Reihe einstechen (hier eine Reihe unterhalb der Vorreihe). Den Arbeitsfaden von hinten nach vorn um die Nadel legen (Umschlag) und auf die Höhe der anderen Maschen in der Arbeitsreihe durchziehen.

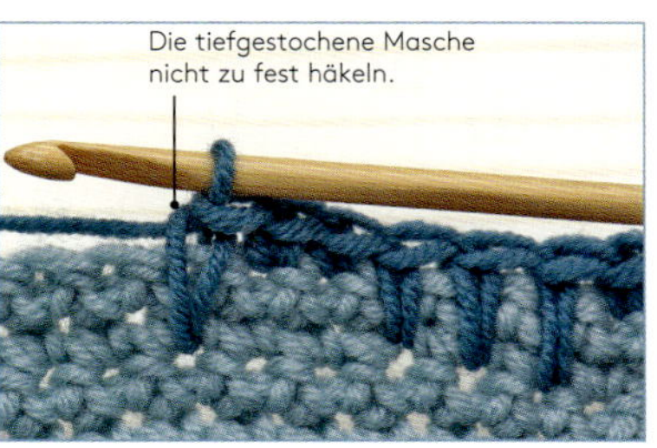

SCHRITT 2
Die Masche wie gewohnt fertighäkeln, dabei die tiefgestochene Masche nicht zu fest häkeln, da sich sonst die Häkelarbeit unschön verziehen kann.

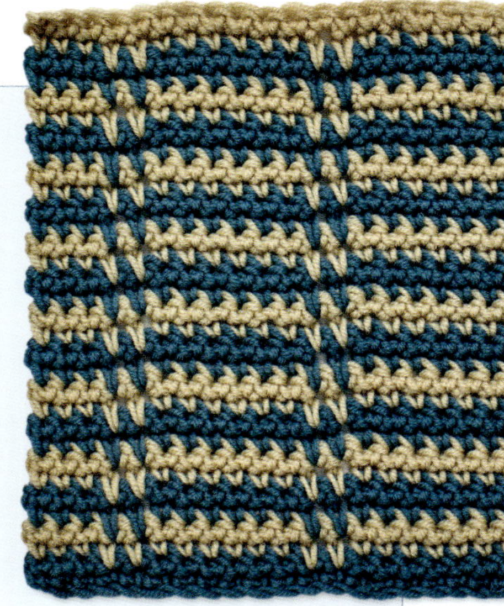

Tiefgestochene Maschen und Streifen

Für dieses Muster braucht man zwei verschiedenfarbige Garne: A und B. Das Garn wird dabei alle zwei Reihen gewechselt, das gerade nicht verwendete Garn wird am Rand mitgeführt.

BESONDERE MASCHEN

tfM: tiefgestochene feste Masche, dabei mit der Nadel in die nächste Masche eine Reihe unterhalb der Vorreihe einstechen.

Luftmaschenkette: Mit Garn A ein Vielfaches von 8 Lm + 1 anschl.
Reihe 1: 1 fM in die 2. Lm ab Nd, 1 fM in jede folg Lm bis R-Ende, wenden.
Reihe 2: 1 Lm, 1 fM in jede folg fM bis R-Ende, dabei beim letzten U auf Garn B wechseln, wenden.
Reihe 3: 1 Lm, *1 fM in jede der folg 3 fM, [tfM] x 2, 1 fM in jede der folg 3 fM, ab * wdh bis R-Ende, wenden.
Reihe 4: 1 Lm, 1 fM in jede folg fM bis R-Ende, dabei beim letzten U auf Garn A wechseln, wenden.
Reihe 5: 1 Lm, *1 fM in jede der folg 3 fM, [tfM] x 2, 1 fM in jede der folg 3 fM, ab * wdh bis R-Ende, wenden.
Reihen 2–5 wdh, dabei mit einer Reihe 2 enden.

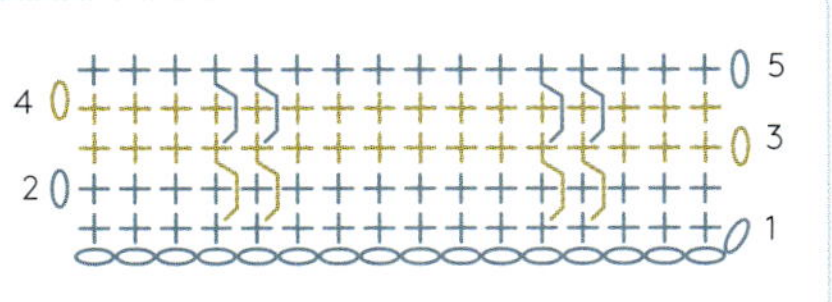

SYMBOLE
Lm
fM
tfM

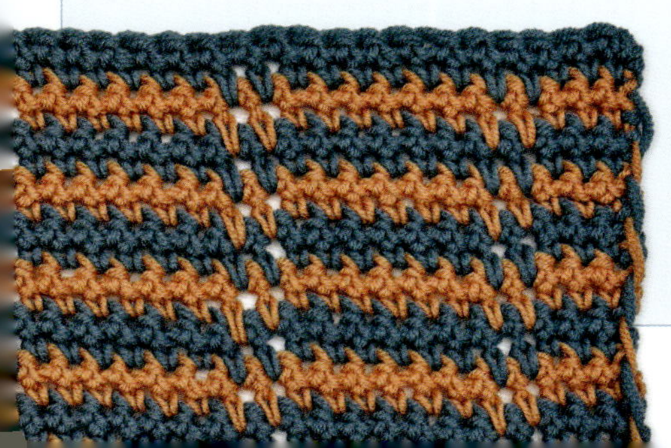

FARBVARIATION
Durch die Verwendung von Garnen in kontrastierenden Farben werden die einzelnen Maschen besonders hervorgehoben und es entsteht ein lebhaftes Maschenbild (oben rechts). Durch Garne in Farben, die farblich näher beieinanderliegen, entstehen dezentere Streifen (links).

Büschelmaschen, Noppen und Co

Maschengruppen sind eine weitere tolle Möglichkeit, um einem Häkelstück Struktur zu verleihen. Dabei handelt es sich um mehrere Maschen, die oben zusammengehäkelt werden (Büschelmasche) oder die zusammengehäkelt oder oben auf andere Weise verbunden sowie in dieselbe Einstichmasche gearbeitet werden (Popcornmaschen, Noppen und Puffmaschen). Obwohl mehrere Maschen gehäkelt werden, zählt die so entstehende Maschengruppe als eine Masche.

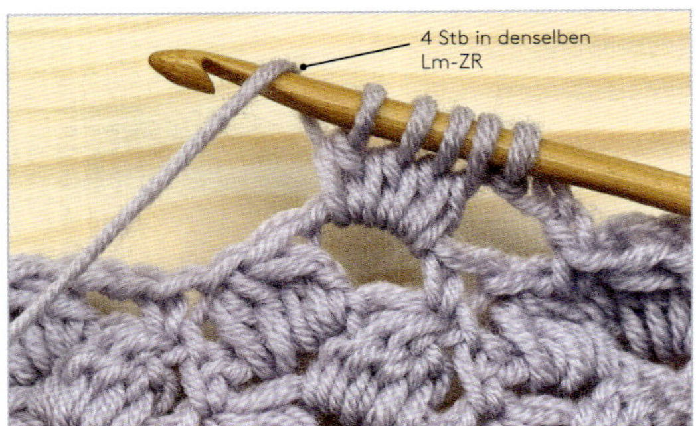

BÜSCHELMASCHEN

Für eine Büschelmasche werden zwei, drei oder mehr Maschen bis zum letzten Umschlag in zwei, drei oder mehr Maschen der Vorreihe oder direkt in einen Luftmaschenzwischenraum gehäkelt, anschließend wird der Arbeitsfaden durch alle auf der Nadel liegenden Schlingen gezogen (die Maschen werden gemeinsam abgemascht bzw. zusammengehäkelt). Das funktioniert nach demselben Prinzip wie eine Maschenabnahme innerhalb einer Reihe (siehe Seiten 38–39), ist aber auch ein toller Weg, um interessante Muster zu kreieren. Im Beispiel rechts werden vier Stäbchen in einen Luftmaschenzwischenraum gearbeitet und dann zusammengehäkelt.

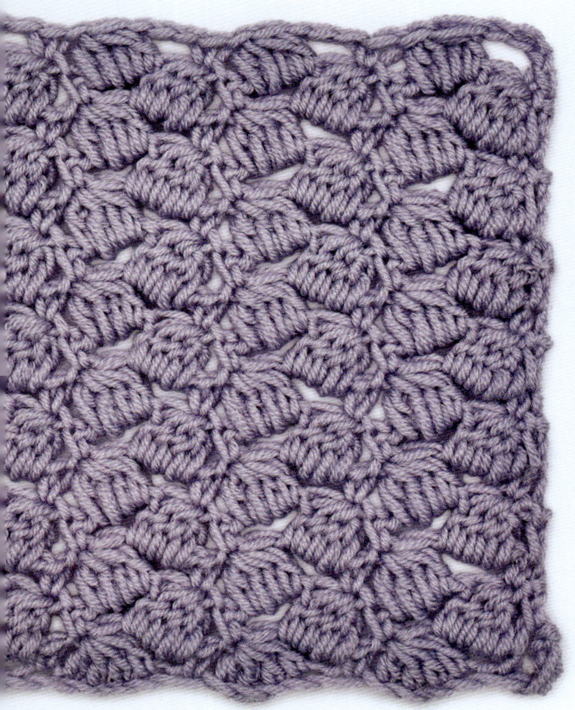

Schräge Büschelmaschen

Durch in die Luftmaschenzwischenräume gearbeitete schräge Büschelmaschen entsteht eine interessante Struktur.

BESONDERE MASCHEN

Bm: Büschelmasche aus vier zusammengehäkelten Stäbchen (4 Stb zsm).

Luftmaschenkette: Ein Vielfaches von 5 Lm + 4 anschl.
Reihe 1: 1 fM in die 4. Lm ab Nd, *3 Lm, Bm in die folg 4 Lm, 1 Lm, 1 fM in die folg Lm, ab * bis R-Ende wdh, wenden.
Reihe 2: 5 Lm, 1 fM in die letzte Bm der Vor-R, *3 Lm, 1 Bm in den folg 3-Lm-ZR, 1 Lm, 1 fM in die folg Bm, ab * bis zum letzten 3-Lm-ZR wdh, 3 Lm, 1 Bm in den letzten 3-Lm-ZR, 1 Lm, 1 Stb in die folg fM, wenden.
Reihe 3: 1 Lm, 1 fM in die letzte Bm der Vor-R, *3 Lm, 1 Bm in den folg 3-Lm-ZR, 1 Lm, 1 fM in die folg Bm, ab * bis R-Ende wdh, dabei mit 1 fM in den 5-Lm-Anf-ZR enden, wenden.
Reihen 2–3 wdh.

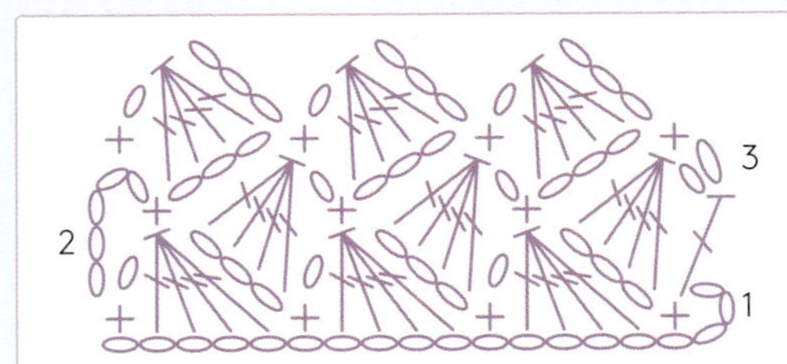

SYMBOLE
- Lm
- fM
- Stb
- Bm (4 Stb zsm)

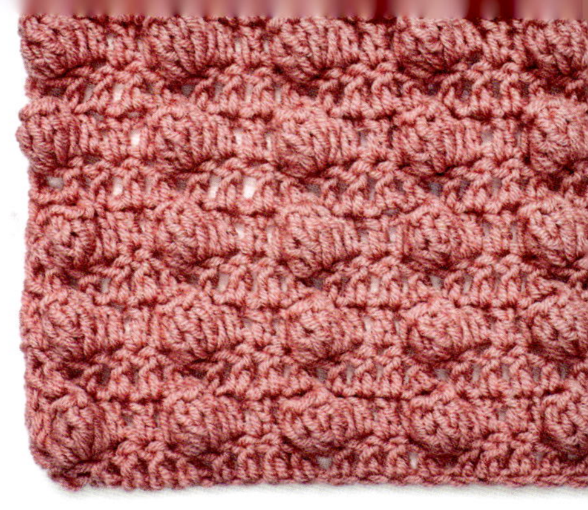

POPCORNMASCHEN

Eine Popcornmasche entsteht, indem man drei oder mehr Maschen in dieselbe Einstichmasche arbeitet und dann die erste und die letzte Masche mit einer Luftmasche verbindet. Popcornmaschen heben sich deutlich von der umgebenden Häkelfläche ab und sorgen für einen interessanten Effekt. Popcornmaschen häkelt man am besten aus Stäbchen oder höheren Maschen. Hier rechts wurden Popcornmaschen aus jeweils fünf Stäbchen gehäkelt. Wenn Sie feststellen, dass Ihre Popcornmaschen etwas zu locker sind, versuchen Sie, sie mit einer kleineren Nadel zu häkeln, um ihnen mehr Struktur zu verleihen.

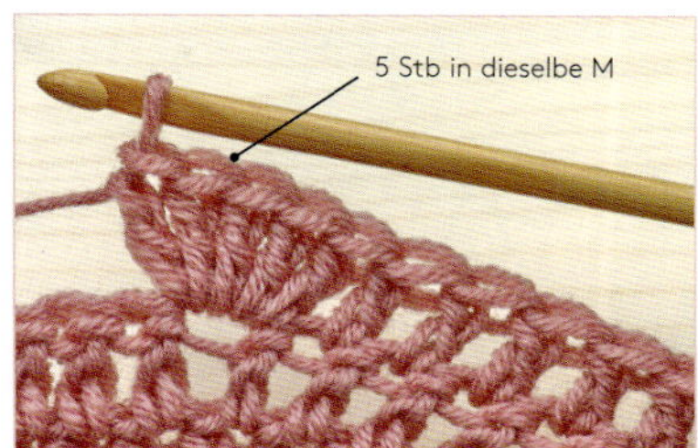

SCHRITT 1

Bis zu der Stelle, an der die Popcornmasche gehäkelt werden soll, häkeln, und dann fünf Stäbchen in dieselbe Einstichmasche arbeiten.

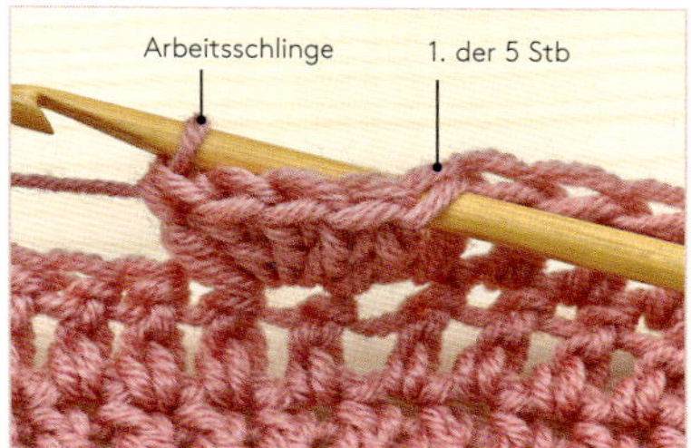

SCHRITT 2

Nach dem fünften Stäbchen die Häkelnadel vorsichtig aus der Arbeitsschlinge ziehen, in das erste Stäbchen einstechen und die Arbeitsschlinge wieder auf die Nadel nehmen.

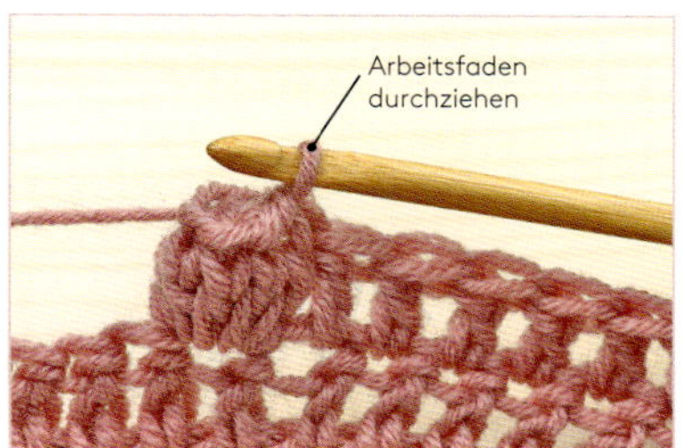

SCHRITT 3

Den Arbeitsfaden von hinten nach vorn um die Nadel legen und durch die auf der Nadel liegende Schlinge und das erste Stäbchen ziehen. Damit wurde eine Popcornmasche gehäkelt.

Popcornreihen

Dieses Muster ergibt ein interessantes Maschenbild mit tollem Fall und ist damit ideal für Decken und Überwürfe.

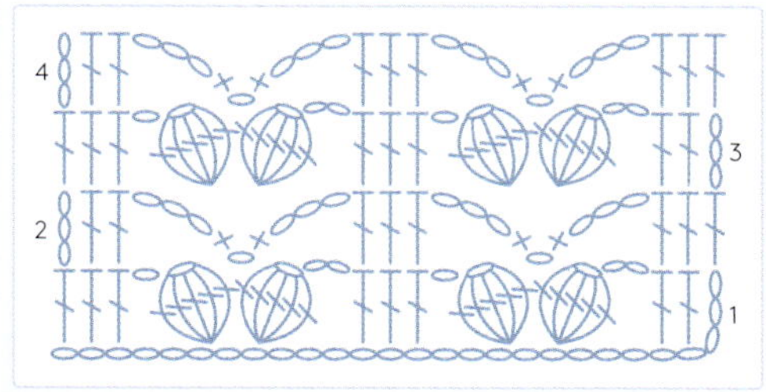

SYMBOLE

- Lm
- fM
- Stb
- Pm (aus 5 Stb)

BESONDERE MASCHEN

Pm: Popcornmasche aus fünf Stäbchen

Luftmaschenkette: Ein Vielfaches von 11 Lm + 5 anschl.

Reihe 1: 1 Stb in die 4. Lm ab Nd, 1 Stb in die folg Lm, *2 Lm, 3 Lm überg, Pm in die folg Lm, 1 Lm, Pm in die folg Lm, 1 Lm, 3 Lm überg, 1 Stb in jede der folg 3 Lm, ab * bis R-Ende wdh, wenden.

Reihe 2: 3 Lm (zählen als 1 Stb), 1 Stb überg, 1 Stb in jedes der folg 2 Stb, *3 Lm, 1 Lm und 1 Pm überg, 2 fM in den 1-Lm-ZR zwischen den Pm, 3 Lm, 1 Pm und 2 Lm überg, 1 Stb in jedes der folg 3 Stb, ab * bis R-Ende wdh, dabei das letzte Stb in die obere der 3 Wlm arb, wenden.

Reihe 3: 3 Lm (zählen als 1 Stb), 1 Stb überg, 1 Stb in jedes der folg 2 Stb, *2 Lm, 3 Lm überg, Pm in die 1. fM, 1 Lm, Pm in die 2. fM, 1 Lm, 3 Lm überg, 1 Stb in jedes der folg 3 Stb, ab * bis R-Ende wdh, dabei das letzte Stb in die obere der 3 Wlm arb, wenden.

Reihen 2–3 wdh.

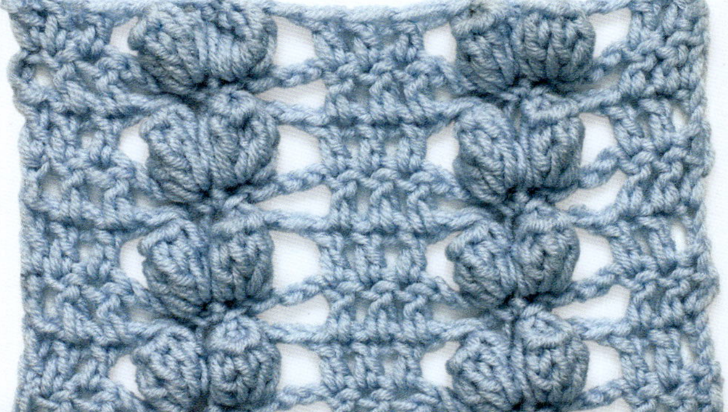

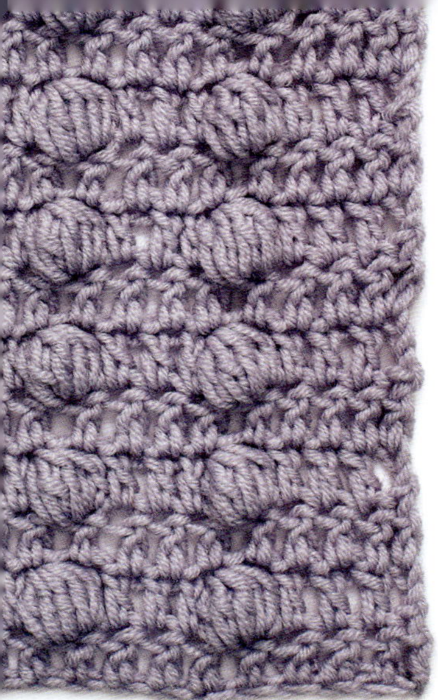

NOPPEN

Eine Noppe besteht aus mehreren Maschen, meist Stäbchen, die in dieselbe Einstichmasche gearbeitet und dann gemeinsam abgemascht bzw. zusammengehäkelt werden. Noppen sind also mehrere Maschen, die jeweils bis zum letzten Umschlag gearbeitet werden, darauf folgt ein weiterer Umschlag, und dann wird der Arbeitsfaden durch alle auf der Nadel liegenden Schlingen gezogen. Noppen werden meist in Rückreihen gearbeitet (auf der linken Seite) und sind von flachen Maschen umgeben, sodass sie perfekt hervorgehoben werden. Hier wird eine Noppe aus vier Stäbchen gehäkelt.

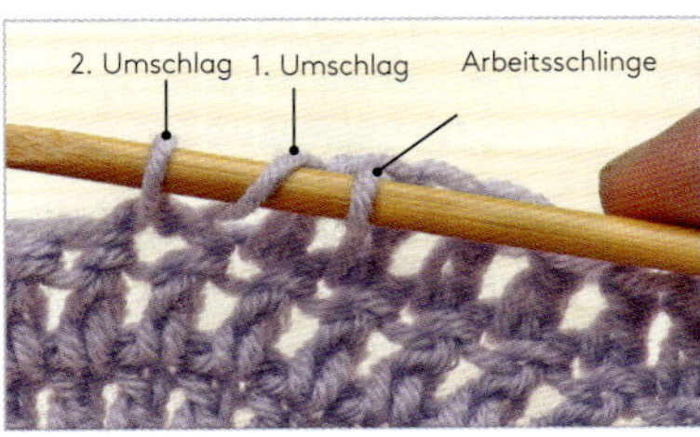

SCHRITT 1
In einer Rückreihe bis zu der Stelle, an der die Noppe gehäkelt werden soll, häkeln. Den Arbeitsfaden einmal von hinten nach vorn um die Nadel legen (Umschlag), in die angegebene Masche einstechen, Faden holen und durchziehen.

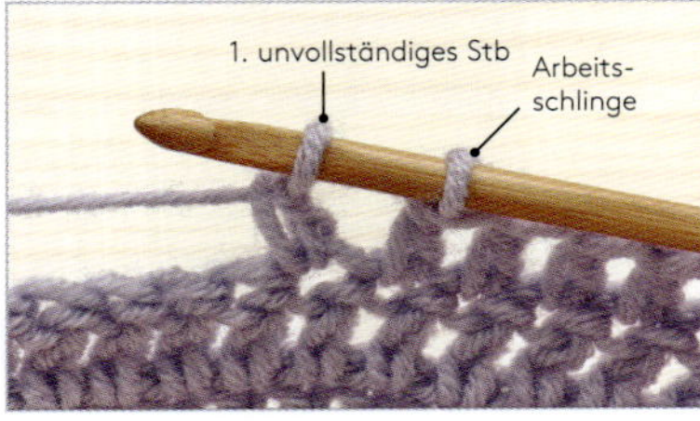

SCHRITT 2
Den Arbeitsfaden von hinten nach vorn um die Nadel legen (Umschlag) und durch die ersten zwei auf der Nadel liegenden Schlingen ziehen. Das Stäbchen bleibt nun so und wird nicht fertiggehäkelt.

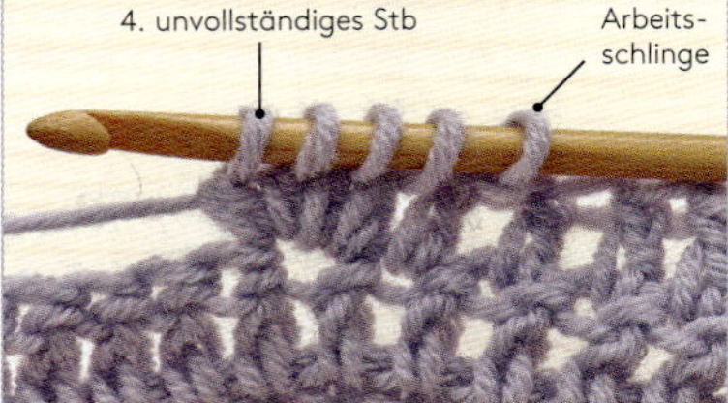

SCHRITT 3
Nach diesem Prinzip drei weitere unvollständige Stäbchen in dieselbe Masche häkeln. Damit liegen nun fünf Schlingen auf der Nadel.

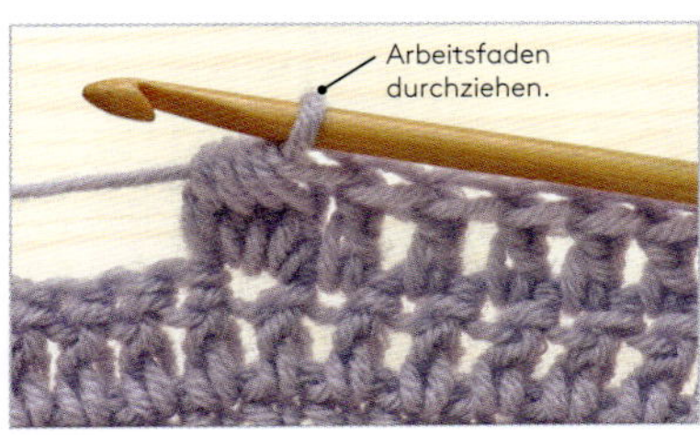

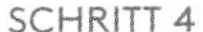

SCHRITT 4
Den Arbeitsfaden von hinten nach vorn um die Nadel legen (Umschlag) und durch alle fünf auf der Nadel liegenden Schlingen ziehen. Damit wurde eine Noppe gehäkelt.

Riesennoppen

BESONDERE MASCHEN

N: Noppe aus fünf Stäbchen: [1 U, in die angegebene M einstechen, Faden holen und durchziehen, 1 U, Faden durch die 1. 2 Schl auf der Nd ziehen] x 5, 1 U, Faden durch alle 6 Schl auf der Nd ziehen.

Luftmaschenkette: Ein Vielfaches von 3 Lm + 2 anschl.
Reihe 1: 1 fM in die 2. Lm ab Nd, 1 fM in jede folg Lm bis R-Ende, wenden.
Reihe 2: 1 Lm, 1 fM in die letzte fM der Vor-R, *N in die folg fM, 1 fM in jede der folg 2 fM, ab * bis R-Ende wdh, wenden.
Reihe 3: 1 Lm, 1 fM in jede folg fM und jede folg N bis R-Ende, wenden.
Reihe 4: 1 Lm, 1 fM in jede der folg 2 fM, *N in die folg fM, 1 fM in jede der folg 2 fM, ab * bis R-Ende wdh, dabei mit 1 fM enden.
Reihe 5: Wie Reihe 3 arb.
Reihen 2–5 wdh.

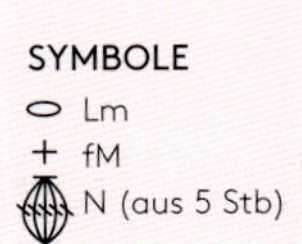

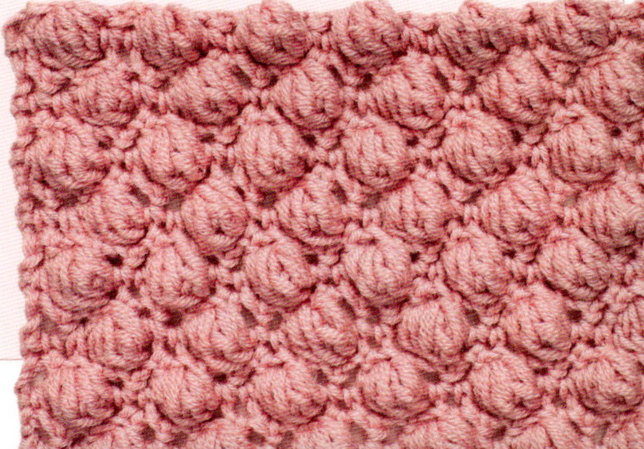

PUFFMASCHEN

Eine Puffmasche besteht aus mehreren halben Stäbchen, die in dieselbe Masche gearbeitet und dann gemeinsam abgemascht bzw. zusammengehäkelt werden. Puffmaschen können aus einer beliebigen Anzahl an halben Stäbchen gearbeitet werden, hier wird eine Puffmasche aus fünf halben Stäbchen gehäkelt.

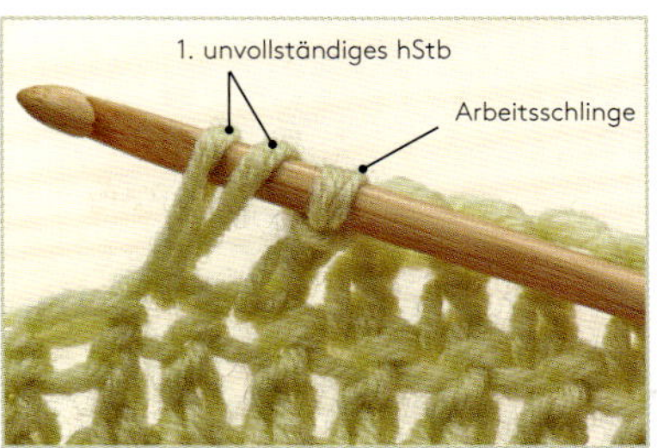

SCHRITT 1
Bis zu der Stelle, an der die Puffmasche gehäkelt werden soll, häkeln. Den Arbeitsfaden einmal von hinten nach vorn um die Nadel legen (Umschlag), in die angegebene Masche einstechen, Faden holen und auf die Höhe der Maschen in der Arbeitsreihe durchziehen. Das halbe Stäbchen bleibt nun so und wird nicht fertiggehäkelt, drei Schlingen liegen auf der Nadel.

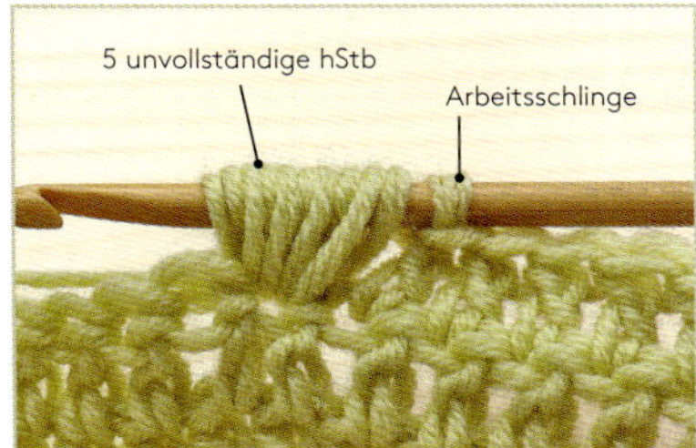

SCHRITT 2
Nach diesem Prinzip vier weitere unvollständige halbe Stäbchen in dieselbe Masche häkeln. Damit liegen nun 11 Schlingen auf der Nadel – die Arbeitsschlinge und je zwei Schlingen pro unvollständigem halbem Stäbchen.

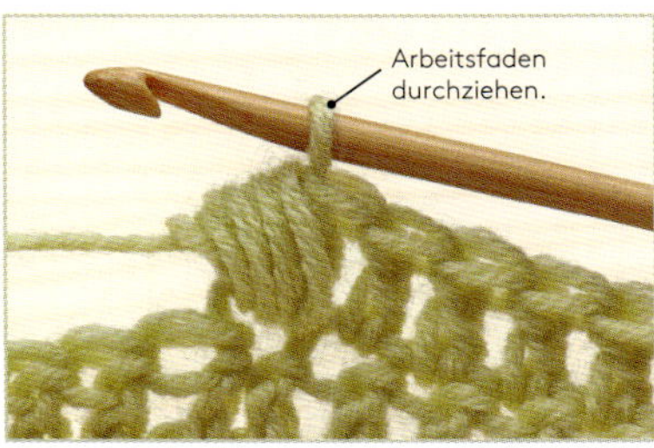

SCHRITT 3
Den Arbeitsfaden von hinten nach vorn um die Nadel legen (Umschlag) und durch alle auf der Nadel liegenden Schlingen ziehen.

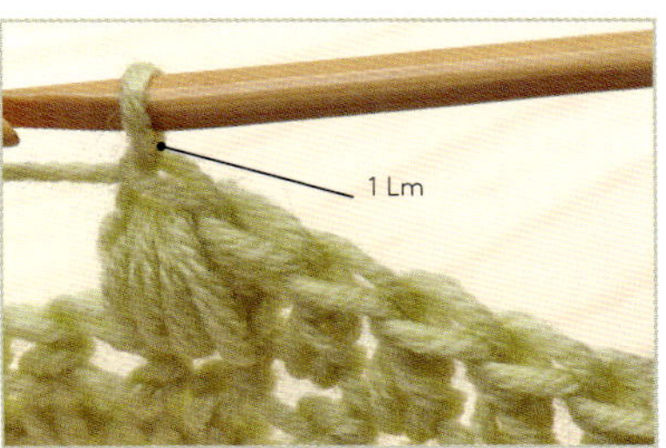

SCHRITT 4
Jetzt noch eine Luftmasche häkeln, um die Puffmasche oben zu schließen. Damit wurde eine Puffmasche gehäkelt.

ERSTE HILFE

PUFFMASCHEN SIND GAR NICHT SO LEICHT – GIBT ES DAZU TIPPS?

Vielen Anfängern fällt es schwer, alle Schlingen gleich lang hinzubekommen und mit vielen Schlingen gleichzeitig auf der Nadel zu arbeiten. Es erfordert etwas Übung, bis man es schafft, gleichmäßige Puffmaschen zu häkeln, fertig Sie daher immer erst ein Probestück an, um die Technik zu üben, wenn diese für ein Projekt erforderlich sind. Dabei kann man versuchen, zunächst Puffmaschen aus weniger halben Stäbchen zu fertigen, bis man den Dreh raus hat. Jede Schlinge auf der Nadel sollte so lange sein, dass sie problemlos auf der Nadel hin- und hergleitet.

Puffmaschenstreifen

BESONDERE MASCHEN

Puff-M: Puffmasche aus fünf halben Stäbchen: [1 U, in die angegebene M einstechen, Faden holen und durchziehen] x 5, 1 U, Faden durch alle 11 Schl auf der Nd ziehen, 1 Lm.

Luftmaschenkette: Ein Vielfaches von 3 Lm + 3 anschl.
Reihe 1: 1 fM in die 2. Lm ab Nd, 1 fM in jede folg Lm bis R-Ende, wenden.
Reihe 2: 1 Lm, 1 fM in jede der folg 2 fM, *Puff-M in die folg fM, 1 fM in jede der folg 2 fM, ab * bis R-Ende wdh, wenden.
Reihen 3–5: 1 Lm, 1 fM in jede folg M bis R-Ende, wenden.
Reihen 2–5 wdh, dabei mit einer Reihe 3 enden.

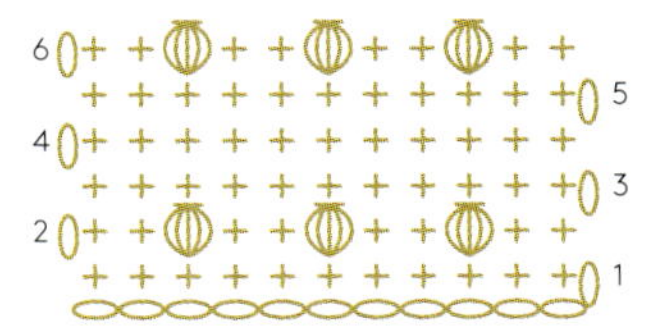

SYMBOLE
Lm
Stb
Puff-M (aus 5 hStb)

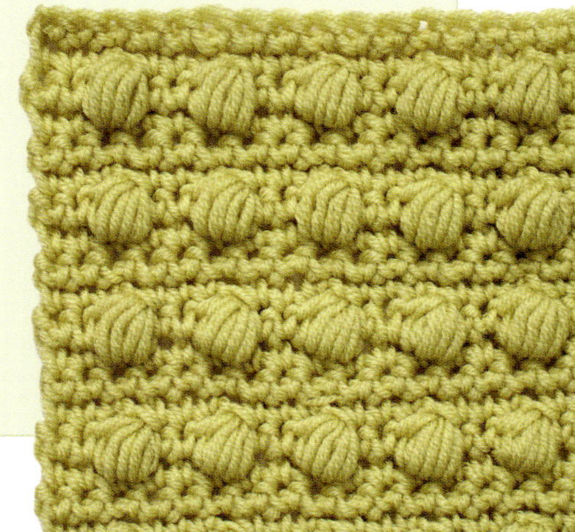

Loch- und Filetmuster

Lochmuster sind sehr einfach zu häkeln, da sie meist aus vielen Luftmaschen bestehen. Das luftige Maschenbild eignet sich toll für sommerliche Schals, Tücher und Kleidungsstücke. Filethäkeln, abgeleitet vom französischen Wort für Netz („filet"), ist eine Technik, mit der gitterartige Muster gehäkelt werden. Die dazugehörige Häkelschrift besteht meist aus weißen und gefüllten Kästchen.

3 GARNE FÜR LOCH- UND FILETMUSTER

1. Ein mit einem glatten Garn oder einem Garn aus feiner Baumwolle gearbeitetes Loch- oder Trellismuster eignet sich perfekt für angenehme, luftig-leichte Schals.
2. Besonders elegant sehen diese Muster aus, wenn sie mit einem Mohairgarn gearbeitet werden. Die feinen Fasern sind zwar schwieriger zu häkeln, aber man erhält dafür ein luxuriöses Endergebnis – perfekt für ein elegantes Umlegetuch.
3. In der Regel wird zum Filethäkeln feines Baumwollgarn verwendet, aber man kann auch dickere Garne verwenden, dann ist allerdings das Muster weniger deutlich sichtbar. Zum Üben eignet sich ein glattes, einfarbiges Garn.

LOCH- UND TRELLISMUSTER

Das Lochmuster ist die einfachste Form eines durchbrochenen Musters. Es besteht immer aus mehreren Luftmaschen und dazwischen einzelnen Maschen. Klassische Lochmuster bestehen aus einem gleichmäßigen Gitter aus Luftmaschen und anderen Maschen. Muster mit längeren Luftmaschenreihen, die sich zu Bögen wölben, nennt man auch Trellismuster. Für diese beiden Häkelmuster ist es besonders wichtig, die richtige Anzahl an Luftmaschen in der Luftmaschenkette zu häkeln, es empfiehlt sich daher, alle 20 Maschen einen Maschenmarkierer zu setzen.

KLASSISCHES LOCHMUSTER

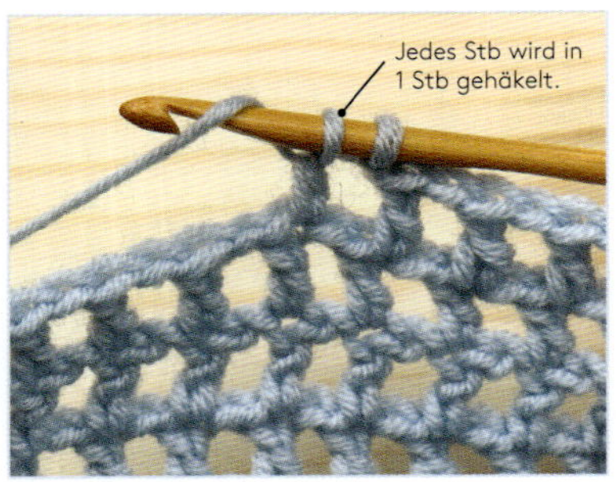

Beim klassischen Lochmuster besteht jede Reihe aus abwechselnd gehäkelten Luftmaschen und Stäbchen, wobei jedes Stäbchen in ein Stäbchen der Vorreihe gehäkelt wird – so entsteht ein gleichmäßiges Lochmuster.

VERSETZTES LOCHMUSTER

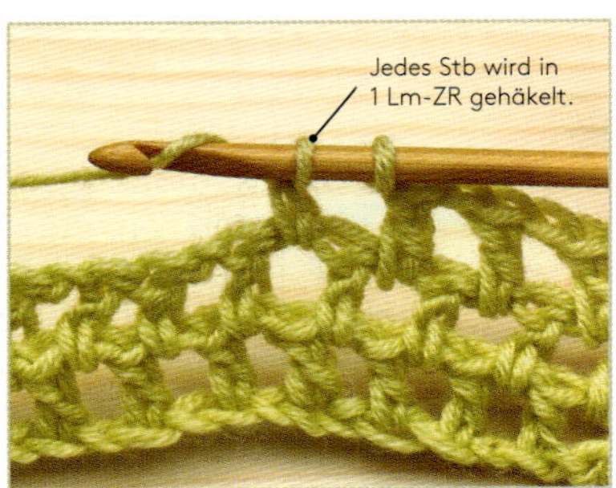

SCHRITT 1
Bei einem versetzten Lochmuster wird jedes Stäbchen in einen Luftmaschenzwischenraum der Vorreihe gehäkelt.

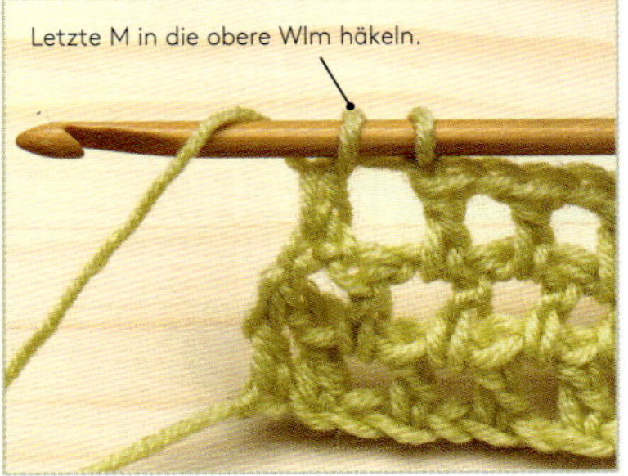

SCHRITT 2
Die letzte Masche in jeder Reihe wird in die obere Wendeluftmasche und nicht in den letzten Luftmaschenzwischenraum gearbeitet – so entsteht eine stabile Kante.

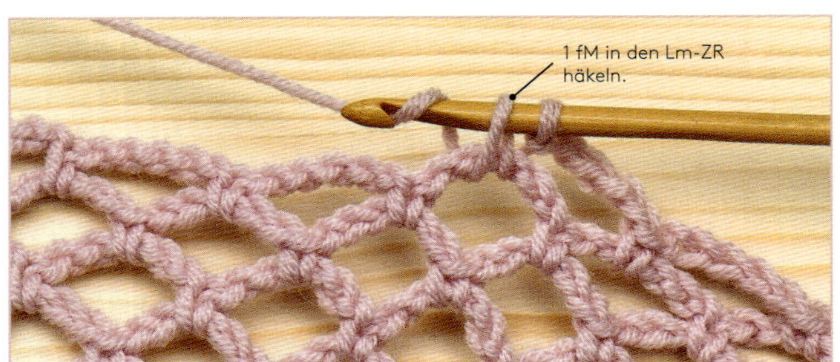

TRELLISMUSTER

Bei einem Trellismuster entstehen dekorative Bögen. Dafür werden lange Luftmaschenreihen mit in die Luftmaschenzwischenräume gehäkelten festen Maschen kombiniert.

FILETHÄKELN

Beim Filethäkeln entsteht ein gleichmäßiges Lochmuster, wobei einige der „Löcher" des Lochmusters mit Maschen gefüllt werden, um ein (sich wiederholendes) Muster zu bilden. Filethäkelanleitungen können sehr kompliziert sein, mit zahlreichen Anweisungen und Abkürzungen, daher arbeitet man stattdessen meist nach Filethäkelschriften. Hat man diese einmal verstanden, kann man im Handumdrehen spannende Muster häkeln.

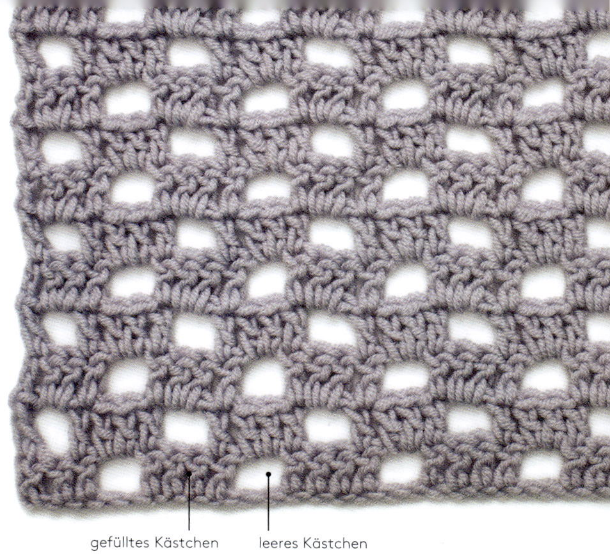

HÄKELN NACH FILETHÄKELSCHRIFT

Filethäkelschriften sind wie normale Häkelschriften an den Rändern nummeriert, beim Häkeln folgt man einfach wie gewohnt dieser Nummerierung von unten nach oben, von rechts nach links und von links nach rechts. Die Häkelschrift besteht allerdings nicht aus Symbolen, sondern aus Kästchen, die entweder gefüllt sind (oder einen Punkt oder ein Kreuz in der Mitte haben) oder leer bleiben. Die leeren Kästchen stellen Luftmaschenzwischenräume dar, die gefüllten Kästchen Blöcke aus mehreren Maschen. Meist wird beim Filethäkeln mit Stäbchen gearbeitet. Dabei steht jedes Kästchen für ein Anfangsstäbchen, zwei Luftmaschen (leeres Kästchen) oder zwei Stäbchen (gefülltes Kästchen) und ein Endstäbchen. Das Endstäbchen ist zugleich das Anfangsstäbchen für das nächste Kästchen.

EINFACHES SCHACHBRETTMUSTER

Das ist eine sehr simple Form der Filethäkelschrift – verwenden Sie sie, um die Techniken unten zu üben!

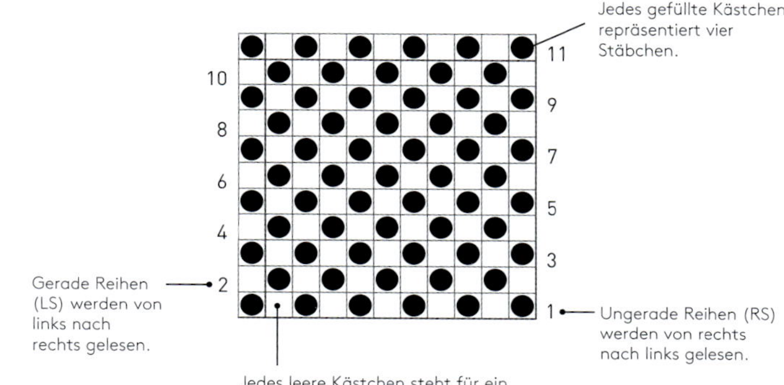

LUFTMASCHENKETTE

Filethäkelschriften beginnen immer bereits mit der ersten Reihe, das heißt, man muss zunächst herausfinden, wie viele Luftmaschen man für die Luftmaschenkette anschlagen muss (manchmal wird dies auch separat in der Anleitung angegeben). Dazu zählt man einfach die Anzahl der Kästchen in der ersten Reihe, nimmt diese mal drei und fügt eine weitere Luftmasche hinzu. Bei einer Filethäkelschrift, die 10 Kästchen breit ist, muss man also 31 Luftmaschen anschlagen (10 x 3 + 1). Außerdem braucht man noch die Wendeluftmaschen – bei einem leeren ersten Kästchen sind das vier Luftmaschen, bei einem gefüllten zwei.

ERSTE REIHE MIT LEEREM KÄSTCHEN AM BEGINN

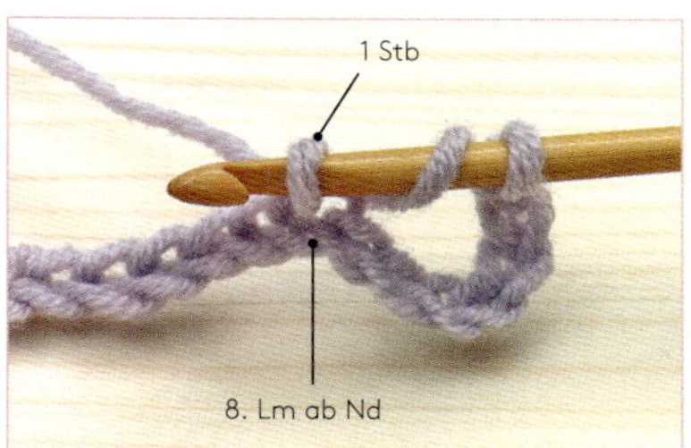

Das erste Stäbchen wird in die von der Nadel aus gesehen achte Luftmasche gehäkelt, somit ergibt sich der erste Luftmaschenzwischenraum. Jetzt einfach der Häkelschrift folgen und wie angegeben Luftmaschenzwischenräume und Blöcke aus Stäbchen häkeln.

ERSTE REIHE MIT GEFÜLLTEM KÄSTCHEN AM BEGINN

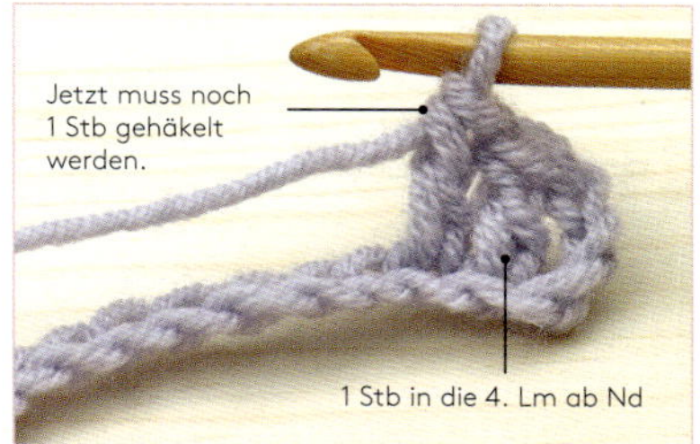

Das erste Stäbchen wird in die von der Nadel aus gesehen vierte Luftmasche gehäkelt. Die übergangenen drei Luftmaschen zählen als das erste Stäbchen. Nun wird in jede der folgenden zwei Luftmaschen noch jeweils ein Stäbchen gehäkelt, darauf folgt der erste Luftmaschenzwischenraum.

LM-ZR ÜBER BLOCK

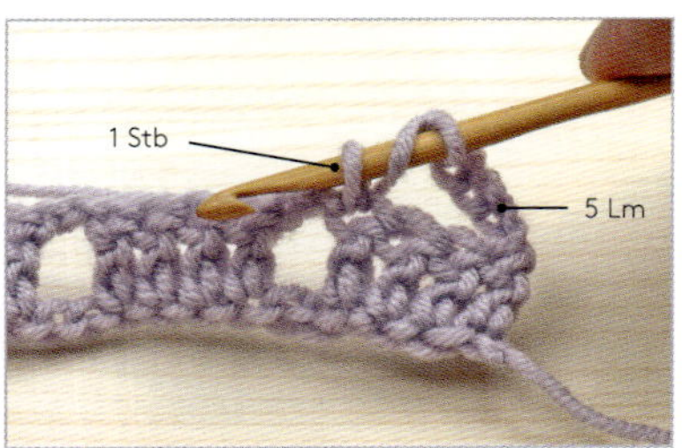

SCHRITT 1

Am Beginn einer Reihe fünf Luftmaschen (zählen als ein Stäbchen, zwei Luftmaschen) häkeln, die ersten drei Maschen übergehen und ein Stäbchen in die folgende Masche häkeln.

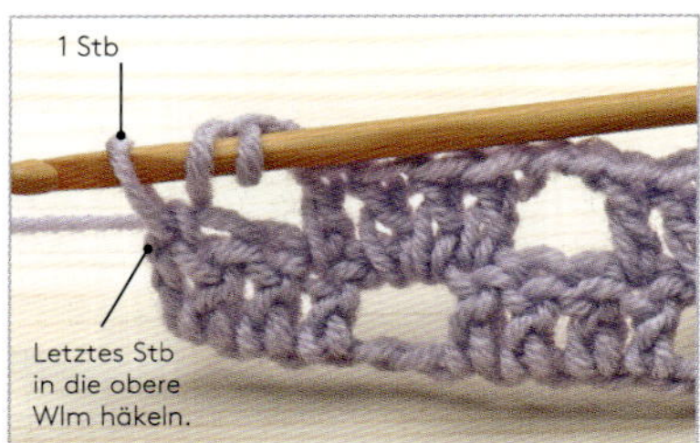

SCHRITT 2

Am Ende einer Reihe bis zu den letzten vier Stäbchen häkeln. Ein Stäbchen in das erste dieser vier Stäbchen häkeln, darauf folgen zwei Luftmaschen. Die nächsten zwei Stäbchen übergehen und das letzte Stäbchen in die obere der Wendeluftmaschen häkeln.

LM-ZR ÜBER LM-ZR

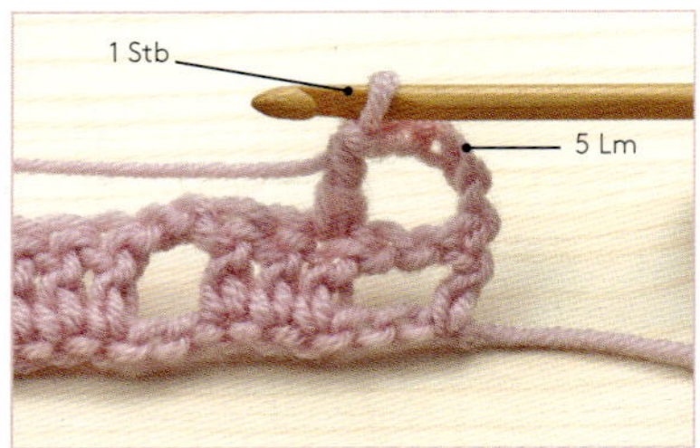

SCHRITT 1

Am Beginn einer Reihe fünf Luftmaschen (zählen als ein Stäbchen, zwei Luftmaschen) häkeln, das erste Stäbchen und die folgenden zwei Luftmaschen übergehen und ein Stäbchen in das folgenden Stäbchen häkeln.

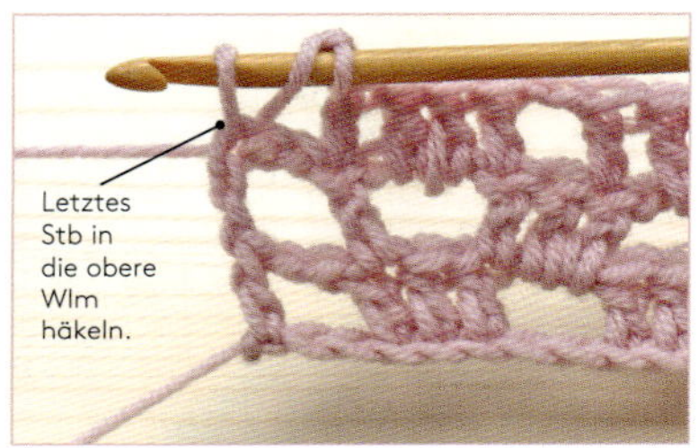

SCHRITT 2

Am Ende einer Reihe ein Stäbchen in das letzte Stäbchen der Vorreihe häkeln, darauf folgen zwei Luftmaschen. Zwei Luftmaschen übergehen und das letzte Stäbchen in die obere der Wendeluftmaschen häkeln.

BLOCK ÜBER BLOCK

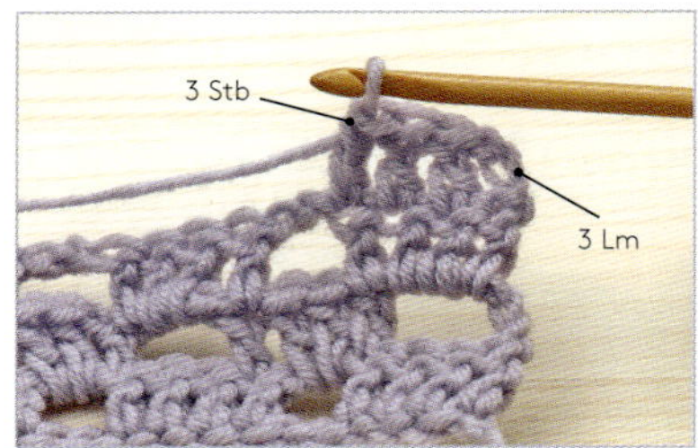

SCHRITT 1

Am Beginn einer Reihe drei Luftmaschen (zählen als ein Stäbchen) häkeln, das erste Stäbchen übergehen und ein Stäbchen in jedes der folgenden drei Stäbchen häkeln.

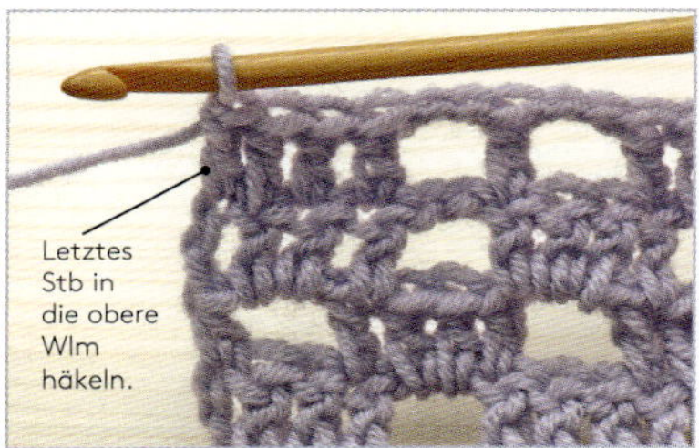

SCHRITT 2

Am Ende einer Reihe in jedes der letzten drei Stäbchen der Vorreihe und in die obere der Wendeluftmaschen ein Stäbchen häkeln.

VARIATION

Wird ein Block über einem Luftmaschenzwischenraum gehäkelt, kann man die Stäbchen entweder in den Luftmaschenzwischenraum (rechts) oder direkt in die Luftmaschen (unten) häkeln. Wichtig ist nur, dass man bei einer Version bleibt.

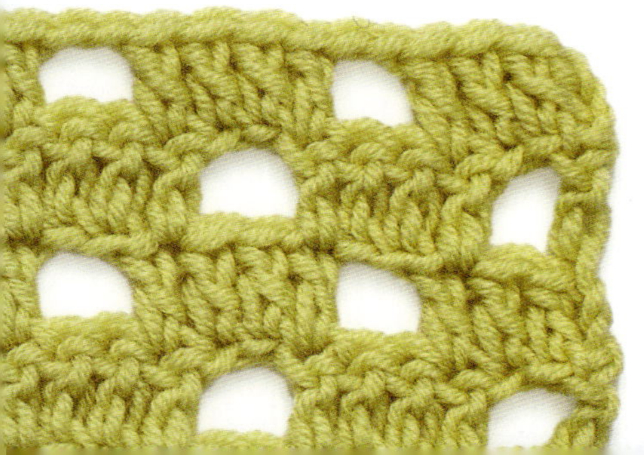

BLOCK ÜBER LM-ZR

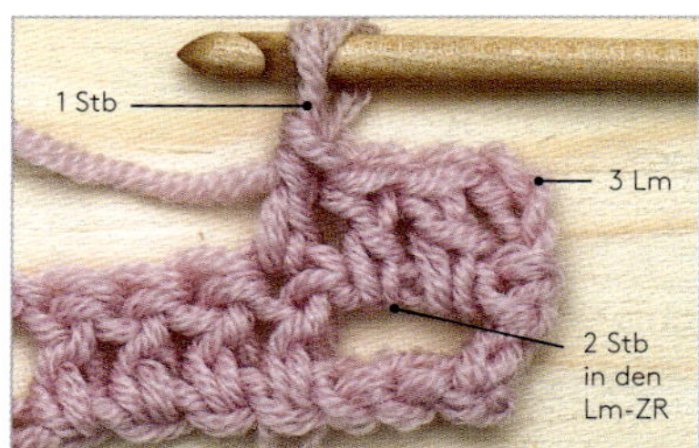

SCHRITT 1

Am Beginn einer Reihe drei Luftmaschen (zählen als ein Stäbchen) häkeln, das erste Stäbchen übergehen, zwei Stäbchen in den folgenden Luftmaschenzwischenraum und ein Stäbchen in das folgende Stäbchen häkeln.

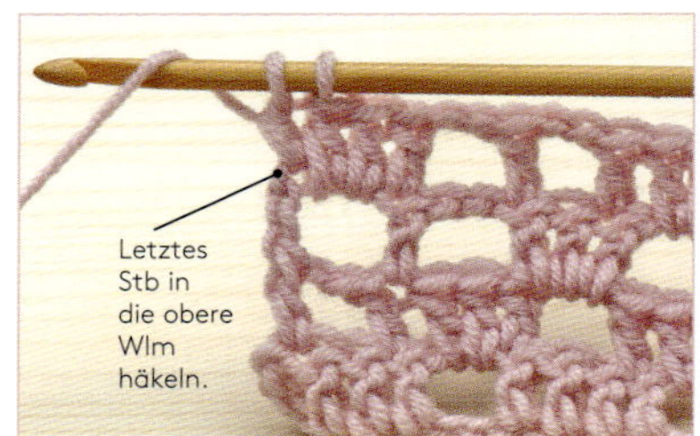

SCHRITT 2

Am Ende einer Reihe ein Stäbchen in das letzte Stäbchen der Vorreihe, zwei Stäbchen in den Luftmaschenzwischenraum und das letzte Stäbchen in die obere der Wendeluftmaschen häkeln.

Klassisches Lochmuster

Luftmaschenkette: Eine gerade Anzahl Lm + 5 anschl.
Reihe 1: 1 Stb in die 6. Lm ab Nd, *1 Lm, 1 Lm überg, 1 Stb in die folg Lm, ab * bis R-Ende wdh, wenden.
Reihe 2: 4 Lm (zählen als 1 Stb, 1 Lm), *1 Stb in das folg Stb, 1 Lm, ab * bis R-Ende wdh, dabei das letzte Stb in die 4. der 5 Wlm arb, wenden.
Reihe 3: 4 Lm (zählen als 1 Stb, 1 Lm), *1 Stb in das folg Stb, 1 Lm, ab * bis R-Ende wdh, dabei das letzt Stb in die 3. der 4 Wlm arb, wenden.
Reihe 3 wdh.

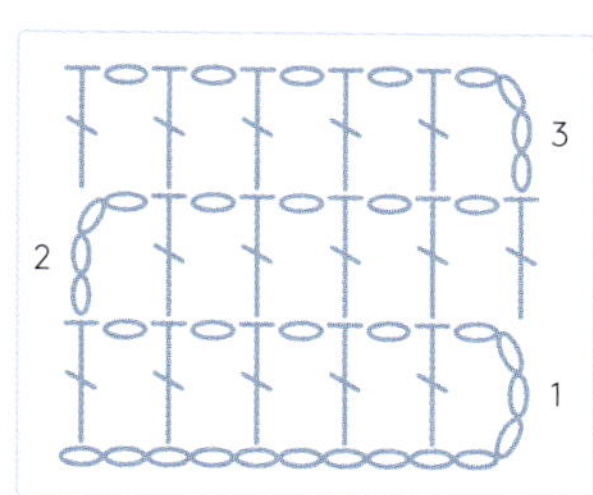

SYMBOLE
Lm
Stb

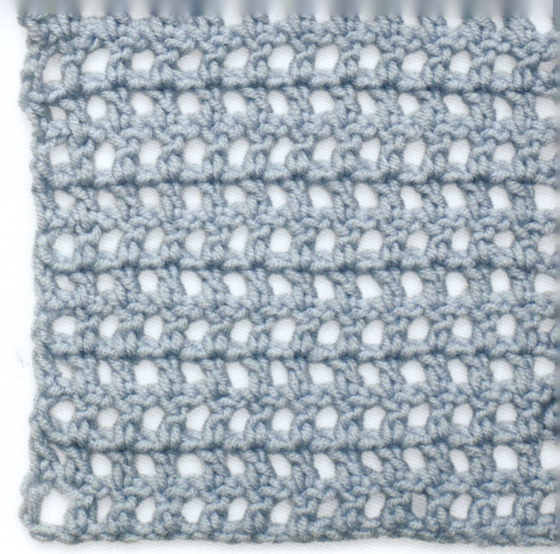

Trellismuster

Luftmaschenkette: Ein Vielfaches von 4 Lm + 2 anschl.
Reihe 1: 1 fM in die 6. Lm ab Nd, *5 Lm, 3 Lm überg, 1 fM in die folg Lm, ab * bis R-Ende wdh, wenden.
Reihe 2: *5 Lm, 1 fM in den folg 5-Lm-ZR, ab * bis R-Ende wdh, wenden.
Reihe 2 wdh.

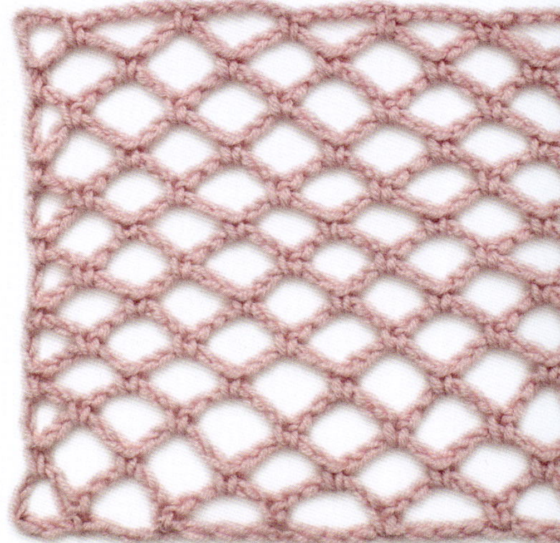

SYMBOLE
Lm
+ fM

Kleine Kreuze

Bei diesem klassischen Filetmuster, das manchmal auch „Kleine Blümchen" genannt wird, sind die gefüllten Kästchen zu kleinen Kreuzen beziehungsweise Blumen angeordnet. Siehe Seite 95 für Anweisungen zum Häkeln nach Filethäkelschriften wie dieser. Für eine Musterwiederholung braucht man eine Luftmaschenkette mit 38 Luftmaschen.

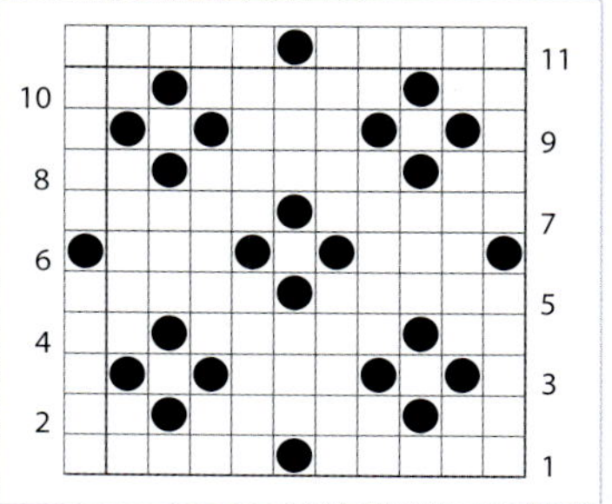

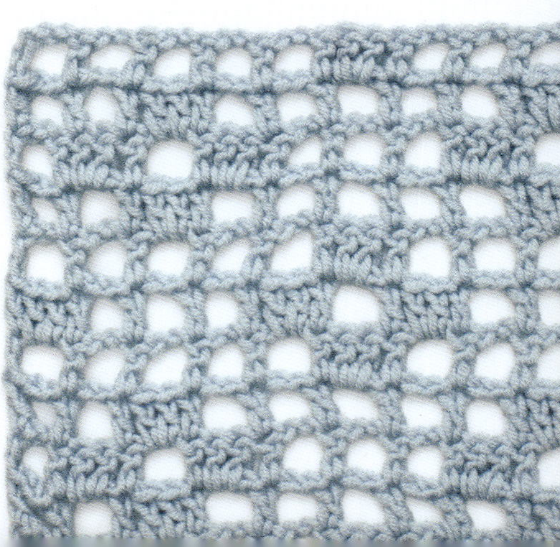

Zickzack- und Wellenmuster

Zickzack- und Wellenmuster entstehen durch eine Reihe von Zu- und Abnahmen, und man verwendet sie häufig für bunte Decken. Durch regelmäßige Zunahmen entstehen oben Spitzen, durch regelmäßige Abnahmen werden unten Spitzen gearbeitet – auf diese Weise lassen sich sanfte Wellen-, aber auch akkurate Spitzenmuster arbeiten. Die bei diesen Mustern zudem entstehenden Streifen kommen besonders toll zur Geltung, wenn in verschiedenen Farben gehäkelt wird.

ERSTE HILFE

WAS IST DER UNTERSCHIED ZWISCHEN ZICKZACK- UND WELLENMUSTERN?

Muster mit scharfen Spitzen werden als Zickzackmuster, solche mit abgerundeten Spitzen als Wellenmuster bezeichnet. Für beide Muster arbeitet man zunächst eine Grundreihe, in der die Position der Zu- und Abnahmen festgelegt wird. Das Muster wird dann über mehrere Reihen wiederholt, sodass es sehr einfach einzuprägen ist. Wenn man mit verschiedenfarbigen Garnen arbeitet, sollte man jeweils eine gerade Anzahl von Reihen in derselben Farbe arbeiten, sodass alle Fadenenden auf derselben Seite vernäht werden können.

ZICKZACKMUSTER

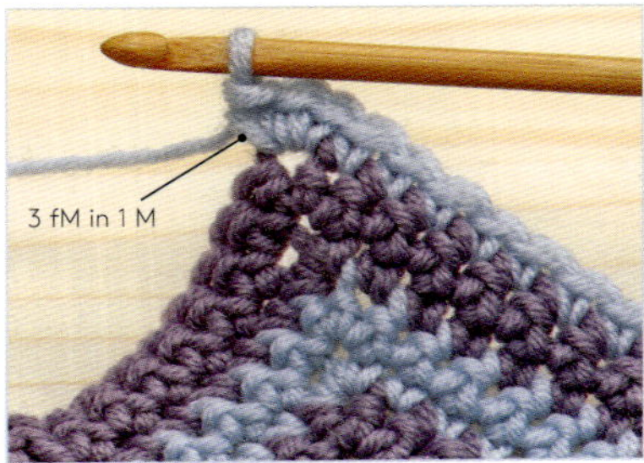

SCHRITT 1
Für eine Spitze oben mehrere Maschen in die in der Anleitung angegebene Masche häkeln. Hier werden drei feste Maschen in dieselbe feste Masche gehäkelt.

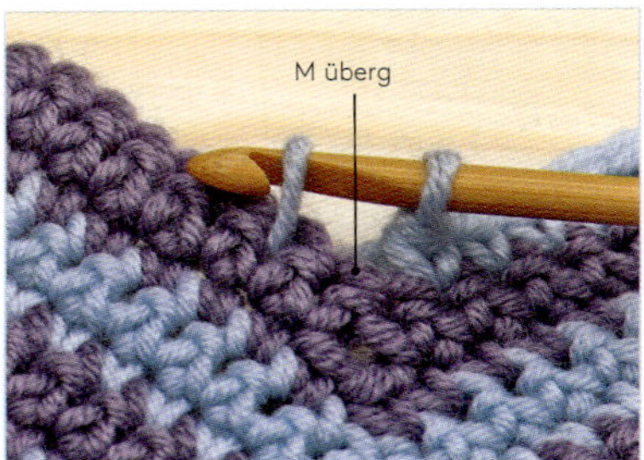

SCHRITT 2
Für eine Spitze unten die in der Anleitung angegebene Abnahme häkeln. Im Beispiel oben wird dafür einfach eine Masche übergangen. Alle Zickzack- und Wellenmuster folgen diesem Prinzip von abwechselnden Zu- und Abnahmen.

WELLENMUSTER

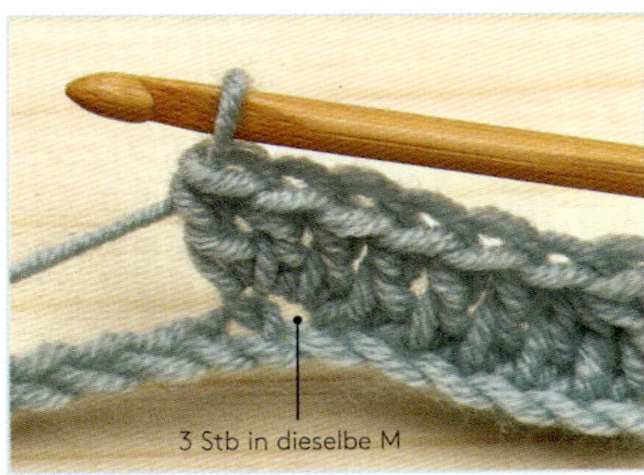

SCHRITT 1
Indem man anstatt mit festen Maschen mit Stäbchen arbeitet, entsteht ein weicheres Wellenmuster. In diesem Beispiel erfolgt die Zunahme für die Spitze oben durch drei Stäbchen in dieselbe Masche.

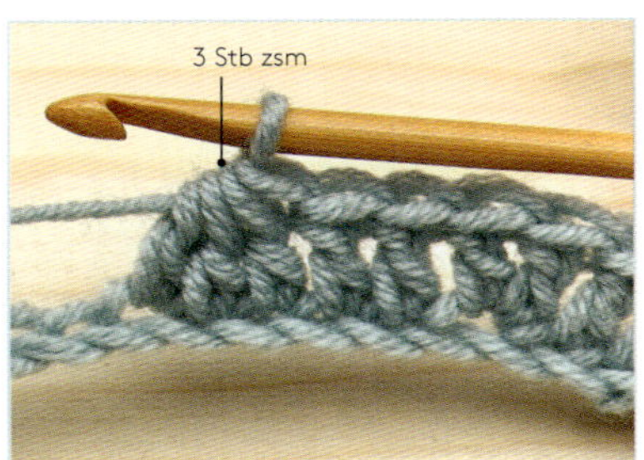

SCHRITT 2
Für die Spitzen unten werden drei Stäbchen zusammengehäkelt, um zwei Maschen abzunehmen. So entsteht ein weicheres Wellenmuster als durch das einfache Übergehen von Maschen.

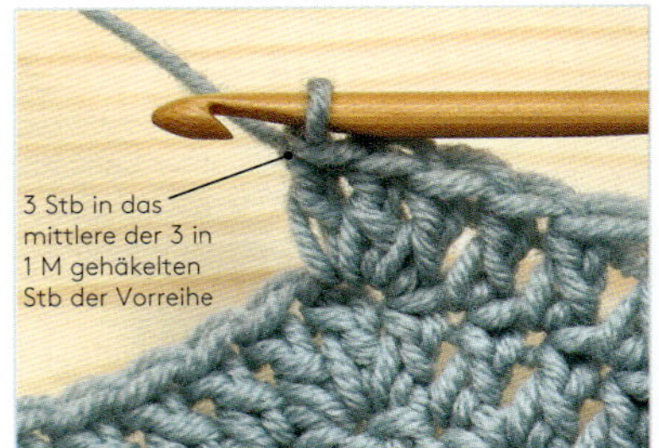

SCHRITT 3
In der nächsten Reihe werden für eine Spitze oben jeweils drei Stäbchen in das mittlere der drei in dieselbe Masche gehäkelten Stäbchen der Vorreihe gehäkelt.

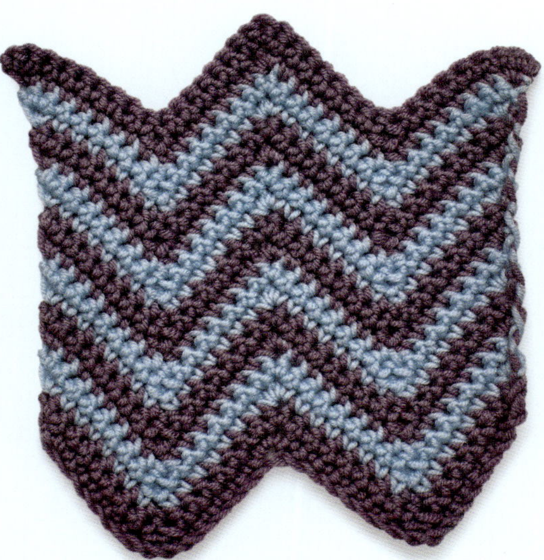

Zickzackmuster

Für dieses Muster braucht man zwei verschiedenfarbige Garne: A und B.

Luftmaschenkette: Mit Garn A ein Vielfaches von 16 Lm + 2 anschl.
Reihe 1: 2 fM in die 2. Lm ab Nd, *1 fM in jede der folg 7 Lm, 1 Lm überg, 1 fM in jede der folg 7 Lm, 3 fM in die folg Lm, ab * bis R-Ende wdh, dabei mit 2 fM in die letzte Lm enden, wenden.
Reihe 2: 1 Lm, 2 fM in die letzte fM der Vor-R, *1 fM in jede der folg 7 fM, 2 fM überg, 1 fM in jede der folg 7 fM, 3 fM in die folg fM, ab * bis R-Ende wdh, dabei mit 2 fM in die letzte fM enden und beim letzten U auf Garn B wechseln, wenden.
Reihe 2 wdh, dabei abwechselnd je 2 Reihen mit Garn A und mit Garn B arb.

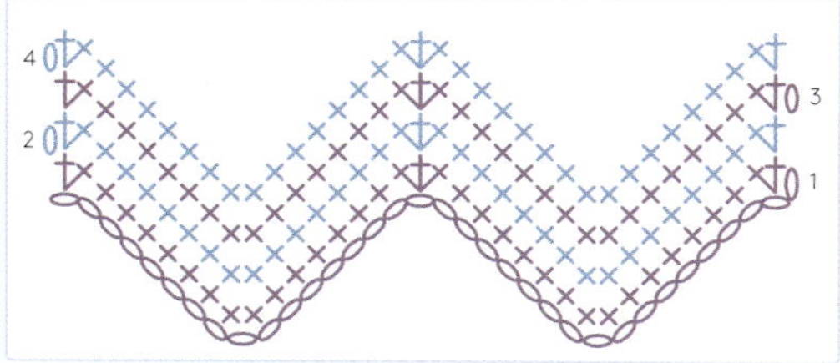

SYMBOLE
- Lm
- fM

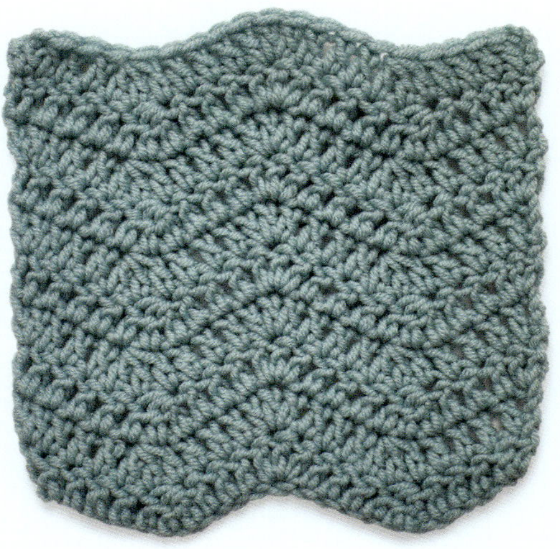

Wellenmuster

Luftmaschenkette: Ein Vielfaches von 10 Lm + 4 anschl.
Reihe 1: 1 Stb in die 4. Lm ab Nd, *1 Stb in jede der folg 3 Lm, 3 Stb zsm über die folg 3 Lm, 1 Stb in jede der folg 3 Lm, 3 Stb in die folg Lm, ab * bis R-Ende wdh, dabei mit 2 Stb in die letzte Lm enden, wenden.
Reihe 2: 3 Lm (zählen als 1 Stb), 1 Stb in das letzte Stb der Vor-R, *1 Stb in jedes der folg 3 Stb, 3 Stb zsm über die folg 3 Stb, 1 Stb in jedes der folg 3 Stb, 3 Stb in das folg Stb, ab * bis R-Ende wdh, dabei mit 2 Stb in die obere der 3 Wlm enden, wenden.
Reihe 2 wdh.

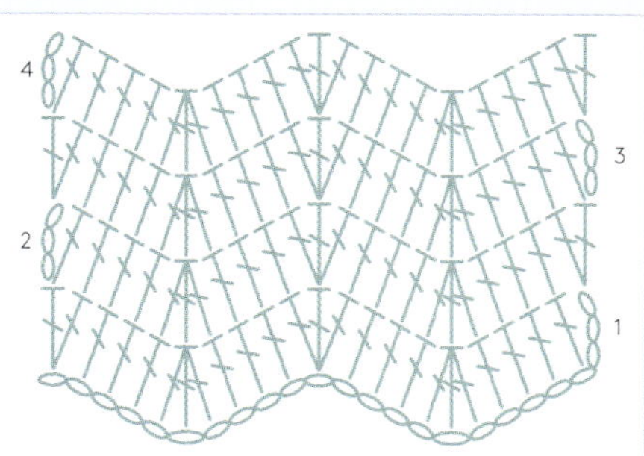

SYMBOLE
- Lm
- Stb
- 3 Stb zsm

Muschel- und Fächermuster

Muscheln und Fächer bestehen aus drei oder mehr Maschen, die in dieselbe Einstichmasche oder denselben Luftmaschenzwischenraum gehäkelt werden. Sie können übereinander oder versetzt gearbeitet werden und bestehen meist aus einer ungeraden Anzahl von Maschen. Jede Masche einer Muschel oder eines Fächers zählt als eine Masche – oft werden daher davor und danach Maschen übergangen, da man sonst in jeder Reihe Maschen zunehmen würde. Muschel- und Fächermuster werden oft mit Luftmaschenzwischenräumen kombiniert, um ein lockereres Maschenbild zu erhalten.

MUSCHELN

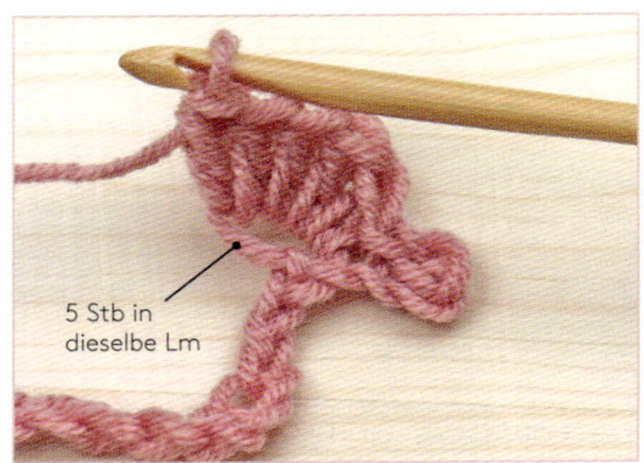

SCHRITT 1

Eine Luftmaschenkette in der angegebenen Länge häkeln und dabei eine etwas dickere Nadel verwenden, sodass genug Platz für die Muscheln ist. Auf die in der Anleitung angegebene Häkelnadel wechseln und bis zu der Stelle, an der die erste Muschel gearbeitet werden soll, häkeln. Nun die angegebene Anzahl von Maschen in dieselbe Luftmasche häkeln (hier fünf Stäbchen).

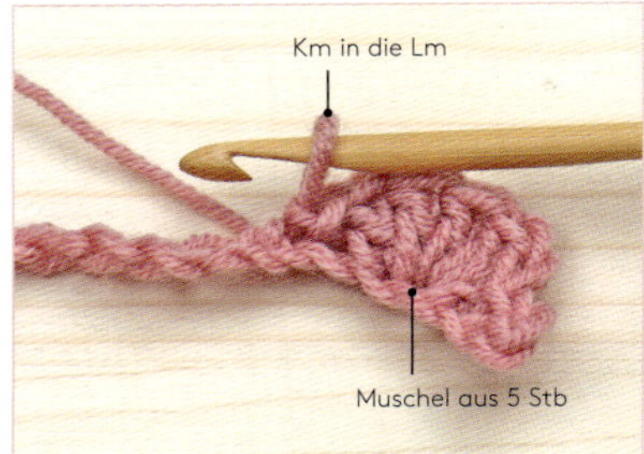

SCHRITT 2

Wie in der Anleitung angegeben weiterhäkeln, bis die Stelle, an der die nächste Muschel gehäkelt werden soll, erreicht ist. Hier wird in jede der folgenden zwei Luftmaschen eine Kettmasche gehäkelt. Durch die Kettmaschen links und neben den Muscheln haben diese genug Platz, und das Muster wirkt nicht zu gedrängt.

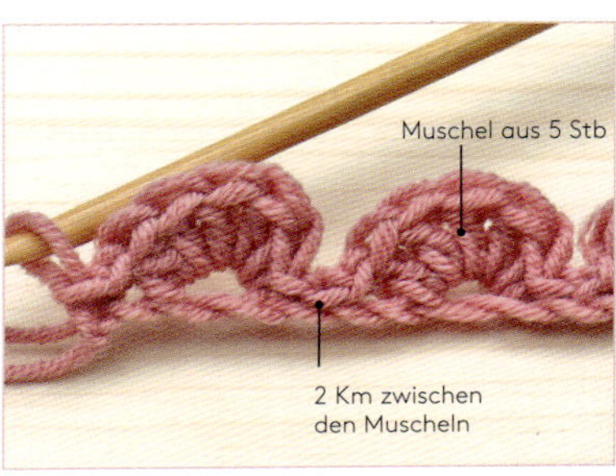

SCHRITT 3

Nach diesem Prinzip – fünf Stäbchen in eine Luftmasche, dann eine Kettmasche in jede der folgenden zwei Luftmaschen – bis zum Reihenende weiterhäkeln.

LOCKERES MUSCHELMUSTER

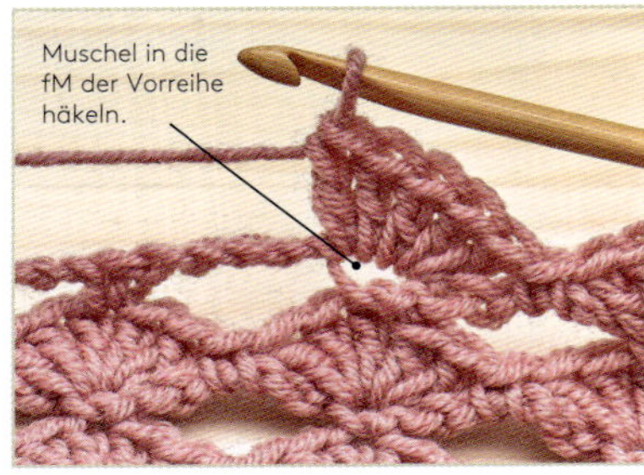

SCHRITT 1

Durch großzügige Luftmaschenzwischenräume zwischen den Muscheln entsteht ein sehr hübsches, lockeres Muster. Hier wird nach jeder Muschelreihe eine Reihe aus Luftmaschen mit dazwischen jeweils einer festen Masche in die mittlere Masche der Muscheln gearbeitet. Die Muscheln in der nächsten Reihe werden in diese festen Maschen gehäkelt.

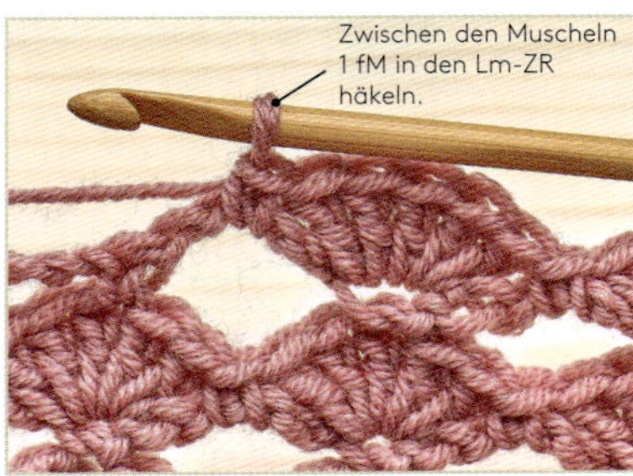

SCHRITT 2

In die Luftmaschenzwischenräume zwischen den Muscheln wird jeweils eine feste Masche gehäkelt. So kann sich die Muschel seitlich schön ausbreiten und zugleich spiegelt sich die Form der Muscheln auch in jener der Luftmaschenzwischenräume wider.

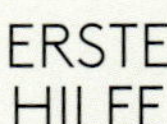
ERSTE HILFE

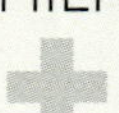

WAS IST DER UNTERSCHIED ZWISCHEN MUSCHEL- UND FÄCHERMUSTERN?

Die Begriffe Muschel und Fächer werden in Häkelanleitungen oft synonym verwendet. Im Allgemeinen werden Muschelmuster in einer Reihe gearbeitet, während für eine Wiederholung eines Fächermusters meist mehr als eine Reihe nötig ist, außerdem werden dabei oft mehr Luftmaschen gehäkelt, damit sich die Fächer schön auffächern. Bei Muschelmustern kann es hilfreich sein, die Luftmaschenkette mit einer etwas größeren Nadel zu häkeln, damit die Luftmaschen groß genug sind, um mehrere Maschen in sie hineinzuhäkeln.

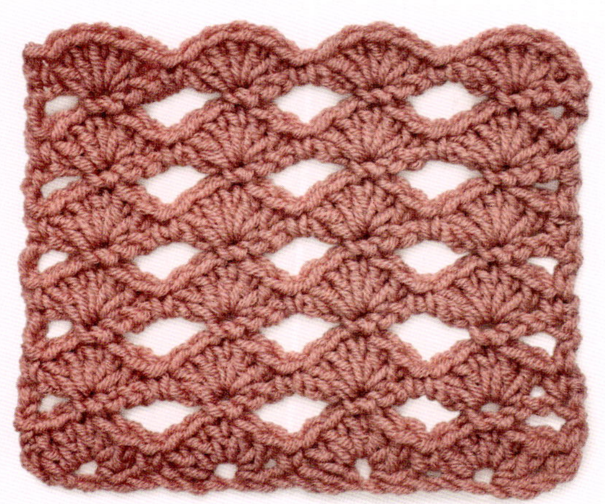

Lockeres Muschelmuster

Luftmaschenkette: Ein Vielfaches von 6 Lm + 1 anschl.
Reihe 1: 1 fM in die 2. Lm ab Nd, *2 Lm überg, 5 Stb in die folg Lm (Muschel), 2 Lm überg, 1 fM in die folg Lm, ab * bis R-Ende wdh, wenden.
Reihe 2: *5 Lm, 1 fM in das mittlere Stb der folg Muschel, ab * bis R-Ende wdh, dabei mit 2 Lm, 1 Stb in die 1. fM der Vor-R enden, wenden.
Reihe 3: 1 Lm, 1 fM in das letzte Stb der Vor-R, *5 Stb in die folg fM (Muschel), 1 fM in den folg 5-Lm-ZR, ab * bis R-Ende wdh, dabei mit 1 fM in die 3. der 5 Wlm enden, wenden.
Reihen 2–3 wdh.

SYMBOLE
- Lm
- fM
- Stb

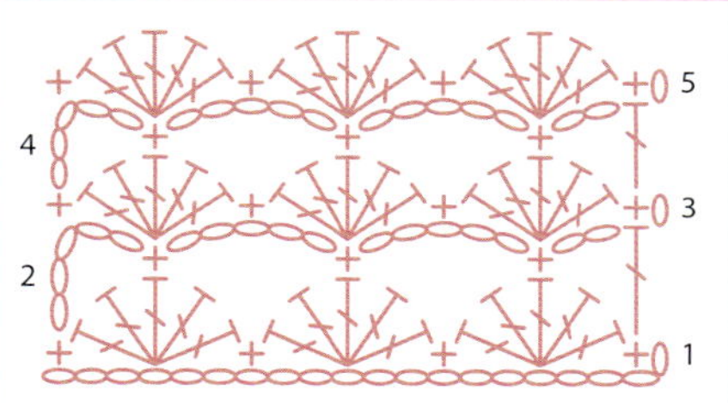

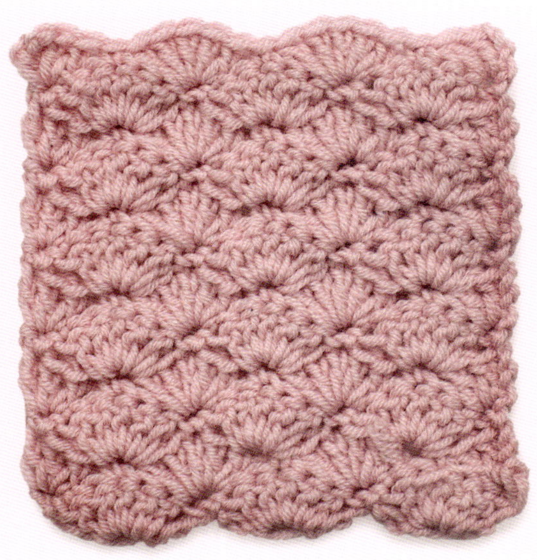

Dichtes Muschelmuster

Luftmaschenkette: Ein Vielfaches von 6 Lm + 2 anschl.
Reihe 1: 1 fM in die 2. Lm ab Nd, *2 Lm überg, 5 Stb in die folg Lm (Muschel), 2 Lm überg, 1 fM in die folg Lm, ab * bis R-Ende wdh, wenden.
Reihe 2: 3 Lm (zählen als 1 Stb), 2 Stb in die letzte fM der Vor-R (halbe Muschel), *2 Stb überg, 1 fM in das folg Stb, 2 Stb überg, 5 Stb in die folg fM (Muschel), ab * bis R-Ende wdh, dabei mit 3 Stb in die 1. fM der Vor-R enden, wenden.
Reihe 3: 1 Lm, 1 fM in das letzte Stb der Vor-R, *2 Stb überg, 5 Stb in die folg fM (Muschel), 2 Stb überg, 1 fM in das folg Stb, ab * bis R-Ende wdh, dabei mit 1 fM in die obere der 3 Wlm enden, wenden.
Reihen 2–3 wdh.

SYMBOLE
- Lm
- fM
- Stb

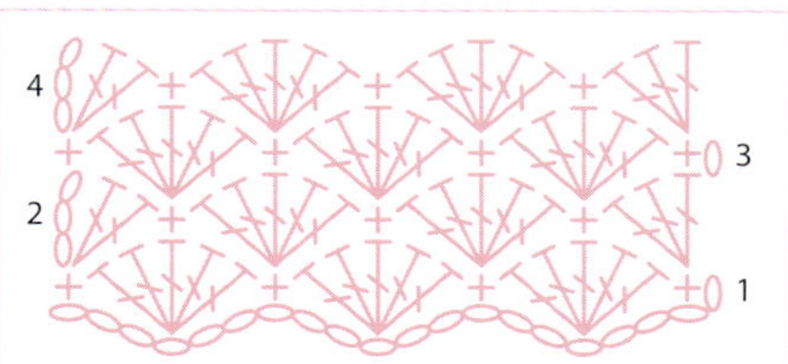

FÄCHER

Bei diesem einfachen Fächermuster werden sieben Stäbchen in einen Luftmaschenzwischenraum gehäkelt. Dadurch fächern sich die Stäbchen wie ein Fächer auf. In diesem Beispiel werden die Fächer mit einem Trellismuster (siehe Seite 94) kombiniert, wodurch ein lockeres Maschenbild entsteht.

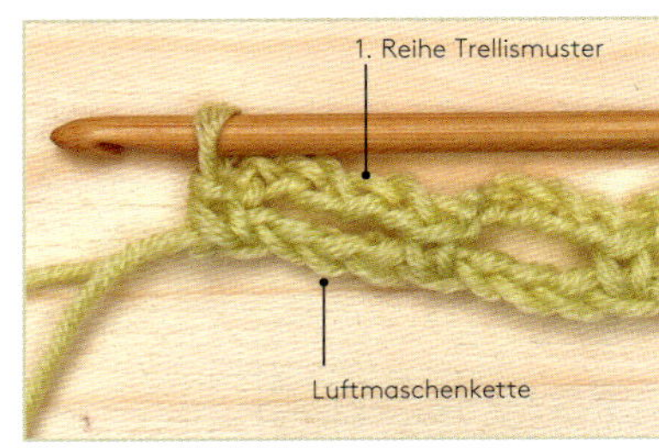

SCHRITT 1
Bis zum Ende der ersten Reihe der Anleitung für das Fächer-Trellis-Muster (siehe unten) arbeiten. Dadurch entstehen gleich große Luftmaschenzwischenräume, die in regelmäßigen Abständen mit der Luftmaschenkette verbunden sind.

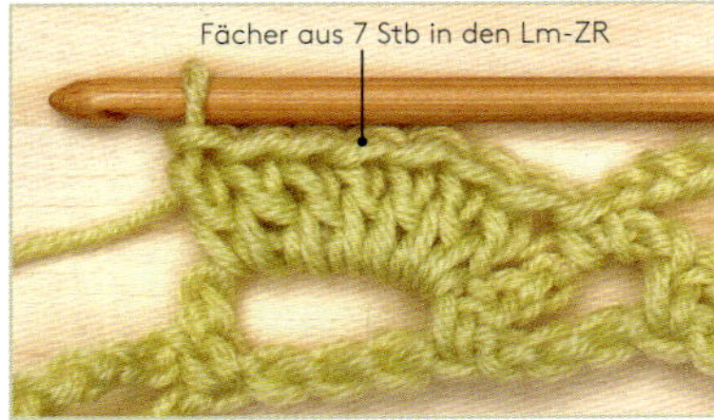

SCHRITT 2
In der nächsten Reihe werden abwechselnd Fächer und Luftmaschen gearbeitet. Für einen Fächer mit der Nadel in den angegebenen Luftmaschenzwischenraum einstechen und die angegebene Anzahl an Maschen häkeln (hier sieben Stäbchen). Die Stäbchen fächern sich über die Länge des Luftmaschenzwischenraums auf.

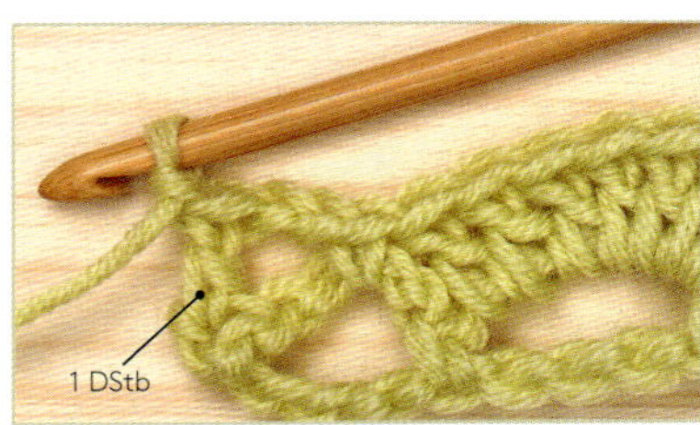

SCHRITT 3
Für einen passenden Abschluss am Reihenende ein Doppelstäbchen in die erste feste Masche der Vorreihe häkeln. So erreicht man wieder die Höhe der Maschen in der Mitte des Fächers.

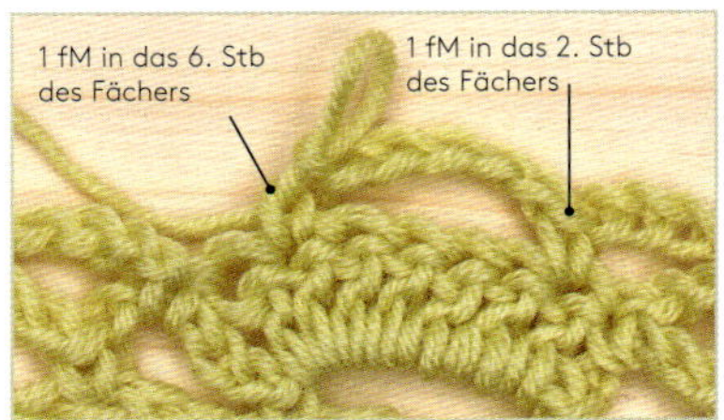

SCHRITT 4
Die nächste Reihe besteht aus Luftmaschen, die mit festen Maschen mit jedem Luftmaschenzwischenraum sowie dem zweiten und dem sechsten Stäbchen der Fächer verbunden sind. Die Schritte 2, 3 und 4 wiederholen, um weitere Reihen des Musters zu häkeln.

Fächer-Trellis-Muster

Luftmaschenkette: Ein Vielfaches von 12 Lm anschl.
Reihe 1: 1 fM in die 2. Lm ab Nd, *5 Lm, 3 Lm überg, 1 fM in die folg Lm, ab * bis zu den letzten 2 Lm wdh, 2 Lm, 1 Lm überg, 1 Stb in die folg Lm, wenden.
Reihe 2: 1 Lm, 1 fM in das letzte Stb der Vor-R, 2 Lm überg, *7 Stb in den folg 5-Lm-ZR, 1 fM in den folg 5-Lm-ZR**, 5 Lm, 1 fM in den folg 5-Lm-ZR, ab * bis R-Ende wdh, dabei bei der letzten Wiederholung bei ** enden, 2 Lm, 1 DStb in die 1. fM der Vor-R, wenden.
Reihe 3: 1 Lm, 1 fM in das letzte DStb der Vor-R, *5 Lm, 1 fM in das 2. Stb des folg Fächers, 5 Lm, 1 fM in das 6. Stb des Fächers**, 5 Lm, 1 fM in den folg 5-Lm-ZR, ab * bis R-Ende wdh, dabei bei der letzten Wiederholung bei ** enden, 2 Lm, 1 DStb in die 1. fM der Vor-R, wenden.
Reihen 2–3 wdh.

SYMBOLE
- Lm
- fM
- Stb
- DStb

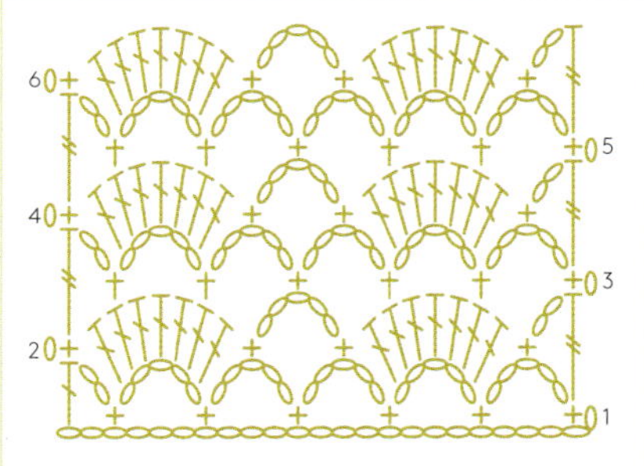

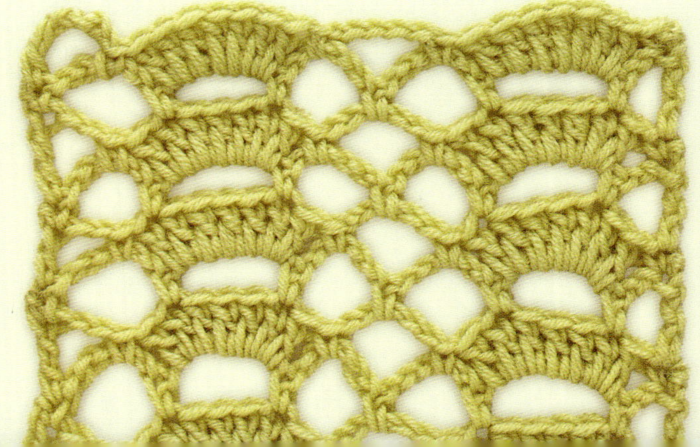

Dreidimensionale Maschen

Dreidimensionale Maschen haben dazu beigetragen, dass das Häkeln in letzter Zeit auch bei Modedesignern wieder beliebt geworden ist. Im Folgenden finden Sie Anleitungen für dreidimensionale Maschen, die relativ einfache Variationen der Grundmaschen darstellen. Wichtig ist dabei, dass man für diese Maschen mehr Garn benötigt, das fertige Häkelstück kann also deutlich schwerer sein.

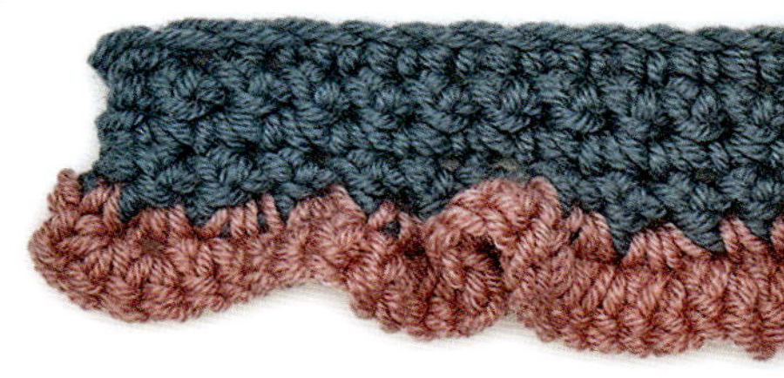

RÜSCHENABSCHLUSS
Wenn Sie Ihrem Projekt gern etwas Struktur und eine interessante Optik verleihen möchten, sich aber noch nicht bereit fühlen, diese dreidimensionalen Maschen zu häkeln, versuchen Sie es mit diesem einfachen Rüschenabschluss. Dafür werden in der letzten Reihe einfach drei Stäbchen in jede feste Masche gehäkelt.

ZOTTELMUSTER

Dieses Muster ist sehr auffällig und eignet sich etwa toll für Abschlüsse am Halsausschnitt oder an den Bündchen. Dabei werden in Hinreihen lange Schlaufen aus Luftmaschen gehäkelt, die dann auf der rechten Seite zu sehen sind. Hier werden die Schlaufen zwischen Reihen aus Stäbchen gearbeitet.

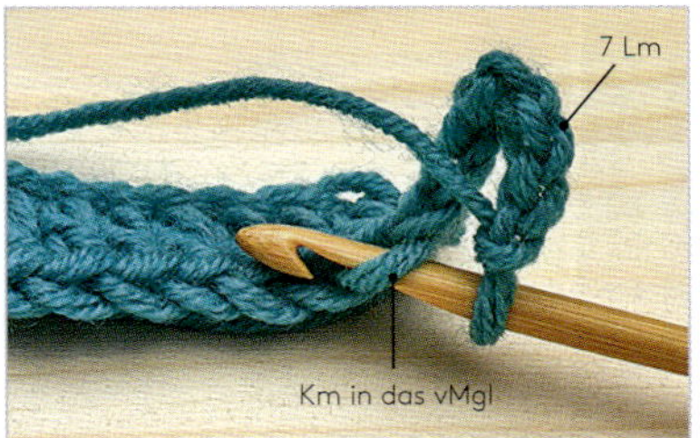

SCHRITT 1
Zunächst eine Reihe Stäbchen häkeln, dann die Arbeit wenden und die erste Reihe Zottelmaschen häkeln. Dafür eine Luftmaschenschlaufe (hier aus sieben Luftmaschen) und dann eine Kettmasche in das vordere Maschenglied des folgenden Stäbchens häkeln.

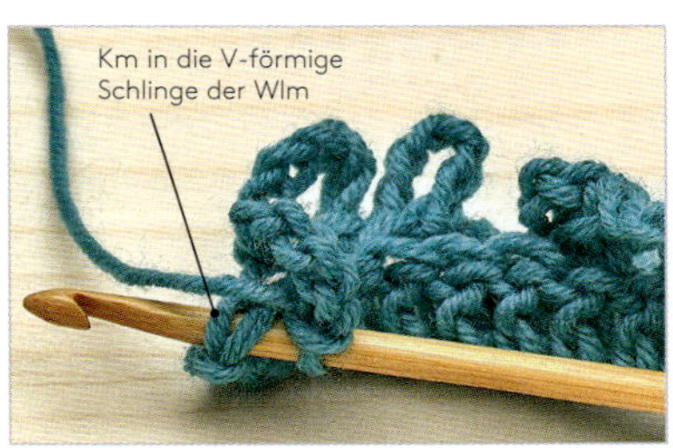

SCHRITT 2
Nach diesem Prinzip die Reihe fertighäkeln. Zum Schluss eine Kettmasche in beide Schlaufen der V-förmigen Schlinge der Wendeluftmasche häkeln.

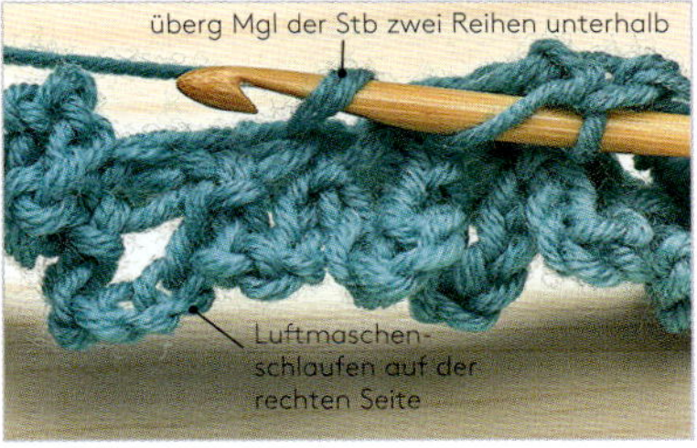

SCHRITT 3
Die Arbeit wenden und eine Reihe Stäbchen arbeiten, dabei diese jeweils in das in der zweiten Reihe übergangene Maschenglied der Stäbchen der ersten Stäbchen-Reihe (zwei Reihen unterhalb) häkeln. Die Schritte 2 und 3 wiederholen, um weitere Reihen des Musters zu häkeln.

Zottelmuster

Luftmaschenkette: Eine beliebige Anzahl Lm + 3 anschl.
Reihe 1 (LS): 1 Stb in die 4. Lm ab Nd, 1 Stb in jede folg Lm bis R-Ende, wenden.
Reihe 2: *7 Lm, 1 Km in das vMgl des folg Stb, ab * bis R-Ende wdh, dabei mit 1 Km in die obere der 3 Wlm enden, wenden.
Reihe 3: 3 Lm (zählen als 1 Stb), *1 Stb in das überg Mgl des folg Stb aus Reihe 1 häkeln, ab * bis R-Ende wdh, wenden.
Reihen 2–3 wdh.

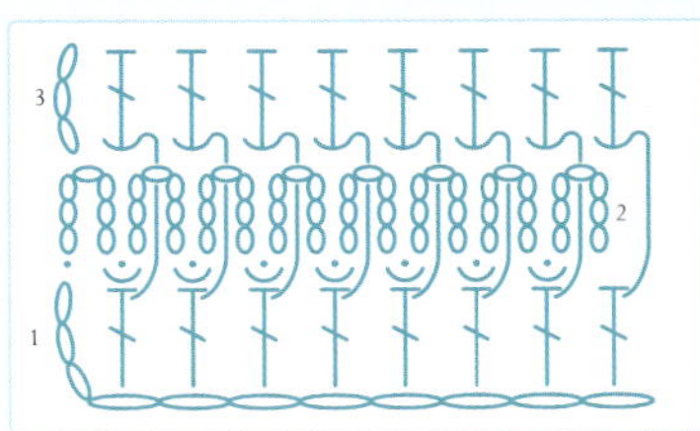

SYMBOLE
Lm
Km
Stb
vMgl

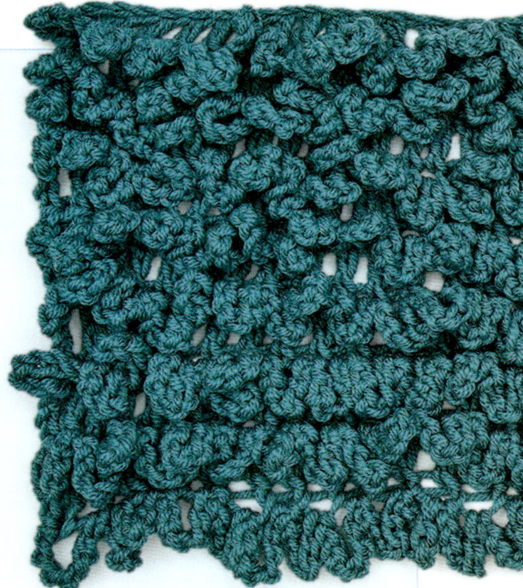

SCHLAUFENMASCHEN

Bei Schlaufenmaschen werden längere Garnschlaufen um einen Finger gewickelt. Sie eignen sich hervorragend als Abschluss für Schals oder Kleidungsstücke. Schlaufenmaschen werden normalerweise in Rückreihen gehäkelt.

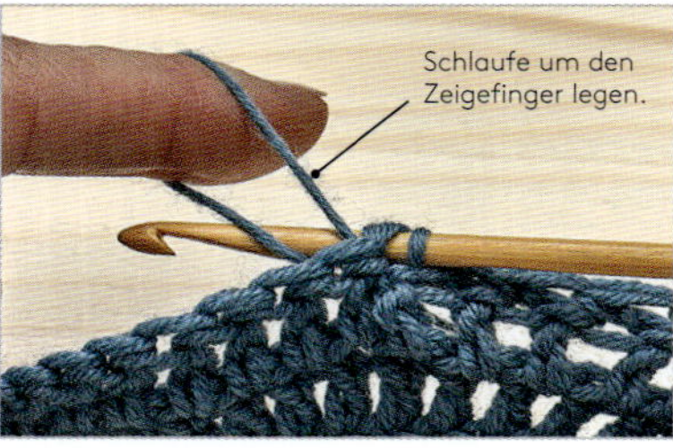

SCHRITT 1

Mit der Nadel in die angegebene Masche einstechen. Mit dem Arbeitsfaden eine Schlaufe über den Zeigefinger der linken Hand legen. Die Länge der Schlaufe lässt sich dabei beliebig variieren.

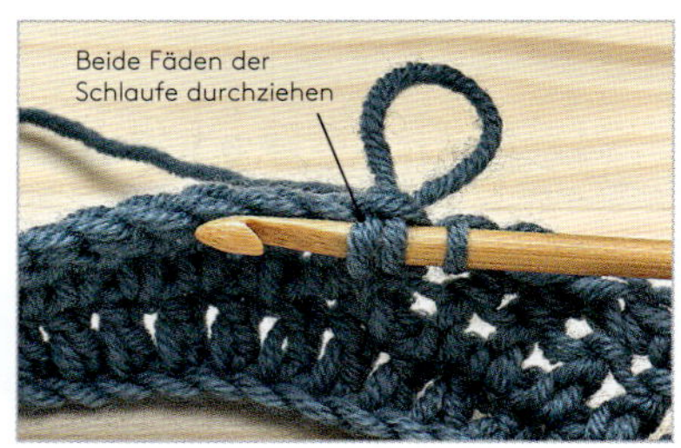

SCHRITT 2

Mit der Nadel am unteren Ende beide Fäden der Schlaufe holen und durchziehen. Den Finger aus der Schlaufe ziehen, den Arbeitsfaden von hinten nach vorn um die Nadel legen (Umschlag) und durch alle drei Schlingen auf der Nadel ziehen. Damit wurde eine Schlaufenmasche gehäkelt.

Streifen aus Schlaufen

Luftmaschenkette: Ein Vielfaches von 8 Lm + 2 anschl.
Reihe 1: 1 Stb in die 4. Lm ab Nd, 1 Stb in jede folg Lm bis R-Ende, wenden.
Reihe 2: 1 Lm, 1 fM in jedes der folg 2 Stb, *1 Sm in jedes der folg 4 Stb, 1 fM in jedes der folg 4 Stb, ab * bis R-Ende wdh, dabei mit 1 fM in das letzte Stb und 1 fM in die obere der 3 Wlm enden, wenden.
Reihe 3: 3 Lm (zählen als 1 Stb), 1 fM überg, 1 Stb in jede folg M bis R-Ende, wenden.
Reihen 2–3 wdh.

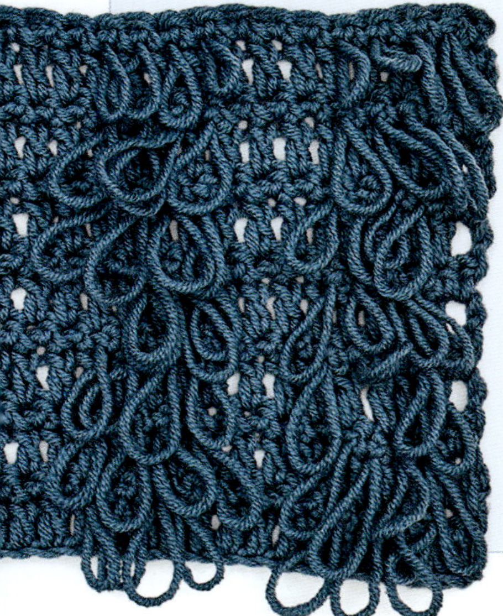

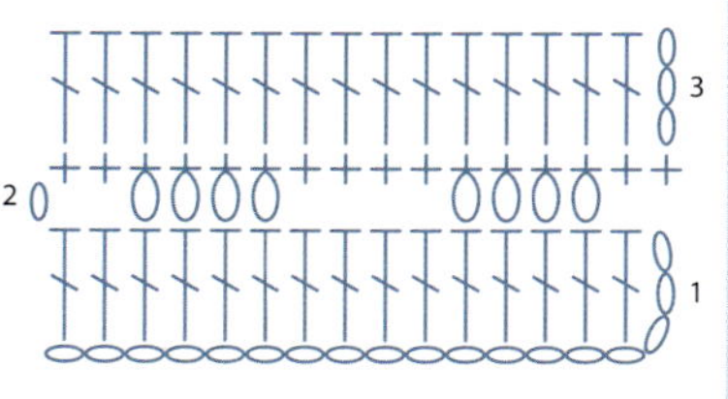

SYMBOLE
- Lm
- fM
- Stb
- Sm

KROKODILMASCHEN

Krokodil- oder Schuppenmaschen sind relativ neu, und es gibt sie in unzähligen Variationen. Sie sind eine kleine Herausforderung, aber sehen so toll aus, dass es sich auf jeden Fall lohnt dranzubleiben. In der einfachsten Version werden für eine Krokodilmasche mehrere Maschen um die Maschenkörper zweier nebeneinander gehäkelter Stäbchen gearbeitet, wodurch die namensgebenden „Krokodilschuppen" entstehen. Reihen mit Krokodilmaschen wechseln sich dafür mit Reihen aus Stäbchenpaaren und Luftmaschenzwischenräumen ab.

Maschenkörper des 1. Stb eines Stb-Paars

SCHRITT 1

Eine Reihe aus Stäbchenpaaren und Luftmaschenzwischenräumen häkeln (siehe Reihe 1 der Anleitung gegenüber). Die erste Hälfte der ersten Krokodilmasche wird um den Maschenkörper des ersten Stäbchens des ersten Stäbchenpaars gehäkelt. Dabei wird mit der Nadel von rechts nach links unterhalb des Maschenkörpers eingestochen (siehe oben).

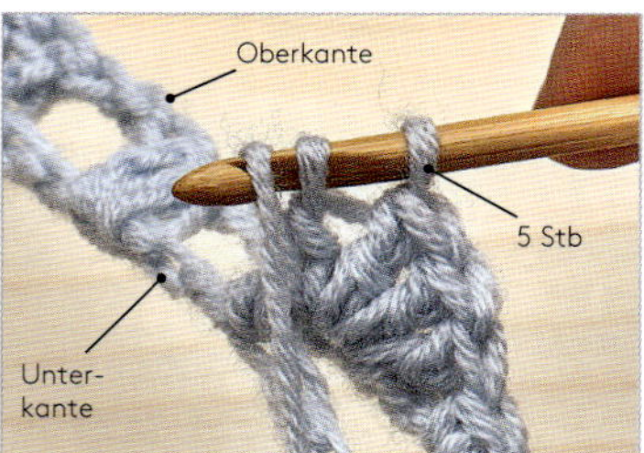

SCHRITT 2

Die angegebene Anzahl an Stäbchen um den Maschenkörper dieses Stäbchens arbeiten (hier fünf Stäbchen), dabei am oberen Ende des Maschenkörpers beginnen. Die Stäbchen lassen sich einfacher häkeln, wenn man die Häkelarbeit im Uhrzeigersinn um 90 Grad dreht, sodass die Oberkante nach rechts zeigt.

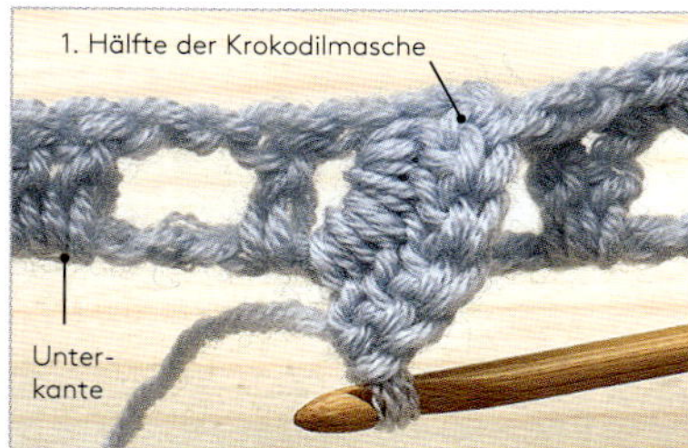

SCHRITT 3
Die Arbeit wieder in die Ausgangsposition drehen. Nach der ersten Hälfte der Krokodilmasche befinden sich Nadel und Arbeitsfaden unterhalb der Unterkante der letzten Reihe.

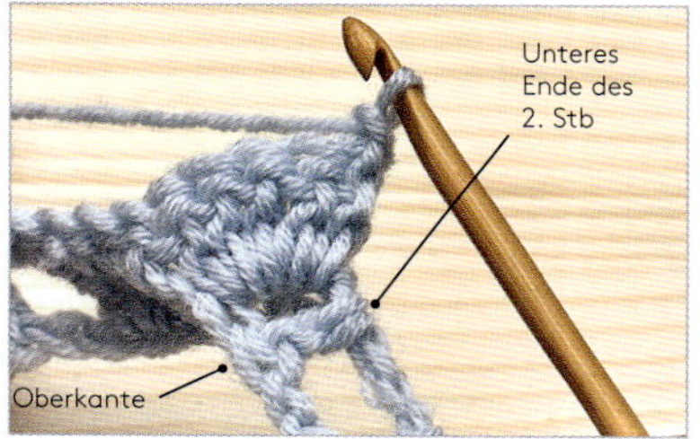

SCHRITT 4
Eine Luftmasche häkeln und dann die Arbeit gegen den Uhrzeigersinn um 90 Grad drehen, sodass das zweite Stäbchen horizontal vor dem Körper positioniert ist und die Oberkante nach links zeigt. Fünf Stäbchen um den Maschenkörper des zweiten Stäbchens häkeln, dabei am unteren Ende des Maschenkörpers beginnen.

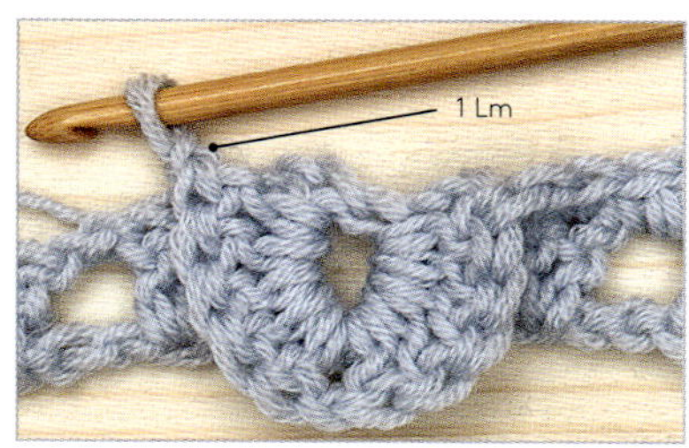

SCHRITT 5
Die Arbeit wieder in die Ausgangsposition drehen. Damit wurde eine Krokodilmasche gehäkelt. Eine Luftmasche häkeln und dann wie in der Anleitung angegeben weiterhäkeln.

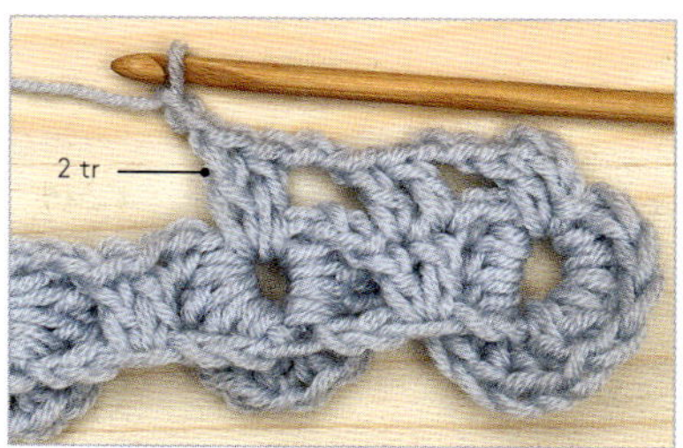

SCHRITT 6
Am Ende der Reihe die Arbeit wenden und wieder eine Reihe aus Stäbchenpaaren und Luftmaschenzwischenräumen häkeln. Bei Stäbchenpaaren über einer Krokodilmasche beide Stäbchen in die Mitte der Krokodilmasche häkeln.

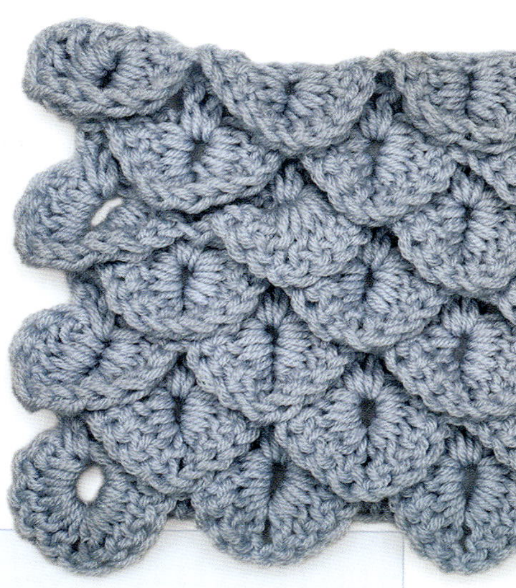

Krokodilschuppen

BESONDERE MASCHEN
Krok-M: Krokodilmasche aus 5 Stb um den Maschenkörper des 1. Stb vom oberen Ende des Maschenkörpers nach unten, 1 Lm, 5 Stb um den Maschenkörper des 2. Stb vom unteren Ende des Maschenkörpers nach oben.

Luftmaschenkette: Ein Vielfaches von 3 Lm + 1 anschl.
Reihe 1 (LS): 1 Stb in die 4. Lm ab Nd, *2 Lm, 2 Lm überg, 2 Stb in die folg Lm, ab * bis R-Ende wdh, wenden.
Reihe 2: 1 Lm, 1 Krok-M um das erste Stb-Paar, *1 Lm, 1 Stb-Paar überg, 1 Krok-M um das folg Stb-Paar, ab * bis R-Ende wdh, wenden.
Reihe 3: 1 Km in die Mitte der letzten Krok-M der Vor-R, 3 Lm (zählen als 1 Stb), 1 Stb in die Mitte derselben Krok-M, *2 Lm, 1 Stb in jedes der folg 2 überg Stb, 2 Lm, 2 Stb in die Mitte der folg Krok-M, ab * bis R-Ende wdh, wenden.
Reihe 4: 1 Lm, 1. Stb-Paar überg, Krok-M um das folg Stb-Paar, *1 Lm, 1 Stb-Paar überg, Krok-M um das folg Stb-Paar, ab * bis zum letzten Stb-Paar wdh, Km in die obere der 3 Wlm, wenden.
Reihe 5: 3 Lm, 1 Stb in das folg Stb (zählen als 1. Stb-Paar), *2 Lm, 2 Stb in die Mitte der folg Krok-M, 2 Lm, 1 Stb in jedes der 2 überg Stb, ab * bis R-Ende wdh, wenden.
Reihen 2–5 wdh.

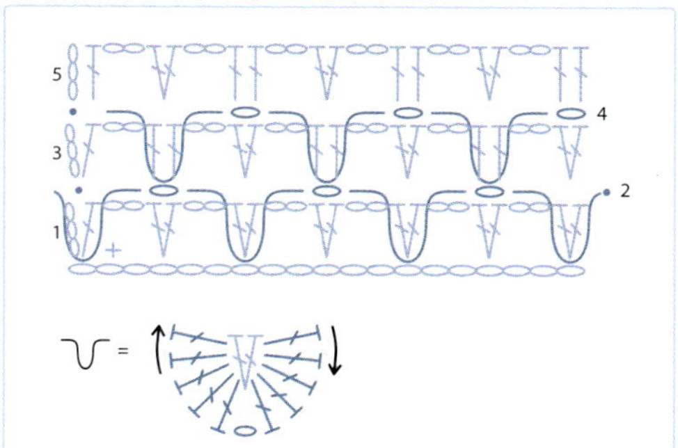

SYMBOLE
Lm
Km
Stb
Krok-M

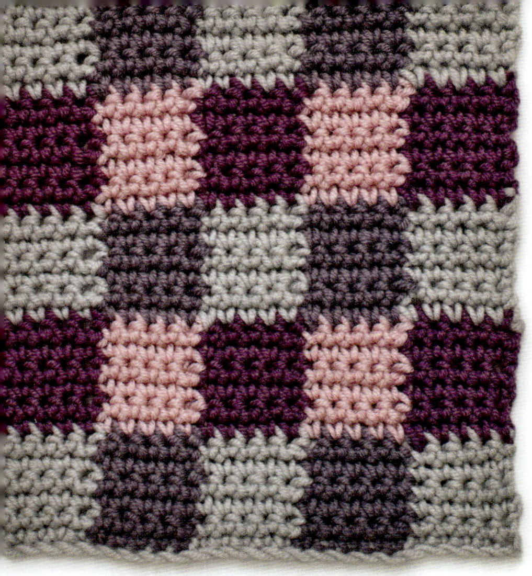

Mehrfarbige Muster

Intarsien- und Tapestry-Muster sind anspruchsvoll, aber eine tolle Möglichkeit, um mit verschiedenfarbigen Garnen zu arbeiten. Diese Muster werden meist in festen Maschen gearbeitet, wobei der Garnwechsel jeweils beim letzten Umschlag einer Masche erfolgt (siehe Seite 32). Für Intarsien- und Tapestry-Muster wird meist nach Häkelschriften gearbeitet, in denen angegeben ist, welche Garnfarbe an welcher Stelle verwendet werden soll, dabei steht jedes Quadrat der Häkelschrift für eine Masche.

TAPESTRY-MUSTER

Beim Tapestry-Häkeln, das auch als Jacquard-Technik bezeichnet wird, werden mehrere Garnfarben in einer Reihe verwendet, wobei die Fäden, mit denen gerade nicht gehäkelt wird, auf der Rückseite der Häkelarbeit mitgeführt und umhäkelt werden (siehe Seite 33). Meist werden für Tapestry-Muster feste Maschen verwendet, weil sich mit dieser Maschenart die Spannfäden sicher umhäkeln lassen. Bei höheren Maschen ist darauf zu achten, dass man die Spannfäden des nicht benötigten Garns auf der Rückseite gut festhält und korrekt umhäkelt, damit sie auf der rechten Seite nicht zu sehen sind.

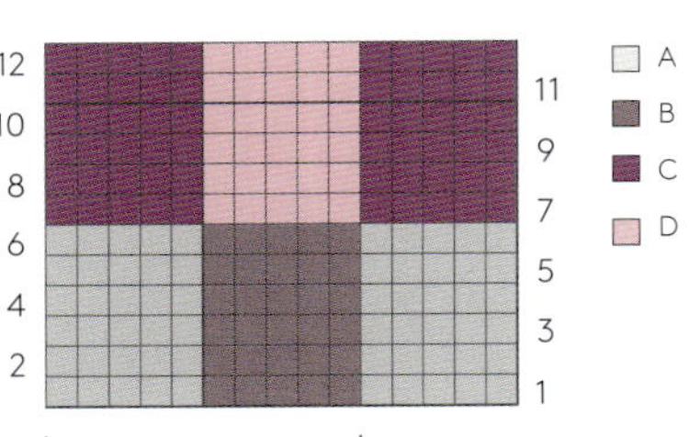

Musterwiederholung aus 10 M

TAPESTRY-SCHACHBRETTMUSTER

Hier werden vier verschiedenfarbige Garne verwendet (A, B, C, D), es wird aber immer nur mit zwei Garnen gleichzeitig gehäkelt. Zunächst wird eine Luftmaschenkette gehäkelt, dazu einfach die Anzahl der Quadrate in der Häkelschrift zählen. Hier wird ein Vielfaches von 10 Luftmaschen (Musterwiederholung) plus fünf Maschen (so beginnt und endet man mit derselben Farbe) plus eine Wendeluftmasche angeschlagen.

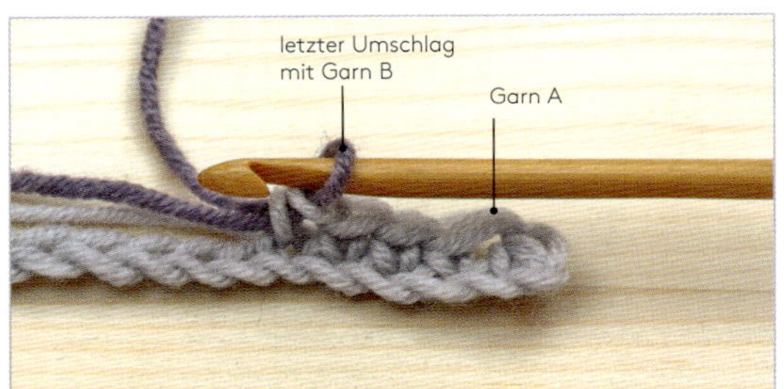

SCHRITT 1
Mit Garn A die ersten vier festen Maschen der ersten Reihe häkeln. Eine weitere feste Masche beginnen, aber nun beim letzten Umschlag auf Garn B wechseln.

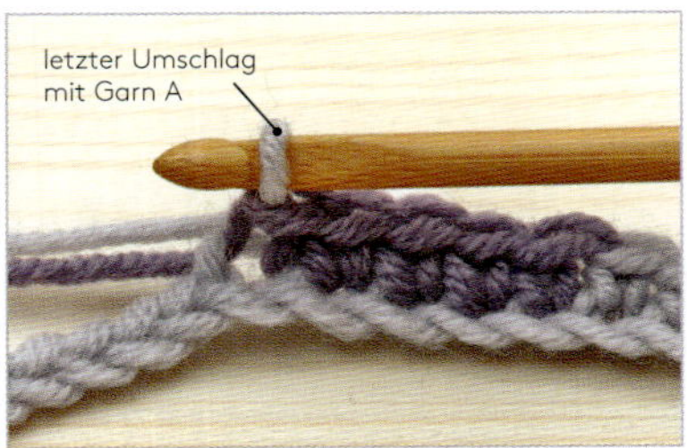

SCHRITT 2
Mit Garn B die nächsten fünf festen Maschen häkeln, dabei Garn A auf der Rückseite umhäkeln. Beim letzten Umschlag der fünften festen Masche wieder auf Garn A wechseln.

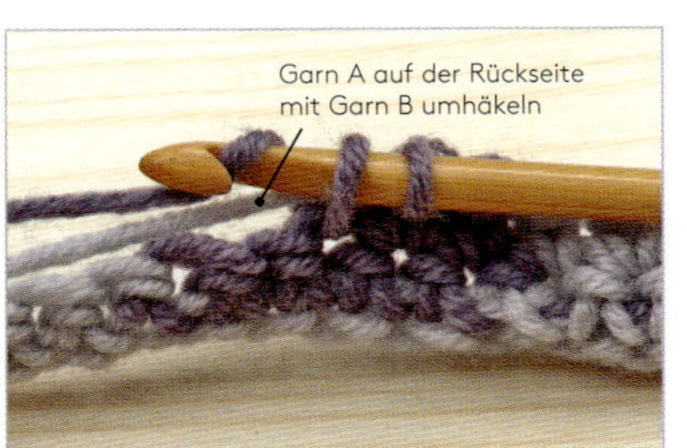

SCHRITT 3
Nach diesem Prinzip weitere Reihen wie in der Häkelschrift angegeben arbeiten, dabei wo angegeben Garnwechsel durchführen. Hier sieht man, wie das gerade nicht verwendete Garn A mit Garn B umhäkelt wird.

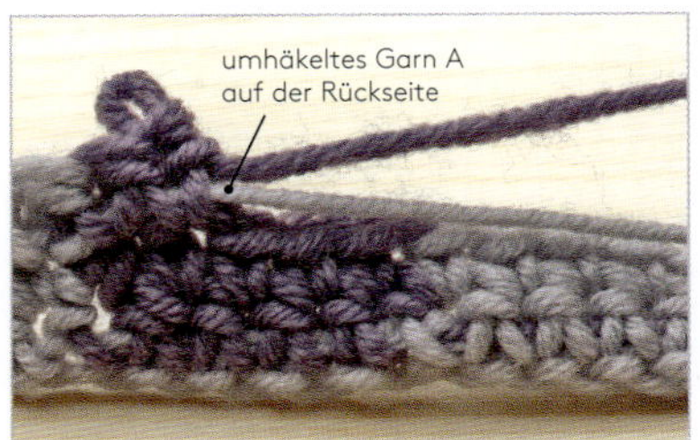

SCHRITT 4
Wenn man sich die Rückseite genau ansieht, erkennt man, dass das gerade nicht verwendete Garn sauber umhäkelt wurde.

INTARSIENMUSTER

Durch Intarsienhäkeln lassen sich einfache bunte Quadrate, aber auch komplexere Motive häkeln. Anstatt das gerade nicht verwendete Garn wie beim Tapestry-Häkeln auf der Rückseite zu umhäkeln, wird bei Intarsienmustern für jede einzelne Farbfläche Garn auf eine eigene Spule gewickelt. Wie viel Garn man jeweils aufwickeln muss, ergibt sich aus der Größe der verschiedenen Farbflächen. In der Anleitung ist in der Regel zudem angegeben, wie viele Luftmaschen man anschlagen muss. Dann kann man wie bei Tapestry-Mustern nach der Häkelschrift arbeiten, dabei solllte man unbedingt darauf achten, die Wendeluftmasche(n) (bei festen Maschen eine Luftmasche) zu häkeln und die Maschen nach jeder Reihe zu zählen.

EINFACHES INTARSIENMUSTER

Hier werden drei verschiedenfarbige Garne (A, B, C) verwendet, und es werden nur feste Maschen gehäkelt. Man braucht dabei zwei Knäuel oder Spulen mit der Hintergrundfarbe (A) sowie jeweils eine mit den Garnen, mit denen das zweifarbige Motiv in der Mitte gehäkelt wird (B, C).

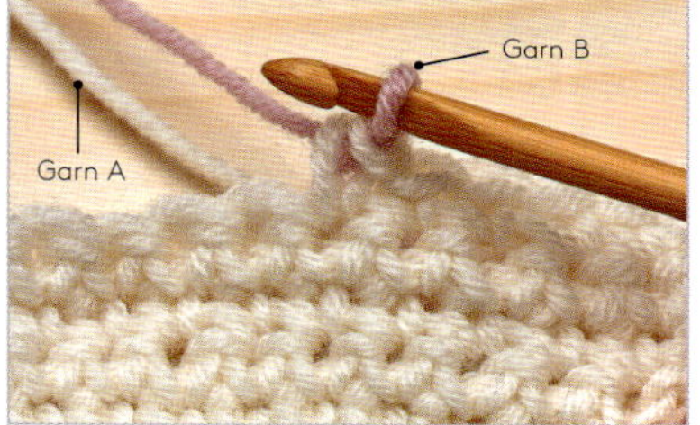

SCHRITT 1

Nach der Häkelschrift bis zu der Stelle häkeln, an der der erste Garnwechsel erfolgen soll (hier in der Hinreihe 5). Den ersten Umschlag der ersten Masche des Motivs noch mit der Hintergrund-Garnfarbe A arbeiten, beim zweiten Umschlag auf Garn B wechseln, dabei Garn A einfach auf der Rückseite hängen lassen.

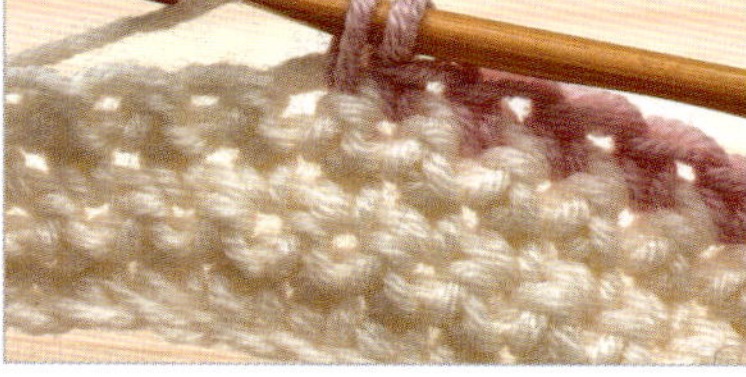

SCHRITT 2

Das farbige Motiv bis zur letzten Masche häkeln, den ersten Umschlag dieser Masche noch mit Garn B arbeiten, dann das zweite Knäuel mit Garn A anfügen. Garn B auf der Rückseite hängen lassen und die Reihe zu Ende häkeln.

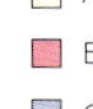

A
B
C

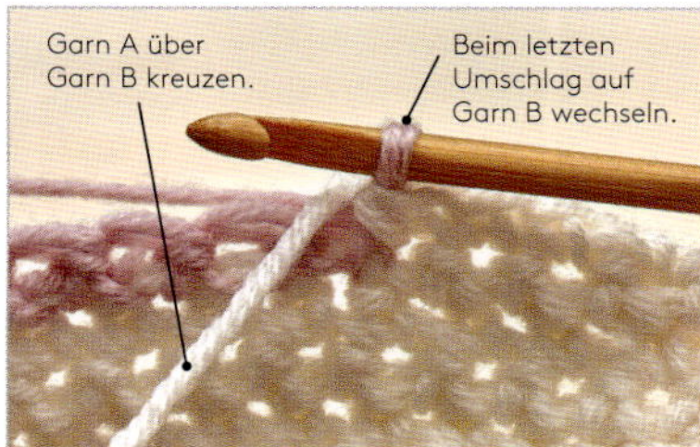

SCHRITT 3

Wenden und die nächste Reihe (hier die Rückreihe 6) bis zu der Stelle, an der wieder ein Garnwechsel erfolgen soll, häkeln. Für den letzten Umschlag dieser Masche das zuvor hängengelassene Garn B verwenden, und dann Garn A über den Arbeitsfaden von Garn B auf die Rückseite der Arbeit bringen. Das sorgt dafür, dass keine unschöne Lücke entsteht.

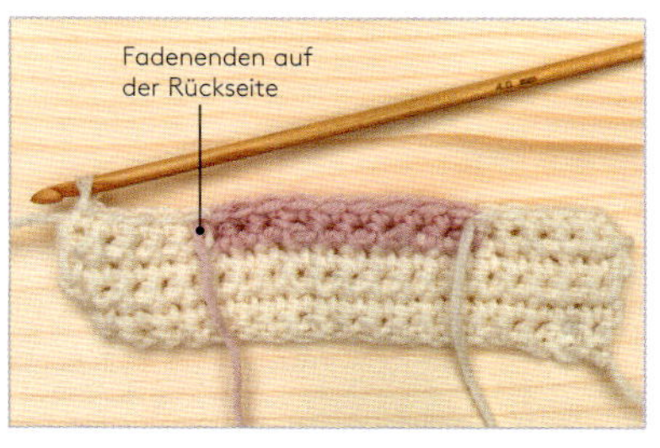

SCHRITT 4

Alle Fadenenden sollten auf der Rückseite der Arbeit hängen, so kann man in der nächsten Reihe ganz einfach wieder auf ein anderes Garn wechseln und die Vorderseite sieht schön ordentlich aus.

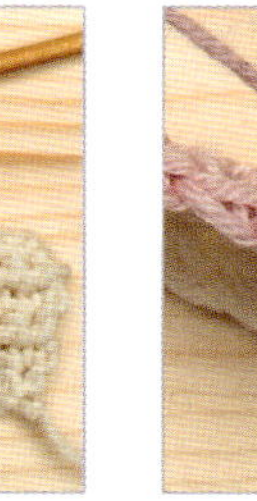

SCHRITT 5

In Hinreihen befinden sich die Garne jeweils auf der Rückseite. Beim Garnwechsel den alten Arbeitsfaden (Garn A) einfach auf der Rückseite hängen lassen, damit keine Lücken entstehen, den neuen Arbeitsfaden (Garn B) über den alten kreuzen und die Masche fertighäkeln.

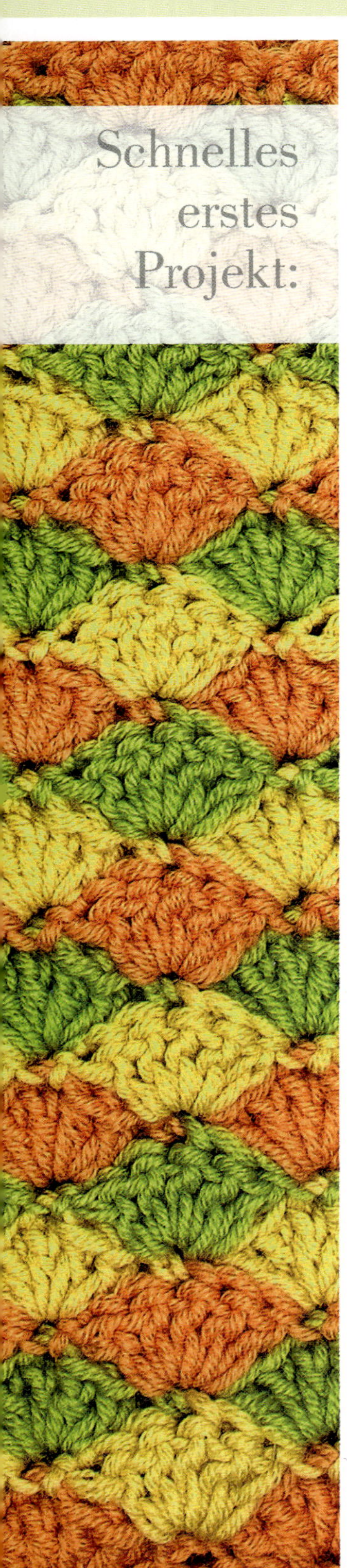

Tasche mit Muschelmuster

Diese hübsche bunte Tasche ist perfekt als Geschenk für ein Mädchen, man kann aber auch einen längeren Riemen arbeiten – und die Tasche sich selbst schenken! Das Muschelmuster ist einfach zu häkeln, für das Tüpfelchen auf dem i sorgen die kräftigen Farben.

GRÖSSE
Tasche: 21 x 21 cm
Riemen: 60 cm, anpassbar

MASCHENPROBE
3½ Muscheln und 11 Reihen = 10 x 10 cm

DAS BRAUCHEN SIE
- je 50 g DK-Wollgarn in Orange (A), Gelb (B) und Grün (C); die hier gezeigte Tasche wurde mit DMC Woolly (100 % Merinowolle, Lauflänge: ca. 125 m) in den Farben 102 (A), 093 (B) und 081 (C) gehäkelt, aber jedes DK-Garn eignet sich als Ersatz
- Häkelnadel: 4 mm
- Sticknadel ohne Spitze

ABKÜRZUNGEN UND TECHNIKEN
fM = feste Masche (Seite 23)
Km = Kettmasche (Seite 22)
Lm = Luftmasche (Seite 18)
M = Masche(n)
RS = rechte Seite
Stb = Stäbchen (Seite 25)
Garnwechsel (Seite 32)
Muscheln (Seiten 100–101)
Zusammenhäkeln mit festen Maschen (Seite 45)
Nur in ein Maschenglied häkeln (Seite 84)
Rückstich (Seite 43)

ANMERKUNGEN
- Diese Tasche wird aus einem dichten Muschelmuster (siehe Seite 101) mit drei verschiedenfarbigen Garnen gehäkelt. Die Garnwechsel erfolgen dabei jeweils beim letzten Umschlag der letzten Masche in jeder Reihe. Die Fadenenden müssen hier nicht abgeschnitten werden, in folgenden Reihen kann man das jeweilige Garn einfach wieder aufnehmen.
- Beim Einfassen der Vorder- und der Rückseite unbedingt darauf achten, dass an den Kanten jeweils gleich viele Maschen gehäkelt werden, sodass sie sich nachher gut zusammenhäkeln lassen. Beim Zusammenhäkeln werden an den Ecken keine zusätzlichen Maschen gearbeitet, so entsteht die abgerundete Optik an der unteren Kante.
- Die erste Luftmasche am Beginn jeder Reihe bzw. Runde zählt nicht als Masche.
- Nach Wunsch kann man die Tasche mit einem hübschen Stoff füttern. Dafür einfach mithilfe der gehäkelten Vorder- und Rückseite eine Schablone aus Papier erstellen, zwei entsprechende Stoffteile ausschneiden, mit Nahtzugabe zusammennähen und die obere Kante offen lassen. Die obere Kante versäubern, das Futter wenden, in die Tasche geben und von Hand rund um die Öffnung der gehäkelten Tasche festnähen.

VORDER- UND RÜCKSEITE (GLEICH)

Luftmaschenkette: Mit Garn A 38 Lm anschl.
Das dichte Muschelmuster auf Seite 101 nach folgendem Farbmuster häkeln:
Reihe 1: Garn A.
Reihe 2: Garn B.
Reihe 3: Garn C.
Reihen 4–21: Wie Reihen 1–3.
Reihe 22: Garn A.
Faden abschneiden und durchziehen, Fadenenden vernähen.

ABSCHLUSS VORDER- UND RÜCKSEITE

Vorder- und Rückseite separat wie folgt einfassen.
Reihe 1: Mit der RS oben Garn A mit einer Km an die obere linke Ecke (Reihe 22) anfügen, 1 fM in dieselbe M, dann 1 fM in die letzte M jeder Reihe bis zur unteren linken Ecke häkeln, die Arbeit um 90 Grad drehen und dann 3 fM in die 1. Lm der Lmk, 1 fM in jede folg Lm bis R-Ende, 3 fM in die letzte Lm der Lmk häkeln, die Arbeit wieder um 90 Grad drehen und 1 fM in die letzte M jeder Reihe bis zur oberen rechten Ecke häkeln. Faden abschneiden und durchziehen, Fadenenden vernähen.

VORDER- UND RÜCKSEITE ZUSAMMENHÄKELN

Reihe 1: Vorder- und Rückseite links auf links legen, Garn A mit 1 Km an die erste fM an der oberen linken Ecke anfügen, dabei mit der Nadel in diese und die dahinterliegende Masche einstechen, 1 fM in dieselbe M und dann 1 fM in jedes folg fM-Paar bis zur oberen rechten Ecke häkeln. Faden abschneiden und durchziehen, Fadenenden vernähen.

RIEMEN

Luftmaschenkette: Mit Garn C 5 Lm anschl.
Reihe 1: 1 fM in die 2. Lm ab Nd, 1 fM in jede folg Lm bis R-Ende, wenden.
Reihe 2: 1 Lm, 1 fM in jede fM bis R-Ende, wenden.
Reihen 3–90: Wie Reihe 2.
Um die Länge anzupassen, Reihe 2 so oft wie nötig wdh. Faden abschneiden und durchziehen, Fadenenden vernähen.

ABSCHLUSS RIEMEN

Runde 1: Garn A mit 1 Km an die letzte fM der letzten Reihe anfügen, 1 Lm, Arbeit um 90 Grad drehen, dann 1 fM in die letzte Masche jeder Reihe bis zur Lmk, Arbeit um 90 Grad drehen, 1 fM in jede Lm der Lmk, Arbeit um 90 Grad drehen, 1 fM in die letzte M jeder Reihe, Arbeit um 90 Grad drehen, 1 fM in jede fM der letzten Reihe, nicht wenden.
Runde 2: 1 Km in das hMgl jeder fM bis Rd-Ende.
Faden abschneiden und durchziehen, Fadenenden vernähen.

RIEMEN ANNÄHEN

Die kurzen Kanten des Riemens an der Öffnung der Tasche innen mittig auf die linke und rechte Seitennaht legen und mit einem Rückstich annähen.

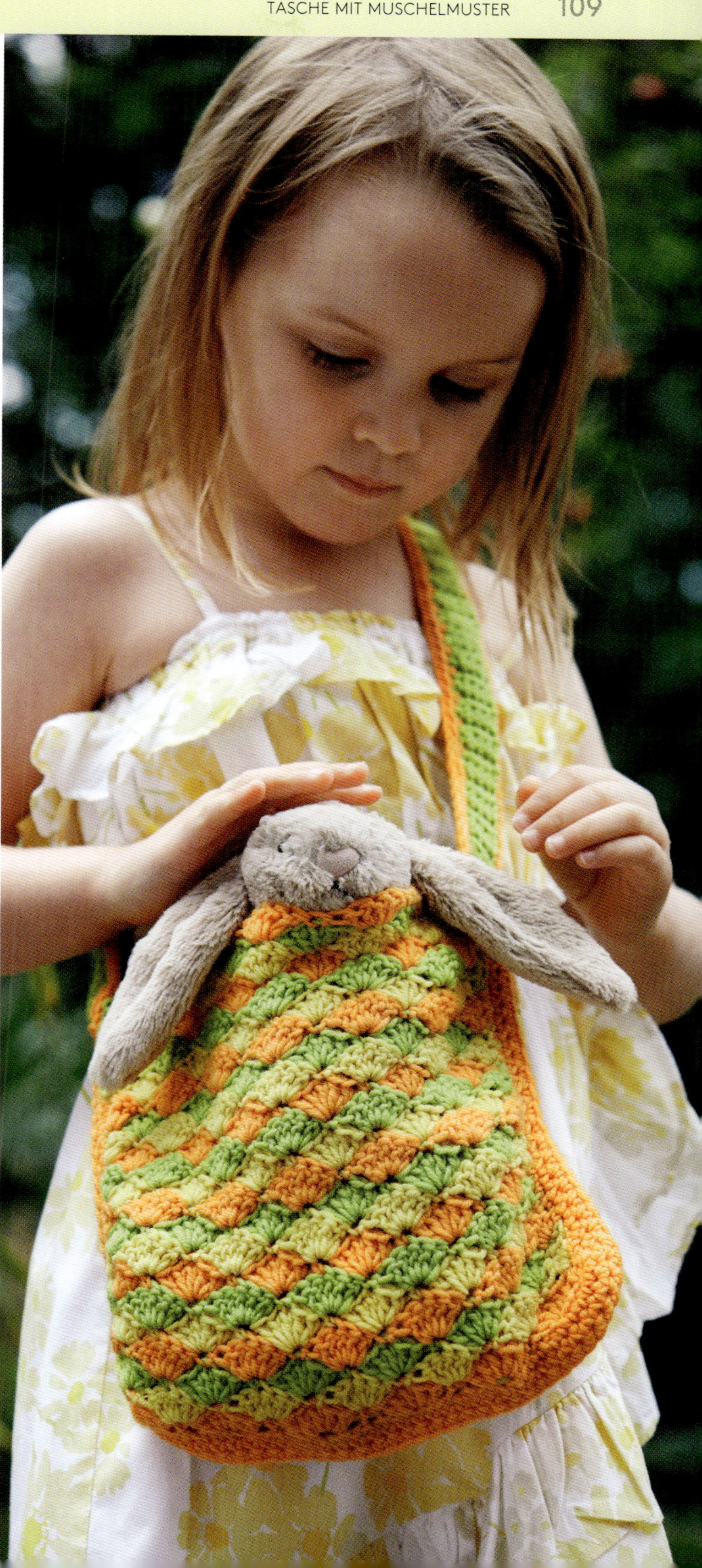

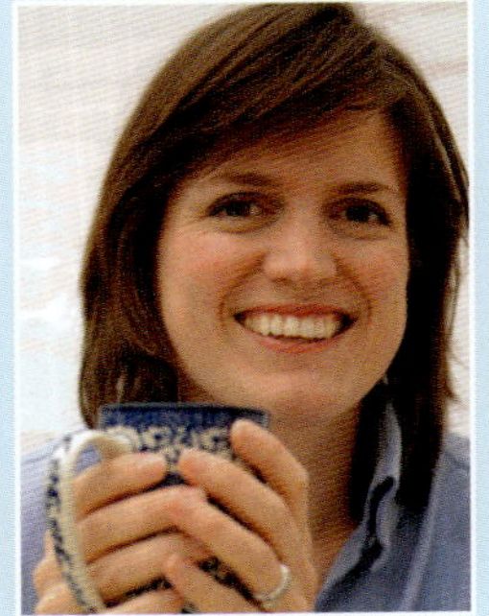

Gastdesignerin Maaike van Koert

Mein Name ist Maaike, und ich wohne mit meinem Mann, unserer kleinen Tochter und unserem Labrador in einem kleinen Dorf im Süden der Niederlande. Von 2011 bis 2013 haben wir in Toronto in Kanada gelebt. In dieser Zeit habe ich an meinen ersten Häkeldesigns gearbeitet, und ich habe es so genossen, dass ich einfach nicht aufhören konnte. Reisen in ganz Nordamerika waren meine Inspiration; und jede neue Farbkombination wurde sofort in eine gestreifte Babydecke umgewandelt! Nach unserer Rückkehr in die Niederlande erschien im Sommer 2014 mein erstes Häkelbuch *Puur Haken*. Sie finden meine Designs online unter www.creJJtion.com sowie unter dem Namen creJJtion auf Etsy und Ravelry.

Blumentäschchen

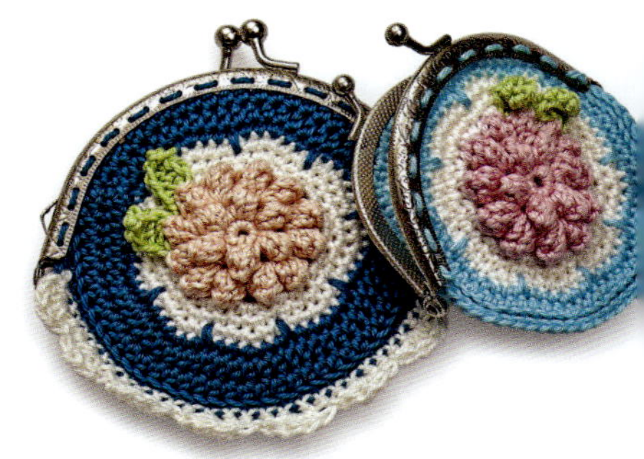

Bei diesen süßen Täschchen dienen Popcornmaschen als Mittelpunkt einer 3D-Blume. Mithilfe von tiefgestochenen Maschen werden weitere Blütenblättern um das Innere aus Popcornmaschen herum simuliert, und wenn Sie möchten, können Sie zum Schluss noch Blätter und einen Muschelrand hinzufügen. Diese Täschchen sind schnell gemacht und ein Geschenk, das immer begeistert!

GRÖSSE

Klein: Ø 7,5 cm
Groß: Ø 10 cm

MASCHENPROBE

Die erste Seite eines Täschchens häkeln und mit den Größenangaben oben vergleichen – wenn notwendig die Nadelstärke anpassen, um den entsprechenden Durchmesser zu erhalten (siehe auch Anmerkungen). Die Täschchen sollten nicht gespannt werden.

DAS BRAUCHEN SIE

- je 50 g vierfädiges Baumwollgarn in Pink oder Apricot (A), Beige (B), Hell- oder Dunkelblau (C) und Grün (D); die hier gezeigten Täschchen wurden mit Catania (100 % Baumwolle, Lauflänge ca. 125 m) in den Farben Light Pink 246 (A), Natural 105 (B), Aqua 397 (C) und Lime 392 (D) für die kleine Größe und Apricot 263 (A), Natural 105 (B), Mallard 400 (C) und Lime 392 (D) für die große Größe gehäkelt, aber jedes vierfädige Garn eignet sich als Ersatz
- Häkelnadel: 3 mm
- Sticknadel ohne Spitze
- Bogen-Taschenverschluss aus Metall zum Annähen mit Ø 7,5 cm für das kleine und Ø 10 cm für das große Täschchen

ABKÜRZUNGEN UND TECHNIKEN

Anf-Pm = Anfangspopcornmasche aus 3 Lm (zählen als 1 Stb), 3 Stb (Seite 91)
fM = feste Masche (Seite 23)
hStb = halbes Stäbchen (Seite 24)
Km = Kettmasche (Seite 22)
Lm = Luftmasche (Seite 18)
M = Masche(n)
Pm = Popcornmasche aus 4 Stb (Seite 91)
RS = rechte Seite
Stb = Stäbchen (Seite 25)
tfM = tiefgestochene feste Masche in die folg M eine Runde unterhalb der Vorrunde (Seite 89)
Anfangsring (Seite 56)
Garnwechsel (Seite 32)
Zusammenhäkeln mit festen Maschen (Seite 45)

ANMERKUNGEN

- Für ein hübsches und vor allem stabiles Täschchen sollten die Maschen kompakt und fest sein – gegebenenfalls mit einer kleineren Nadelstärke häkeln.
- Die Größe des Täschchens lässt sich ganz einfach anpassen, indem man einfach mehr oder weniger Runden mit Garn C häkelt.
- Die erste Luftmasche am Beginn von Runden aus festen Maschen zählt nicht als Masche. Zwei Luftmaschen am Beginn einer Runde zählen als halbes Stäbchen, drei Luftmaschen am Beginn einer Runde zählen als Stäbchen.
- Das größere Täschchen wurde hier mit einem Muschelabschluss versehen, der direkt an das fertige Täschchen gehäkelt werden kann. Gegenüber finden Sie eine Anleitung dafür (siehe Erste Hilfe), werfen Sie aber auch einen Blick auf Seite 122 für weitere Informationen zu dieser Art Abschluss.

VORDER- UND RÜCKSEITE (GLEICH)

Anfangsring: Mit Garn A 3 Lm anschl und mit 1 Km zur Runde schließen.
Runde 1: 1 Lm, 6 fM in den Ring, 1 Km in die 1. fM. (6 fM)
Runde 2: Anf-Pm in die 1. fM der Vor-Rd, [2 Lm, Pm in die folg fM] x 5, 2 Lm, 1 Km in die Anf-Pm. (6 Pm und 6 2-Lm-ZR)
Runde 3: 1 Km in den folg 2-Lm-ZR, (Anf-Pm, 2 Lm, Pm) in denselben 2-Lm-ZR, [(2 Lm, Pm, 2 Lm, Pm) in den folg 2-Lm-ZR] x 5, 2 Lm, 2 Km in die Anf-Pm. (12 Pm und 12 2-Lm-ZR)
Garn A abschneiden und durchziehen, Garn B an einen beliebigen 2-Lm-ZR anfügen.
Runde 4: 1 Lm, 3 fM in denselben 2-Lm-ZR, [3 fM in den folg 2-Lm-ZR] x 11, 1 Km in die 1. fM. (36 fM)
Runde 5: 1 Lm, 1 fM in jede der folg 3 fM, 2 fM in die folg fM, [1 fM in jede der folg 3 fM, 2 fM in die folg fM] x 8, 1 Km in die 1. fM. (45 fM)
Runde 6: 1 Lm, 1 fM in jede der folg 4 fM, 2 fM in die folg fM, [1 fM in jede der folg 4 fM, 2 fM in die folg fM] x 8, 1 Km in die 1. fM. (54 fM)
Auf Garn C wechseln.
Runde 7: 1 Lm, 1 fM in jede der folg 4 fM, *tfM in die folg fM, 2 fM in die folg fM, 1 fM in jede der folg 4 fM, ab * bis zu den letzten 2 fM wdh, tfM in die folg fM, 2 fM in die letzte fM, 1 Km in die 1. fM. (63 fM)

Nur kleine Tasche:
Runde 8: 1 Lm, 1 fM in jede folg fM bis Rd-Ende, 1 Km in die 1. fM.
Faden abschneiden und durchziehen, Fadenenden vernähen.

Nur große Tasche:
Runde 8: 2 Lm, 1 M überg, 1 hStb in jede folg M bis Rd-Ende, 1 Km in die obere der 2 Anf-Lm. (63 hStb)
Runde 9: Wie Runde 8 arb.
Faden abschneiden und durchziehen, Fadenenden vernähen

BLÄTTER (X 4 PRO TASCHE)

Mit Garn D 5 Lm anschl, 1 fM in die 2. Lm ab Nd, 1 hStb in die folg Lm, 1 Stb in jede der folg 2 Lm.
Faden abschneiden und durchziehen, dabei ein etwa 15 cm langes Fadenende zum Annähen lassen.

FERTIGSTELLUNG DER TASCHE

Mit einer Sticknadel ohne Spitze jeweils zwei Blätter an eine Blüte annähen, dabei die Blätter genau an der Basis der Popcornmaschen positionieren, sodass sie leicht darunter verschwinden.
Den Bogen-Taschenverschluss öffnen und mit Garn C oder einem Garn in einer kontrastierenden Farbe die Vorderseite der Tasche daran festnähen, sodass die Popcornblume außen liegt, dabei in eine Öffnung entlang des Bogens einstechen und bei der nächsten wieder ausstechen usw. Die Rückseite der Tasche auf die Vorderseite legen, auch hier sollte die Popcornblume außen liegen, und entlang der unteren Hälfte bis zum anderen Ende des Taschenverschlusses mit festen Maschen durch die jeweils innenliegenden Maschenglieder an die Vorderseite häkeln. Schließlich die obere Hälfte der Rückseite wie die Vorderseite an den Bogen-Taschenverschluss annähen.

MUSCHELABSCHLUSS (OPTIONAL)

Nach Wunsch können die Täschchen jetzt noch mit einem dekorativen Muschelabschluss versehen werden. Das Muster wird über ein Vielfaches von 2 M gehäkelt.
Garn B oder ein anderes Garn an die linke Seite der Tasche direkt neben dem Bogen-Taschenverschluss anfügen und wie folgt fortfahren:
Reihe 1: 1 Lm, 1 fM in jede folg fM bis R-Ende (anderes Ende des Bogen-Taschenverschlusses), wenden.
Nun die Maschen zählen, um sicherzugehen, dass Sie ein Vielfaches von 2 fM haben. Wenn nötig kann man am Beginn oder am Ende der nächsten Reihe Kettmaschen häkeln, um die benötigte Maschenanzahl zu erreichen.
Reihe 2: 3 Lm, 3 Stb in dieselbe fM, 1 Km in die folg fM, [4 Stb in die folg fM (Muschel), 1 Km in die folg fM] bis R-Ende.
Für größere Muscheln kann man den Abschluss über ein Vielfaches von 4 M + 1 arbeiten und in Reihe 2 1 fM vor und nach jeder Km überg.
Faden abschneiden und durchziehen, Fadenenden vernähen.

ERSTE HILFE

WIE FUNKTIONIERT DER MUSCHEL-ABSCHLUSS?

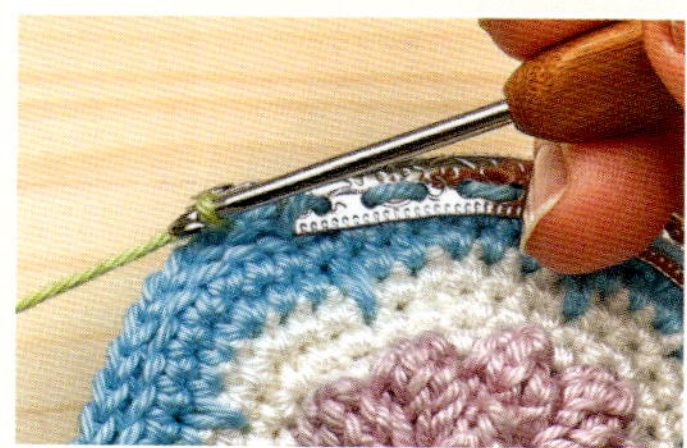

SCHRITT 1
Mit der Nadel in die erste feste Masche der Naht aus festen Maschen direkt neben dem Bogen-Taschenverschluss einstechen und mit einer Anfangsschlinge das gewünschte Garn anfügen.

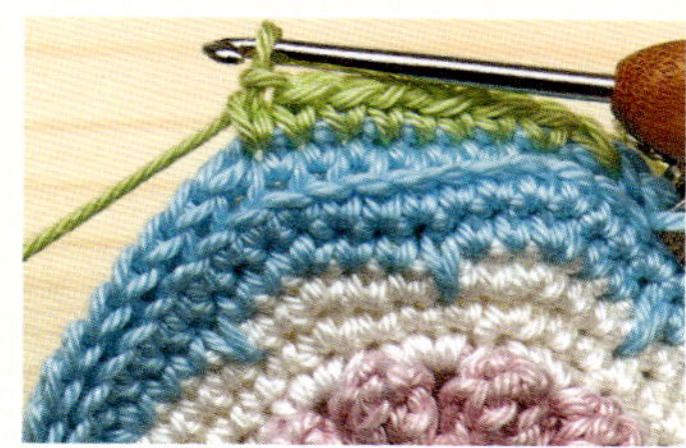

SCHRITT 2
Eine feste Masche in jede feste Masche der Naht bis zum anderen Ende des Bogen-Taschenverschlusses häkeln.

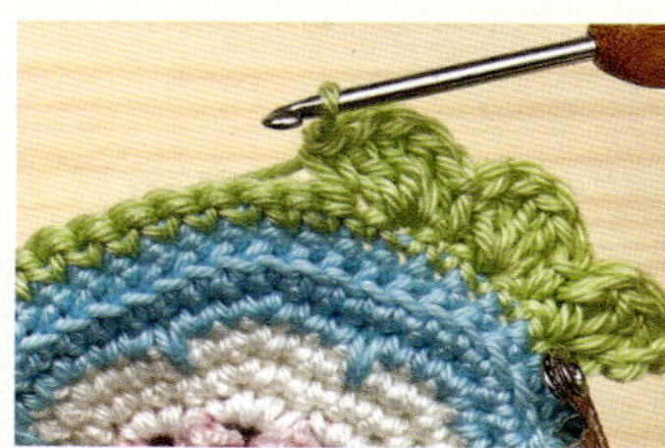

SCHRITT 3
Wenden und nun den Muschelabschluss in die Reihe aus festen Maschen häkeln. Eine Muschel besteht dabei aus vier Stäbchen, zwischen den Muscheln erfolgt jeweils eine Kettmasche in die folgende feste Masche.

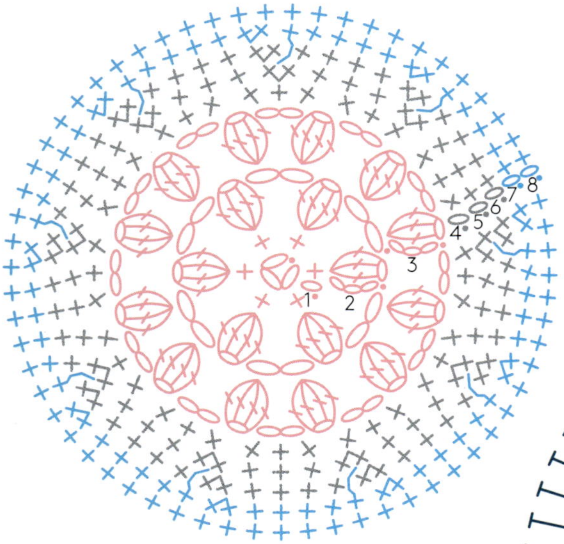

kleines Täschchen

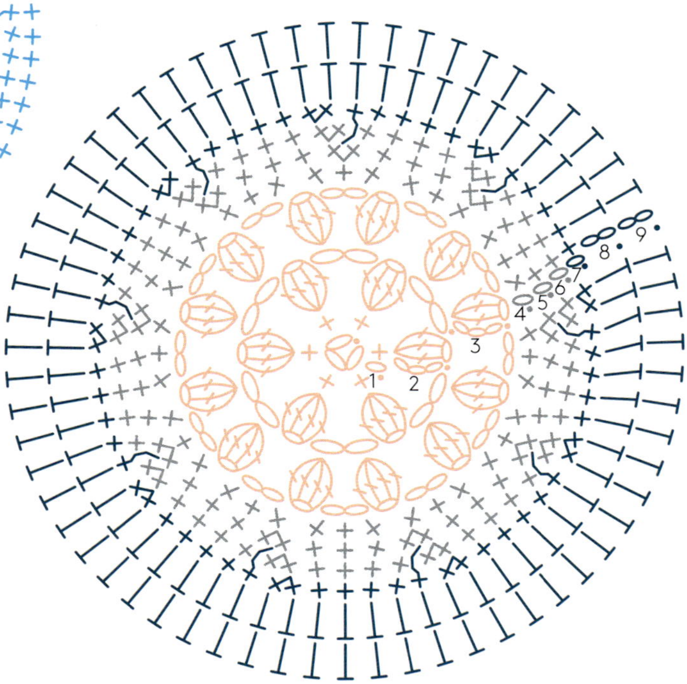

SYMBOLE

- Lm
- Km
- fM
- tfM
- hStb
- Anf-Pm (3 Lm, 3 Stb)
- Pm (aus 4 Stb)

großes Täschchen

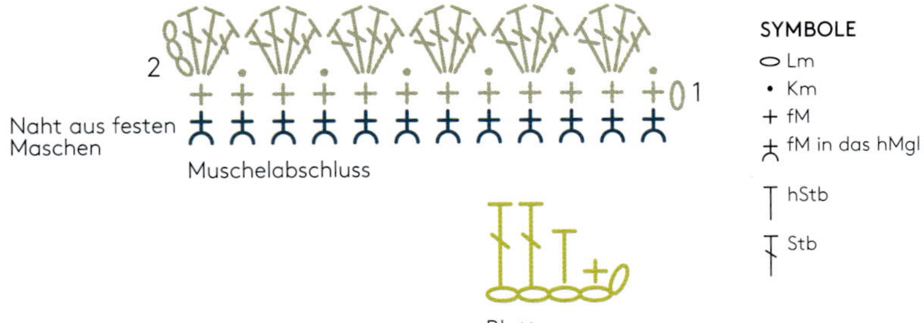

Muschelabschluss

Blatt

SYMBOLE

- Lm
- Km
- fM
- fM in das hMgl
- hStb
- Stb

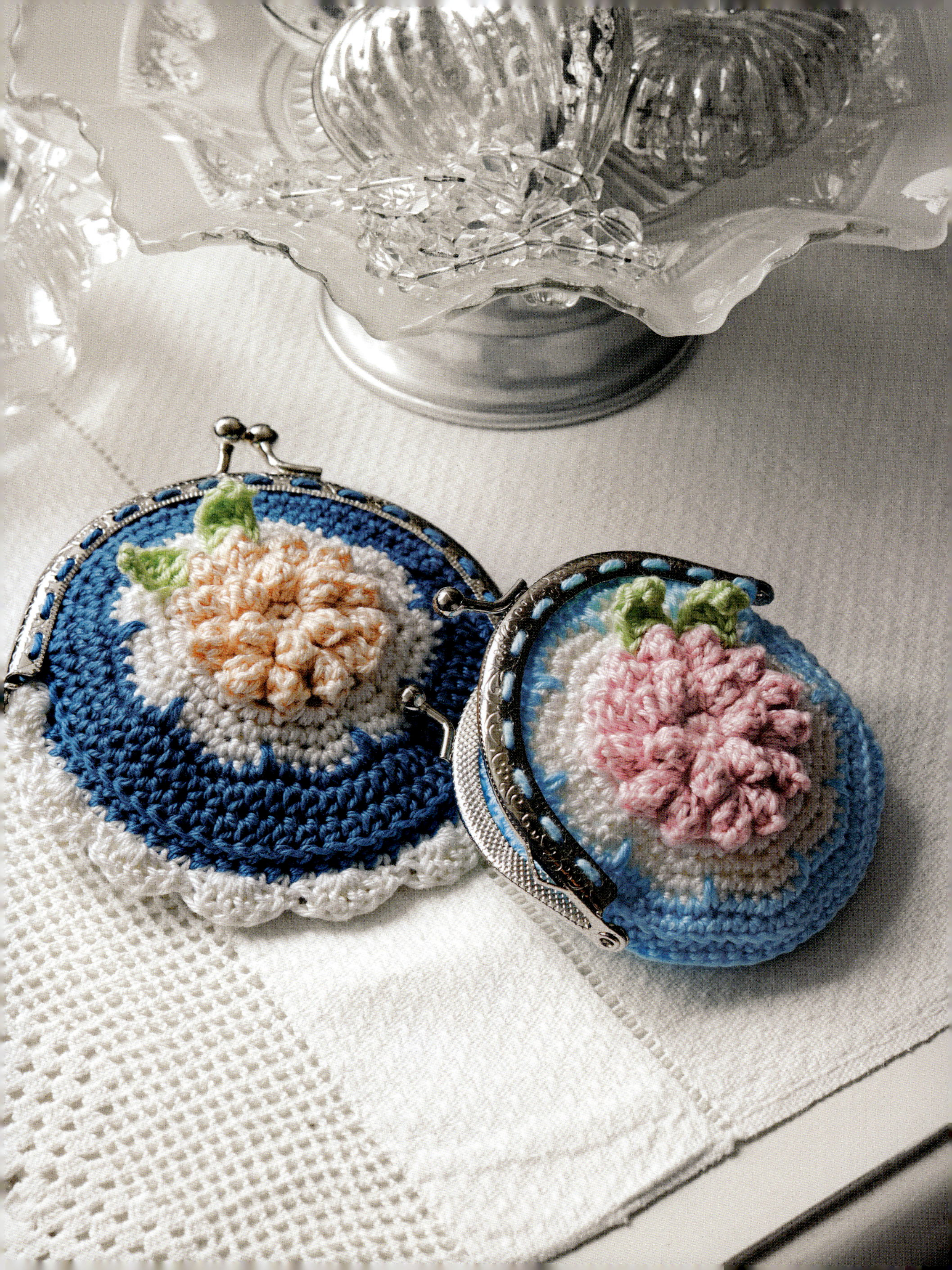

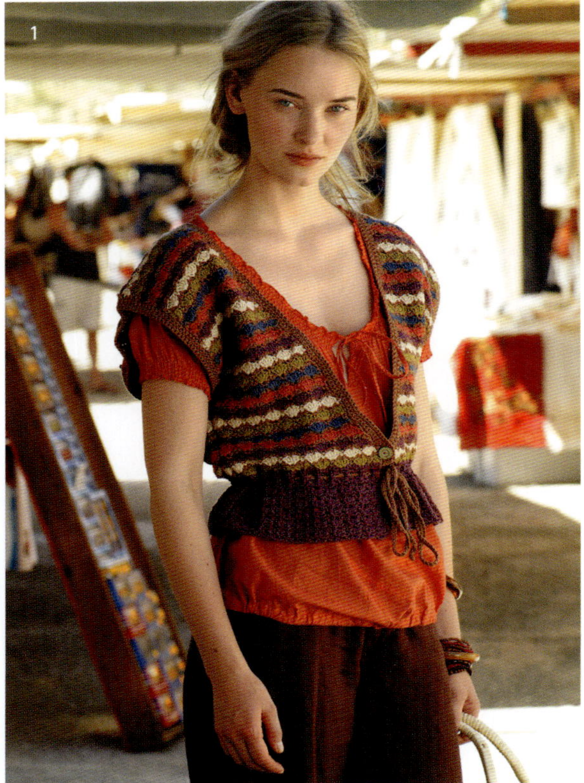
1

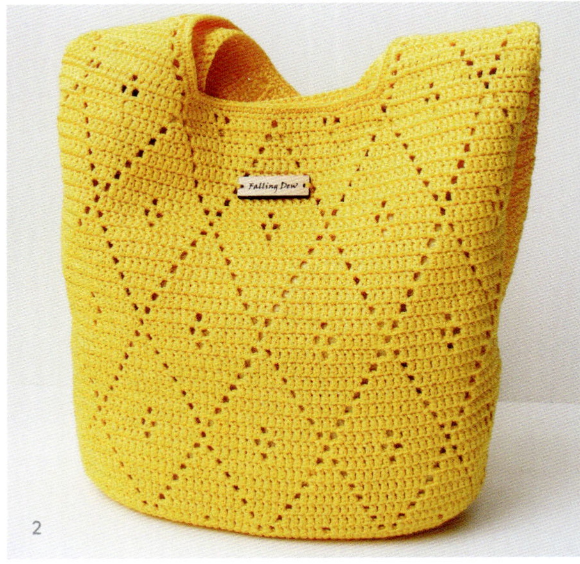

2

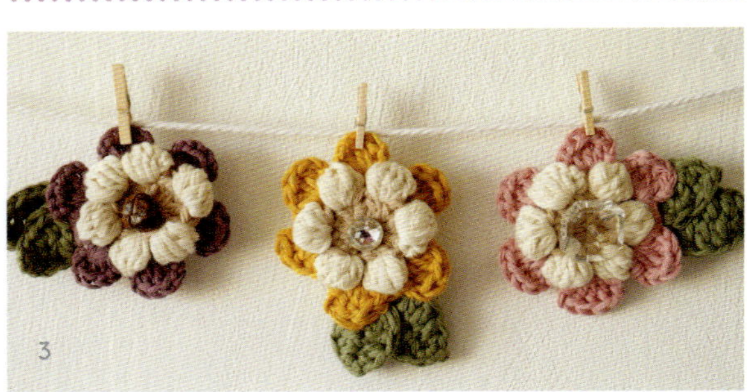
3

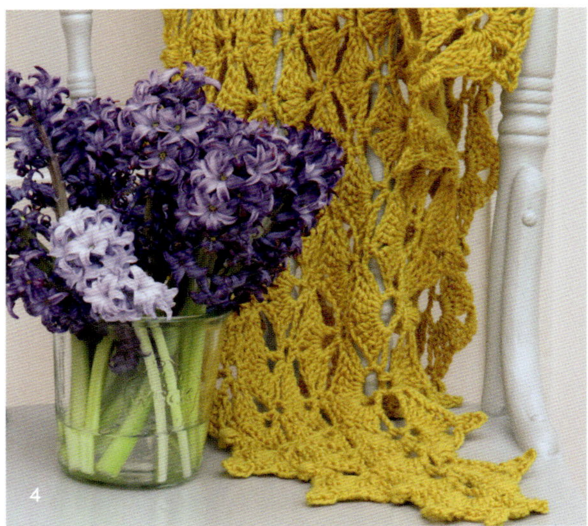
4

Inspirationen

1. HÄKELJÄCKCHEN „KEFALONIA", ROWAN
Dieses hübsche kurzärmelige Häkeljäckchen, das vorn zugebunden werden kann, wurde aus einem Baumwollgarn gefertigt, das das simple Muschelmuster besonders gut zur Geltung kommen lässt. Die einfarbige Einfassung und die dezenten Details machen das Jäckchen zu einem hübschen, tragbaren Kleidungsstück.

2. UMHÄNGETASCHE, RASA GRIGAITE
Diese praktische, große Umhängetasche wurde aus Stäbchen und Luftmaschen gehäkelt, die ein spannendes Lochmuster ergeben.

3. BLUMENBROSCHEN, AMY ASTLE
Diese hübschen Broschen zeigen, wie einfache Motive in hübsche Accessoires verwandelt werden können. Maschen mit Struktur wie Puff- und Popcornmaschen wurden mit einem Muschelmuster für die äußeren Blütenblättern kombiniert, um die dreidimensionale Optik der Blumen zu erzeugen.

4. GELBER SCHAL, MAAIKE VAN KOERT
Der traditionelle Häkelschal wird hier durch ein luxuriöses Garn aufgewertet. Zudem werden Fächermuster und eine hübsche Einfassung besonders effektvoll kombiniert – und durch die kräftige Farbe wird das Muster zusätzlich unterstrichen.

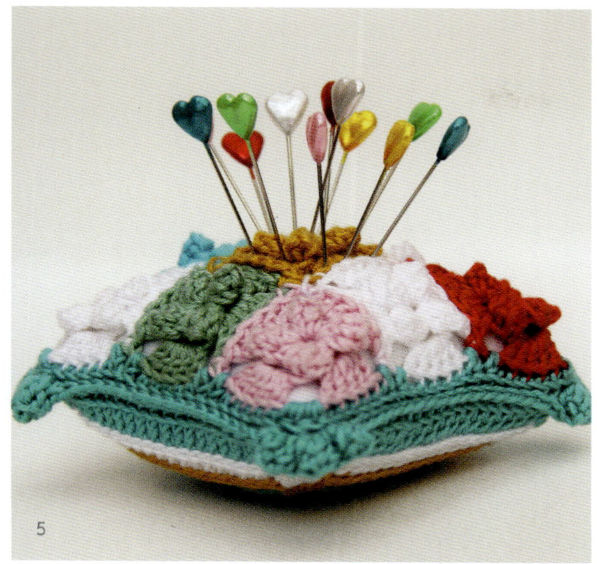

5

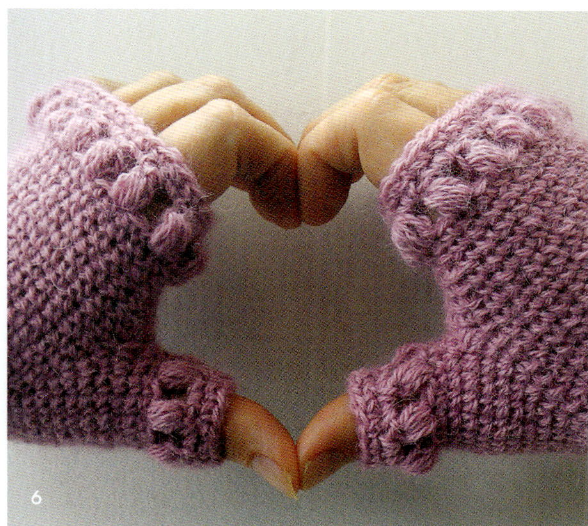

6

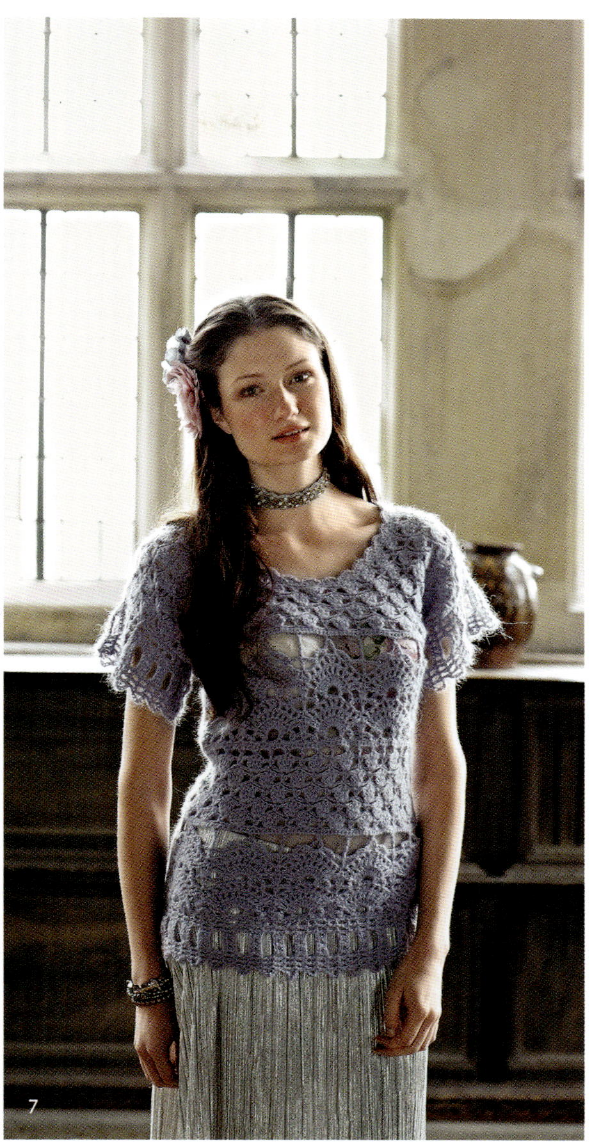

7

5. NADELKISSEN, MAAIKE VAN KOERT

Kleine quadratische Motive mit Popcornmaschen in der Mitte wurden zusammengenäht und mit einer Einfassung aus festen Maschen umhäkelt, um dieses hübsche Nadelkissen zu kreieren. Kleine Motive sind besonders toll, um Garnreste von anderen Projekten aufzubrauchen.

6. STULPEN MIT BORDÜRE, LEONIE MORGAN

Der strukturierte Abschluss bei diesen Stulpen wurde mithilfe von Puffmaschen gearbeitet. Die Stulpen wurden in der Runde gehäkelt, der Daumen wurde durch Maschenzunahmen gearbeitet.

7. T-SHIRT „CARMEN", ROWAN

Bei diesem etwas längeren Shirt wurden verschiedene Techniken kombiniert, die ein gewisses Häkelwissen voraussetzen. Verschiedene Muschelmuster und höhere Maschen, wie etwa Doppelstäbchen, ergeben ein leichtes und luftiges Häkel-Shirt.

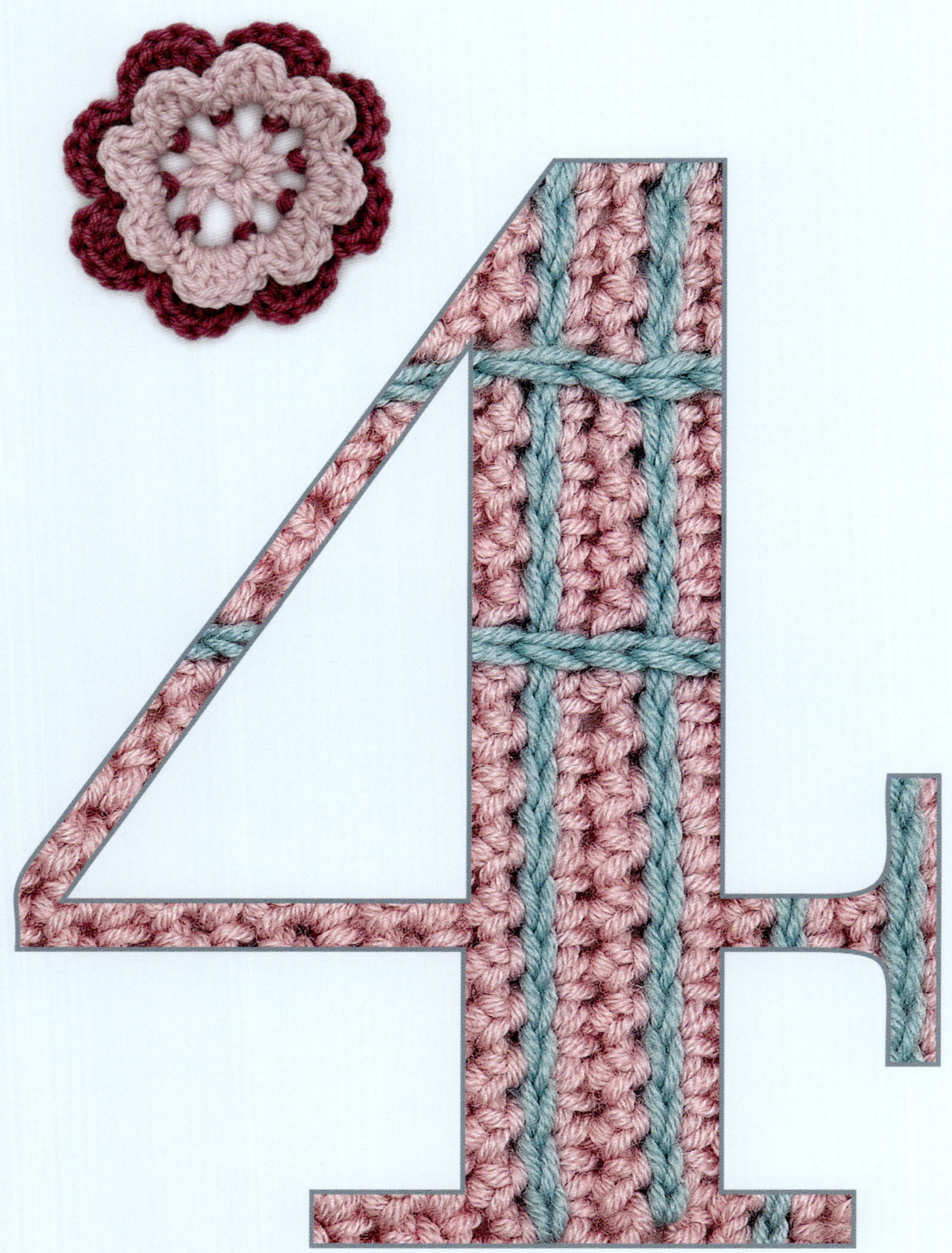

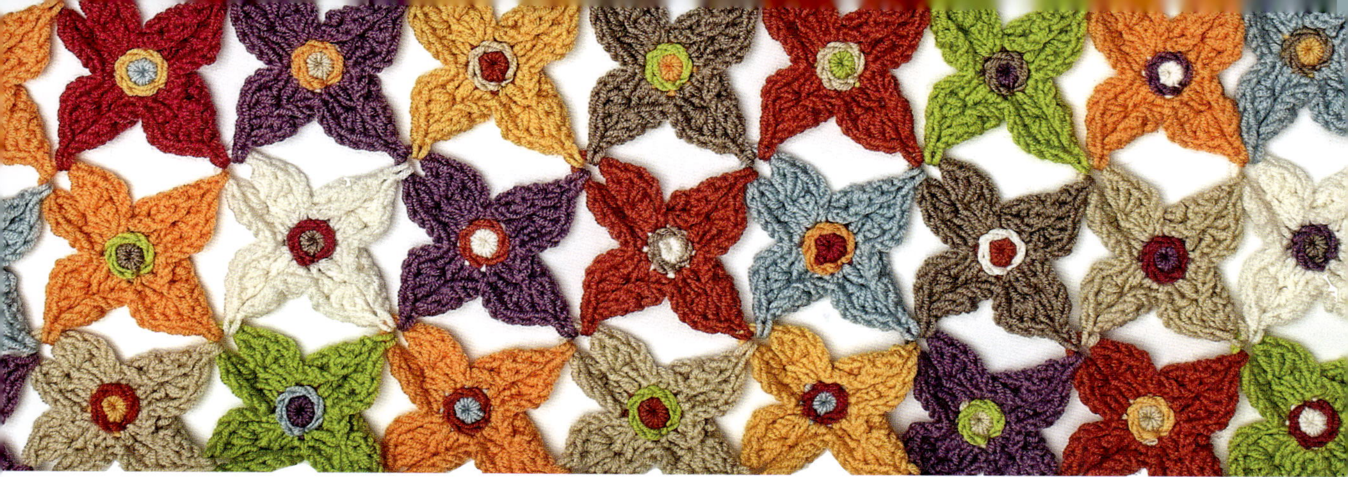

KAPITEL 4

Der letzte Schliff

Auch einfache Häkelprojekte lassen sich durch ein paar gezielte Handgriffe und kleine Verzierungen aufwerten. Vom perfekten Knopfloch bis zum Hinzufügen eines selbstgehäkelten Abschlusses an ein gekauftes Stück enthält dieses Kapitel eine Reihe von Techniken, mit denen Sie Ihren Häkelarbeiten im Handumdrehen ein professionelles Finish verleihen. Außerdem finden Sie hier Tipps, wie Sie Häkelmotive verbinden und schlichte Projekte mit Verzierungen sowie Perlen und Pailletten verschönern können.

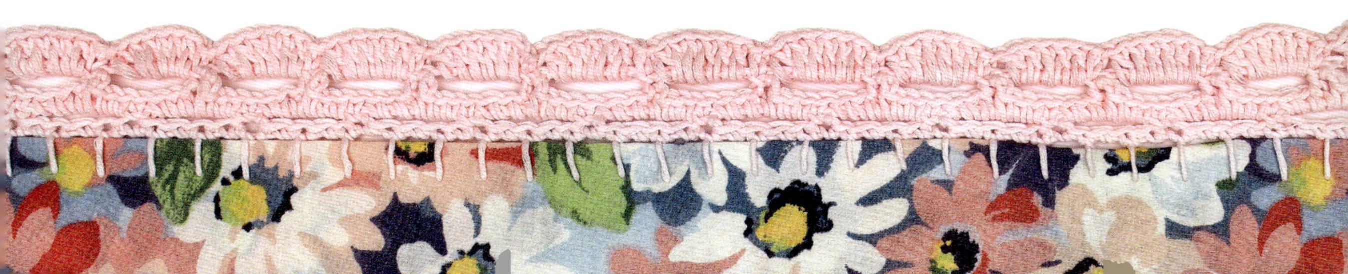

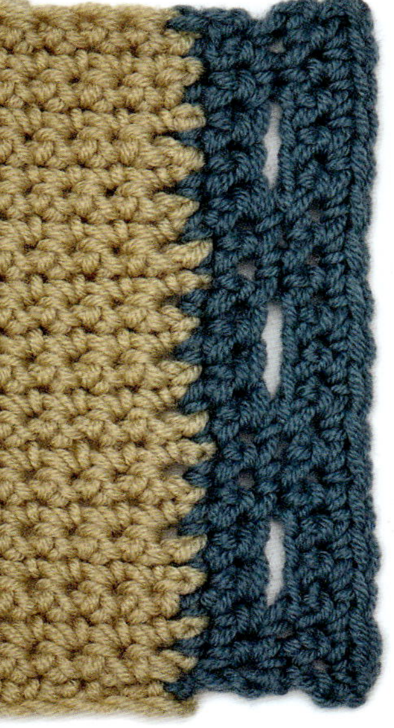

Knopflöcher und Knopfschlaufen

Die einfachsten Knopflöcher bestehen aus kleinen Schlaufen aus Luftmaschen. Das kann bei leichten Kleidungsstücken sehr hübsch aussehen, aber für robustere, schwerere Kleidungsstücke wird bevorzugt eine stabile Knopflochleiste – meist aus doppelten Maschen – gearbeitet. Fertigen Sie immer zuerst die Knopflöcher an, bevor Sie die Knöpfe anbringen – es ist einfacher, die Knöpfe an das Knopfloch anzupassen als umgekehrt. Außerdem sollte man darauf achten, dass die Knöpfe in gleichmäßigen Abständen angebracht werden.

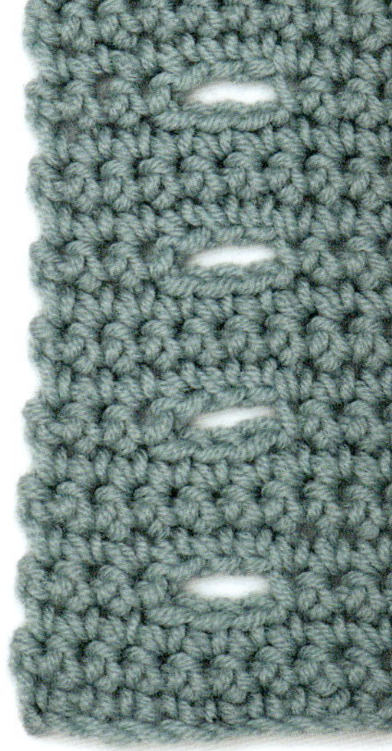

horizontale (oben) und vertikale (links) Knopflöcher

VERTIKALE KNOPFLÖCHER

Knopflochleisten mit vertikalen Knopflöchern können direkt an den Rand eines Kleidungsstücks gehäkelt werden. Dabei empfiehlt es sich, zuerst ein Probestück anzufertigen, um die passenden Knöpfe auszuwählen bzw. um sicherzugehen, dass die gekauften Knöpfe passen. Für die Knopflöcher werden mehrere Luftmaschen gehäkelt, und eine bestimmte Anzahl Maschen wird übersprungen. In der nächsten Reihe wird in jede Luftmasche eine feste Masche gehäkelt – fertig ist das Knopfloch. In der Anleitung sollte angegeben sein, wie groß die Knopflöcher sein sollen und wo sie platziert werden sollen.

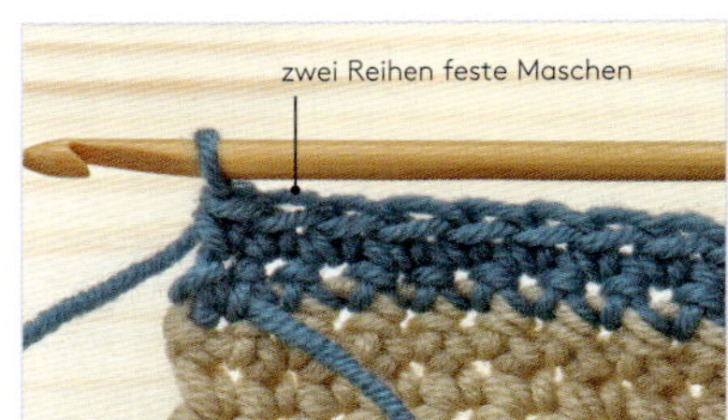

SCHRITT 1
Am besten übt man diese Technik an einem Probestück aus festen Maschen. Das Garn für die Knopflochleiste anfügen und zwei Reihen feste Maschen häkeln.

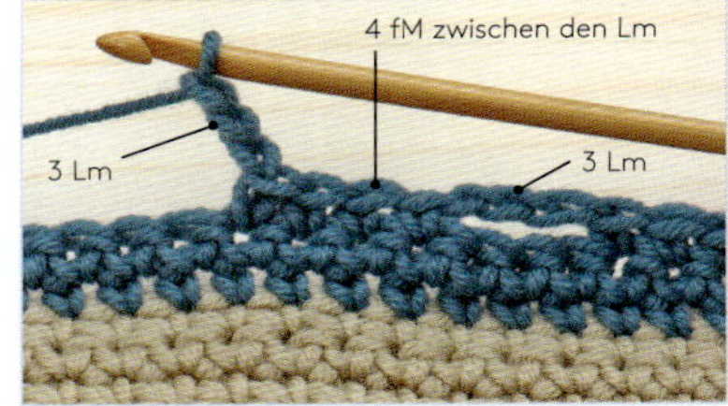

SCHRITT 2
In der nächsten Reihe mindestens vier feste Maschen und dann das erste Knopfloch häkeln. Hier bestehen die Knopflöcher aus je drei Luftmaschen und drei übergangenen festen Maschen, zwischen den Knopflöchern werden jeweils vier feste Maschen gehäkelt.

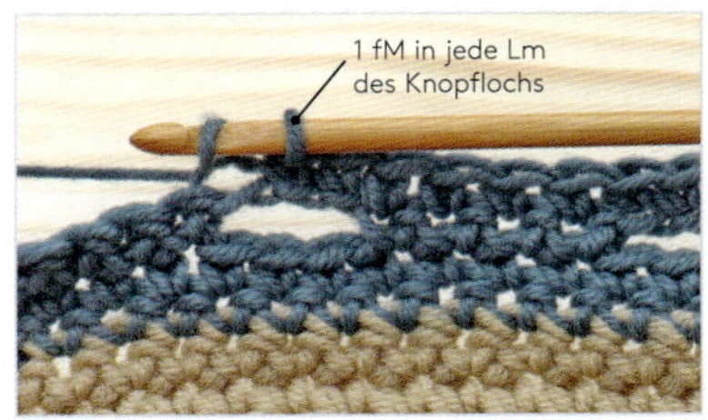

SCHRITT 3
Nach diesem Prinzip bis zum Ende der Reihe weiterhäkeln, dabei mit mindestens vier festen Maschen enden. In der nächsten Reihe in jede feste Masche und in jede Luftmasche eine feste Masche häkeln.

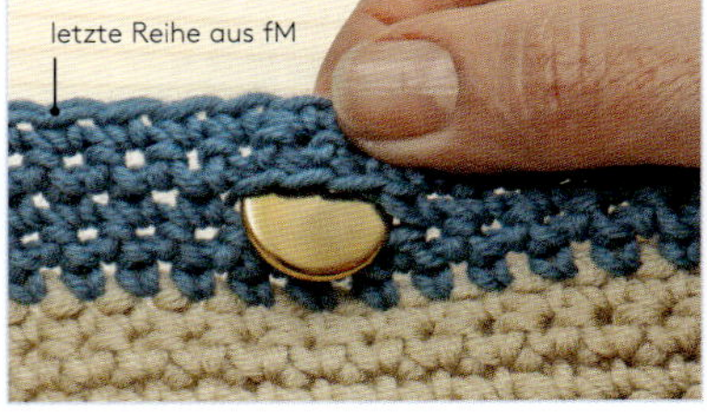

SCHRITT 4
Als Abschluss der Knopflochleiste noch eine weitere Reihe fester Maschen häkeln. Jetzt muss man nur noch die Knöpfe in der passenden Größe auswählen.

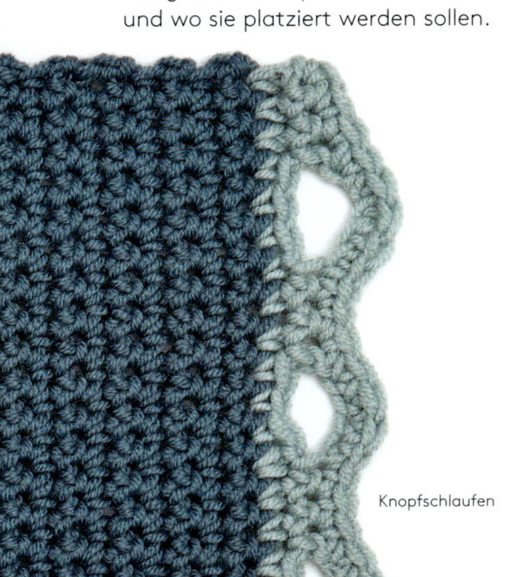

Knopfschlaufen

HORIZONTALE KNOPFLÖCHER

Knopflochleisten mit horizontalen Knopflöchern werden separat gehäkelt und dann an das fertige Kleidungsstück genäht. Die Breite der Knopflochleiste und die Anzahl an Reihen zwischen den einzelnen Knopflöchern hängen davon ab, wie stabil die Knopflochleiste sein soll und wie groß die Knöpfe sind. Hier werden zunächst zehn Luftmaschen (einschließlich der ersten Wendeluftmasche) angeschlagen. Bei einer Knopflochleiste aus festen Maschen wird am Beginn jeder Reihe eine Wendeluftmasche gehäkelt (diese zählt nicht als erste Masche).

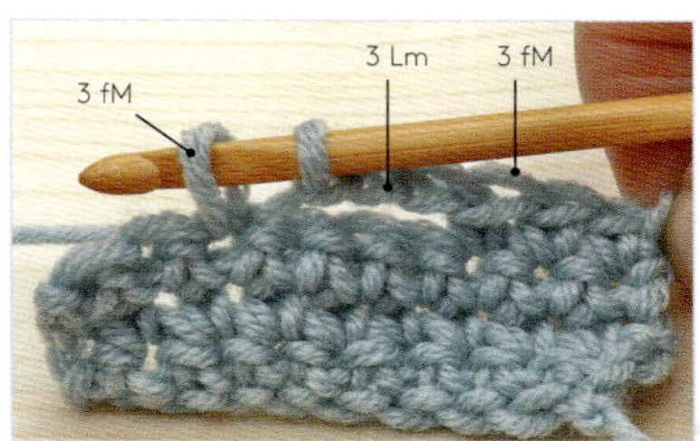

SCHRITT 1

Zunächst mindestens drei Reihen feste Maschen häkeln. In der nächsten Reihe nach demselben Prinzip wie gegenüber mithilfe von Luftmaschen das erste Knopfloch häkeln. Hier wird die Knopflochreihe wie folgt gearbeitet: 3 fM, 3 Lm, 3 fM überg, 3 fM, wenden.

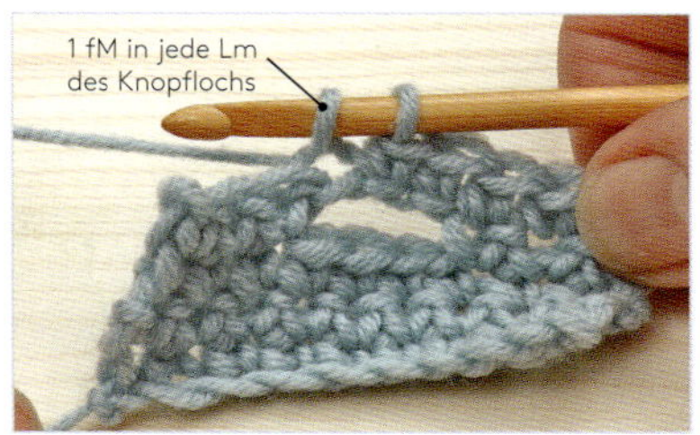

SCHRITT 2

In der nächsten Reihe in jede feste Masche und in jede Luftmasche eine feste Masche häkeln. Nach diesem Prinzip weitere Knopflöcher häkeln, dabei zwischen den Knopflöchern jeweils mindestens drei Reihen feste Maschen häkeln – oder wie in der Anleitung angegeben. Die Knopflochleiste schließlich an das Kleidungsstück nähen (siehe Seite 43).

KNOPFSCHLAUFEN

Die einfachste Technik, um Knopflöcher zu häkeln, sind Schlaufen aus Luftmaschen, die an den Rand des fertigen Kleidungsstücks gehäkelt werden. So ist auf der gegenüberliegenden Seite keine eigene Knopfleiste erforderlich – die Knöpfe können direkt auf das Kleidungsstück genäht werden. Die Knopfschlaufen werden stabiler und hübscher, wenn man anschließend noch eine Reihe fester Maschen in die Luftmaschenzwischenräume häkelt. Meist werden mehr Luftmaschen gehäkelt, als Maschen in der Reihe davor übergangen werden – wie viele, hängt von der Größe des verwendeten Knopfs ab.

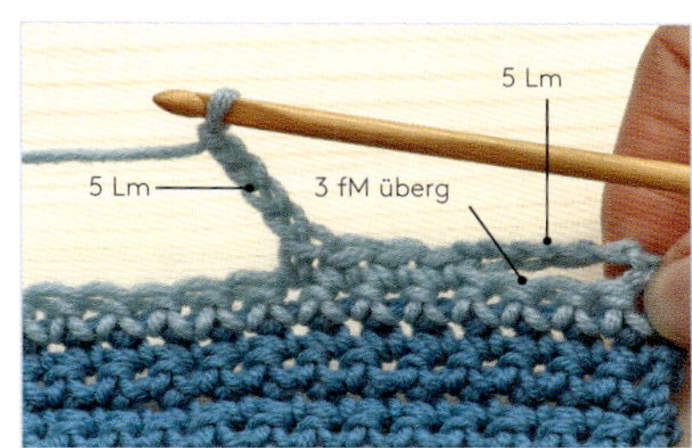

SCHRITT 1

Das Garn für die Knopfschlaufen anfügen und eine Reihe fester Maschen häkeln. In der nächsten Reihe bis zu der Stelle, an der die erste Schlaufe gehäkelt werden soll, feste Maschen häkeln, dann die erforderliche Anzahl an Luftmaschen (hier fünf) arbeiten, die angegebene Anzahl an festen Maschen übergehen (hier drei) und dann bis zur nächsten Schlaufe weiter feste Maschen häkeln.

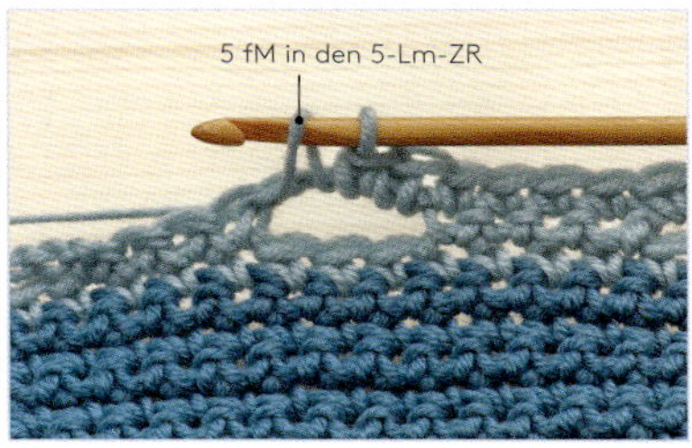

SCHRITT 2

In der nächsten Reihe in jede feste Masche eine feste Masche und in den Luftmaschenzwischenraum die angegebene Anzahl feste Maschen häkeln. Hier werden in jeden Luftmaschenzwischenraum fünf feste Maschen gehäkelt.

KNÖPFE ANNÄHEN

Vor dem Annähen von Knöpfen immer zuerst die Stelle markieren, wo sie angebracht werden sollen. Normalerweise verwendet man zum Annähen einen Faden in einer ähnlichen Farbe wie das Kleidungsstück, man kann aber auch eine Farbe wählen, die zur Farbe des Knopfes passt. Zunächst einige Stiche in das Kleidungsstück machen, um den Faden zu befestigen.

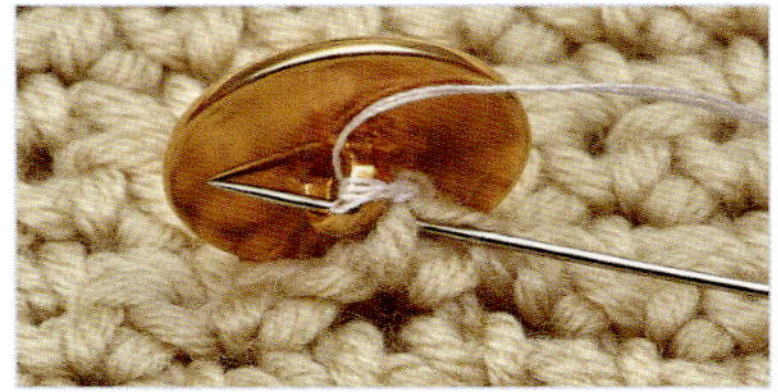

KNOPF MIT STEG

Den Knopf an der gewünschten Stelle auf der rechten Seite des Kleidungsstücks mit einigen Stichen festnähen, damit er schön fest sitzt. Durch den Steg ist der Knopf etwas erhöht – er bietet so genug Platz für die Knopflochleiste.

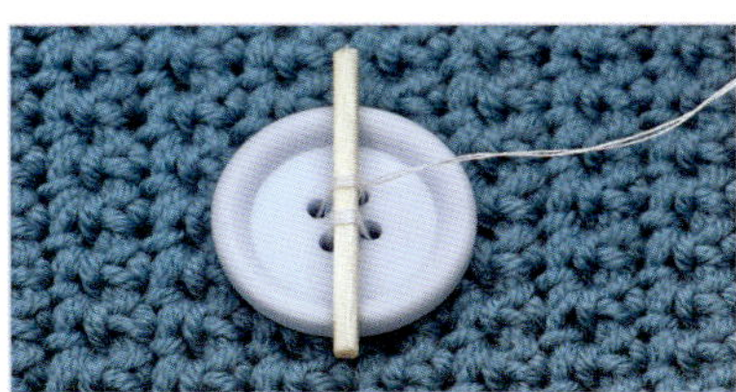

FLACHER KNOPF

Flache Knöpfe sollten nicht zu eng auf der Häkelfläche festgenäht werden. Um sicherzugehen, kann man ein Streichholz auf den Knopf legen und um dieses herumnähen – das Streichholz zum Schluss einfach herausziehen, und schon ist genug Platz für die Knopflochleiste.

Kordeln

Kordeln sind im Handumdrehen gehäkelt und sehr nützlich: Sie können anstelle von Bändern oder Riemen verwendet werden, breitere Kordeln eignen sich hervorragend als Griffe für Taschen, und spiralförmige Kordeln als Abschluss machen selbst einen einfachen Schal zu einem echten Hingucker. Für eine Kordel in einer bestimmten Länge sollte man zunächst eine kleine Maschenprobe anfertigen. Dann lässt sich genau berechnen, wie viele Luftmaschen angeschlagen werden müssen.

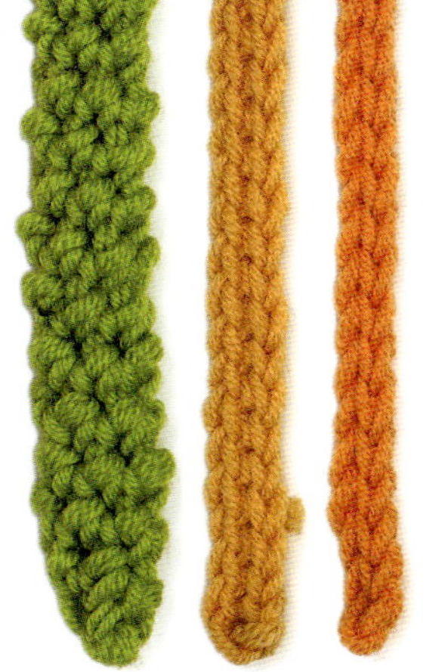

runde Kordel | Kordel mit 2 Km-Reihen | Kordel mit 1 Km-Reihe

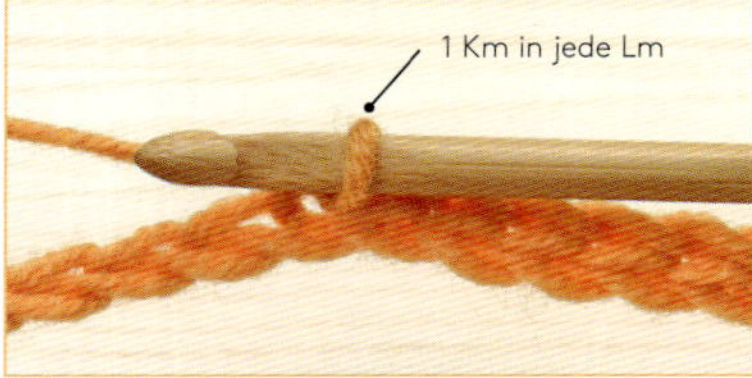

KORDEL MIT EINER KETTMASCHENREIHE

Eine Luftmaschenkette in der gewünschten Länge häkeln, eine Kettmasche in die zweite Luftmasche ab Nadel und eine Kettmasche in jede folgende Luftmasche bis Reihenende häkeln. Faden abschneiden und durchziehen, Fadenenden vernähen.

BAND AUS FESTEN MASCHEN

Häkelt man bei einer Kordel mit zwei Kettmaschenreihen feste Maschen statt Kettmaschen entsteht ein etwas breiteres Band. Mit einem andersfarbigen Garn nun eine Reihe Kettmaschen auf dieses Band häkeln (siehe Häkeln auf der Oberfläche, Seite 126).

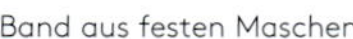

Band aus festen Maschen | Spiralkordel

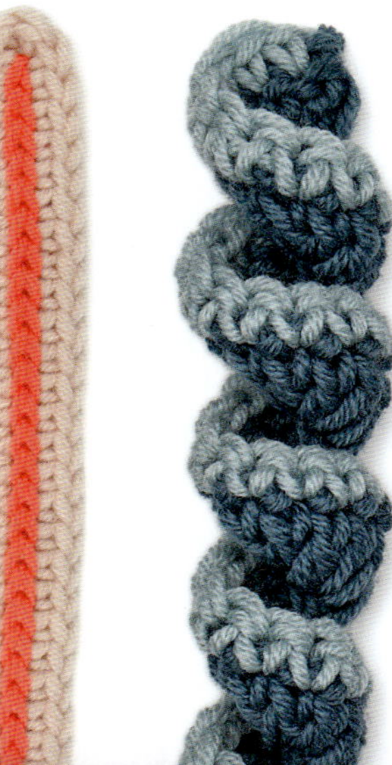

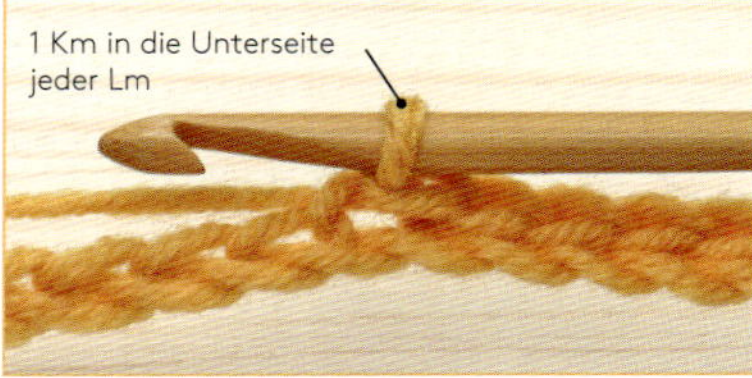

KORDEL MIT ZWEI KETTMASCHENREIHEN

Für eine stabilere Kordel die Kordel nach der ersten Kettmaschenreihe umdrehen und in die Unterseite jeder Luftmasche ebenfalls eine Kettmasche häkeln. Gegebenenfalls kann man dafür auf eine kleinere Nadel wechseln.

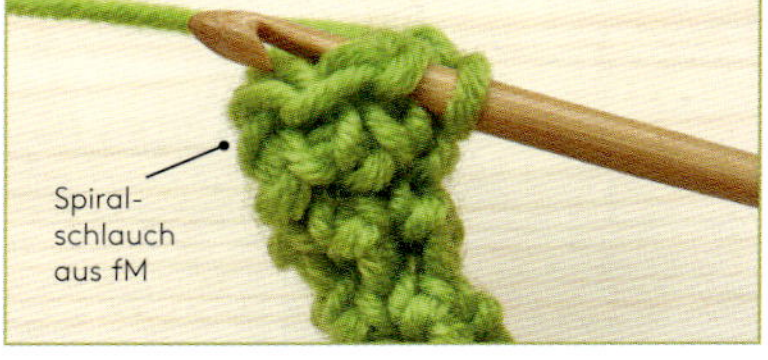

RUNDE KORDEL

Eine runde Kordel wird wie ein Spiralschlauch aus festen Maschen gehäkelt (siehe Seite 70). Fünf Luftmaschen anschlagen, mit einer Kettmasche zur Runde schließen und dann in jede folgende Masche eine feste Masche häkeln, bis die Kordel die gewünschte Länge hat.

SPIRALKORDEL

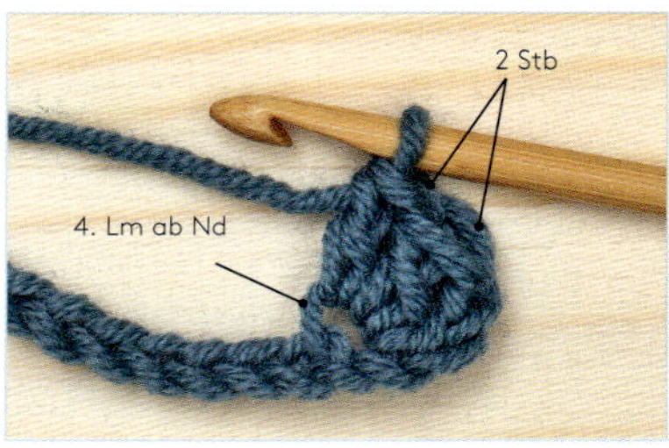

SCHRITT 1

Eine Luftmaschenkette in der gewünschten Länge anschlagen und dann zwei Stäbchen in die vierte Luftmasche ab Nadel häkeln.

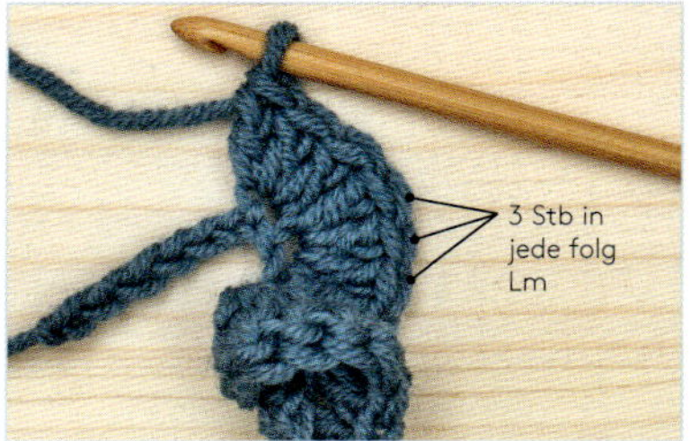

SCHRITT 2

In jede folgende Luftmasche bis Reihenende drei Stäbchen häkeln. Je mehr Stäbchen man häkelt, desto deutlicher verdreht sich die Kordel zu einer Spirale.

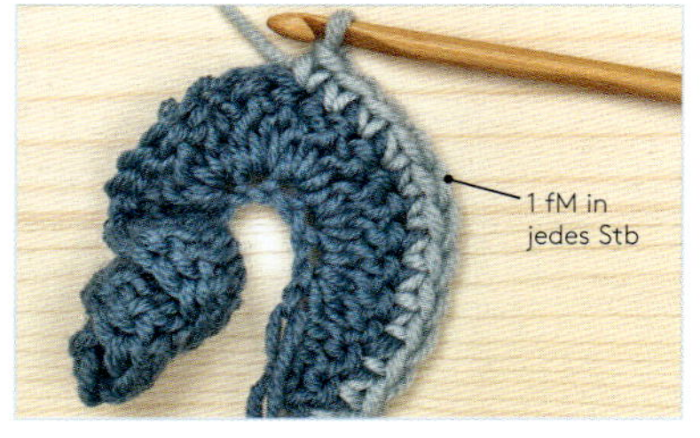

SCHRITT 3

Für einen hübschen Effekt sorgt ein Abschluss in einer kontrastierenden Farbe. Dafür nach der Stäbchenreihe einfach das gewünschte Garn anfügen und eine feste Masche in jedes Stäbchen häkeln. Nach diesem Prinzip lassen sich auch aus anderen Maschenarten Spiralkordeln herstellen.

Abschlüsse

Mit einem Abschluss oder einer Einfassung kann man die Ränder eines Häkelstücks versäubern und es mit einem hübschen Detail in kontrastierender Farbe oder Struktur versehen. Wenn Sie einen Abschluss an ein Häkelstück häkeln, das Nähte hat, beginnen Sie mit dem Abschluss direkt bei einer Naht, damit der Übergang weniger auffällt. Es empfiehlt sich, für Abschlüsse das gleiche Garn zu verwenden wie für das Hauptprojekt, dadurch wird verhindert, dass sich die Häkelarbeit beim Waschen verzieht.

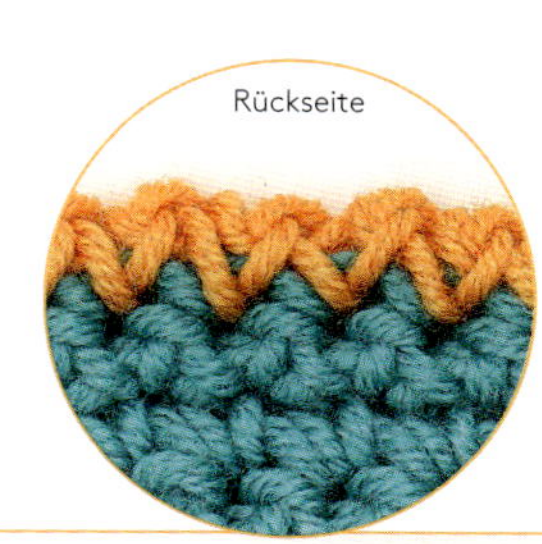

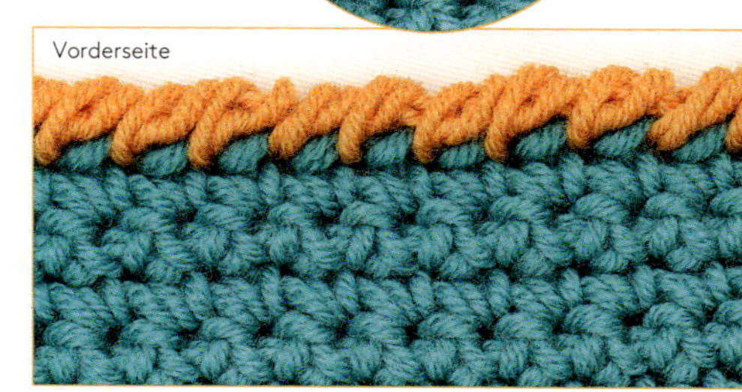

KREBSMASCHENABSCHLUSS

Bei dieser Art von Abschluss wird von links nach rechts gehäkelt, die Vorderseite der Häkelarbeit zeigt dabei zum Körper. Die leicht verdreht gearbeiteten Krebsmaschen verleihen dem Häkelstück einen stabilen Rand. Weil die Arbeitsweise ungewohnt ist, sind Krebsmaschen zunächst vielleicht eine kleine Herausforderung, aber mit etwas Übung gelingen sie im Handumdrehen.

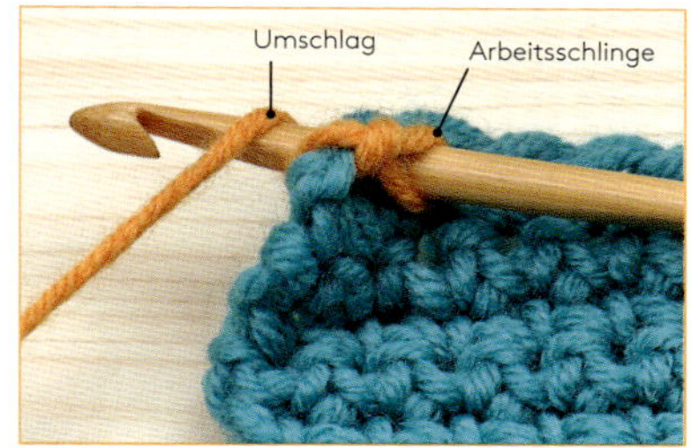

SCHRITT 1
Zur Veranschaulichung wird hier ein Garn in einer kontrastierenden Farbe verwendet – das zugleich einen dekorativen Effekt erzeugt. Am Ende der letzten Reihe die Arbeit nicht wenden, sondern nun von links nach rechts arbeiten. Mit der Nadel in die nächste Masche rechts einstechen und den Arbeitsfaden von hinten nach vorn um die Nadel legen (Umschlag).

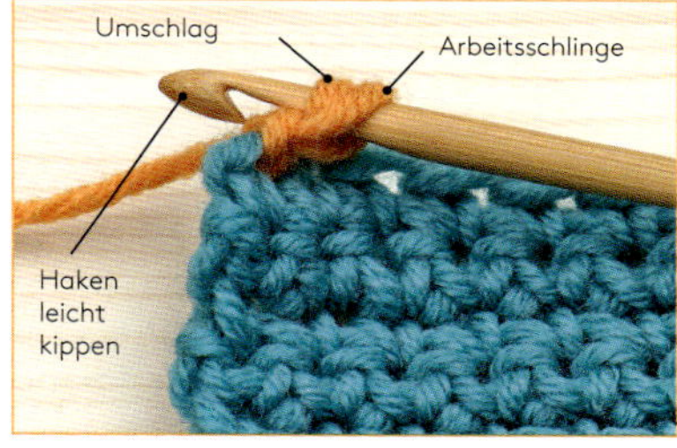

SCHRITT 2
Den Arbeitsfaden durchziehen, dabei den Haken leicht kippen, damit die Schlingen nicht von der Nadel rutschen (nun liegen zwei Schlingen auf der Nadel).

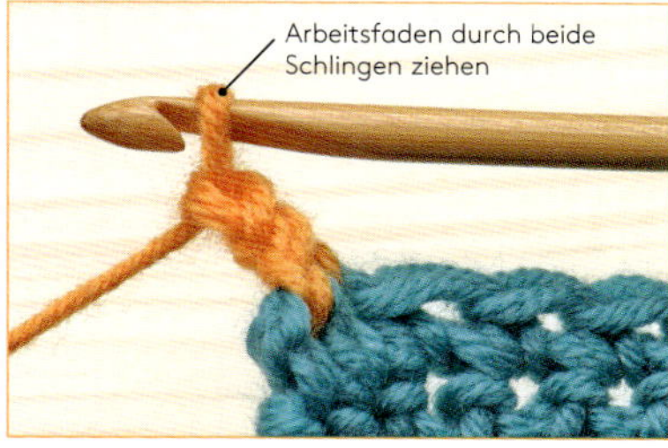

SCHRITT 3
Den Arbeitsfaden wieder von hinten nach vorn um die Nadel legen (Umschlag) und durch beide auf der Nadel liegenden Schlingen ziehen – damit wurde eine Krebsmasche gehäkelt. Nach diesem Prinzip in jede folgende Masche ebenfalls eine Krebsmasche häkeln.

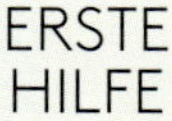

WIE HÄKELT MAN BEI EINEM ABSCHLUSS UM DIE ECKE?

An den Ecken müssen bei Abschlüssen zusätzliche Maschen gearbeitet werden, da sich das Häkelstück sonst wellt oder verzieht. Je höher die Maschen sind, die für den Abschuss gehäkelt werden, desto mehr Maschen muss man an den Ecken häkeln. In der jeweiligen Anleitung ist angegeben, wie viele Maschen an den Ecken gehäkelt werden sollen, aber als Anhaltspunkt kann man mit drei festen Maschen bzw. fünf Stäbchen rechnen. Das Häkeln von Abschlüssen am besten immer zuerst an einem Probestück testen.

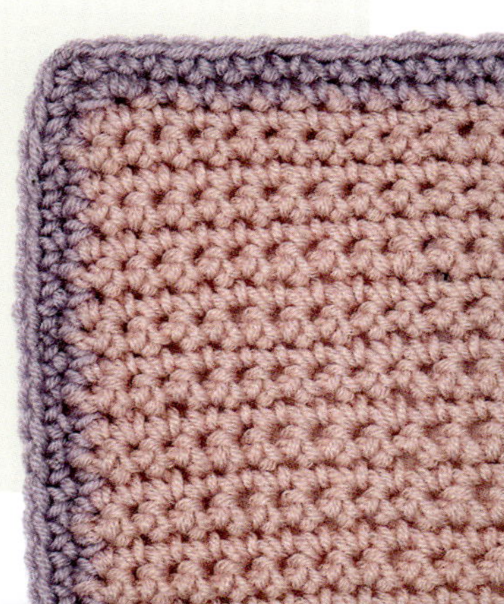

PICOTABSCHLUSS

Ein Picotabschluss ist sehr elegant und eignet sich für fast jedes Projekt. Dabei werden kleine Schlaufen aus Luftmaschen, die sogenannten Picots, und dazwischen Kettmaschen oder feste Maschen gehäkelt. Die Anzahl der Luftmaschen bzw. der Kettmaschen und der festen Maschen lässt sich nach Bedarf variieren.

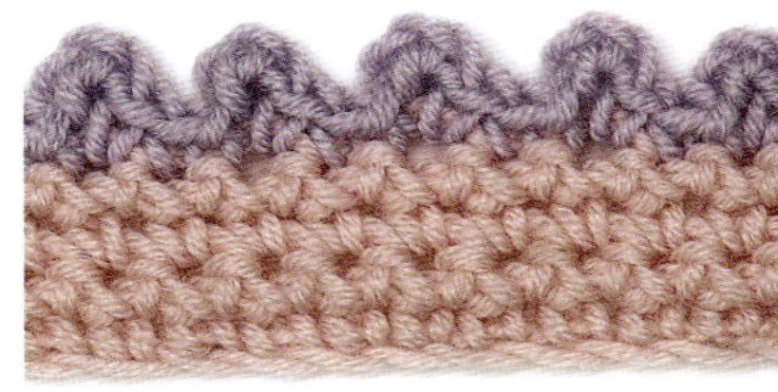

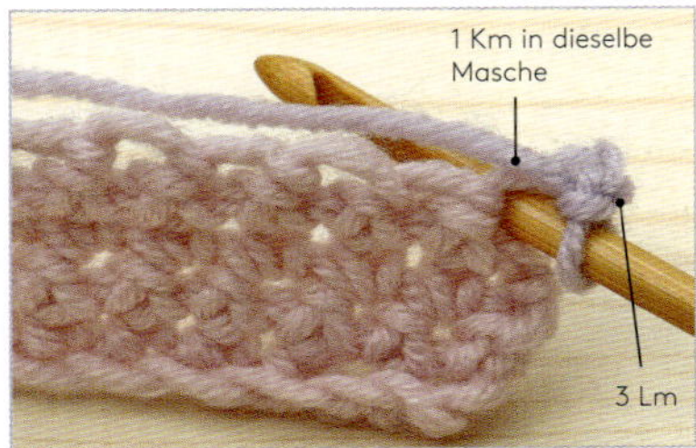

SCHRITT 1
Die angegebene Anzahl an Luftmaschen (hier drei) und dann eine Kettmasche in die Masche, von der ausgehend die Luftmaschen gehäkelt wurden, häkeln. Damit wurde das erste Picot gehäkelt. In die nächste Masche eine feste Masche häkeln.

Picot aus 3 Lm
Jedes Picot wird in eine Masche gehäkelt.

SCHRITT 2
Für das nächste Picot in die nächste Masche eine feste Masche, dann drei Luftmaschen und eine Kettmasche in dieselbe Masche häkeln.

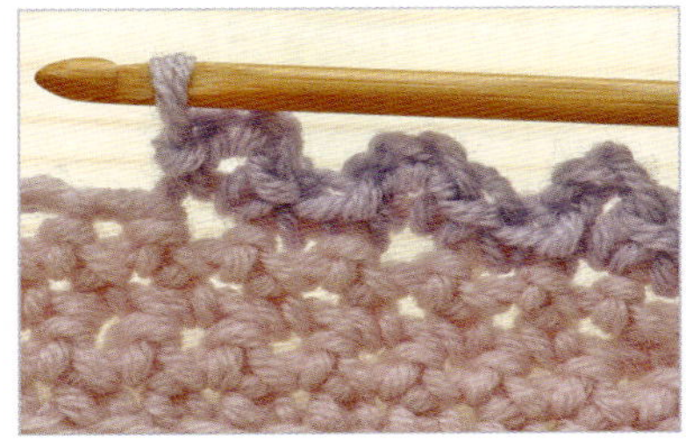

SCHRITT 3
Nach diesem Prinzip jeweils abwechselnd feste Maschen und Picots häkeln.

MUSCHELABSCHLUSS

Ein Muschelabschluss ist eine sehr hübsche Verzierung, die häufig für Deckchen und Heimtextilien verwendet wird. Am einfachsten lässt sich ein Muschelabschluss an gerade Kanten oder in Runden häkeln, Ecken sind etwas schwieriger zu arbeiten. Der hier gezeigte Abschluss wird über ein Vielfaches von 6 M + 1 gehäkelt, daher zunächst die Maschen zählen.

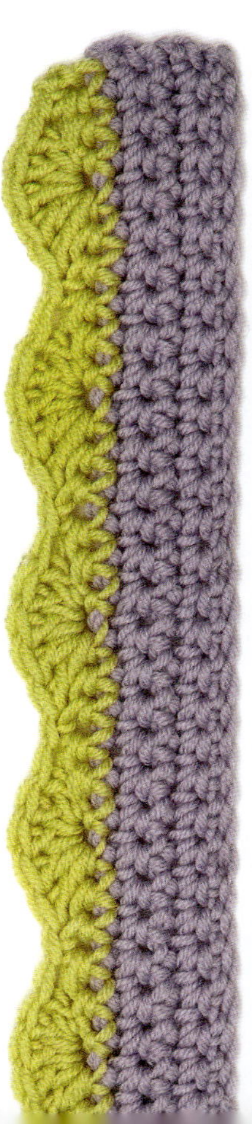

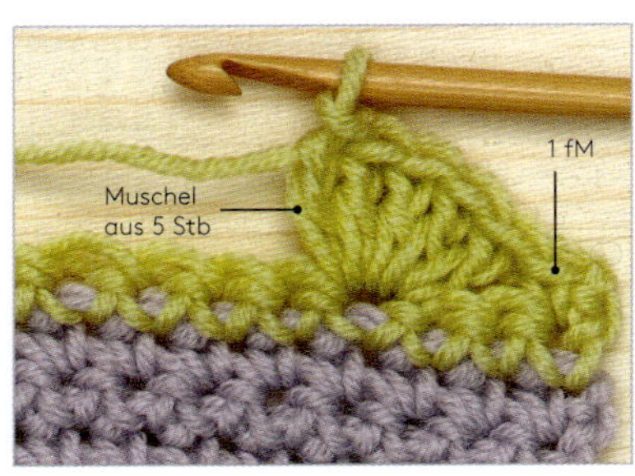

SCHRITT 1
Wenn man für den Abschluss ein Garn in einer kontrastierenden Farbe verwenden möchte, zunächst eine Reihe fester Maschen häkeln, dadurch sieht der Übergang sauberer aus. Die Arbeit wenden und eine Wendeluftmasche häkeln. Eine feste Masche in die letzte feste Masche der Vorreihe häkeln, zwei feste Maschen übergehen und dann fünf Stäbchen (Muschel) in die nächste feste Masche häkeln.

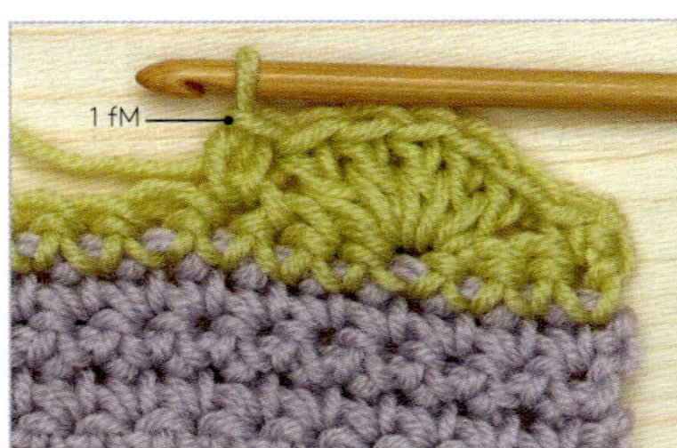

SCHRITT 2
Die zwei folgenden festen Maschen übergehen und eine feste Masche in die nächste feste Maschen häkeln.

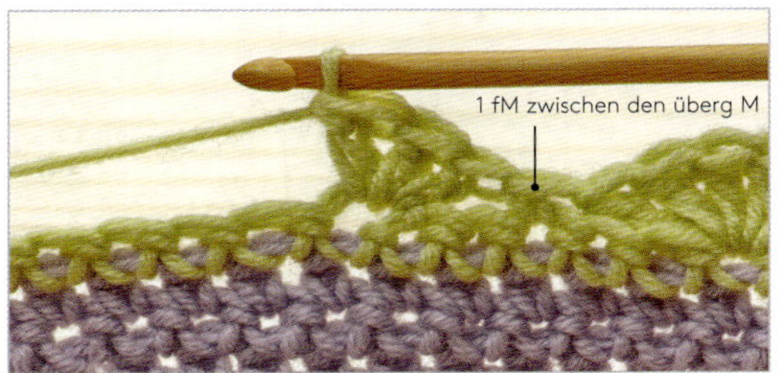

SCHRITT 3
Bis zum Reihenende nach demselben Prinzip weiterhäkeln: *2 fM überg, 5 Stb in die folg fM, 2 fM überg, 1 fM in die folg fM, ab * bis R-Ende wdh.

ERSTE HILFE +

ICH HABE NICHT GENUG MASCHEN, UM AM ENDE DER REIHE EINE GANZE MUSTERWIEDERHOLUNG ZU HÄKELN – WAS JETZT?

Zunächst die Maschen in der betreffenden Reihe zählen und durch das für das Muster angegebene Vielfache teilen (dabei auch eventuelle Wendeluftmaschen berücksichtigen). Den Rest durch zwei teilen und dieselbe Anzahl an Kettmaschen am Beginn und am Ende der Abschlussreihe häkeln. Bei einem Rest von vier zusätzlichen Maschen also am Beginn und am Ende der Reihe zwei Kettmaschen häkeln.

7 SCHNELLE TRICKS MIT ABSCHLÜSSEN

1 Durch einen hübschen Abschluss lässt sich ein Kinderkleidungsstück verlängern, wenn es schon etwas kurz, aber sonst in gutem Zustand ist.

2 Ein Abschluss in einer kontrastierenden oder harmonierenden Farbe ist toll, um ein simples Häkelprojekt aufzuwerten. Auch T-Shirts kann man etwa mit einem Muschelabschluss um den Halsausschnitt verschönern.

3 Durch einen Abschluss in derselben Farbe wie die Häkelarbeit lassen sich kleine Fehler und unebene Ränder wunderbar kaschieren. Eine Wendeluftmasche vergessen? Kein Problem, einfach einen Abschluss häkeln, und davon ist nichts mehr zu sehen!

4 Ein Muschelabschluss eignet sich auch toll als Knopflochleiste, etwa für Babykleidung. Dafür einfach für die Muscheln statt fünf Stäbchen zwei Stäbchen, eine Luftmasche und zwei Stäbchen häkeln und dann in den Luftmaschenzwischenraum passende kleine Knöpfe annähen.

5 Ein gekaufter Pullover wird durch einen gehäkelten Abschluss am Saum und an den Bündchen zum Unikat.

6 Jede gehäkelte Decke lässt sich mit einem hübschen Abschluss aufwerten. Sogar ein einfacher Abschluss aus festen Maschen kann einen echten Unterschied machen, indem etwa Stellen, an denen Garnwechsel durchgeführt wurden, mit ihm gekonnt kaschiert werden.

7 Auch gekaufte Tischdecken bekommen so einen persönlichen Touch. Einfach einen Abschluss aus einem farblich passenden oder einem kontrastierenden Garn arbeiten – und schon hat man ein tolles Hochzeits- oder Einzugsgeschenk (wer mag, kann auch die Initialen der Empfänger oder das Hochzeitsdatum in eine Ecke sticken).

STOFFE MIT EINEM HÄKELABSCHLUSS VERSEHEN

Ein Häkelabschluss ist eine tolle Möglichkeit, um Heimtextilien wie Tischdecken oder Kissenbezüge aufzupeppen. Man kann diese Technik aber auch anwenden, um etwa den Halsausschnitt, den Saum oder die Bündchen eines T-Shirts oder Pullovers zu verschönern. Dabei kann man entweder einen separaten Abschluss häkeln und diesen dann annähen, oder man stickt an den Rand des Stoffs eine Naht aus Schlingstichen und verwendet diese als Grundlage für die erste gehäkelte Reihe. Dabei die Schlingstiche nicht zu fest ziehen, da sich die Reihen sonst wellen.

SCHLINGSTICH

Für die Schlingstichnaht einen Faden in der Farbe des gewünschten Garns für den Häkelabschluss verwenden. Stickgarn ist dafür ideal, da es dieses in so gut wie allen Farben gibt, sodass man leicht die passende findet.

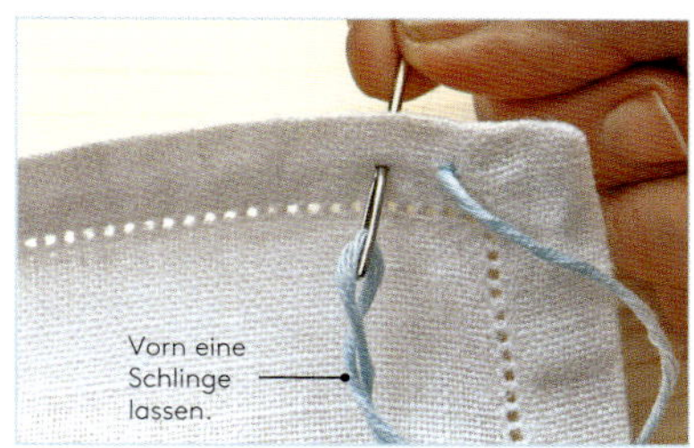

SCHRITT 1
Einen Knoten in den Faden machen, an der rechten Ecke etwa 6 mm von dieser entfernt von hinten nach vorn durch den Stoff stechen und ein kleines Stück links daneben wieder einstechen.

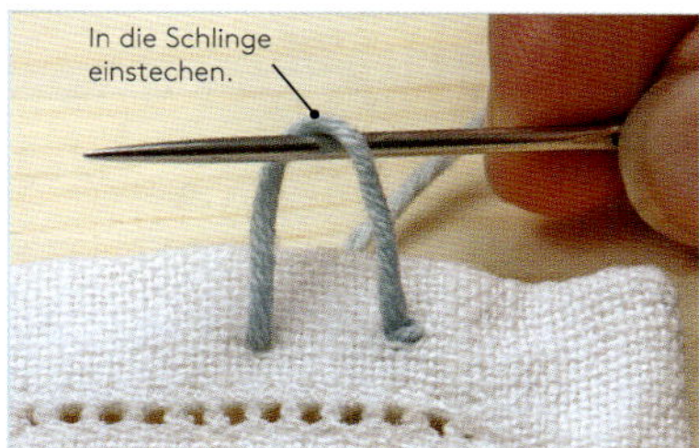

SCHRITT 2
Auf der Vorderseite eine kleine Schlinge lassen (den Faden also nicht komplett durchziehen), die Nadel über die Stoffkante nach vorn bringen, in die Schlinge einstechen und den Faden durchziehen. Damit ist der erste Schlingstich komplett.

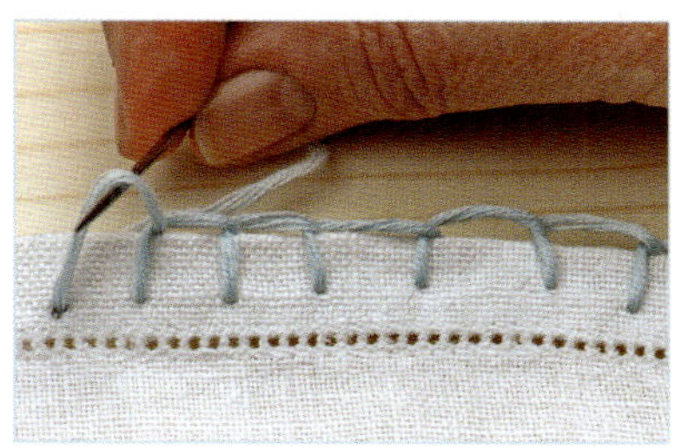

SCHRITT 3
Nach diesem Prinzip weitere Schlingstiche sticken. Die einzelnen Stiche sollten möglichst gleichmäßig platziert sein – die Abstände kann man gegebenenfalls auch mit einem Stoffstift markieren, wenn man sichergehen möchte.

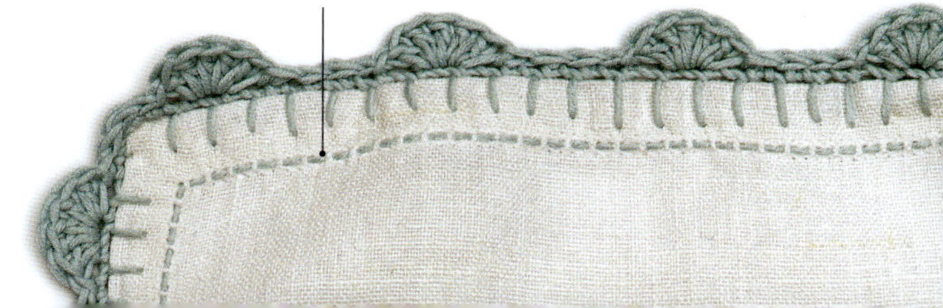
Häkelabschlüsse lassen sich toll mit Stickereien kombinieren, etwa wie hier mit einem einfachen Vorstich.

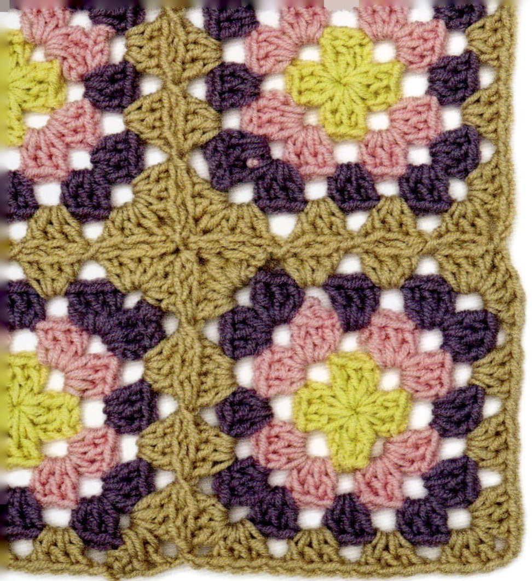

Motive verbinden

Häkelmotive können mit einer der Techniken aus Kapitel 1 (siehe Seiten 43–45) verbunden werden, alternativ kann man die Motive aber auch in der letzten Runde zusammenhäkeln. Es gibt dabei verschiedene Methoden und ganze Bücher, die sich mit den Techniken zum Verbinden von Häkelmotiven befassen, lesen Sie sich daher unbedingt immer zuerst die jeweilige Anleitung durch und folgen Sie der Häkelschrift, die genau zeigt, wo die verbindenden Maschen gehäkelt werden.

IN DER LETZTEN RUNDE ZUSAMMENHÄKELN

Bei dieser einfachen Methode zum Verbinden von Häkelmotiven entsteht keine Naht, die Motive gehen direkt ineinander über (alternativ kann man Häkelmotive auch mit Kettmaschen in der letzten Runde zusammenhäkeln, siehe Seite 134). Hier werden zwei Granny Squares von Seite 65 in der letzten Runde zusammengehäkelt. Dafür das erste Motiv fertighäkeln und dann das zweite Motiv bis zur letzten Runde arbeiten.

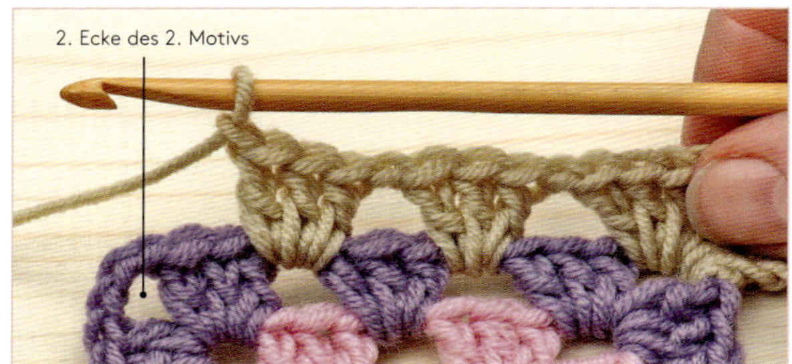

SCHRITT 1
Das Garn für die letzte Runde an einen beliebigen Eckzwischenraum des zweiten Motivs anfügen. Die erste Seite des Granny Squares wie in der Anleitung angegeben arbeiten – hier: (3 Stb, 3 Lm, 3 Stb) in denselben 3-Lm-Eck-ZR, 1 Lm, [3 Stb in den folg 1-Lm-ZR, 1 Lm] x 2.

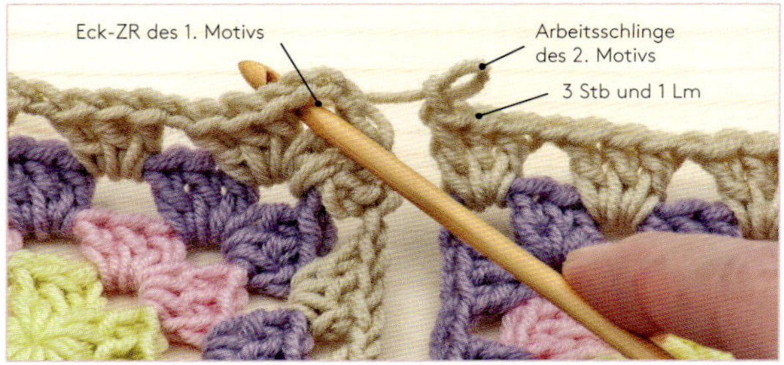

SCHRITT 2
Die zweite Ecke des zweiten Motivs bis zur Hälfte arbeiten – hier: 3 Stb, 1 Lm. Die Häkelnadel aus der Arbeitsschlinge ziehen und von vorn nach hinten in einen beliebigen 3-Lm-Eck-ZR des ersten Motivs einstechen.

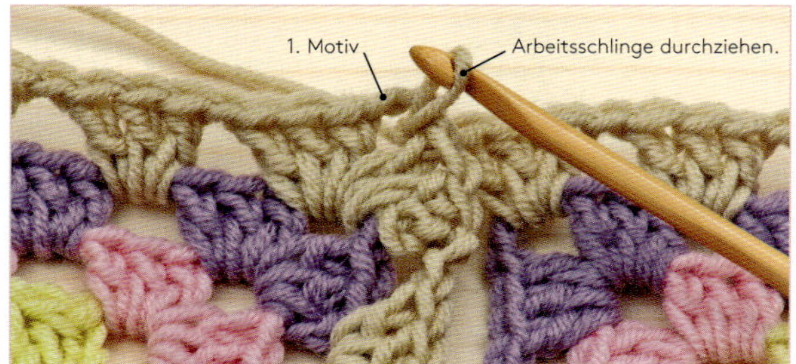

SCHRITT 3
Die Arbeitsschlinge wieder auf die Nadel nehmen und durch den Eckzwischenraum des ersten Motivs nach vorn ziehen.

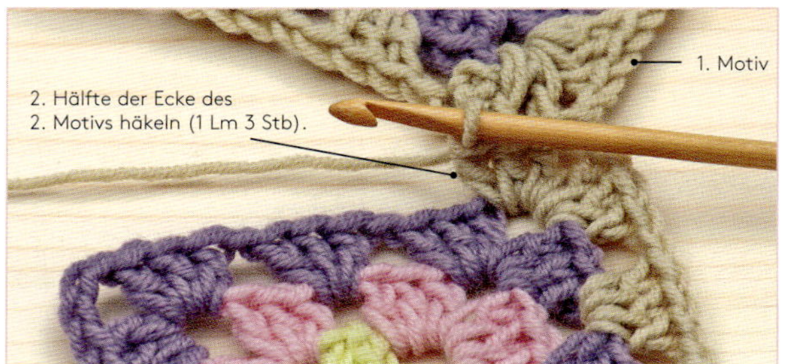

SCHRITT 4
Nun die Ecke fertighäkeln – hier mit 1 Lm, 3 Stb. Die Häkelmotive sind nun an der Ecke miteinander verbunden. Anstatt die mittlere Luftmasche an der Ecke zu häkeln, wurde die Arbeitsschlinge durch die Ecke des ersten Motivs gezogen.

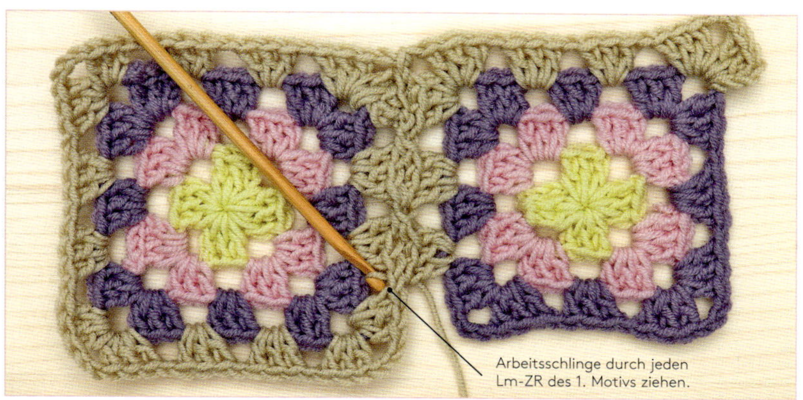

SCHRITT 5
Nun weiter die letzte Runde des zweiten Motivs häkeln, dabei die Arbeitsschlinge nach demselben Prinzip durch jeden Luftmaschenzwischenraum entlang der Seitenkante ziehen, also jeweils die Häkelnadel aus der Arbeitsschlinge ziehen, mit der Nadel in den Luftmaschenzwischenraum einstechen, die Arbeitsschlinge wieder auf die Nadel nehmen und durchziehen. Dann wie gewohnt eine Luftmasche und drei Stäbchen in den folgenden Luftmaschenzwischenraum des zweiten Motivs häkeln.

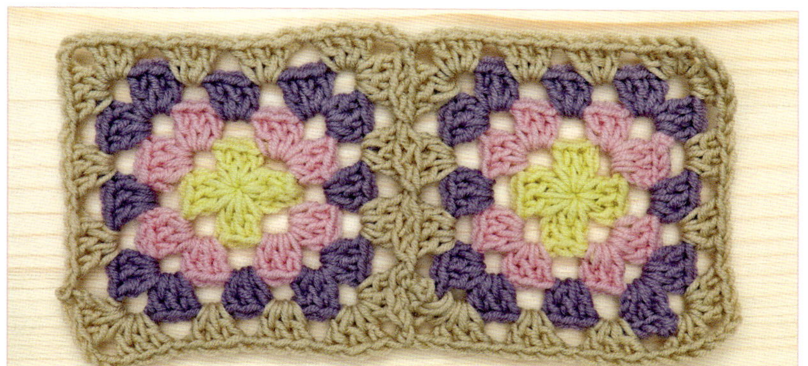

SCHRITT 6
Die nächste Ecke wie die erste Ecke arbeiten und dann die letzte Runde des zweiten Motivs wie gewohnt zu Ende häkeln. Die Häkelmotive sind nun entlang einer Kante miteinander verbunden.

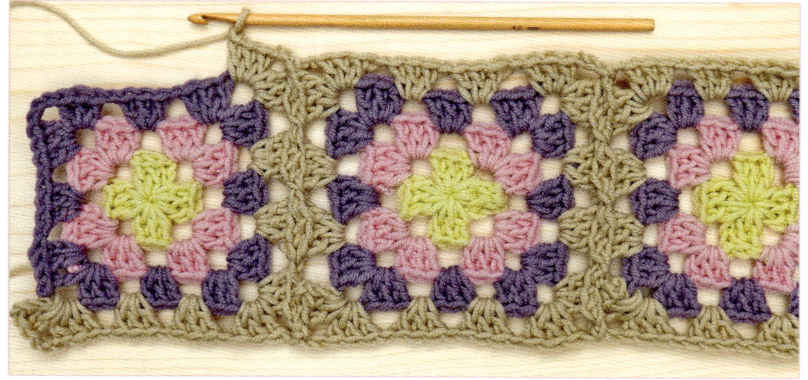

SCHRITT 7
Nach diesem Prinzip lassen sich mehrere Häkelmotive zu einem Streifen zusammenhäkeln, dabei werden jeweils zwei Ecken und eine Kante verbunden.

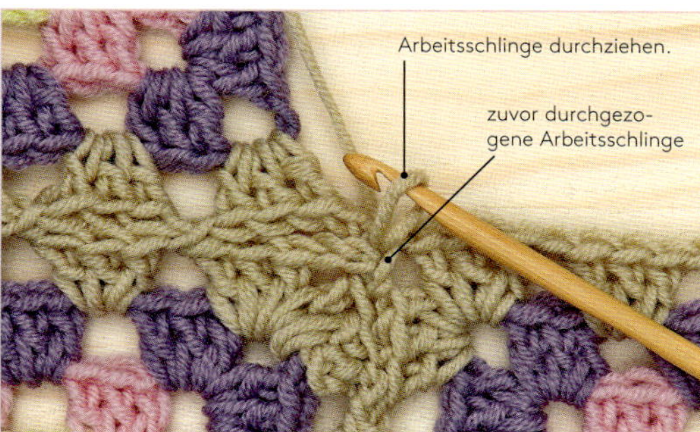

SCHRITT 8
Nach diesem Prinzip lassen sich dann auch weitere Häkelmotive an den Streifen häkeln. Dabei sollte man darauf achten, die Motive an jedem Luftmaschenzwischenraum entlang der Kanten miteinander zu verbinden und zwischen den drei Stäbchen trotzdem jedes Mal eine Luftmasche zu häkeln. Bei Ecken, bei denen mehr als zwei Motive aufeinandertreffen, die Häkelnadel aus der Arbeitsschlinge ziehen, anstatt in den Eckzwischenraum in die zuvor durchgezogene Arbeitsschlinge einstechen – die beim Zusammenhäkeln der zwei Häkelmotive durch den Eckzwischenraum gezogen wurde –, die Arbeitsschlinge wieder auf die Nadel nehmen und durchziehen.

Verzierungen

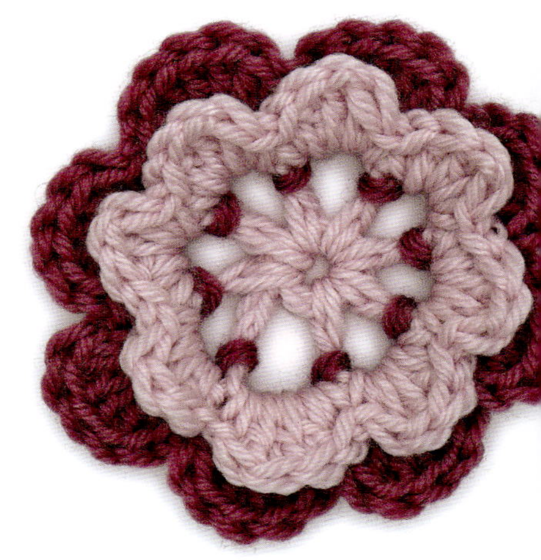

Es gibt zahlreiche Möglichkeiten, Häkelarbeiten zu verzieren. Beim Häkeln auf der Oberfläche wird mit Kettmaschen direkt auf der rechten Seite des fertigen Häkelstücks gearbeitet. Diese Technik kann verwendet werden, um einem einfarbigen Projekt Farbakzente zu verleihen oder eine interessante Struktur zu erzeugen. Weitere wirkungsvolle Verzierungen sind gehäkelte dreidimensionale Motive wie Blumen sowie Perlen und Pailletten. Perlen können auf das fertige Häkelstück aufgenäht werden, aber die sicherste Art, sie anzubringen, ist, sie direkt in die Maschen einzuarbeiten.

HÄKELN AUF DER OBERFLÄCHE

Diese Methode ähnelt vom Prinzip her der Tambourstickerei. Das Garn wird auf der Rückseite der Arbeit gehalten, während mit einer Häkelnadel und einer Reihe von Kettmaschen auf der rechten Seite direkt auf der Häkelfläche gehäkelt wird. Hier besteht die Häkelfläche, auf der gehäkelt wird, aus festen Maschen, aber das Prinzip ist immer dasselbe. Besonders interessante Effekte lassen sich durch Oberflächenhäkeln auf Lochmustern (siehe Seite 97) erzielen.

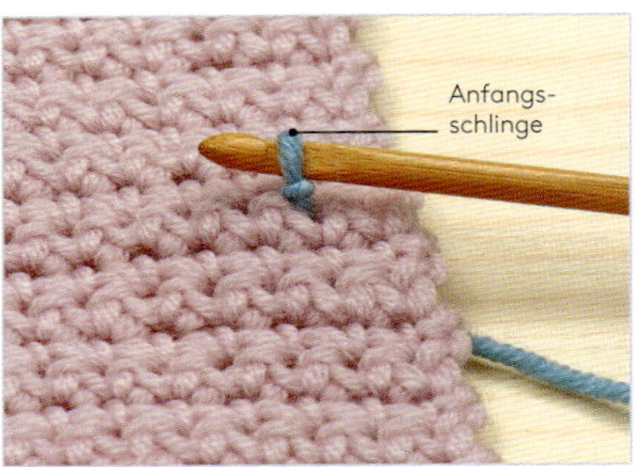

SCHRITT 1
Mit Garn A eine Anfangsschlinge häkeln, von der Nadel schieben und hinter der Arbeit halten. Nun mit der Häkelnadel von vorn nach hinten in die Häkelfläche einstechen, die Anfangsschlinge wieder auf die Nadel schieben und durchziehen.

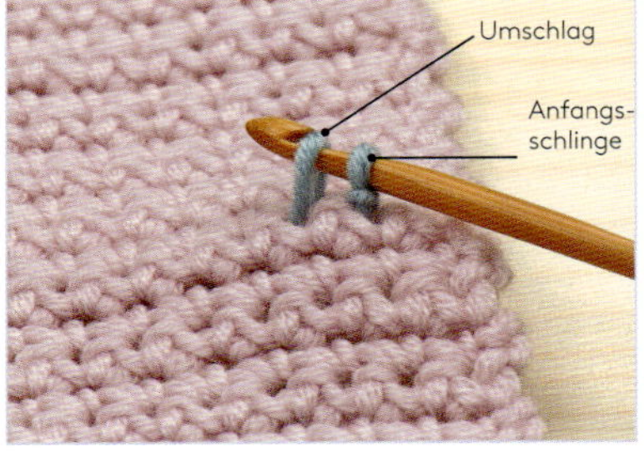

SCHRITT 2
Mit der Häkelnadel zwischen den nächsten beiden Maschen einstechen, den Arbeitsfaden einmal von hinten nach vorn um die Nadel legen (Umschlag) und durchziehen. Die Maschen sollten nicht zu fest gearbeitet werden, damit sich die Häkelfläche nicht verzieht.

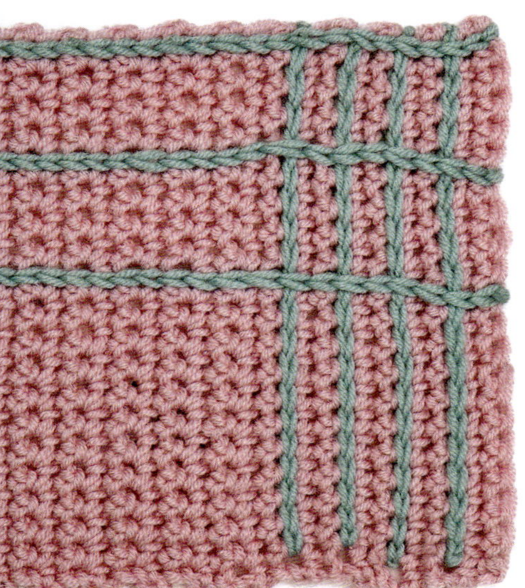

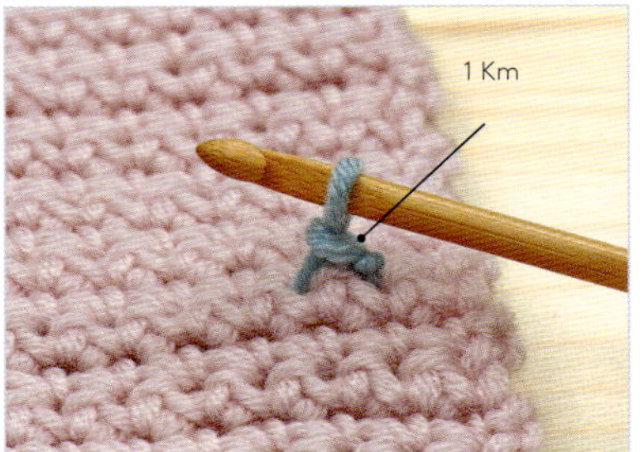

SCHRITT 3
Den Umschlag durch die Anfangsschlinge ziehen – damit wurde eine Kettmasche gehäkelt.

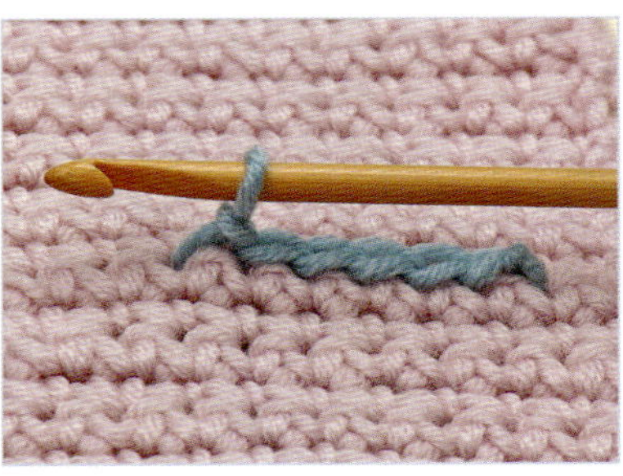

SCHRITT 4
Nach diesem Prinzip weitere Kettmaschen häkeln. Man kann dabei in geraden Linien entlang von Reihen häkeln oder andere Muster arbeiten, indem man mit der Häkelnadel einfach an den gewünschten Stellen einsticht.

Dreidimensionale Häkelblume

Für dieses Muster braucht man zwei verschiedenfarbige Garne: A und B.

Anfangsring: Mit Garn A 6 Lm anschl und mit 1 Km zur Runde schließen.
Runde 1: 5 Lm (zählen als 1 Stb, 2 Lm), [1 Stb in den Ring, 2 Lm] x 7, 1 Km in die 3. der 5 Anf-Lm. (8 Stb, 8 2-Lm-ZR)
Runde 2: 1 Km in den 1. 2-Lm-ZR der Vor-Rd, (1 fM, 3 Stb, 1 fM) in denselben 2-Lm-ZR, [(1 fM, 3 Stb, 1 fM) in den folg 2 Lm-ZR] x 7, 1 Km in die 1. fM.
Garn A abschneiden und durchziehen. Blume wenden und Garn B an den Maschenkörper eines beliebigen Stäbchens aus Runde 1 anfügen.
Runde 3: 6 Lm (zählen als 1 Stb, 3 Lm), [1 RStbv um das folg Stb aus Runde 1, 3 Lm] x 7, 1 Km in die 3. der 6 Anf-Lm. Blume wenden.
Runde 4: 1 Lm, (1 fM, 5 Stb, 1 fM) in jeden der folg 3-Lm-ZR bis Rd-Ende, 1 Km in die 1. fM.
Faden abschneiden und durchziehen, Fadenenden vernähen.

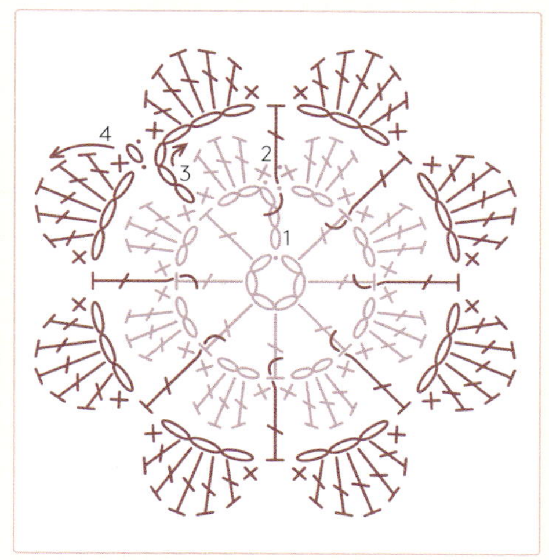

SYMBOLE
- Lm
- Km
- fM
- hStb
- Stb
- RStbv
- Arbeitsrichtung

DREIDIMENSIONALE HÄKELBLUME

Motive wie diese Häkelblume eignen sich toll, um Accessoires wie beispielsweise Hüte oder Taschen zu verzieren, man kann sie aber beispielsweise auch an eine Brosche nähen. Bei dieser Blume wird eine zweite Schicht Blütenblätter hinter der ersten gehäkelt, um ein dreidimensionales Motiv zu erzeugen. Nach der ersten Runde mit Blütenblättern wird die Blume gewendet, und es wird eine Runde aus Luftmaschen und Stäbchen als Basis für die zweite Schicht Blütenblätter gehäkelt. Nach diesem Prinzip lassen sich dann auch weitere Schichten mit Blütenblättern hinzufügen.

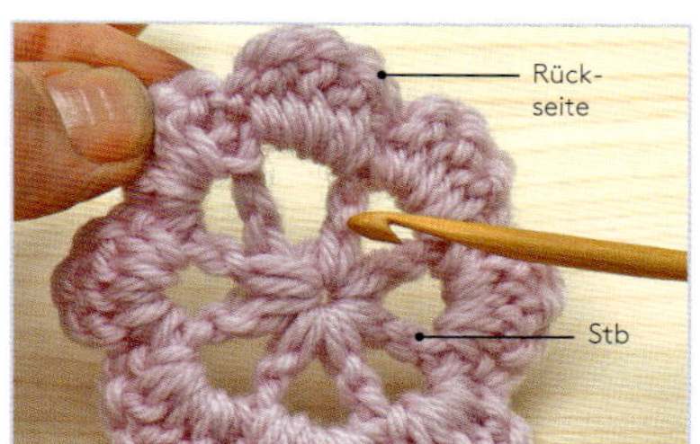

SCHRITT 1
Der Anleitung für die dreidimensionale Häkelblume oben bis zum Ende von Runde 2 folgen. So erhält man acht deutlich sichtbare einzelne Stäbchen aus Runde 1 und acht Blütenblätter. Die Blume wenden.

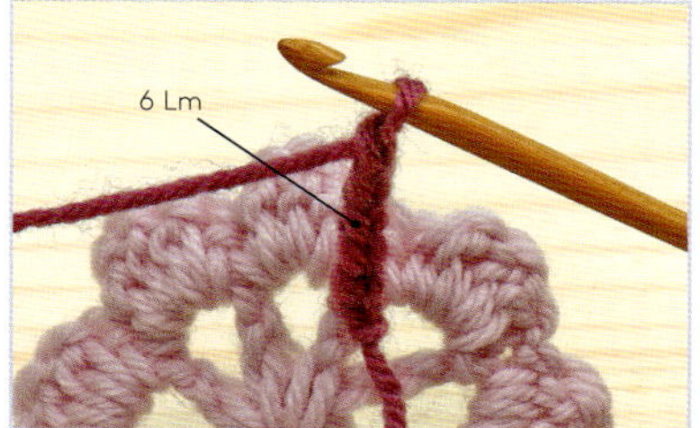

SCHRITT 2
Das Garn für die zweite Schicht an Blütenblättern an den Maschenkörper eines Stäbchens aus Runde 1 anfügen und sechs Luftmaschen häkeln.

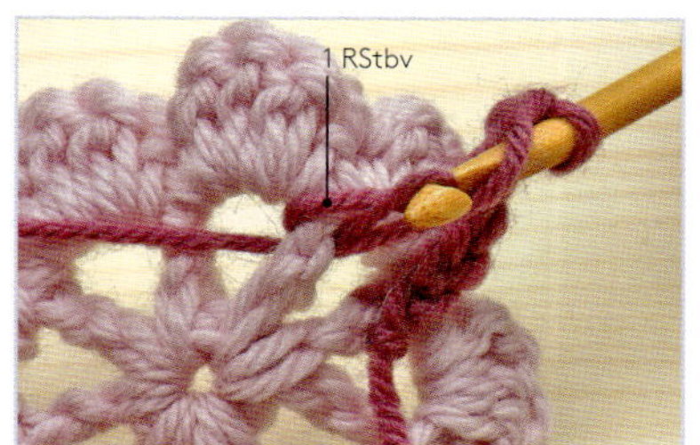

SCHRITT 3
Um den Maschenkörper des nächsten Stäbchens aus Runde 1 ein Stäbchen (Reliefstäbchen vorn) häkeln.

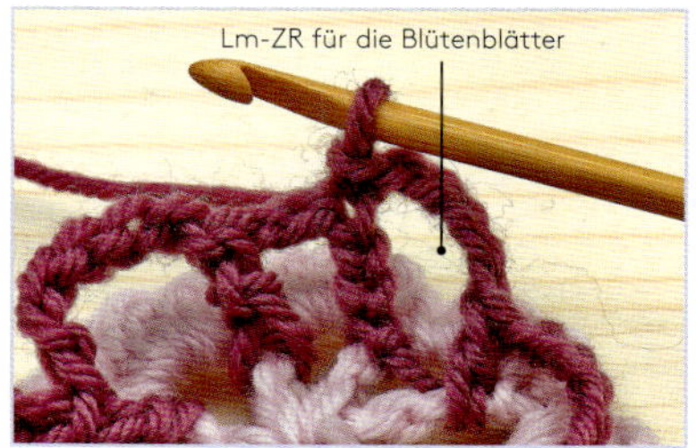

SCHRITT 4
Nach diesem Prinzip weitere Luftmaschen und Stäbchen um die Stäbchen aus Runde 1 häkeln. Mit einer Kettmasche in die dritte der sechs Anfangsluftmaschen zur Runde schließen.

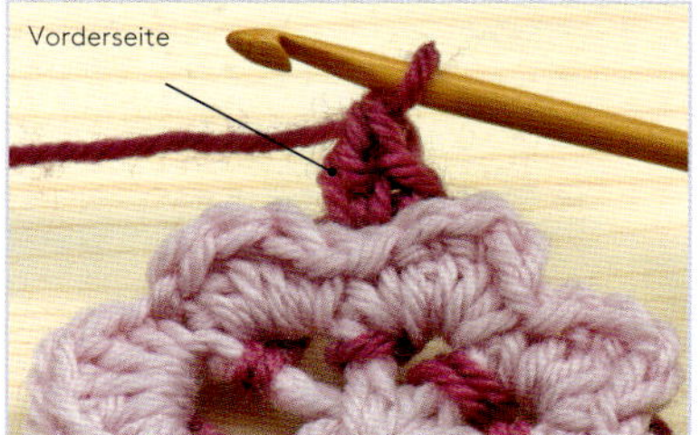

SCHRITT 5
Nun die Blume wieder wenden, sodass die Vorderseite wieder nach vorn zeigt, und die nächste Runde wie angegeben häkeln, um die zweite Schicht Blütenblätter hinzuzufügen.

HÄKELN MIT PERLEN

Perlen kann man direkt während des Häkelns mit verarbeiten, und sie machen auch einfache Häkelstücke aus festen Maschen zu echten Hinguckern. Dabei werden die Perlen auf das Garn aufgefädelt, bevor man mit dem Häkeln beginnt, dann können sie ganz einfach mit eingehäkelt werden.

PERLEN AUFFÄDELN

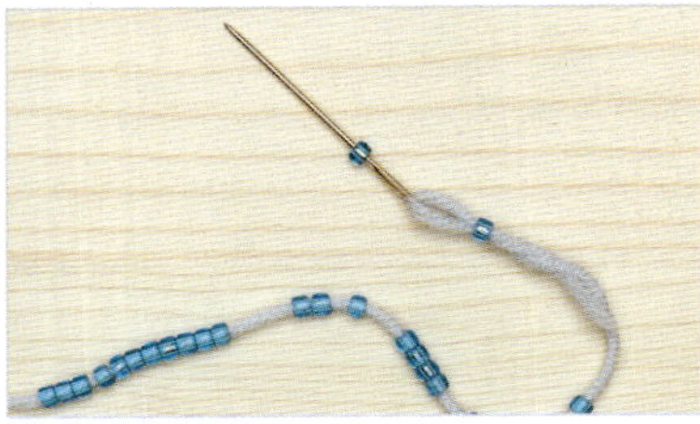

METHODE 1
Bei dünneren Häkelgarnen kann man die Perlen einfach direkt auf das Häkelgarn auffädeln. Dafür das Garn durch das Öhr einer Sticknadel ohne Spitze fädeln und die Perlen über die Nadel auf das Garn schieben. Es gibt auch spezielle, etwas größere Perlenfädelnadeln zu kaufen.

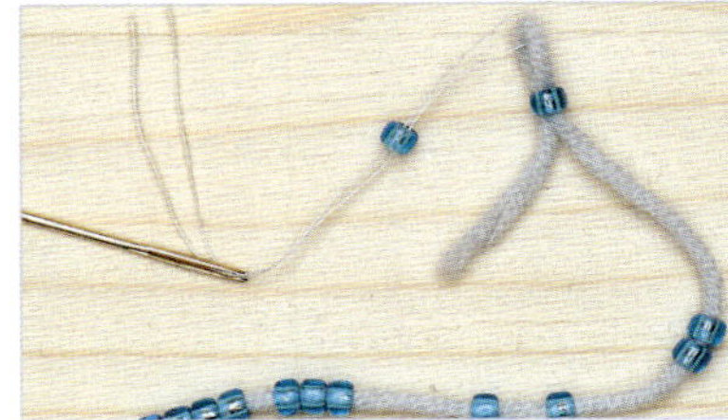

METHODE 2
Bei dickeren Häkelgarnen, die sich nicht auf eine Sticknadel auffädeln lassen, kann man auch einfach einen dünneren Faden in die Sticknadel fädeln, die Fadenenden verknoten und das Häkelgarn durch diese Fadenschlinge fädeln. Die Perlen jetzt einfach mit der Nadel auffädeln und über den Faden auf das Garn schieben.

3 TIPPS FÜR DAS HÄKELN MIT PERLEN

1 Unbedingt immer darauf achten, dass die Perlen groß genug sind, um auf das Garn aufgefädelt zu werden. In der Anleitung sollte angegeben sein, welche Perlen sich für das jeweilige Garn eignen.

2 Am besten wickelt man das gewünschte Garn zunächst auf eine Spule, um sicherzugehen, dass sich keine Knoten gebildet haben. Die Perlen lassen sich nicht über Knoten schieben, und es kann sehr frustrierend sein, wenn man in der Mitte des Projekts auf Knoten stößt.

3 Immer ein paar Extraperlen auffädeln, da es leicht passieren kann, dass man sich verzählt – und dann hat man besser ein paar zu viel als zu wenig.

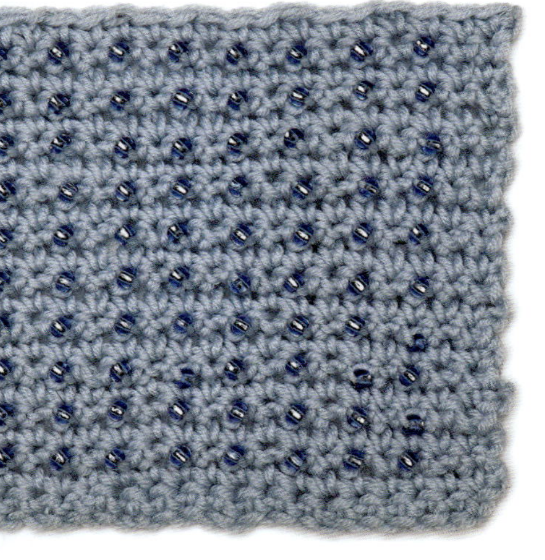

FESTE MASCHEN MIT PERLEN

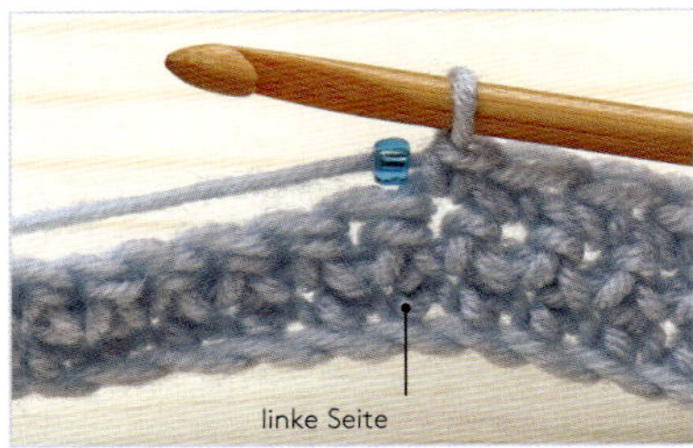

SCHRITT 1
Maschen mit Perlen werden immer auf der linken Seite in den Rückreihen gearbeitet, damit die Perlen dann auf der rechten Seite zu sehen sind. Bis zu der Stelle, an der die erste feste Masche mit Perle gehäkelt werden soll, häkeln, dann die erste Perle ganz bis zur Arbeit schieben.

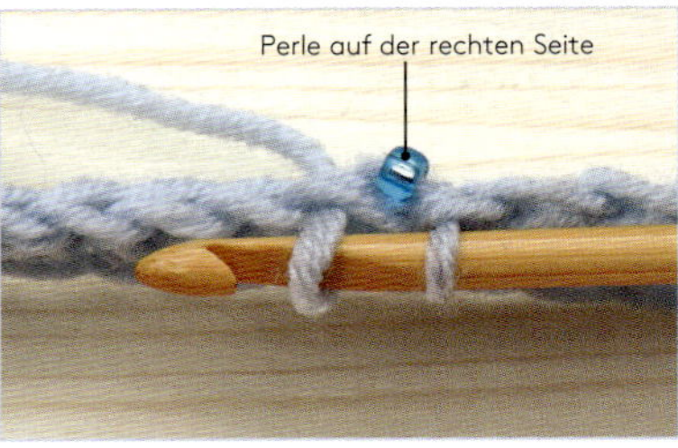

SCHRITT 2
In die nächste Masche einstechen, den Arbeitsfaden hinter der Perle von hinten nach vorn um die Nadel legen (Umschlag) und durchziehen. Die Masche fertighäkeln – und schon sitzt die erste Perle an der gewünschten Stelle. Nach diesem Prinzip weitere feste Maschen mit Perlen häkeln.

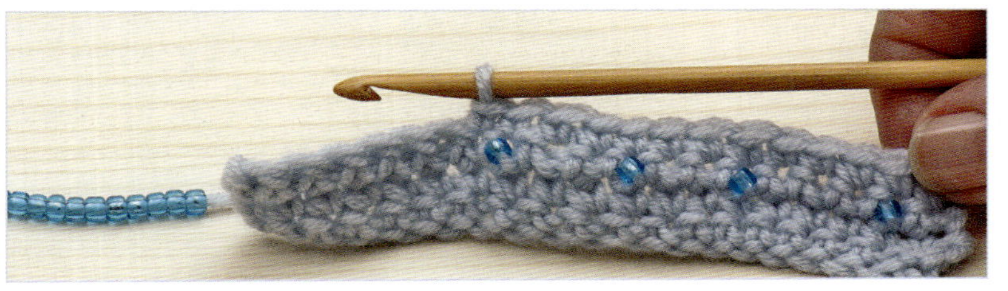

SCHRITT 3
Nach jeder Reihe mit Perlen eine Reihe ohne Perlen arbeiten: Maschen mit Perlen werden immer nur in Rückreihen gehäkelt, damit die Perlen auf der Vorderseite zu sehen sind – außer es handelt sich um ein Projekt mit Perlen auf beiden Seiten.

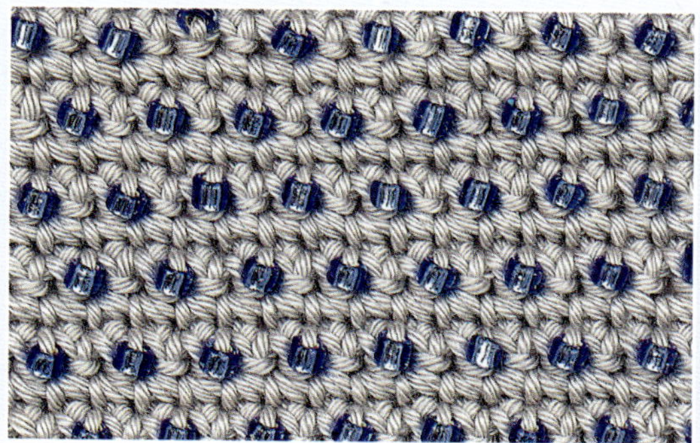

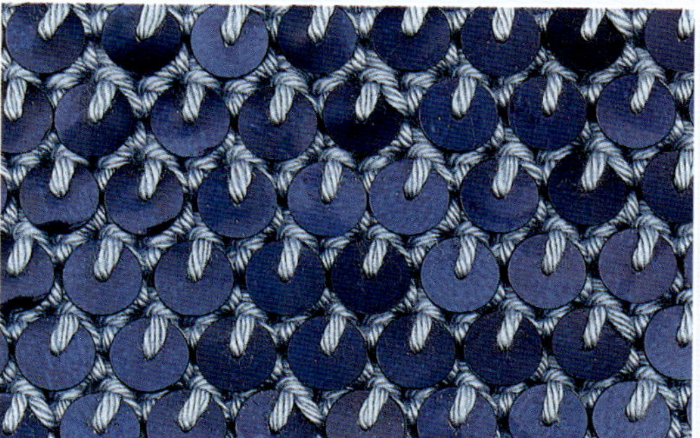

Versetzte Perlen

BESONDERE MASCHEN
fMP: feste Masche mit Perle: Nd in die angegebene M einstechen, Faden holen und durchziehen, eine Perle bis zur Arbeit schieben, 1 U (Faden dabei hinter der Perle greifen), Faden durch beide Schl auf der Nadel ziehen.

Luftmaschenkette: Ein Vielfaches von 3 Lm + 1 anschl. Die Luftmasche am Beginn jeder Reihe zählt als eine feste Masche.
Reihe 1: 1 fM in die 2. Lm ab Nd, 1 fM in jede folg Lm bis R-Ende, wenden.
Reihe 2: 1 Lm, 1 fM in jede folg fM bis R-Ende, wenden.
Reihe 3: 1 Lm, 1 fM überg, 1 fM in jede folg fM bis R-Ende, wenden.
Reihe 4: 1 Lm, 1 fM überg, 1 fM in jede der folg 2 fM, *1 fMP in die folg fM, 1 fM in die folg fM, ab * bis zur letzten fM wdh, 1 fM in die letzte fM, wenden.
Reihe 5: Wie Reihe 3 arb.
Reihe 6: 1 Lm, 1 fM überg, 1 fM in jede der folg 3 fM, *1 fMP in die folg fM, 1 fM in die folg fM, ab * bis zu den letzten 2 fM wdh, 1 fM in jede der folg 2 fM, wenden.
Reihen 3–6 wdh, am Ende drei Reihen feste Maschen häkeln.

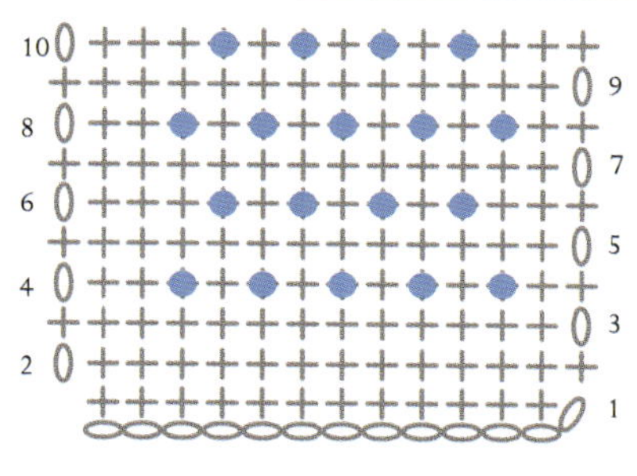

SYMBOLE
Lm
fM
fMP

Paillettenmeer

Der Anleitung für Versetzte Perlen links folgen, aber dabei statt Perlen Pailletten verwenden. Wichtig ist dabei, Pailletten in der richtigen Größe zu wählen: Wenn die Pailletten zu klein sind, liegen sie nicht flach – es lohnt sich also, zunächst ein Probestück zu häkeln. Wenn man statt wie hier flachen Pailletten gewölbte Pailletten verwenden möchte, ist es wichtig, sie alle so auf das Garn aufzufädeln, dass die nach außen gewölbte Seite zum Garnknäuel zeigt. So zeigt diese Seite später nach oben. Spezielle Strickpailletten haben etwas größere Löcher in der Mitte und werden meist auf einer Fadenschlaufe aufgefädelt verkauft. Die Schlaufe einfach aufschneiden, ein Fadenende mit dem Garnende verknoten und die Pailletten auf das Garn gleiten lassen.

ERSTE HILFE

ICH HABE ZU WENIGE PERLEN AUFGEFÄDELT. GIBT ES EINE LÖSUNG, AUSSER DAS GARN ABZUSCHNEIDEN UND NEUE PERLEN AUFZUFÄDELN?

Es gibt auch noch andere Techniken, um Perlen in die Häkelarbeit einzufügen, zum Beispiel indem man sie mit einer sehr dünne Häkelnadel während des Häkelns einfügt. Dafür die Perle auf eine sehr dünne Häkelnadel auffädeln, die Arbeitsschlinge auf diese Nadel schieben, die Perle auf das Garn gleiten lassen und die Arbeitsschlinge dann wieder auf die andere, dickere Häkelnadel schieben. Das ist zwar etwas kniffliger, aber dafür muss man so nicht bereits zuvor alle Perlen auf das Garn auffädeln. Auch bei verschiedenfarbigen Perlen oder wenn diese nur an einigen bestimmten Stellen platziert werden sollen, ist diese Methode hilfreich.

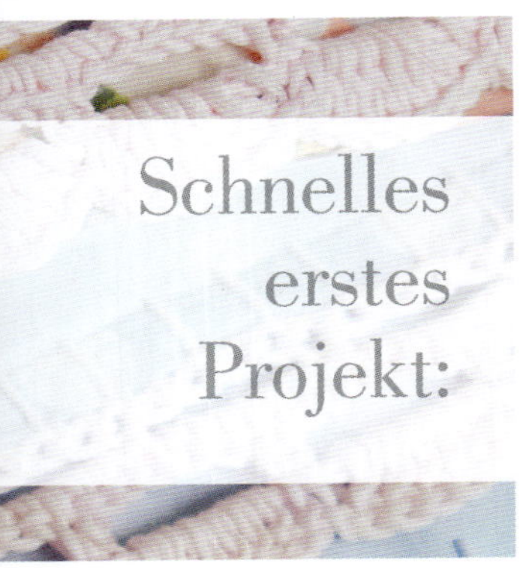

Kissenbezug-Abschlüsse

Mit hübschen Muschel- und Picotabschlüssen lassen sich im Handumdrehen Bettwäsche und Kissenbezüge verschönern. Sie werden hier rund um die Öffnungen der Kissenbezüge gearbeitet, sodass es keine kniffligen Ecken zu überwinden gibt.

GRÖSSE
Kissenbezüge jeder Art

MASCHENPROBE
Gewellte Muscheln: 3½ Muscheln = 10 cm
Picotkrönchen: 3½ Picotkrönchen = 10 cm
Lange Muscheln: 3½ lange Muscheln = 10 cm

DAS BRAUCHEN SIE
- 1 Knäuel vierfädiges Baumwollgarn pro Kissenbezug; die hier gezeigten Abschlüsse wurde mit DMC Natura Just Cotton (100 % Baumwolle, Lauflänge: ca. 155 m pro 50 g) in den Farben Rose Layette 06, Blue Layette 05 und Ivory 02 sowie mit dem Stickgarn DMC Petra (Größe 3, 100 % Baumwolle, Lauflänge ca. 280 m pro 100 g) in der Farbe Red 5321 angefertigt, aber jedes vierfädige Baumwollgarn eignet sich als Ersatz
- Häkelnadel: 3 mm
- Sticknadel ohne Spitze
- Sticknadel mit Spitze für die Schlingstichnaht

ABKÜRZUNGEN UND TECHNIKEN
Anf = Anfangs-
fM = feste Masche (Seite 23)
Lm-ZR = Luftmaschenzwischenraum
Lm = Luftmasche (Seite 18)
M = Masche(n)
Stb = Stäbchen (Seite 25)
wdh = wiederholen
Abnahmen (Seiten 38–39)
Abschlüsse (Seiten 121–123)

ANMERKUNGEN
- Für jeden der hier gezeigten Abschlüsse ist oben die Maschenprobe angegeben, sodass man sie ganz einfach an verschiedene Projekte anpassen kann. Die hier gezeigten Abschlüsse wurden mithilfe einer Schlingstichnaht direkt an die Kissenbezüge gehäkelt, man kann sie aber auch separat häkeln und dann annähen.
- In den Häkelschriften ist in Grau jeweils die entsprechende Luftmaschenkette dargestellt. Diese braucht man aber nur, wenn man die Abschlüsse separat häkelt, hat man zuvor eine Schlingstichnaht gearbeitet, kann man sie weglassen. Bei der Schlingstichnaht werden zwei Maschen des Musters in einen Schlingstich gehäkelt.
- Die erste Luftmasche am Beginn jeder Reihe zählt nicht als Masche.

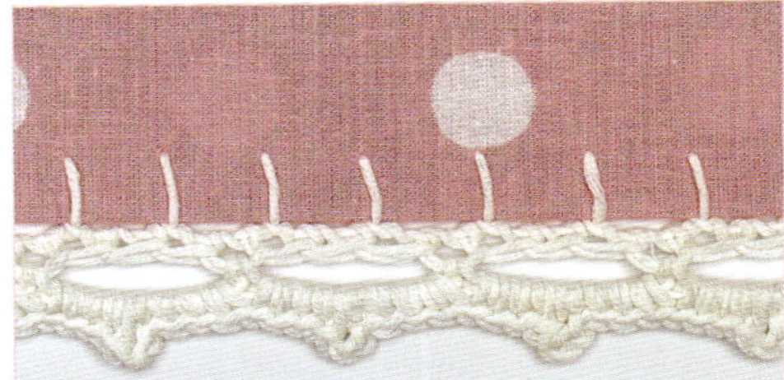
Picotkrönchen

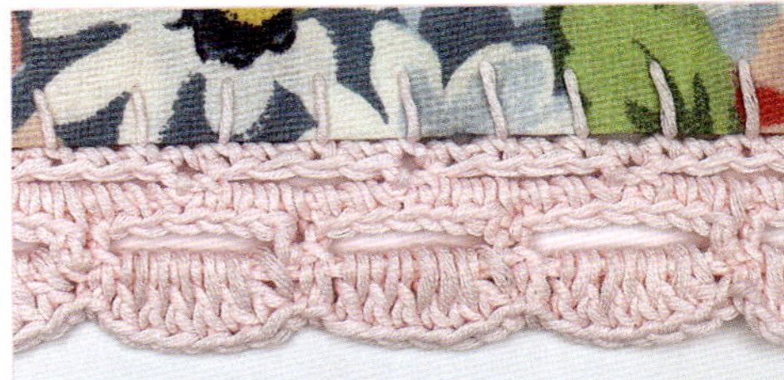
lange Muscheln

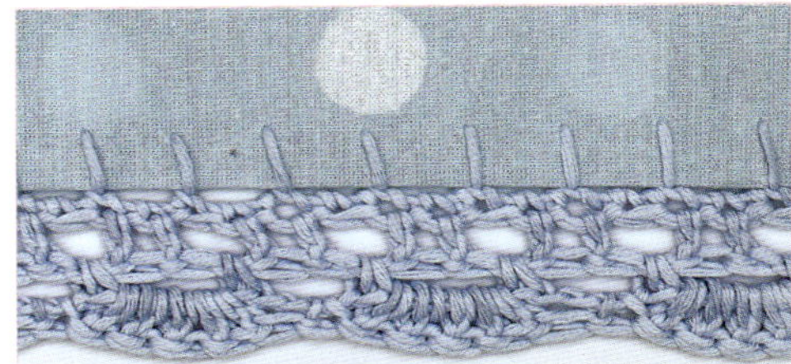
gewellte Muscheln

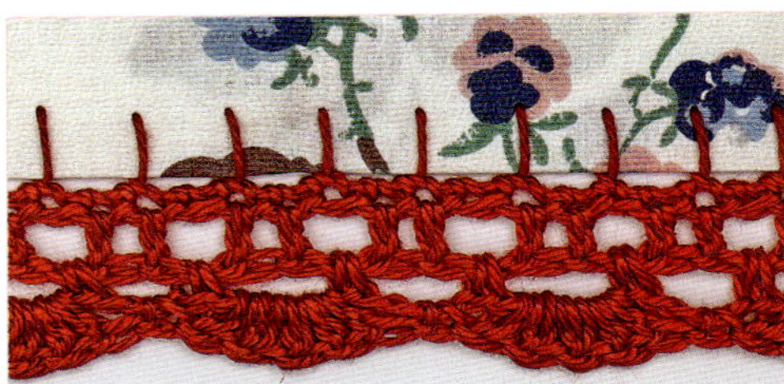
gewellte Muscheln

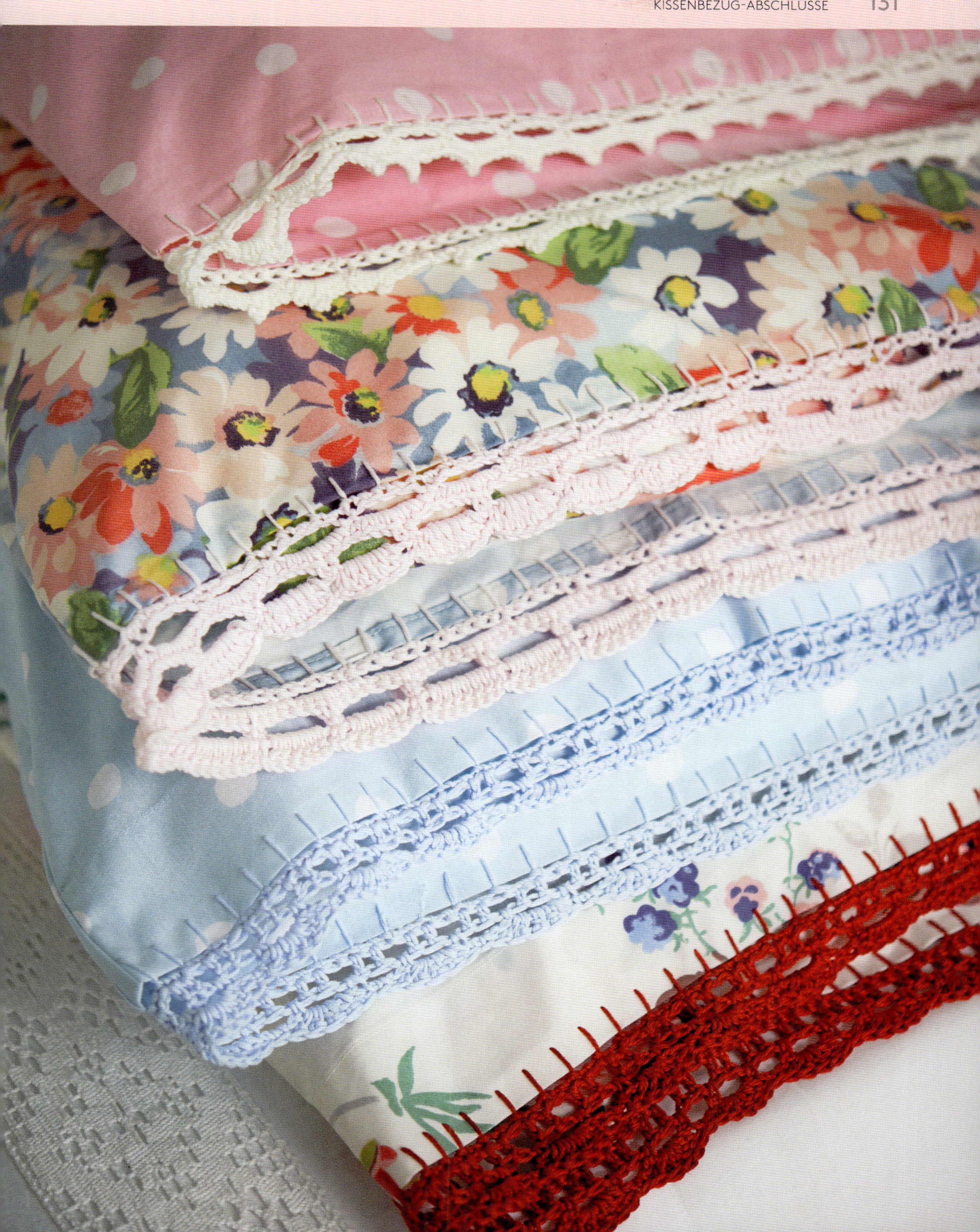

SCHLINGSTICHNAHT

Mit einem Stickgarn in der Farbe des Häkelgarns eine Schlingstichnaht rund um die Öffnung des jeweiligen Kissenbezugs sticken.
Für die Häkelabschlüsse das Garn jeweils auf der Höhe der Seitennaht des Bezugs anfügen und dann den gewählten Abschluss häkeln.

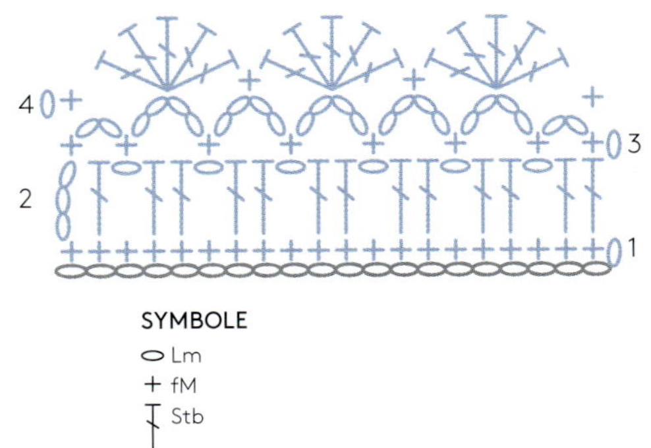

GEWELLTE MUSCHELN

Dieses Muster wird über ein Vielfaches von 6 M + 2 gehäkelt.
Bei dem hier gezeigten Beispiel wurden 158 fM in die 79 Schlingstiche rund um die Öffnung des Kissenbezugs gehäkelt.
Reihe 1: 1 Lm, 2 fM in jeden Schlingstich bis R-Ende, wenden.
Reihe 2: 3 Lm (zählen als 1 Stb), 1 fM überg, 1 Stb in die folg fM, *1 Lm, 1 fM überg, 1 Stb in jede der folg 2 fM, ab * bis R-Ende wdh, wenden.
Reihe 3: 1 Lm, 1 fM in das letzte Stb der Vor-R, 2 Lm, 1 fM in den folg 1-Lm-ZR, *4 Lm, 1 fM in den folg 1-Lm-ZR, ab * bis zu den letzten 2 M wdh, 2 Lm, 1 fM in die obere der 3 Anf-Lm, wenden.
Reihe 4: 1 Lm, 1 fM in die letzte fM der Vor-R, 1 2-Lm-ZR überg, *5 Stb in den folg 4-Lm-ZR, 1 fM in den folg 4-Lm-ZR, ab * bis zum letzten 2-Lm-ZR wdh, 2-Lm-ZR überg, 1 fM in die letzte fM.
Faden abschneiden und durchziehen, dabei das Fadenende lang hängen lassen und zum Zusammennähen der Enden des Abschlusses verwenden.

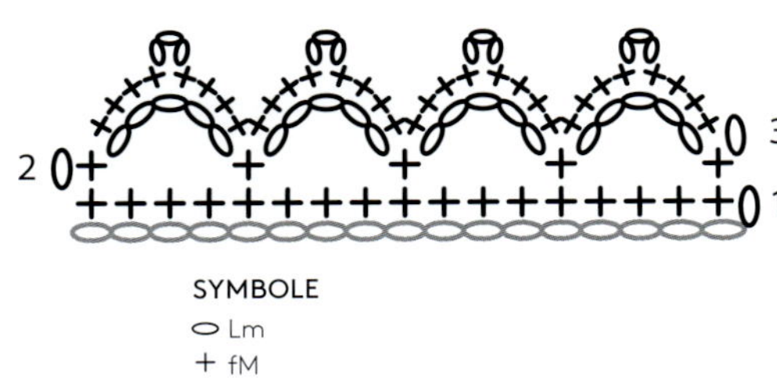

PICOTKRÖNCHEN

Dieses Muster wird über ein Vielfaches von 4 M + 2 gehäkelt.
Bei dem hier gezeigten Beispiel wurden 158 fM in die 79 Schlingstiche rund um die Öffnung des Kissenbezugs gehäkelt.
Reihe 1: 1 Lm, 2 fM in jeden Schlingstich bis R-Ende, wenden.
Reihe 2: 1 Lm, 1 fM in die letzte fM der Vor-R, *5 Lm, 3 fM überg, 1 fM in die folg fM, ab * bis R-Ende wdh, wenden.
Reihe 3: 1 Lm, *[4 fM, 3 Lm (Picot), 4 fM] in den folg 5-Lm-ZR, ab * bis R-Ende wdh.
Faden abschneiden und durchziehen, dabei das Fadenende lang hängen lassen und zum Zusammennähen der Enden des Abschlusses verwenden.

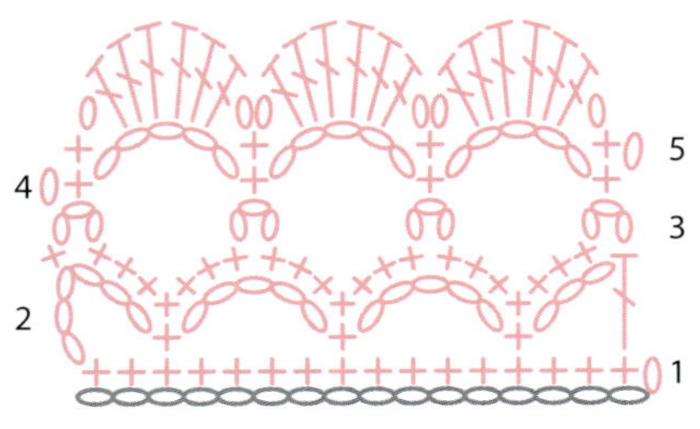

SYMBOLE
Lm
fM
Stb

LANGE MUSCHELN

Dieses Muster wird über ein Vielfaches von 5 M + 2 gehäkelt.
Bei dem hier gezeigten Beispiel wurden 160 fM in die 80 Schlingstiche rund um die Öffnung des Kissenbezugs gehäkelt.
Reihe 1: 1 Lm, 2 fM in jeden Schlingstich bis R-Ende, wenden.
Reihe 2: 6 Lm, 2 fM überg, 1 fM in die folg fM, *5 Lm, 4 fM überg, 1 fM in die folg fM, ab * bis zu den letzten 3 M wdh, 2 fM überg, 1 Stb in die letzte fM, wenden.
Reihe 3: 3 Lm (zählen als 1 Picot), 3 fM in den letzten 3-Lm-ZR der Vor-R, 1 fM in die folg fM (zwischen den Lm), *(3 fM, 3 Lm [Picot], 3 fM) in den folg 5-Lm-ZR, 1 fM in die folg fM, ab * bis R-Ende wdh, dabei mit (3 fM, 3 Lm, 1 fM) in den 6-Lm-ZR enden, wenden.
Reihe 4: 1 Lm, 1 fM in das letzte Picot der Vor-R, *5 Lm, 1 fM in das folg Picot, ab * bis R-Ende wdh, wenden.
Reihe 5: 1 Lm, 1 fM in die letzte fM der Vor-R, *1 Lm, 6 Stb in den folg 5-Lm-ZR, 1 Lm, 1 fM in die folg fM, ab * bis R-Ende wdh.
Faden abschneiden und durchziehen, dabei das Fadenende lang hängen lassen und zum Zusammennähen der Enden des Abschlusses verwenden.

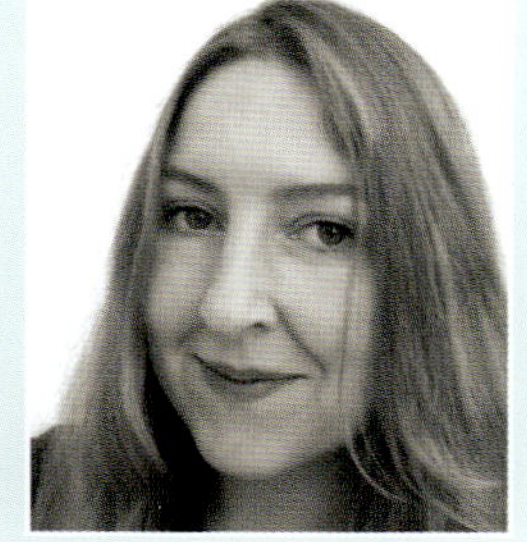

Gastdesignerin Leonie Morgan

Ich bin eine Häkelsüchtige mit einer riesigen Garnsammlung und mehr Häkeldecken, als ich jemals brauchen werde! Ich liebe es, mit verschiedenen Farben zu häkeln, und ich bevorzuge dabei Aran- und DK-Garne und eine größere Häkelnadel. Am liebsten häkle ich Motive und Blöcke, aber was auch immer ich entwerfe: Das Spannendste ist für mich die Farbauswahl. Ich genieße den Prozess des Designens, von den ersten Versuchen mit Garnresten bis zur Auswahl der Farben und dem Aufschreiben der Anleitung. Meine Hände halten es nicht aus, untätig zu sein, also habe ich auch unterwegs immer eine Häkelnadel und Garn in meiner Tasche, um etwas Schönes zu häkeln. Mehr von meiner Arbeit können Sie unter www.leoniemorgan.com sehen.

Blumendecke

Dieses Projekt ist perfekt, um Garnreste zu verarbeiten. Die Blumenmotive werden jeweils in der letzten Runde zusammengehäkelt, und man kann so lange weitere Motive hinzufügen, bis man die gewünschte Größe erreicht hat. Die Blumen werden hier in zehn verschiedenen Farben gehäkelt – wenn man dabei ein oder zwei eher neutrale Farben verwendet, kommen knallige Farben besonders gut zur Geltung.

GRÖSSE
89 x 112 cm

MASCHENPROBE
Jedes Blumenmotiv ist 7,5 x 7,5 cm groß.

DAS BRAUCHEN SIE
- je 2 x 50 g DK-Wollgarn in zehn verschiedenen Farben; die hier gezeigte Decke wurde mit DMC Woolly (100 % Merinowolle, Lauflänge: ca. 125 m) in den Farben 03, 054, 055, 063, 073, 084, 094, 102, 111 und 112 gehäkelt, aber jedes DK-Garn eignet sich als Ersatz
- Häkelnadel: 4,5 mm
- Sticknadel ohne Spitze

ABKÜRZUNGEN UND TECHNIKEN
fM = feste Masche (Seite 23)
Km = Kettmasche (Seite 22)
Lm-ZR = Luftmaschenzwischenraum
Lm = Luftmasche (Seite 18)
M = Masche(n)
Stb = Stäbchen (Seite 25)
wdh = wiederholen
Magischer Ring (Seiten 56–57)
Motive verbinden (Seite 124)
Häkeln auf der Oberfläche (Seite 126)

ANMERKUNGEN
- Anstatt eines Anfangsrings wird hier ein Magischer Ring gearbeitet, da sich dieser durch das Zusammenziehen komplett schließen lässt und die Mitte so wirklich aussieht wie das Innere einer Blume.
- An den Spitzen der Blütenblätter wird jeweils ein Luftmaschenzwischenraum aus drei Luftmaschen gearbeitet – hier lassen sich die Motive dann perfekt verbinden.
- An den Stellen, an denen vier Blumen aufeinandertreffen, wurden hier jeweils drei Blumen an eine Blume gehäkelt. Man kann das auch anders lösen, man sollte sich nur für eine Lösung entscheiden und dann dabei bleiben.
- Das Innere der Blüte wird auf der Oberfläche umhäkelt, um es besonders hervorzuheben. Besonders gut gelingt das mit einem Garn in einer Kontrastfarbe.

ERSTE BLUME

Magischer Ring: Mit der ersten Farbe einen Magischen Ring arbeiten

Runde 1: 1 Lm, 8 fM in den Ring, 1 Km in die 1. fM. (8 fM)
Auf ein anderes Garn wechseln.

Runde 2: *3 Lm, 1 Stb in dieselbe fM, (1 Stb, 3 Lm, 1 Km) in die folg fM, 1 Km in die folg fM, ab * noch 3 x wdh, dabei mit 1 Km in die Einstichmasche der 3 Anf-Lm enden. (8 3-Lm-ZR, 8 Stb)

Runde 3: *3 Lm, 3 Stb in das folg Stb, 3 Lm (Blütenblattspitze), 3 Stb in das folg Stb, 3 Lm, 1 Km in jede der folg 2 Km, ab * noch 3 x wdh. (24 Stb)
Faden abschneiden und durchziehen, Fadenenden vernähen.

Bläteninneres umranden (Häkeln auf der Oberfläche):
Mit einem Garn in einer dritten Farbe 1 Km in jede fM von Runde 1 häkeln.

ALLE WEITEREN BLUMEN

Der Anleitung für die erste Blume bis zum Ende der Runde 2 folgen.

Runde 3 (Zusammenhäkeln): *3 Lm, 3 Stb in das folg Stb, dann entweder 3 Lm oder zum Zusammenhäkeln mit einer anderen Blume 1 Lm, 1 Km in einen beliebigen 3-Lm-ZR – die Spitze des Blütenblatts – dieser Blume und 1 Lm häkeln, dann 3 Stb in das folg Stb, 1 Km in jede der folg 2 Km, ab * noch 3 x wdh. Faden abschneiden und durchziehen, Fadenenden vernähen.
Das Blüteninnere wie bei der ersten Blüte umranden.
Für die Decke 20 Reihen zu je 14 Blumen häkeln.

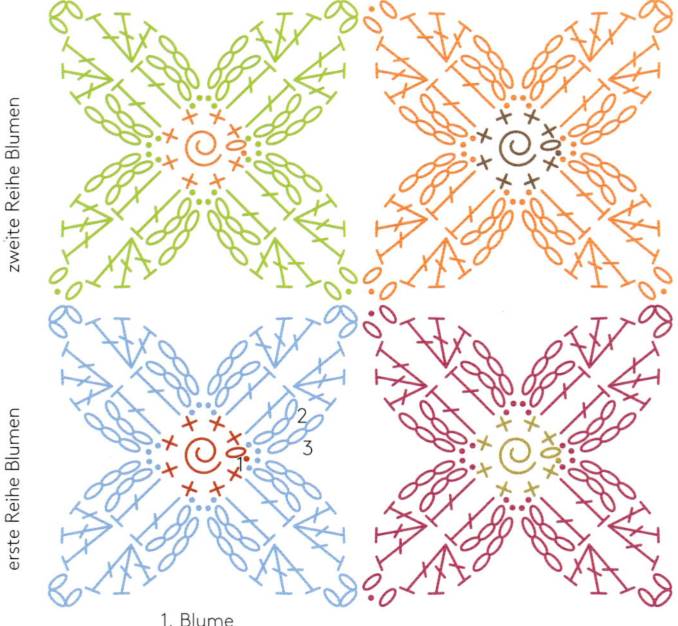

SYMBOLE
magischer Ring
Lm
Km
fM
Stb

ERSTE HILFE

WIE WERDEN HÄKELMOTIVE MITHILFE VON KETTMASCHEN ZUSAMMENGEHÄKELT?

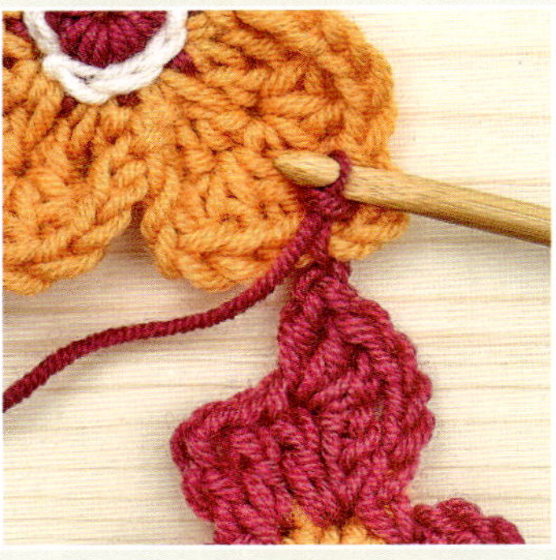

SCHRITT 1
Runde 3 einer Blume bis zur Spitze des Blütenblatts häkeln. Nun anstatt der sonst üblichen 3 Lm nur 1 Lm häkeln, mit der Nadel in den 3-Lm-ZR an der Spitze eines Blütenblatts einer anderen Blume einstechen, 1 Km in diesen Lm-ZR arb und anschließend noch 1 Lm häkeln.

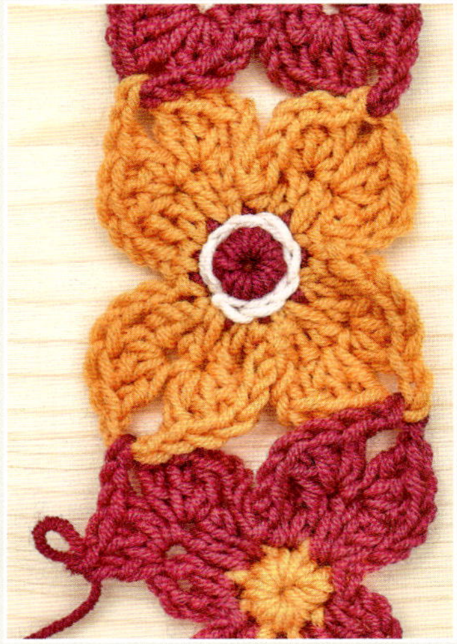

SCHRITT 2
Nach diesem Prinzip weitere Blumen in der letzten Runde mit Kettmaschen an die bereits gehäkelten Blumen häkeln.

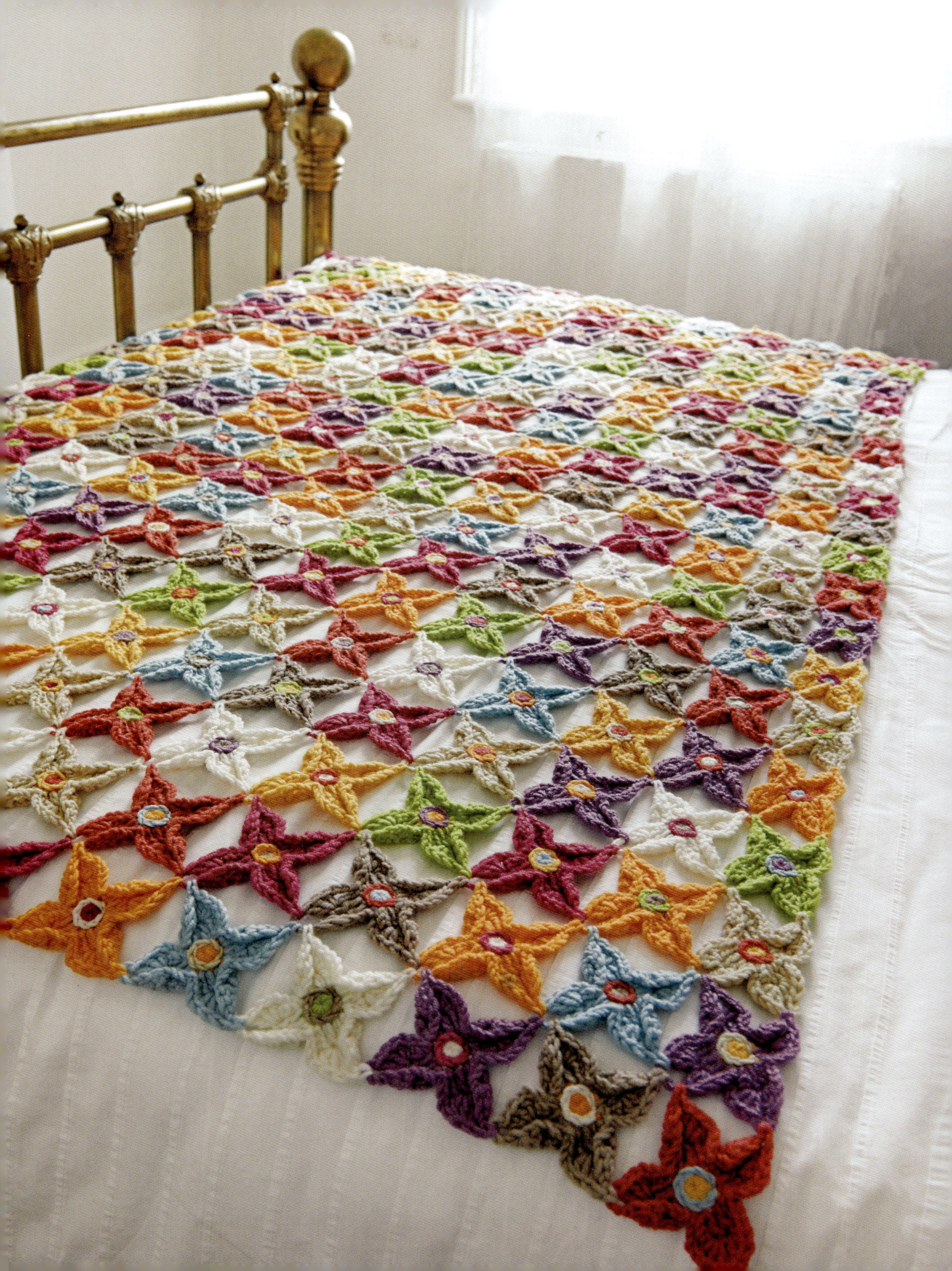

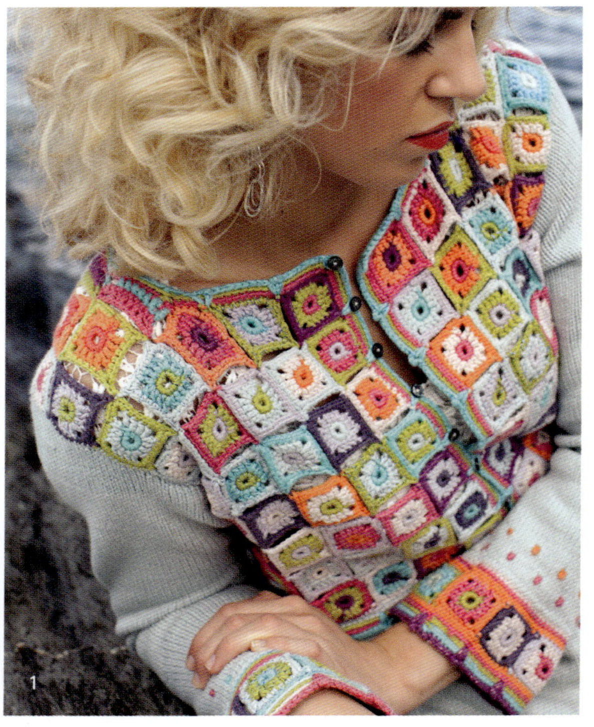
1

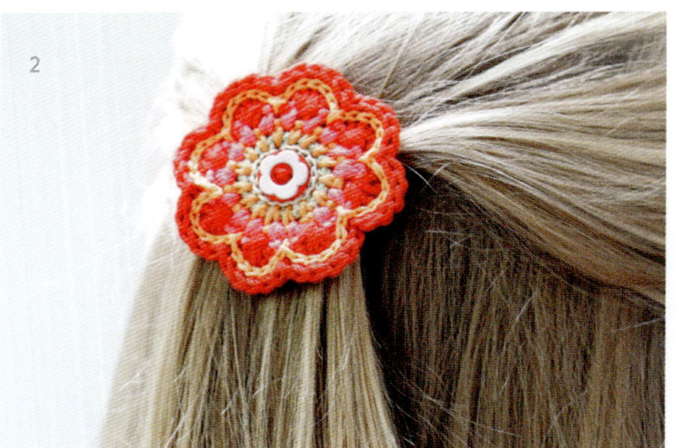
2

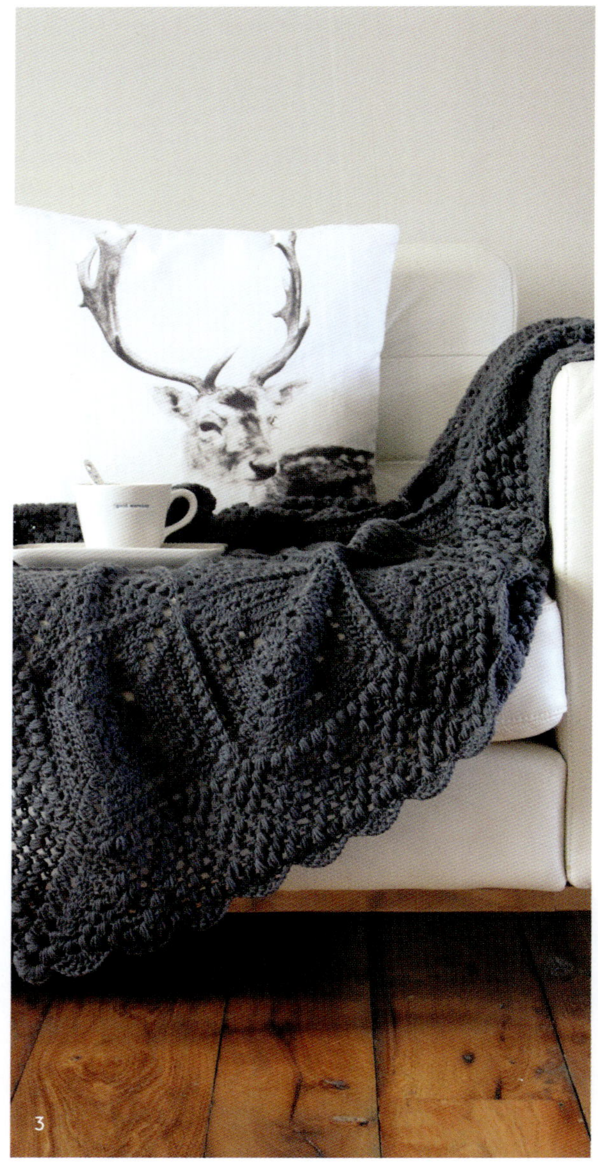
3

Inspirationen

1. VERZIERTER MANTEL, SIDSEL J. HØIVIK
Hier wurden kleine Häkelmotive in verschiedenen Farben auf einen Strickmantel aufgenäht. Durch Häkelmotive als Verzierungen kann man einem einfarbigen Strickkleidungsstück mit knalligen Farben einen tollen neuen Look verleihen.

2. HAARSPANGE „MAISY", KATE GREEN
Dieses hübsche Haaraccessoire zeigt, wie vielseitig Häkelmotive sind. Mit einfachen Maschen, leuchtenden Farben und auf der Oberfläche gehäkelten Details lassen sich kleine Häkelmotive in echte Kunstwerke verwandeln. Das fertige Motiv kann auf eine Haarspange oder Brosche aufgenäht werden und wird so zu einem vielseitigen Hingucker.

3. GRAUE DECKE, MAAIKE VAN KOERT
Quadratische Motive wurden hier mit einem Abschluss aus Puffmaschen zu einer modernen Interpretation der klassischen Patchworkdecke aus Granny Squares kombiniert. Durch die Verwendung von Garn in einer Farbe steht die Struktur im Mittelpunkt. Die Motive wurden mit festen Maschen zusammengehäkelt, und der Abschluss wurde ganz zum Schluss rund um die fertige Decke gearbeitet.

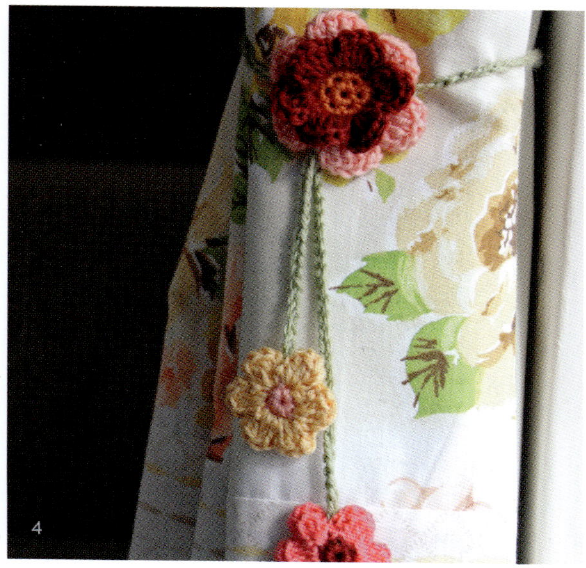

4

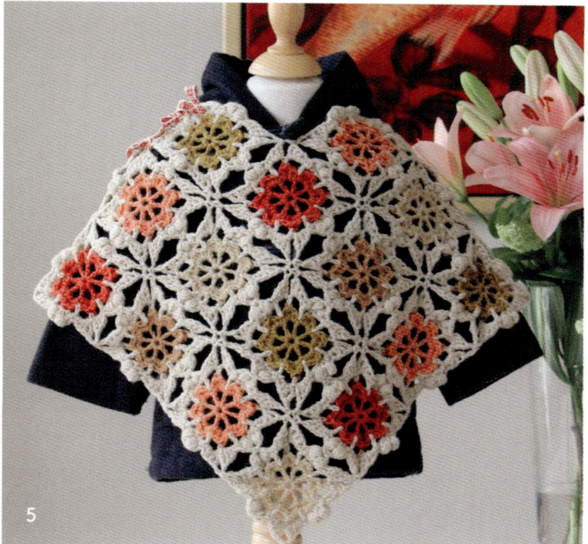

5

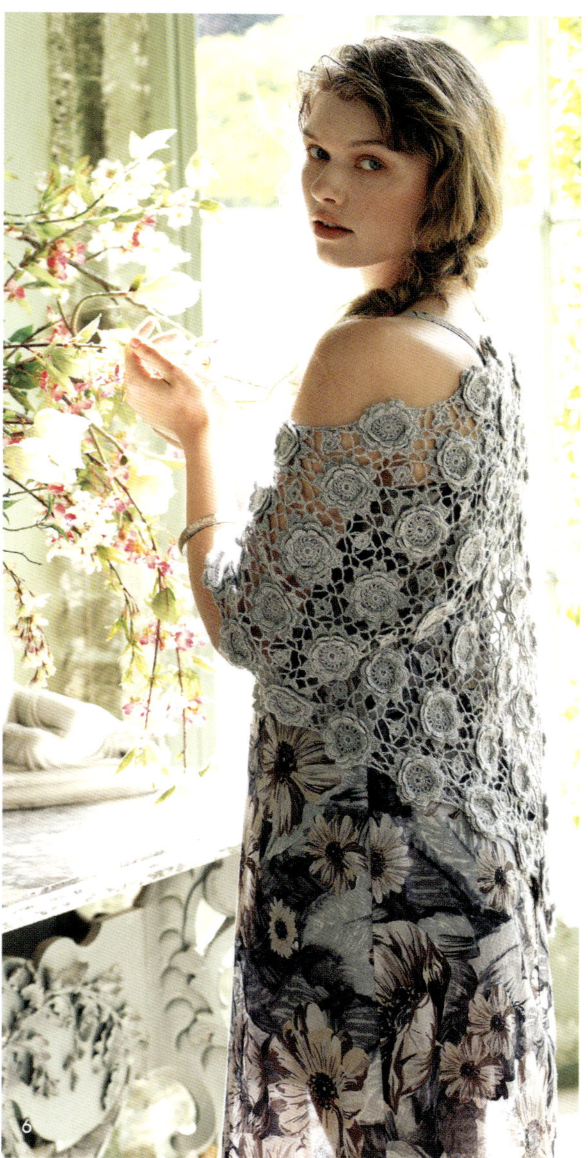

6

4. BLUMENRAFFHALTER, SANDRA PAUL

Flache und dreidimensionale Häkelblumen wurden mit einer gehäkelten Kordel zu diesem hübschen Raffhalter verbunden – ein weiterer Beweis, wie vielseitig Häkelmotive sein können! Natürlich eignen sich auch andere dekorative Häkelmotive, die farblich auf die eigene Einrichtung abgestimmt sind.

5. KINDER-PONCHO, MAAIKE VAN KOERT

Durch die harmonierenden Farben und die hübschen, strukturierten Häkelmotive ist dieser Granny-Square-Poncho ein absoluter Hingucker, bei dem besonders die Noppen für eine interessante Optik sorgen. Die Motive wurden jeweils in der letzten Runde zusammengehäkelt, oben wird der Poncho durch ein Band zusammengehalten.

6. BLUMENTUCH, ROWAN

Dreidimensionale Blumen wurden hier zu einem eleganten Umlegetuch kombiniert. Das im Vintage-Look gehaltene Design zeigt, dass auch traditionelle Häkeltechniken einen Platz in der modernen Mode habe: Das Blumentuch wirkt elegant, aber doch luftig und leicht und kann zu verschiedensten Anlässen getragen werden.

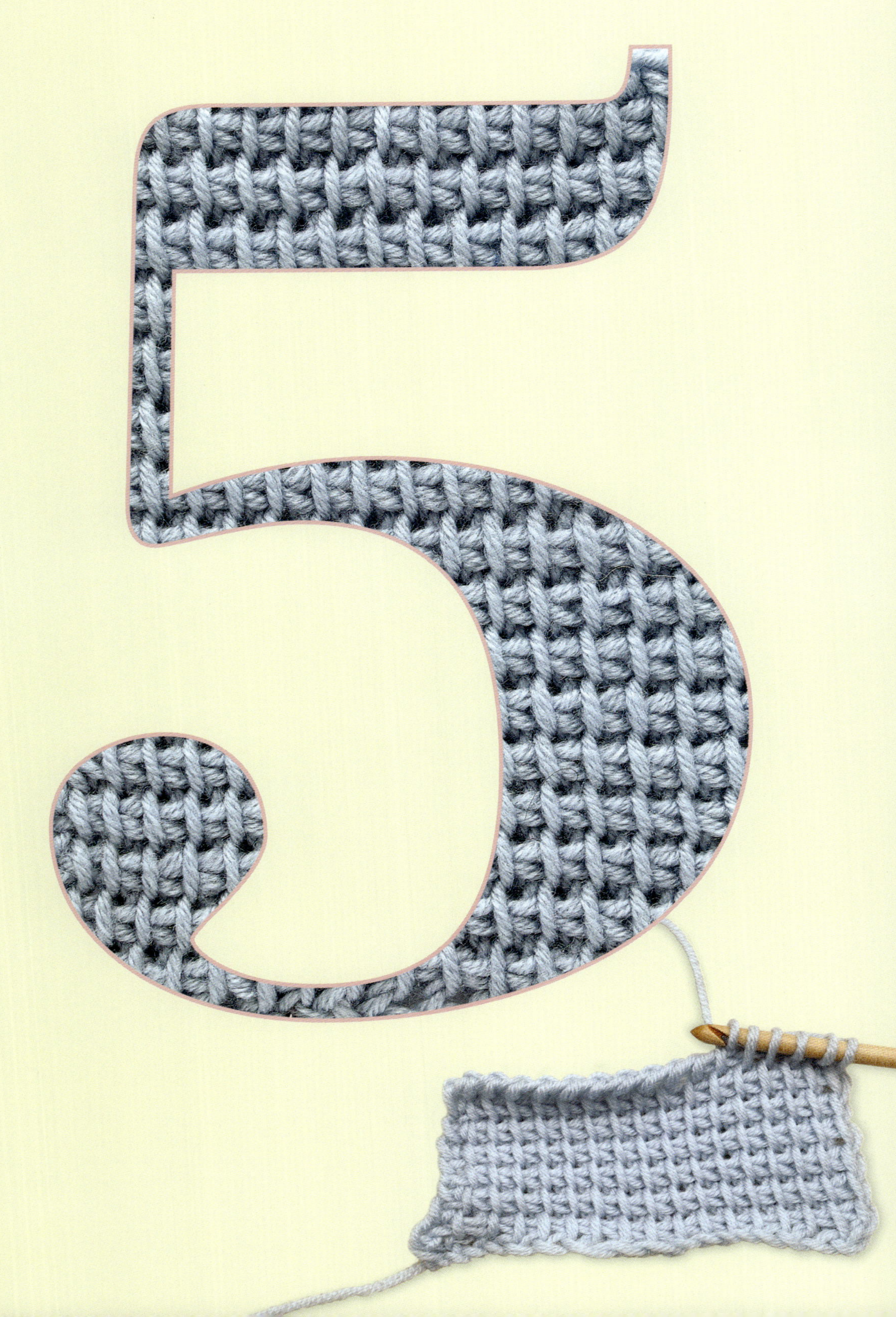

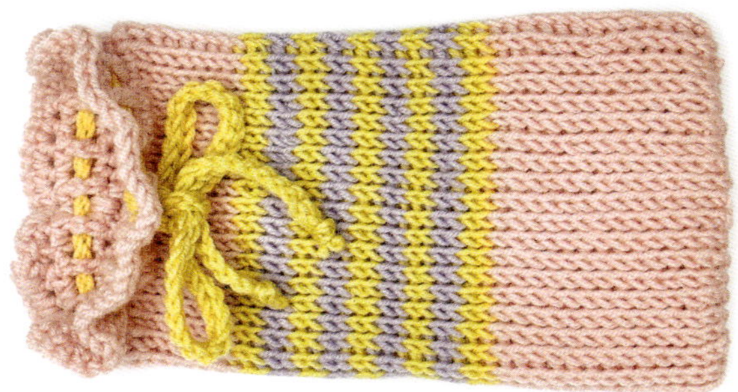

KAPITEL 5

Häkeln wie ein Profi

Wenn man die Grundtechniken beherrscht, kann man mit neuen Techniken, wie etwa Tunesisch Häkeln, Gabelhäkeln oder Schlingenhäkeln, experimentieren. Diese Techniken sind nicht besonders schwer zu erlernen, aber es ist hilfreich, wenn man die Grundlagen beherrscht und mit dem Lesen von Häkelanleitungen und Häkelschriften vertraut ist. Am Ende dieses Kapitels finden Sie außerdem Tipps und Tricks für ein professionelles Ergebnis sowie praktische Variationen von Grundtechniken.

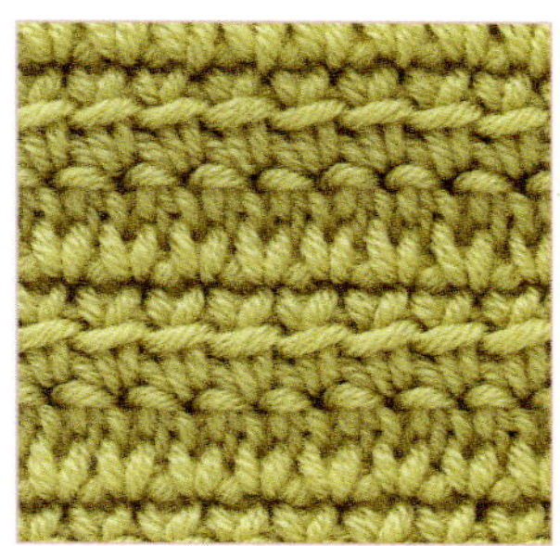
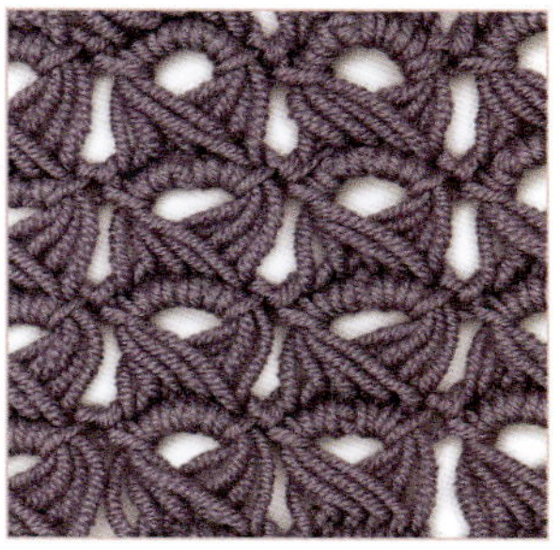
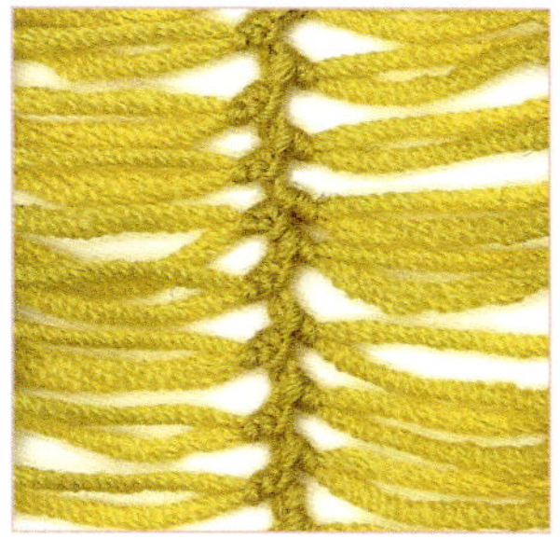

Tunesisch Häkeln

Diese auch als Afghanisch Häkeln bekannte Technik hat eine sehr lange Tradition und erfreut sich heute wieder zunehmender Beliebtheit – so wird es immer einfacher, entsprechende Anleitungen und Häkelschriften für tunesisch gehäkelte Kleidungsstücke und Accessoires zu finden. Beim Tunesisch Häkeln entsteht ein festes Maschenbild, das sich ideal für Decken und Accessoires eignet.

DIE GRUNDLAGEN

Es gibt beim Tunesisch Häkeln spezielles Zubehör und einige Techniken, die beim traditionellen Häkeln nicht verwendet werden; hier finden Sie einen Überblick über die Grundlagen.

TUNESISCHE HÄKELNADEL

Zunächst braucht man eine spezielle tunesische Häkelnadel. Es gibt zwei gängige Arten dieser Nadel. Die erste ist eine normale Häkelnadel mit einem deutlich längeren Schaft und einem Stopper am Ende, der verhindert, dass die aufgefassten Maschen hinten von der Nadel rutschen. Die zweite Nadelart besteht aus einer normalen Häkelnadel, an deren Ende ein Seil befestigt ist. Teilweise lassen sich die Seile austauschen, sodass man die Länge an das jeweilige Projekt anpassen kann. Um den gewünschten Fall eines Kleidungsstücks zu erzielen, kann es notwendig sein, eine etwas längere Nadel zu verwenden, als für die jeweilige Garnstärke angegeben ist.

SO GEHT'S

Jede Reihe besteht aus zwei Arbeitsgängen – einer Hinreihe und einer Rückreihe. In der Hinreihe werden Maschen auf die Nadel aufgenommen (aufgefasst). In der Rückreihe werden diese Maschen dann wieder von der Nadel abgehäkelt. Dabei wird die Arbeit nie gewendet, sondern sowohl Hinreihen als auch Rückreihen werden auf der Vorderseite gehäkelt.

TUNESISCHE HÄKELSCHRIFT

Wie beim normalen Häkeln kann auch beim Tunesisch Häkeln nach einer Häkelschrift gearbeitet werden. Dabei werden nur die Hinreihen abgebildet, die Rückreihen, in denen die Maschen von der Nadel abgehäkelt werden, werden nicht extra dargestellt.

Stopper

tunesische Häkelnadel mit langem Schaft

tunesische Häkelnadeln mit Seil

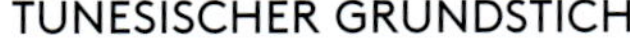

TUNESISCHER GRUNDSTICH

Zunächst wird wie gewohnt eine Luftmaschenkette in der angegebenen Länge gehäkelt. Wichtig ist, daran zu denken, dass die Hinreihen immer von rechts nach links und die Rückreihen ohne Wenden von links nach rechts gearbeitet werden.

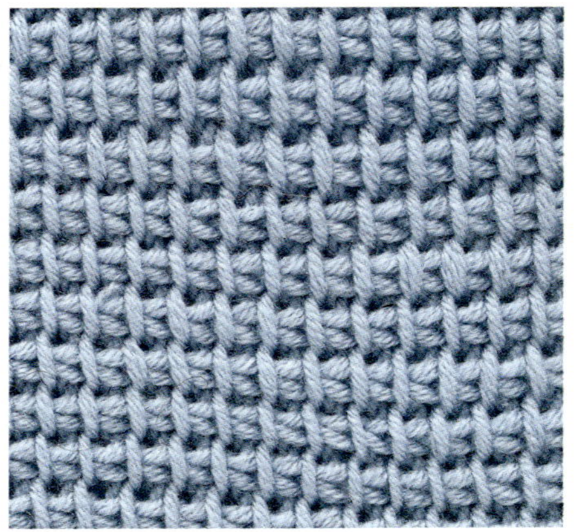

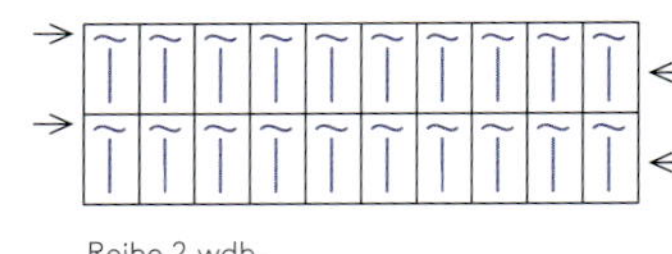

Reihe 2 wdh.

SYMBOLE

- tunesischer Grundstich
- ← Hinreihe
- → Rückreihe

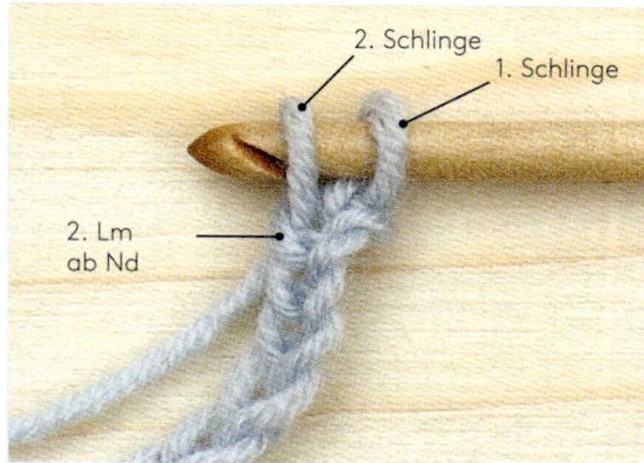

SCHRITT 1
Um in der Hinreihe Maschen aufzufassen, in die von der Nadel aus gesehen zweite Luftmasche einstechen, den Arbeitsfaden von hinten nach vorn um die Nadel legen und durchziehen, nun liegen zwei Schlingen auf der Nadel, jede zählt als eine Masche.

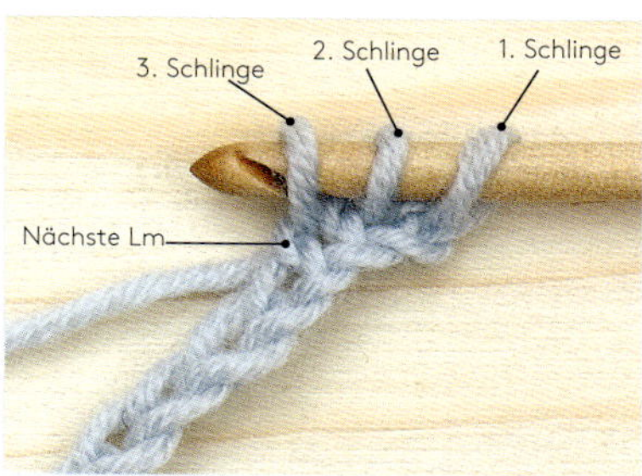

SCHRITT 2
Mit der Nadel in die nächste Luftmasche einstechen, den Arbeitsfaden von hinten nach vorn um die Nadel legen und durchziehen, damit liegen drei Schlingen auf der Nadel.

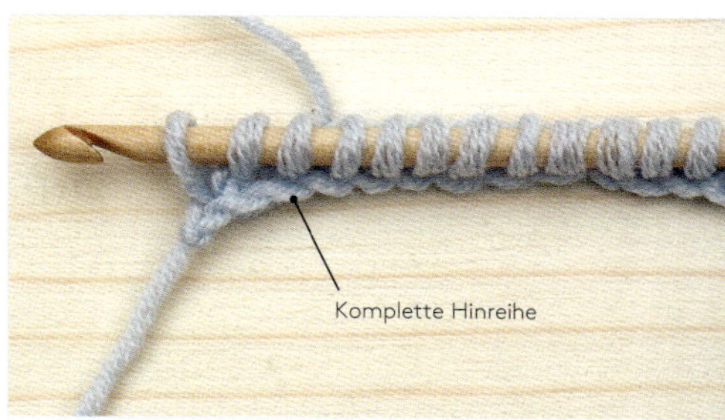

SCHRITT 3
Nach diesem Prinzip weitere Maschen aufnehmen, bis man am Ende der Luftmaschenkette angekommen ist. Nun sollten genauso viele Schlingen auf der Nadel liegen, wie Luftmaschen angeschlagen wurden. Die Arbeit nicht wenden.

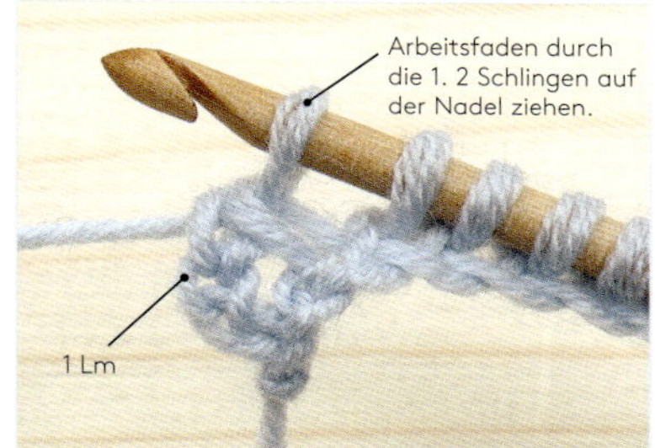

SCHRITT 4
Für die Rückreihe den Arbeitsfaden von hinten nach vorn um die Nadel legen und durch die erste Schlinge auf der Nadel ziehen (Luftmasche). Damit wurde eine Masche gehäkelt. Den Arbeitsfaden wieder um die Nadel legen und durch die nächsten zwei Schlingen auf der Nadel ziehen. Damit wurde die zweite Masche gehäkelt.

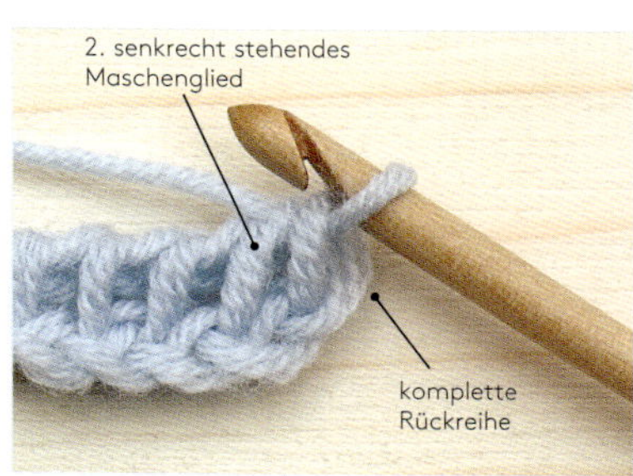

SCHRITT 5
Nach diesem Prinzip über die gesamte Rückreihe die Maschen wieder von der Nadel abhäkeln, dabei so lange Umschläge durch zwei Schlingen auf der Nadel ziehen, bis nur noch eine Schlinge auf der Nadel liegt. Dadurch sind in dieser Reihe senkrecht stehende Maschenglieder entstanden.

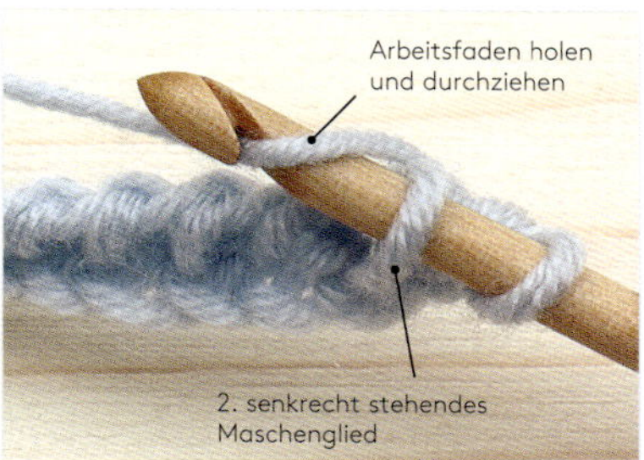

SCHRITT 6
In der nächsten Hinreihe das erste dieser Maschenglieder übergehen, dann von rechts nach links in das zweite senkrecht stehende Maschenglied einstechen (dabei nicht auf die Rückseite durchstechen), den Faden holen und durchziehen, damit liegen zwei Schlingen auf der Nadel.

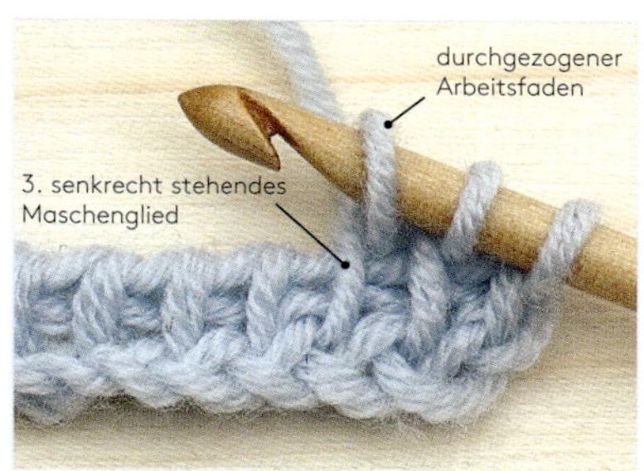

SCHRITT 7
Mit der Nadel in das nächste senkrecht stehende Maschenglied einstechen, den Faden holen und durchziehen. Nun liegen drei Schlingen auf der Nadel. Nach diesem Prinzip über die gesamte Hinreihe Maschen auffassen.

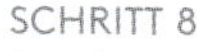

SCHRITT 8
Anschließend eine Rückreihe wie in Schritt 4 und 5 häkeln. Dann abwechselnd Hinreihen (Schritt 6 und 7) und Rückreihen (Schritt 4 und 5) häkeln, bis die gewünschte Länge erreicht ist, dabei mit einer Rückreihe enden und entweder den Faden abschneiden und durchziehen oder wie auf Seite 142 abschließen.

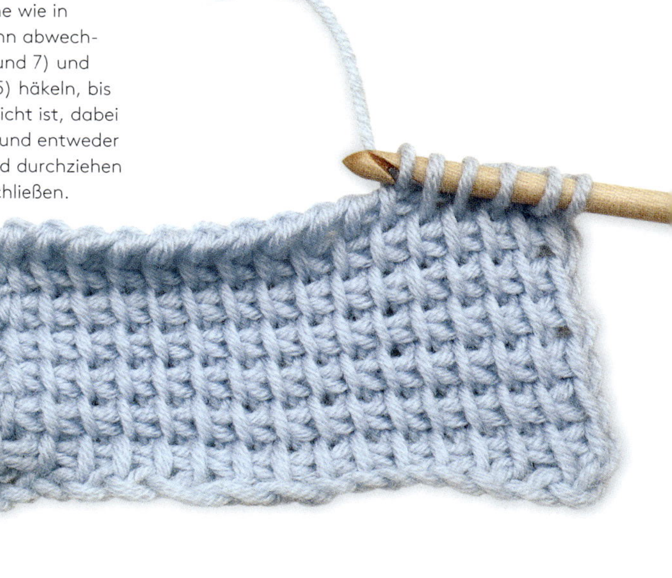

ABSCHLUSS BEIM TUNESISCH HÄKELN

Manchmal wird in Anleitungen für tunesisch gehäkelte Projekte angegeben, die Arbeit mit einer Reihe fester Maschen zu beenden, um die letzte Reihe zu sichern und eine stabile Kante zu erhalten. Eine weitere Methode, um eine saubere, professionelle Kante zu erhalten, besteht darin, die Maschen tunesisch abzuketten. Welche Methode man verwendet, ist Geschmackssache.

3 GRUNDLAGEN DES TUNESISCH HÄKELNS

1 Jede Reihe beim Tunesisch Häkeln besteht aus einer Hin- und einer Rückreihe, wobei am ende der Rückreihe nur noch eine Schlinge auf der Nadel liegt.

2 Die Arbeit nie wenden und darauf achten, immer auch die Rückreihe zu häkeln, also die Maschen wieder von der Nadel abzuhäkeln.

3 Die erste Schlinge auf der Nadel zählt als erste Masche der Reihe.

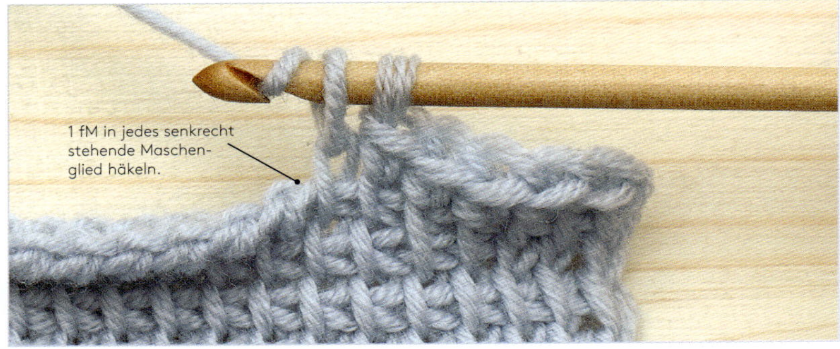

ABSCHLUSS AUS FESTEN MASCHEN

Nach der letzten Rückreihe eine Luftmasche häkeln, dann mit der Nadel von rechts nach links in das zweite senkrecht stehende Maschenglied einstechen, den Faden holen und durchziehen (damit liegen zwei Schlingen auf der Nadel). Den Arbeitsfaden von hinten nach vorn um die Nadel legen und durch beide auf der Nadel liegenden Schlingen ziehen. Damit wurde eine feste Masche gehäkelt. Nach diesem Prinzip bis zum Reihenende weitere feste Maschen häkeln. Zum Schluss den Faden abschneiden und durchziehen.

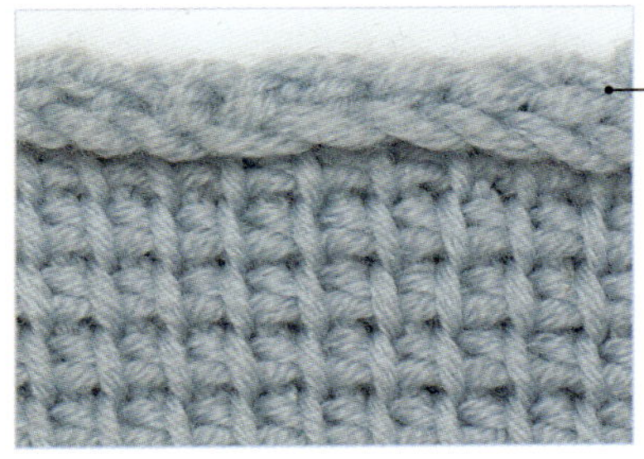

TUNESISCH ABKETTEN

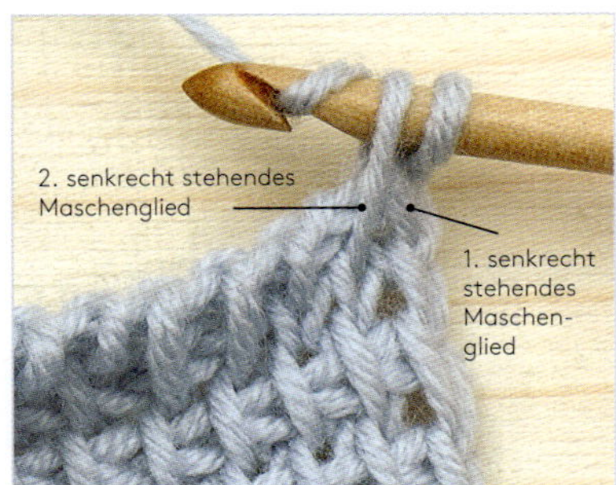

SCHRITT 1

Nach der letzten Rückreihe mit der Nadel von rechts nach links in das zweite senkrecht stehende Maschenglied einstechen. Den Arbeitsfaden von hinten nach vorn um die Nadel legen und durch beide auf der Nadel liegenden Schlingen ziehen.

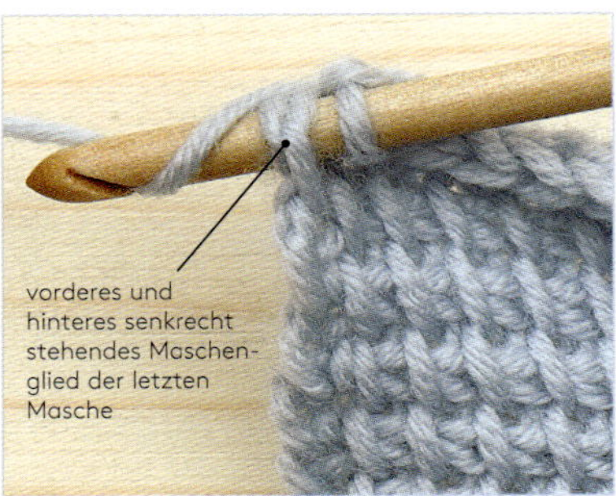

SCHRITT 2

Nach diesem Prinzip alle Maschen bis zur letzten Masche abketten. Bei der letzten Masche statt nur in das vordere senkrecht stehende Maschenglied zudem auch in das hintere einstechen. Den Arbeitsfaden von hinten nach vorn um die Nadel legen und durch alle Schlingen auf der Nadel ziehen. Zum Schluss den Faden abschneiden und durchziehen.

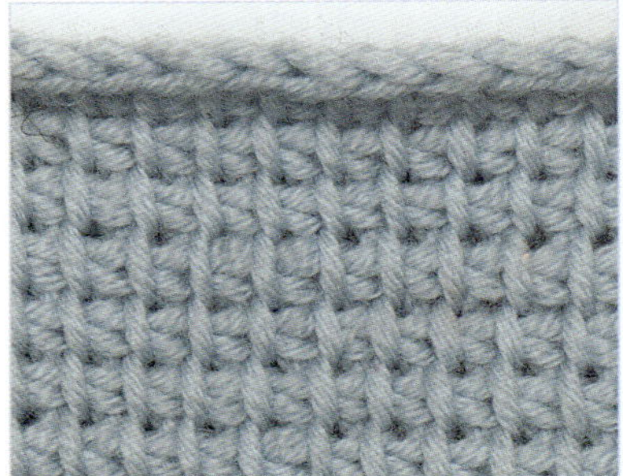

SCHRITT 3

Hier wurde bei einem im tunesischen Grundstich gearbeiteten Häkelstück tunesisch abgekettet, damit man diesen und den Abschluss mit festen Maschen oben gut vergleichen kann – noch besser eignet sich diese Methode allerdings als Abschluss bei einem im tunesischen Strickstich gehäkelten Häkelstück.

TUNESISCHER STRICKSTICH

Diese Variation des tunesischen Grundstichs ergibt ein Maschenbild, das aussieht wie gestrickt. Während des Häkelns kann es sein, dass sich die Ränder leicht einrollen, daher sollte man das Häkelstück unbedingt spannnen.

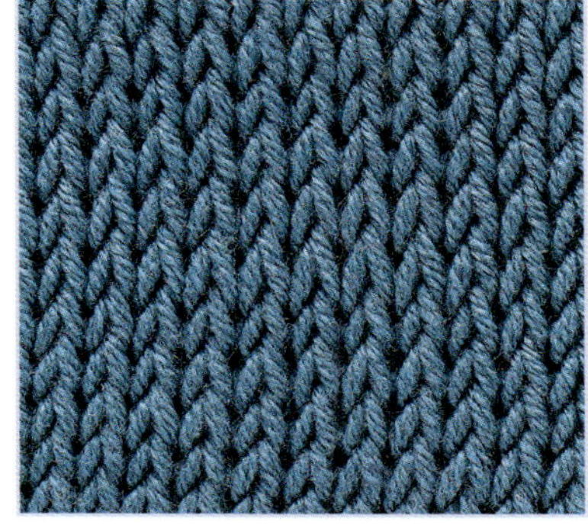

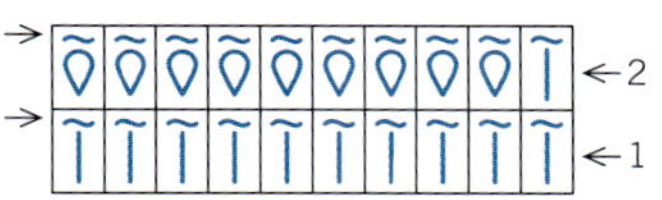

Reihe 2 wdh.

KEY

- tunesischer Grundsstich
- tunesischer Strickstich
- ← Hinreihe
- → Rückreihe

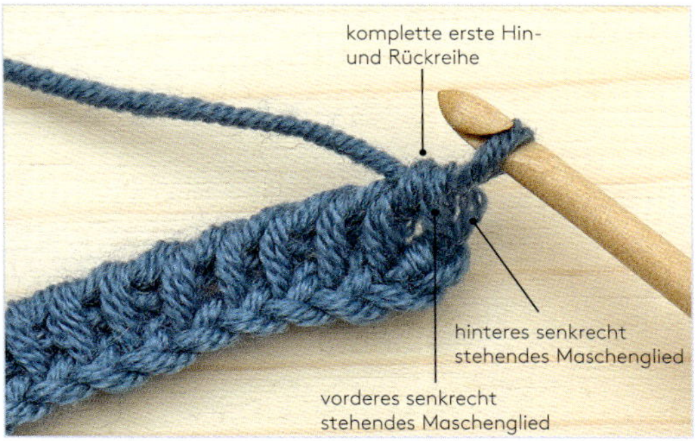

SCHRITT 1

Eine Hin- und Rückreihe im tunesischen Grundstich häkeln (siehe Seite 141, Schritte 1 bis 5). Jede Masche besteht aus zwei senkrecht stehenden Maschengliedern – einem vorderen und einem hinteren –, die aus den aufgenommenen Schlingen der letzten Hinreihe entstanden sind.

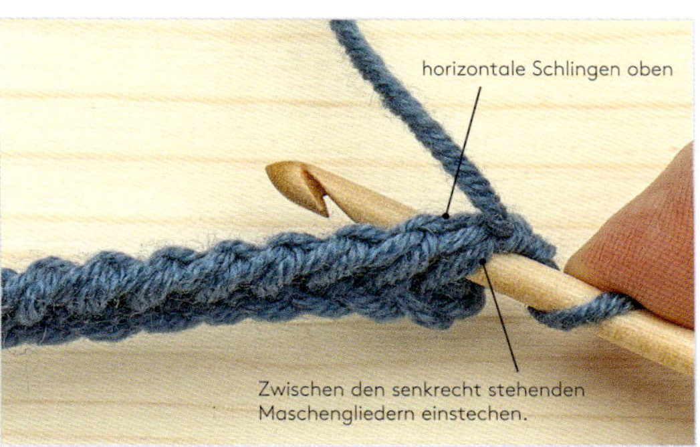

SCHRITT 2

Für die nächste Hinreihe das erste senkrecht stehende Maschenglied übergehen und dann mit der Nadel zwischen dem nächsten vorderen und dem nächsten hinteren senkrecht stehenden Maschenglied unterhalb der horizontalen Schlingen oben auf die Rückseite durchstechen. Den Arbeitsfaden von hinten nach vorn um die Nadel legen und durchziehen, damit liegen zwei Schlingen auf der Nadel.

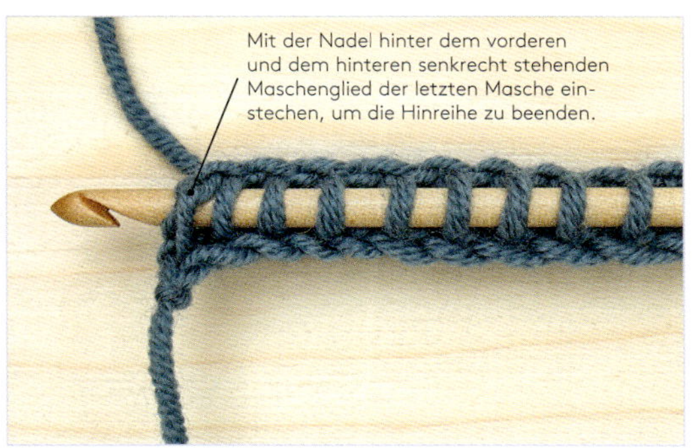

SCHRITT 3

Nach diesem Prinzip über die ganze Reihe weitere Maschen auffassen. Am Ende der Reihe wie in der Abbildung gezeigt in die letzte Masche einstechen, also hinter dem vorderen und dem hinteren Maschenglied der letzten Masche. Nach der Reihe unbedingt die Maschen zählen (diese letzte Masche wird oft übersehen!).

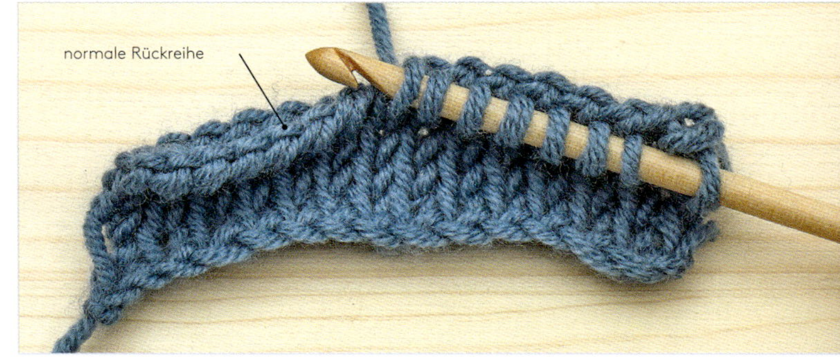

SCHRITT 4

Anschließend eine normale Rückreihe (siehe Seite 141, Schritt 4 und 5) häkeln. Nach einigen Reihen erkennt man wie sich ein Maschenbild ergibt, das aussieht wie gestrickt. Zum Schluss entweder den Faden abschneiden und durchziehen oder wie auf Seite 142 abschließen.

Gabelhäkeln

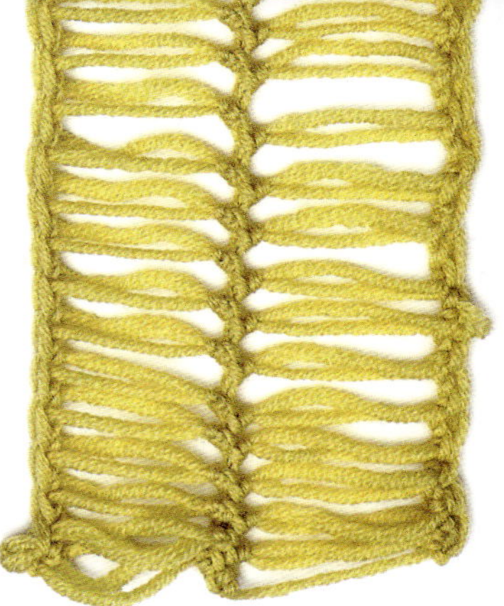

Das Gabelhäkeln ist eine Häkeltechnik, mit der sich schnell und unkompliziert feine Bänder und Bordüren fertigen lassen. In der viktorianischen Zeit war diese Technik für Einfassungen und Verzierungen sehr beliebt. Heute verwenden viele Häkeldesigner diese Technik für Kleidungsstücke und Accessoires und machen sie so einem breiten Publikum zugänglich.

DIE GRUNDLAGEN

Es gibt beim Gabelhäkeln spezielles Zubehör und einige Techniken, die beim traditionellen Häkeln nicht verwendet werden; hier finden Sie einen Überblick über die Grundlagen.

HÄKELGABEL UND HÄKELNADEL

Zunächst brauchen Sie zusätzlich zu einer normalen Häkelnadel eine spezielle Häkel- oder Netzgabel. Diese sind günstig und in den meisten Handarbeitsgeschäften erhältlich. Es gibt Gabeln, die sich verstellen und somit an verschiedene Anforderungen anpassen lassen. Als Häkelnadel verwendet man eine mit einer etwas geringeren Nadelstärke, als eigentlich für das jeweilige Garn empfohlen wird.

SO GEHT'S

Mithilfe der Häkelnadel werden zwischen den beiden Metallstäben der Gabel Schlingen gebildet, bis auf der Gabel kein Platz mehr ist. Das gehäkelte Band wird dann heruntergenommen, indem die Schlingen von der Gabel geschoben werden. Mit etwas Übung ist es möglich, einige Schlingen von der Gabel zu nehmen, wenn kein Platz mehr ist, und trotzdem weiterzuhäkeln. Nach der Fertigstellung kann man das gehäkelte Band entweder so verwenden, wie es ist, oder man häkelt eine Reihe fester Maschen entlang jeder Schlingenkante für zusätzliche Stabilität. Klingt kompliziert, ist aber eigentlich ganz einfach, wenn man es einmal selbst ausprobiert – wie bei vielen Häkeltechniken wird immer nach demselben Prinzip gearbeitet, und hat man das einmal verstanden, sind der Fantasie keine Grenzen gesetzt.

ERSTE HILFE

WIE KANN ICH VERHINDERN, DASS SICH DIE SCHLINGEN VERDREHEN UND VERHEDDERN, WENN ICH SIE VON DER GABEL SCHIEBE?

Es liegt in der Natur der feinen gabelgehäkelten Bänder, dass sie sich verdrehen. Um das zu verhindern, kann man mit einem Hilfsfaden arbeiten. Dafür ein Garn in einer kontrastierenden Farbe von unten nach oben durch die Schlingen auf dem rechten Stab der Gabel und dann von oben nach unten durch jene auf dem linken Stab fädeln. Am Ende einen lockeren Knoten machen, um das Band zu fixieren.

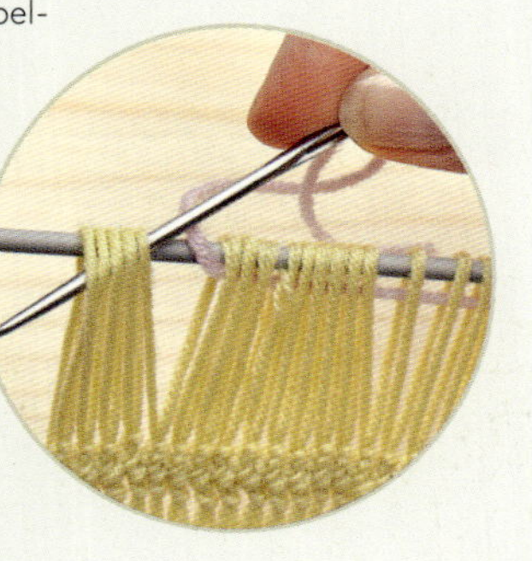

EINFACHES GABELGEHÄKELTES BAND

Für dieses Beispiel wurde mit einer nicht verstellbaren Gabel gearbeitet. Bei einer verstellbaren Gabel die Stäbe etwa 10 cm breit positionieren, um ein ähnlich breites Band zu erhalten.

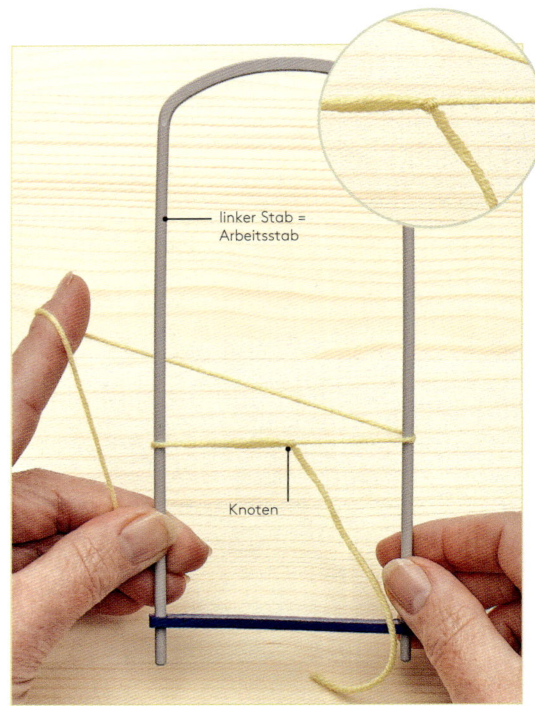

SCHRITT 1

Eine lose Anfangsschlinge häkeln und diese auf den linken Stab der Häkelgabel schieben. Beim Gabelhäkeln ist immer der linke Stab der Arbeitsstab, auf ihm liegt die Schlinge, in die man als Nächstes einsticht. Die Anfangsschlinge lockern, sodass der Knoten mittig zwischen den Gabeln positioniert ist. Den Arbeitsfaden nun von vorn nach hinten um den rechten Metallstab legen und wie gewohnt hinten mit dem linken Zeigefinger spannen.

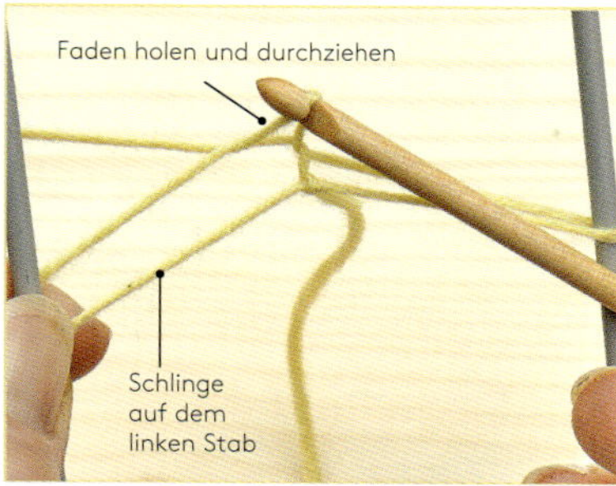

SCHRITT 2
Mit der Häkelnadel von vorn nach hinten in die auf dem linken Stab liegende Schlinge einstechen, den Arbeitsfaden holen, durchziehen und eine Luftmasche häkeln. Damit wurde die erste Masche gehäkelt.

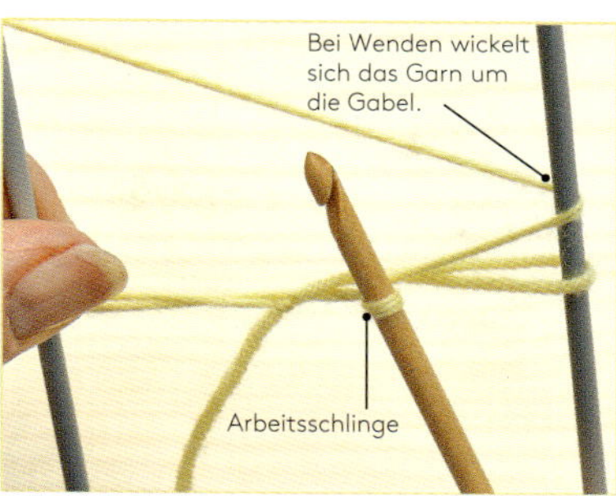

SCHRITT 3
Jetzt wird die Gabel gewendet. Dafür bleibt die Arbeitsschlinge auf der Häkelnadel und die Gabel wird im Uhrzeigersinn gewendet, sodass sich der Faden um den linken Metallstab wickelt.

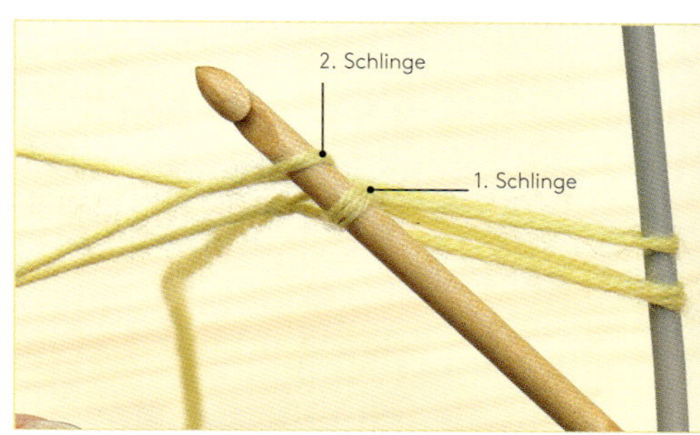

SCHRITT 4
Die Häkelnadel vor das Band bringen, den Arbeitsfaden wie gewohnt hinter der Arbeit spannen und mit der Häkelnadel in die linke Schlinge einstechen. Den Arbeitsfaden holen und durchziehen – damit liegen zwei Schlingen auf der Nadel.

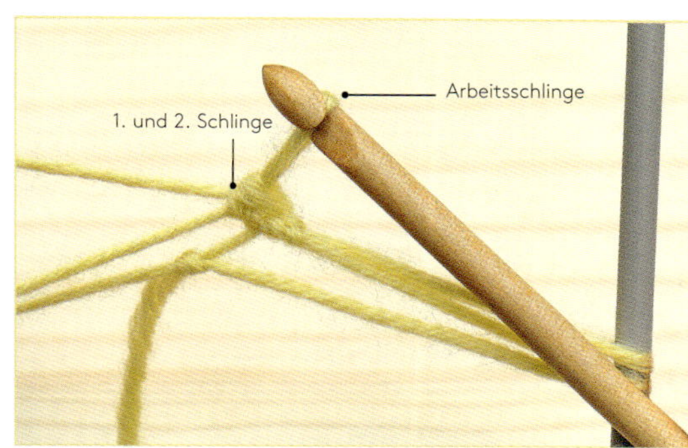

SCHRITT 5
Den Arbeitsfaden von hinten nach vorn um die Nadel legen und durch beide auf der Nadel liegenden Schlingen ziehen (damit wurde eine feste Masche gehäkelt).

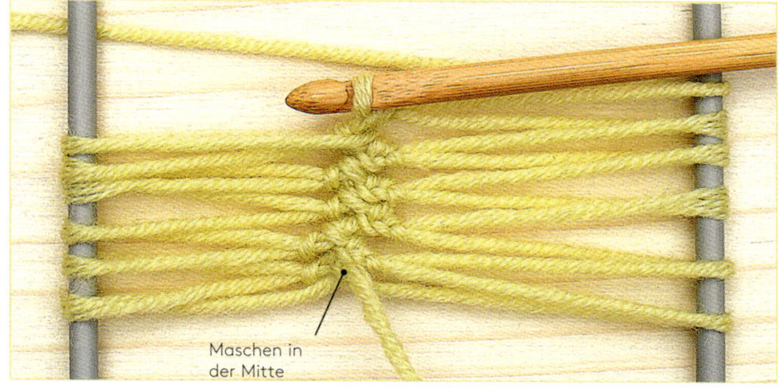

SCHRITT 6
Ab Schritt 3 wiederholen, dabei die Gabel immer im Uhrzeigersinn wenden. Außerdem ist es wichtig, darauf zu achten, dass die Maschen möglichst mittig positioniert sind.

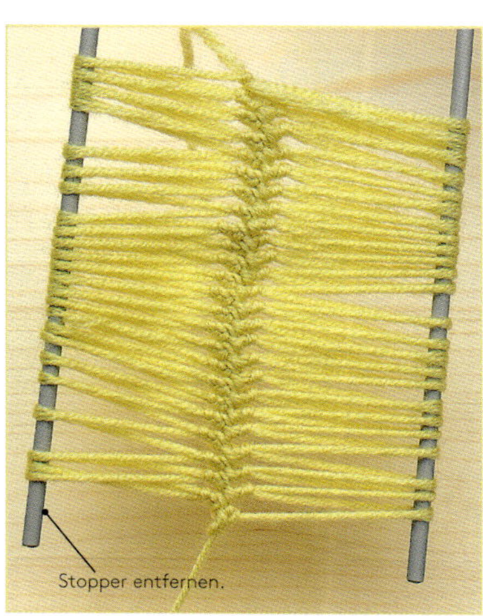

SCHRITT 7
Sobald die Gabel voll ist, den Arbeitsfaden abschneiden und durchziehen. Den Stopper unten entfernen und das gehäkelte Band von der Gabel schieben.

SCHRITT 8
Für einen sauberen Abschluss an den Rändern ein beliebiges Garn an die erste Schlinge einer Seitenkante anfügen und eine feste Masche in dieselbe Schlinge häkeln. Nun in jede weitere Schlinge ebenfalls eine feste Masche häkeln. Das Garn abschneiden und durchziehen und auf der anderen Seite wiederholen.

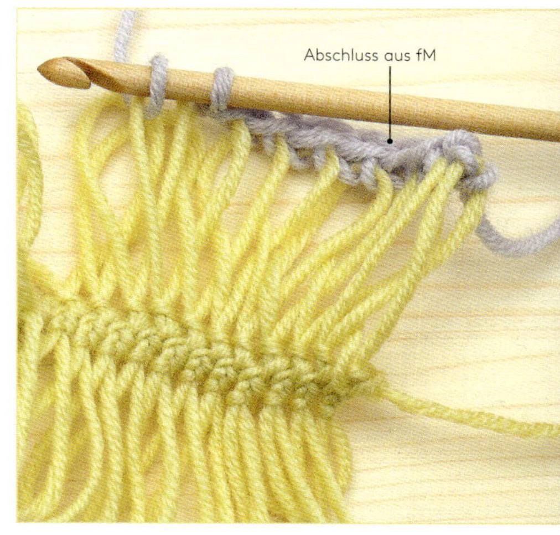

Schlingenhäkeln

Bei dieser Häkeltechnik entsteht durch die lockeren Schlingen ein leichtes, luftiges Gewebe. Traditionell wurde dabei mit einem Besenstiel gehäkelt (daher auch die englische Bezeichnung Broomstick-Häkeln), heute verwendet man meist eine Stricknadel mit großem Durchmesser. Die Ursprünge dieser Technik sind nicht belegt, sie war aber besonders im Amerika der Nachkriegszeit sehr beliebt. Die verschlungenen Maschen ergeben eine interessante Optik.

DIE GRUNDLAGEN

Es gibt beim Schlingenhäkeln spezielles Zubehör und einige Techniken, die beim traditionellen Häkeln nicht verwendet werden; hier finden Sie einen Überblick über die Grundlagen.

DICKE STRICKNADELN ODER BROOMS

Man braucht für diese Technik entweder eine dicke Stricknadel, einen speziellen Broom oder einen dünnen runden Stock. Das hier gezeigte Beispiel wurde mit einem 20-mm-Broom gehäkelt. Je größer diese Nadel ist, desto größer werden die verschlungenen Maschen. Die Größe des fertigen Stücks wird durch die Länge des Brooms bzw. der Stricknadel bestimmt. Breitere Stücke werden durch das Zusammennähen von Streifen hergestellt.

SO GEHT'S

Jede Reihe besteht wie beim Tunesisch Häkeln aus zwei Arbeitsgängen – einer Hinreihe und einer Rückreihe. In der Hinreihe werden mithilfe einer normalen Häkelnadel ausgehend von einer Reihe normaler Maschen Schlingen auf den Broom oder die Stricknadel geschoben. In der Rückreihe werden die Schlingen wieder abgehäkelt. Die Technik ist nicht schwierig, aber es kann etwas knifflig sein, mit zwei Nadeln gleichzeitig zu hantieren. Man kann die erste Reihe Schlingen auch direkt von der Luftmaschenkette ausgehend arbeiten, aber für Anfänger ist es einfacher, zunächst eine oder zwei Reihen fester Maschen zu häkeln. Das gibt der Arbeit etwas mehr Stabilität und macht die erste Hin- und Rückreihe leichter zu bewältigen. Beim Schlingenhäkeln ist es vorteilhaft, die Arbeit nach der Fertigstellung zu spannen, damit die verschlungenen Maschen ein gleichmäßiges Maschenbild ergeben.

GRUNDMUSTER BEIM SCHLINGENHÄKELN

Das ist eines der grundlegenden Muster beim Schlingenhäkeln. Dabei wird die Stricknadel oder der Broom in der linken Hand gehalten – es gibt aber auch Projekte, bei denen man ihn in der rechten Hand hält oder bei denen man gänzlich ohne zweite Nadel arbeitet.

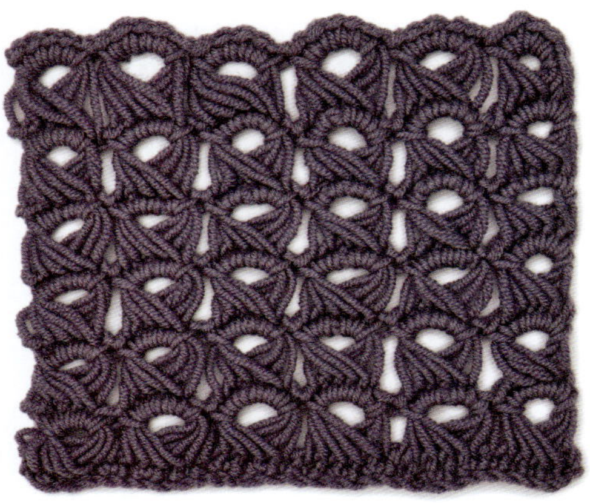

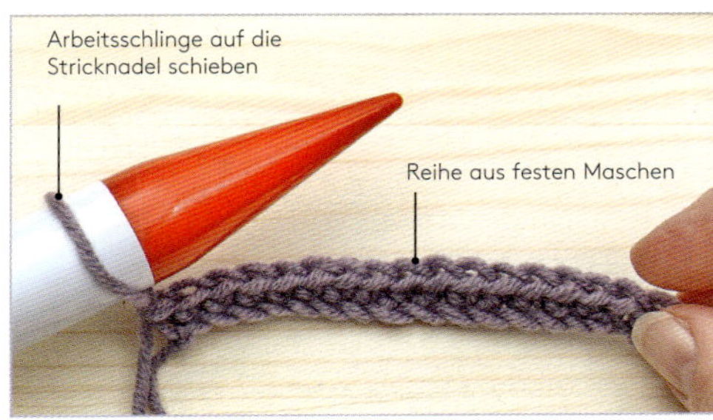

SCHRITT 1

Eine Luftmaschenkette in der angegebenen Länge häkeln, hier wurde ein Vielfaches von fünf Luftmaschen angeschlagen, denn jede Schlingenmasche besteht aus einer Gruppe von fünf Maschen. Zusätzlich braucht man eine Wendeluftmasche für die erste Reihe. In die von der Nadel aus gesehen zweite Luftmasche und in jede weitere Luftmasche eine feste Masche häkeln. Nun die Stricknadel in die linke Hand nehmen, die Arbeitsschlinge groß ziehen und auf die Stricknadel schieben.

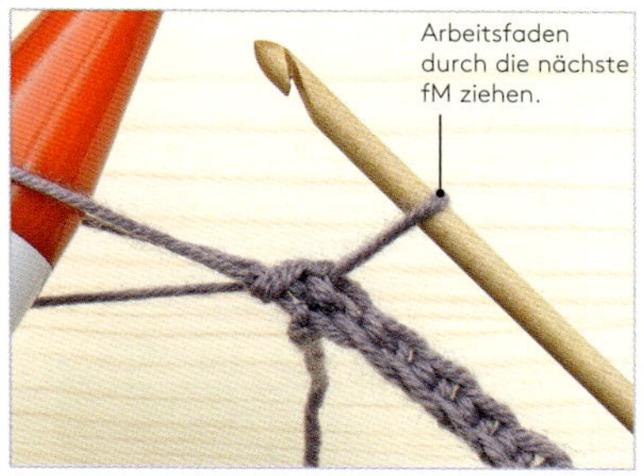

SCHRITT 2
Mit der Häkelnadel in die nächste feste Masche einstechen, den Arbeitsfaden holen und durchziehen und auch diese Schlinge groß ziehen und auf die Stricknadel schieben.

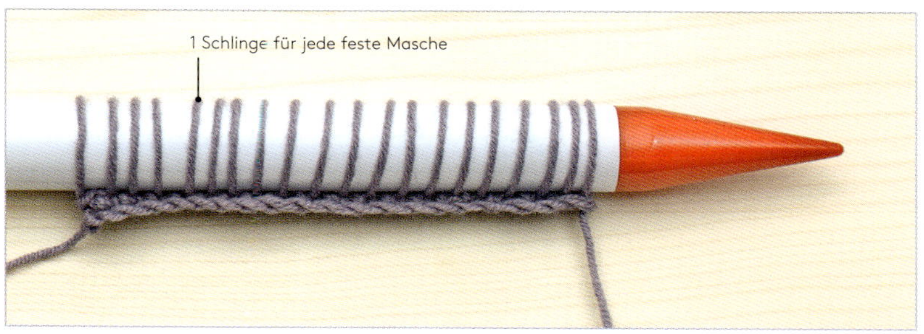

SCHRITT 3
Nach diesem Prinzip von links nach rechts über die gesamte Reihe durch jede feste Masche eine Schlinge holen, diese groß ziehen und auf die Stricknadel schieben. Am Ende der Reihe die Schlingen zählen – es sollten genauso viele Schlingen auf der Stricknadel liegen, wie feste Maschen gehäkelt wurden.

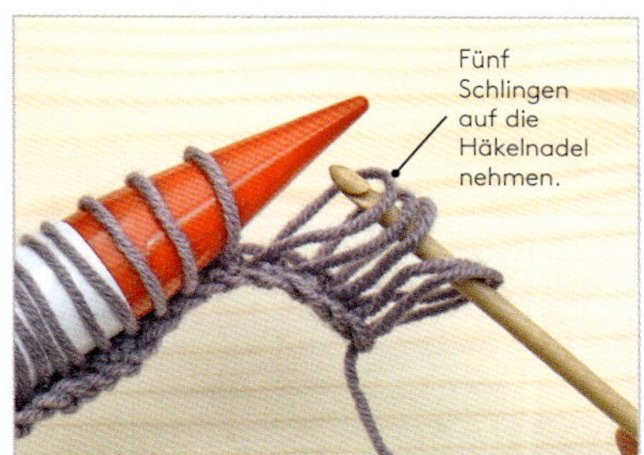

SCHRITT 4
Für die Rückreihe die angegebene Anzahl an Schlingen (hier die ersten fünf Schlingen) von der Stricknadel auf die Häkelnadel nehmen.

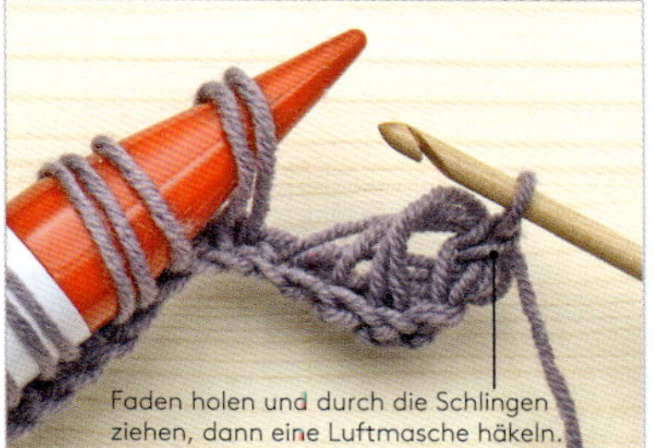

SCHRITT 5
Den Arbeitsfaden von hinten nach vorn um die Häkelnadel legen und durch die fünf Schlingen ziehen. Schließlich eine Luftmasche häkeln, um die Schlingen zu fixieren.

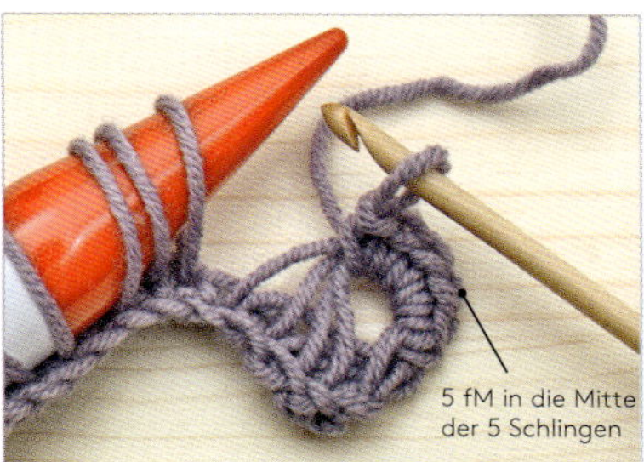

SCHRITT 6
In die Mitte der fünf Schlingen fünf feste Maschen häkeln. Die Anzahl an Maschen, die in die Schlingen gearbeitet werden, entspricht dabei immer der Anzahl der auf die Häkelnadel genommenen Schlingen.

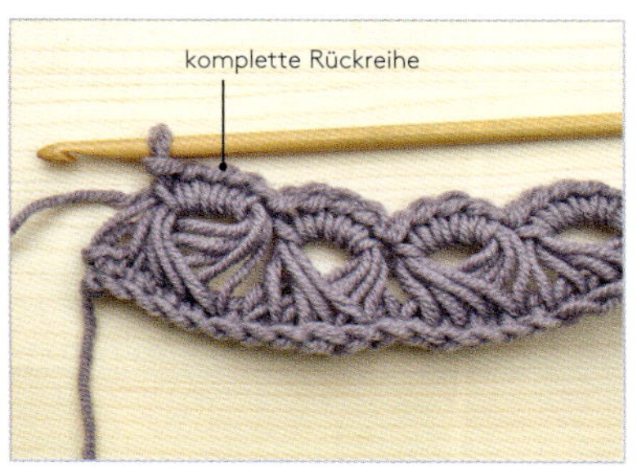

SCHRITT 7
Nach diesem Prinzip über die gesamte Reihe jeweils fünf Schlingen auf die Häkelnadel nehmen, eine Luftmasche häkeln und dann fünf feste Maschen in die Mitte der fünf Schlingen arbeiten.

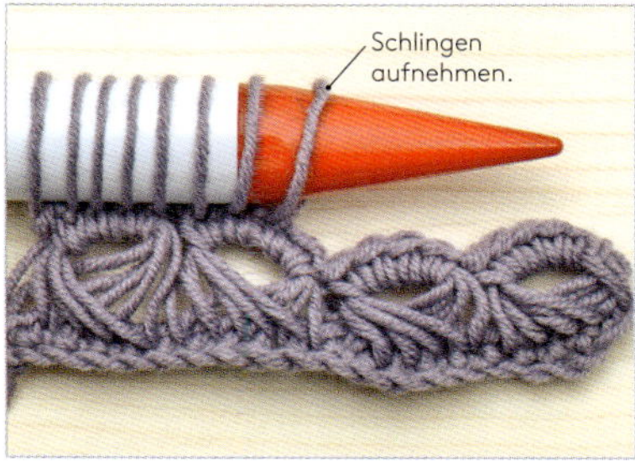

SCHRITT 8
Die Arbeit nicht wenden, die Arbeitsschlinge groß ziehen und auf die Stricknadel schieben, dann Schritt 2 über die gesamte Reihe wiederholen. Schließlich Schritt 4 bis 7 wiederholen. Zum Schluss den Faden wie gewohnt abschneiden und durchziehen.

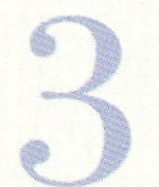

EINFACHE IDEEN FÜR DAS SCHLINGENHÄKELN

1 Nach Wunsch kann man das Muster variieren, indem man zwischen den Schlingenreihen jeweils eine Reihe normaler Maschen arbeitet.

2 Auch die Anzahl der Schlingen, die auf die Häkelnadel genommen werden, lässt sich variieren, so entstehen interessante andere Maschenbilder.

3 Da die Grundreihe für das Schlingenhäkeln meist eine Reihe fester Maschen ist und man mit einer ebensolchen endet, kann man auch einzelne Reihen als Blickfang arbeiten – etwa als Abschluss bei einem einfachen Schal.

Profitipps

Je mehr Sicherheit man gewinnt und je komplizierter die Projekte sind, an die man sich herantraut, desto öfter begegnet man Techniken, die den Häkelarbeiten zusätzliche Finesse und den letzten Schliff verleihen. Im Folgenden werden einige der zahlreichen Möglichkeiten, eine professionelle Optik zu erzielen, vorgestellt.

ANSCHLAG OHNE LUFTMASCHENKETTE

Man kann eine Häkelarbeit auch ohne Luftmaschenkette beginnen. Dadurch entsteht eine flexible, dehnbare erste Reihe, die sauber und optisch ansprechend ist. Das funktioniert mit allen Grundmaschen, wobei es anfangs etwas schwierig sein kann, zu erkennen, wo man für die nächste Masche einstechen muss und die Maschen gleichmäßig zu arbeiten, da sie nicht wie bei einer normalen ersten Reihe nebeneinanderliegen. Mit etwas Übung gelingt aber auch das schnell problemlos.

ANSCHLAG AUS FESTEN MASCHEN

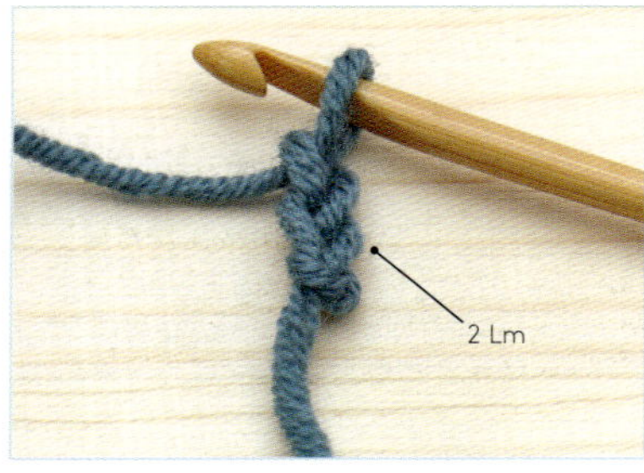

SCHRITT 1
Ausgehend von einer Anfangsschlinge zwei Luftmaschen häkeln.

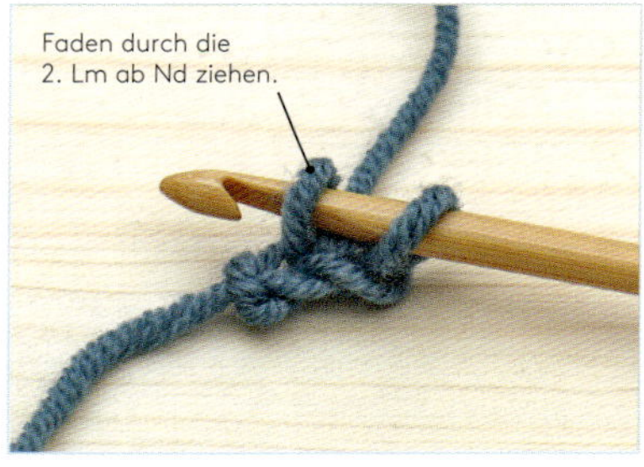

SCHRITT 2
In die von der Nadel aus gesehen zweite Luftmasche einstechen, den Faden holen und durchziehen.

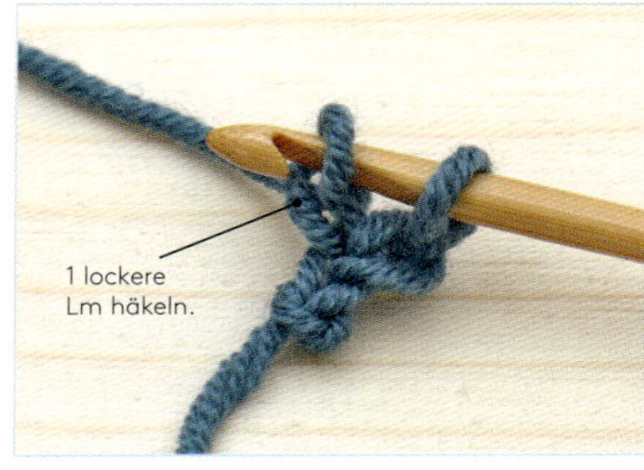

SCHRITT 3
Nun wird eine lockere Grundluftmasche gehäkelt.

ERSTE HILFE

WOFÜR EIGNET SICH EIN ANSCHLAG AUS FESTEN MASCHEN?

Man kann statt jeder Luftmaschenkette einen Anschlag aus festen Maschen häkeln, außer bei Anleitungen, bei denen bereits in der ersten Reihe zusätzliche Luftmaschen gehäkelt werden (der Anschlag aus festen Maschen ist daher für Loch- und Filetmuster weniger geeignet). Die saubere und doch elastische Kante ist perfekt für Kleidungsstücke.

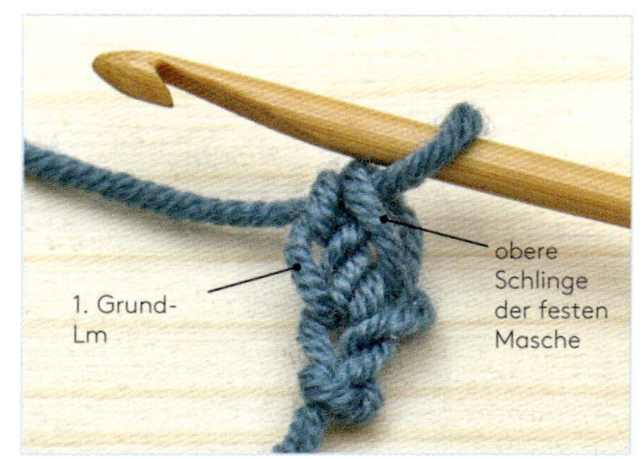

SCHRITT 4
Den Faden holen und durch beide auf der Nadel liegenden Schlingen ziehen. Damit wurde eine feste Masche gehäkelt, die schräg rechts über der ersten Grundluftmasche sitzt.

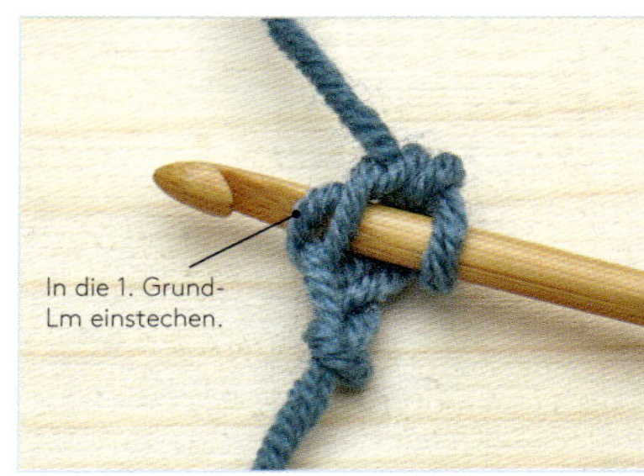

SCHRITT 5
Für die nächste Masche mit der Nadel von vorn nach hinten in die erste Grundluftmasche einstechen, den Faden holen und durchziehen. Ab Schritt 3 wiederholen und nach diesem Prinzip die erforderliche Anzahl an festen Maschen anschlagen.

ANSCHLAG AUS STÄBCHEN

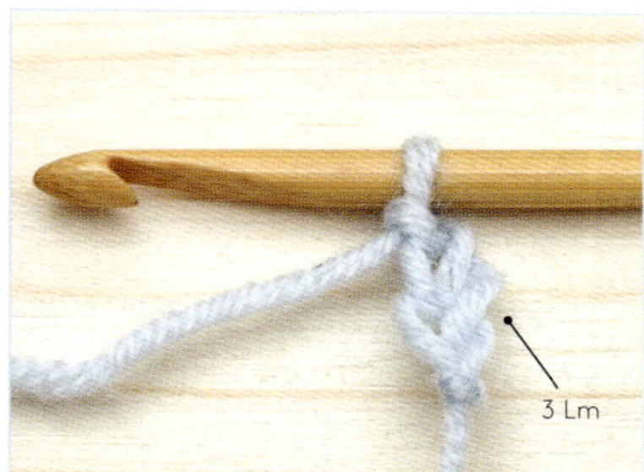

SCHRITT 1
Ausgehend von einer Anfangsschlinge drei Luftmaschen häkeln.

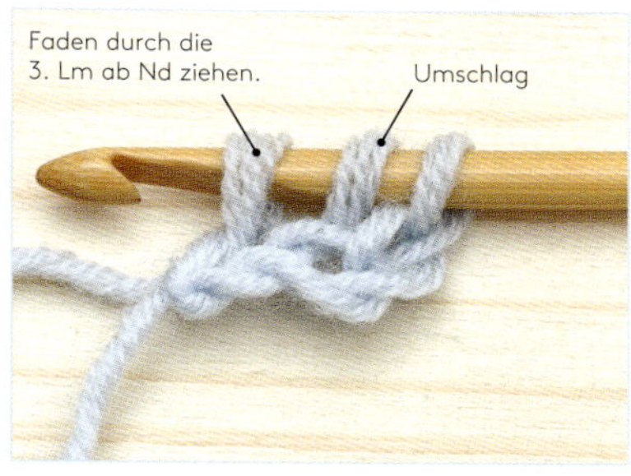

SCHRITT 2
Den Arbeitsfaden von hinten nach vorn um die Nadel legen (Umschlag), in die von der Nadel aus gesehen dritte Luftmasche einstechen, den Faden holen und durchziehen.

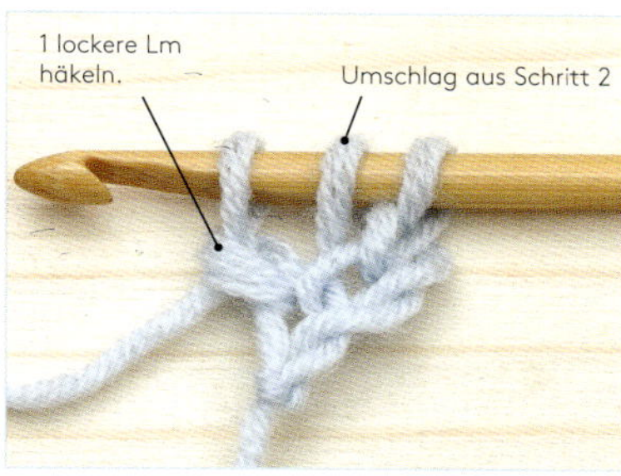

SCHRITT 3
Nun wird eine lockere Grundluftmasche gehäkelt.

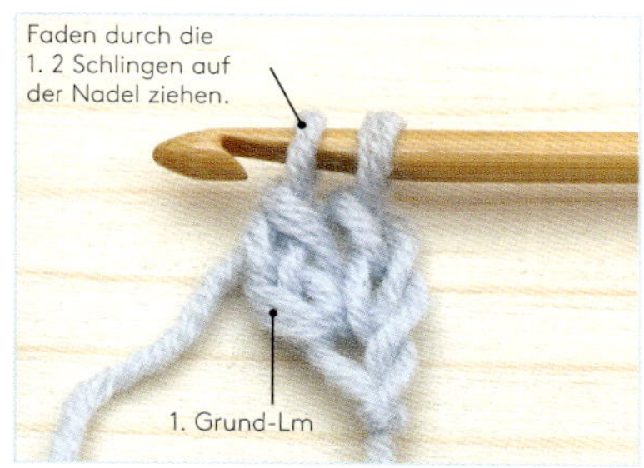

SCHRITT 4
Den Faden holen und durch die ersten zwei auf der Nadel liegenden Schlingen ziehen.

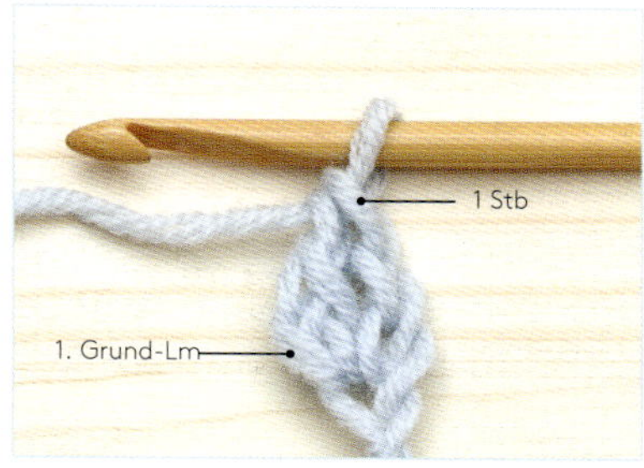

SCHRITT 5
Den Arbeitsfaden von hinten nach vorn um die Nadel legen und durch die restlichen zwei Schlingen auf der Nadel ziehen. Damit wurde ein Stäbchen gehäkelt, das schräg rechts über der ersten Grundluftmasche sitzt.

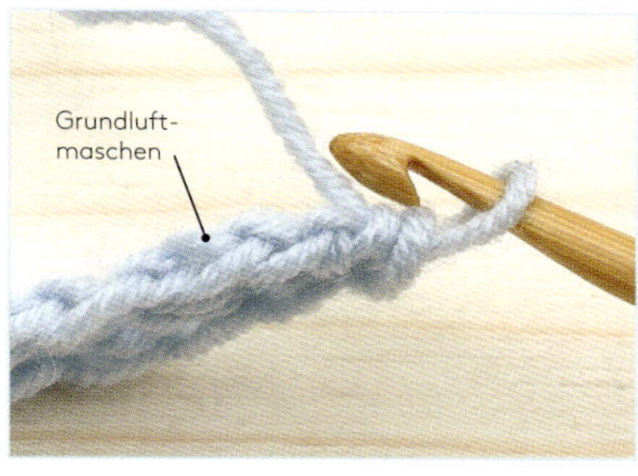

SCHRITT 6
Für das nächste Stäbchen den Arbeitsfaden von hinten nach vorn um die Nadel legen, mit der Nadel in beide Schlingen der ersten Grundluftmasche einstechen, den Faden holen und durchziehen. Ab Schritt 3 wiederholen und nach diesem Prinzip die erforderliche Anzahl an Stäbchen anschlagen. Wendet man die Arbeit, sieht man deutlich die Schlaufen der Grundluftmaschen auf der anderen Seite (siehe oben).

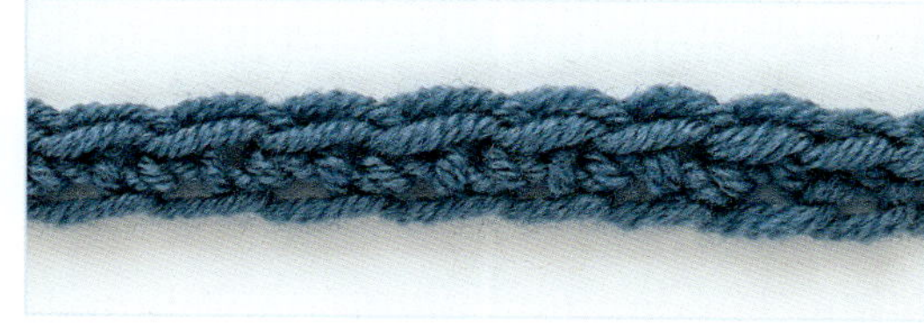

ANSCHLAG AUS FESTEN MASCHEN
Die Grundluftmaschen unterhalb des Anschlags aus festen Maschen formen eine saubere, flexible Kante.

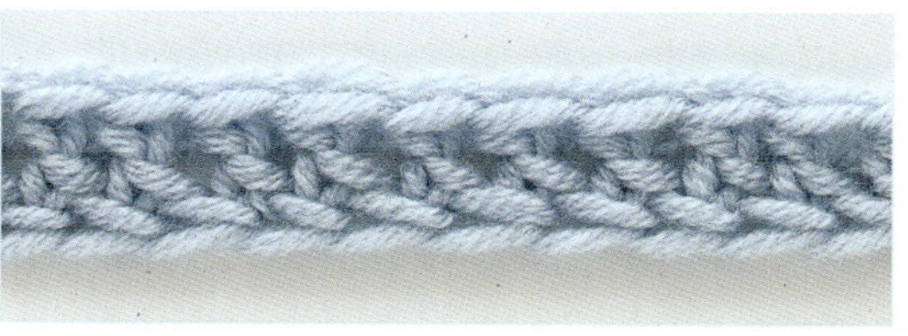

ANSCHLAG AUS STÄBCHEN
Mithilfe von Stäbchen entsteht eine sehr saubere Kante, die viele Häkelnde der normalen Luftmaschenkette vorziehen.

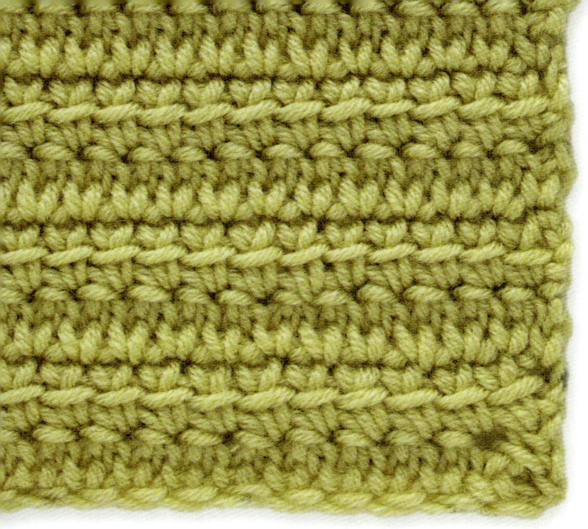

VERBUNDENE MASCHEN

Vielleicht ist Ihnen auch schon aufgefallen, dass bei mehreren Wendeluftmaschen, die man für höhere Maschen, wie etwa Stäbchen, braucht, kleine Löcher an den Rändern der Arbeit entstehen. Um das zu verhindern, kann man die Reihe mit einem mit den Wendeluftmaschen verbundenen Stäbchen beginnen. Anstatt des ersten Umschlags für das erste Stäbchen wird dabei mit der Häkelnadel in eine der Wendeluftmaschen eingestochen, der Faden geholt und durchgezogen. Nach demselben Prinzip lassen sich auch über eine ganze Reihe verbundene Stäbchen häkeln. Das empfiehlt sich besonders für Kleidungsstücke, da so ein dichteres, stabileres Maschenbild entsteht.

MIT DEN WENDELUFTMASCHEN VERBUNDENES STÄBCHEN

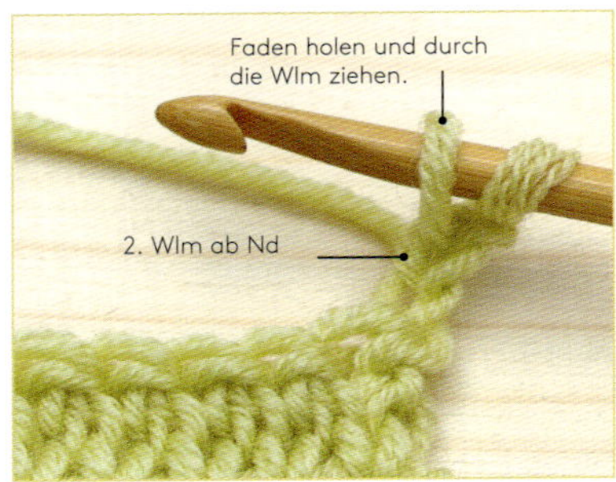

SCHRITT 1

Die normale Anzahl an Wendeluftmaschen häkeln und dann in die von der Nadel aus gesehen zweite Wendeluftmasche einstechen (entweder in eine oder beide Schlingen). Den Arbeitsfaden von hinten nach vorn um die Nadel legen und durchziehen. Dieser Schritt ersetzt den ersten Umschlag des folgenden Stäbchens und verbindet es mit den Wendeluftmaschen.

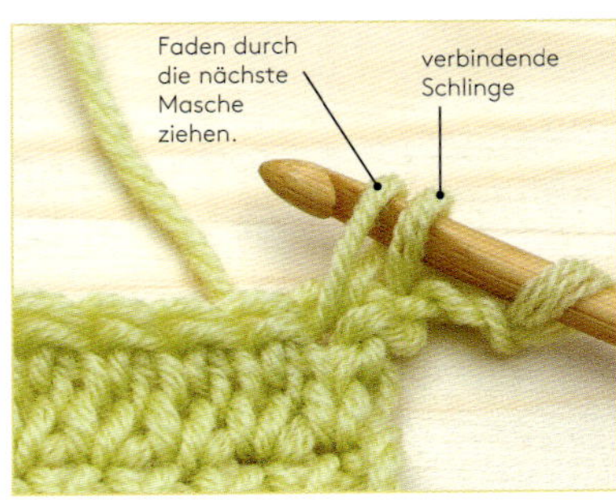

SCHRITT 2

Anschließend wie gewohnt in die folgende Masche einstechen, den Faden holen und durchziehen.

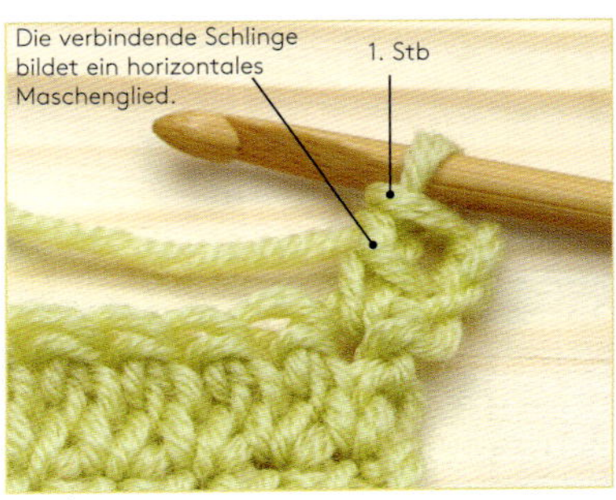

SCHRITT 3

Das Stäbchen wie gewohnt fertighäkeln – [1 U, durch 2 Schlingen auf der Nadel ziehen] x 2.

VERBUNDENE STÄBCHEN

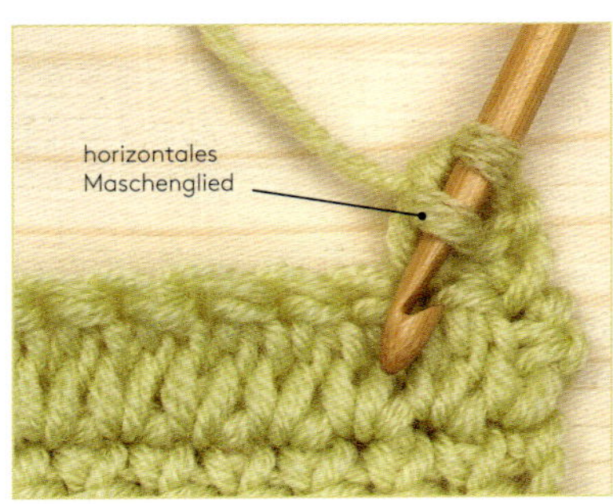

SCHRITT 1

Wie oben beschrieben, zunächst ein mit den Wendeluftmaschen verbundenes Stäbchen häkeln. Für das nächste Stäbchen in das horizontale Maschenglied des ersten verbundenen Stäbchens einstechen, den Faden holen und durchziehen. Dieser Schritt ersetzt den ersten Umschlag und verbindet das folgende mit diesem Stäbchen.

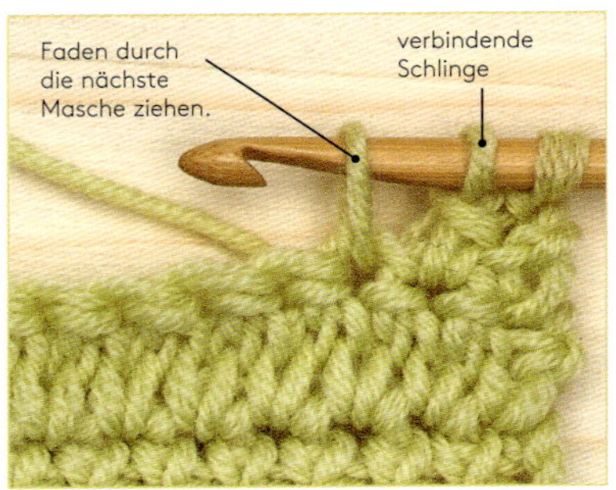

SCHRITT 2

In die folgende Masche einstechen, den Faden holen und durchziehen (damit liegen drei Schlingen auf der Nadel). Nun das Stäbchen wie gewohnt fertighäkeln – [1 U, durch 2 Schlingen auf der Nadel ziehen] x 2.

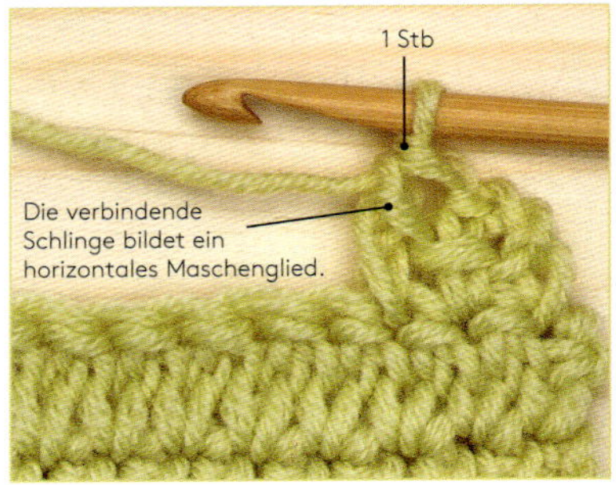

SCHRITT 3

Nach diesem Prinzip weitere verbundene Stäbchen häkeln, dabei statt des ersten Umschlags jeweils mit der Nadel in das horizontale Maschenglied des vorhergehenden Stäbchens einstechen, den Faden holen und durchziehen.

STANDMASCHEN

Standmaschen sind eine praktische Möglichkeit, um am Anfang einer Reihe oder Runde einen Garnwechsel durchzuführen. Die Standmasche ersetzt dabei die Wende- beziehungsweise Anfangsluftmaschen. Standmaschen eignen sich besonders beim Häkeln von Motiven in Runden, da sich, wenn man statt der Anfangsluftmaschen eine normale Masche häkelt, ein gleichmäßigerer Übergang ergibt. Dieses Beispiel zeigt ein in der Runde gehäkeltes Standstäbchen.

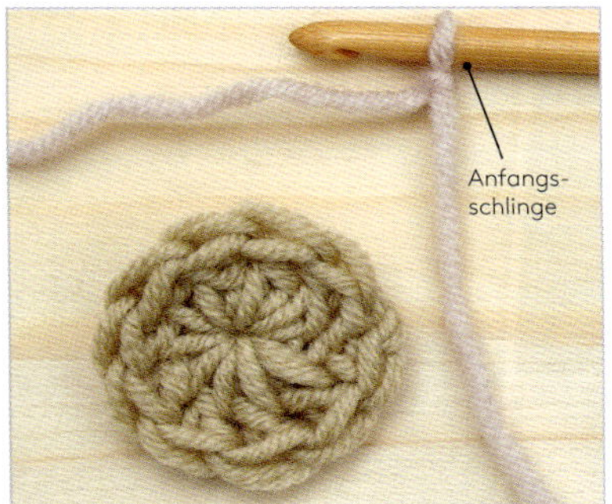

SCHRITT 1
Den nicht mehr verwendeten Faden abschneiden und durchziehen. Mit dem neuen Garn eine Anfangsschlinge häkeln, diese bildet die Arbeitsschlinge für das erste Standstäbchen.

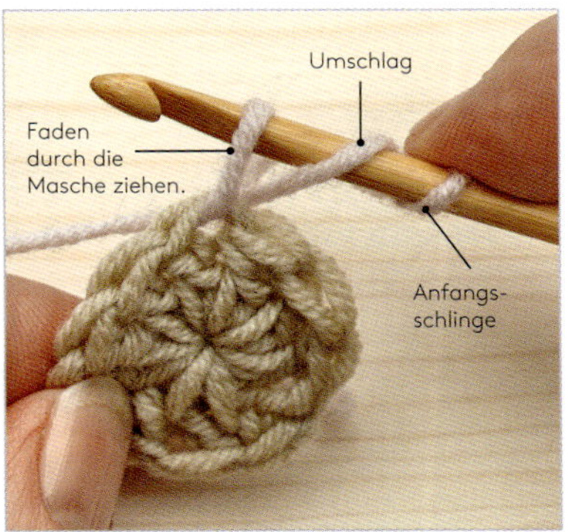

SCHRITT 2
Mit dem rechten Zeigefinger die Anfangsschlinge auf der Nadel festhalten, den Arbeitsfaden von hinten nach vorn um die Nadel legen, in die gewünschte Masche einstechen, Faden holen und durchziehen und das Stäbchen wie gewohnt fertighäkeln – [1 U, durch 2 Schlingen auf der Nadel ziehen] x 2.

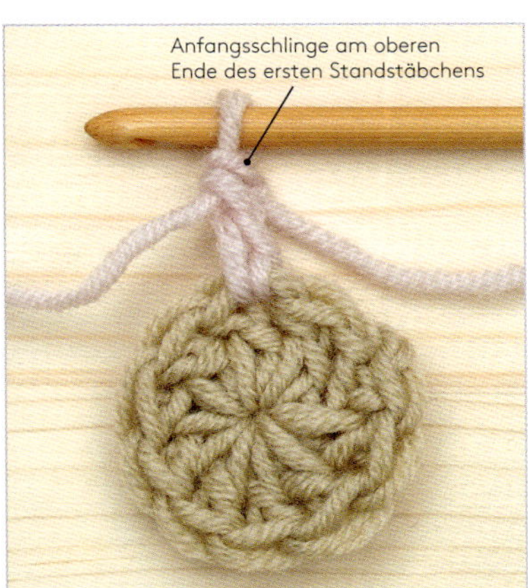

SCHRITT 3
Die Anfangsschlinge befindet sich nun am oberen Ende des ersten Standstäbchens. Dadurch entsteht ein sauberer Übergang und das Fadenende kann anschließend unsichtbar in der Reihe mit der gleichen Farbe vernäht werden.

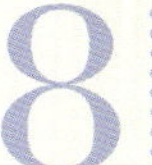

8 WEGE, UM ZUGANG ZUR HÄKEL-COMMUNITY ZU FINDEN

1 **Besuchen Sie Ihr örtliches Garngeschäft.** Garngeschäfte sind nicht nur Orte, an denen man Garn kaufen kann – viele von ihnen veranstalten Events oder bieten Workshops an, im Rahmen derer man sich etwa bei Schwierigkeiten mit einem Projekt beraten lassen kann.

2 **Gehen Sie online.** Eine der größten Online-Communitys für Häkeln und Stricken ist Ravelry (www.ravelry.com). Hier treffen sich begeisterte Häkelfans, die Anleitungen austauschen, in Foren chatten und Treffen und Häkelrunden organisieren, bei denen teilweise mehrere Häkelnde dasselbe Projekt häkeln und Tipps austauschen. Wenn Sie sich nicht sicher sind, wo Sie anfangen sollen, registrieren Sie sich auf der Website und suchen Sie dann nach einer der in diesem Buch vorgestellten Designerinnen (siehe Seite 160), sehen Sie sich ihre Projekte an, treten Sie ihrer Gruppe bei, wenn es eine gibt, und stellen Sie sich vor.

3 **Werden Sie Mitglied einer Handarbeitsgruppe.** Machen Sie sich online, in Handarbeitsmagazinen oder in Ihrem lokalen Garngeschäft auf die Suche nach einer örtlichen Handarbeits- oder Häkelgruppe. Es gibt diese Gruppen in zahlreichen Orten und Städten, und man wird überall nett aufgenommen.

4 **Besuchen Sie Handarbeitsmessen.** Das ganze Jahr über finden überall auf der Welt Messen und Veranstaltungen statt, bei denen Garne verkauft und Workshops angeboten werden. Diese werden in den meisten Häkelzeitschriften angekündigt.

5 **Belegen Sie einen Häkelkurs.** Beim Häkeln gibt es immer etwas Neues zu lernen. Die Teilnahme an einem Kurs kann viel Spaß machen und hilft Ihnen, sich weiterzuentwickeln. Halten Sie Ausschau nach angebotenen Kursen in Ihrem örtlichen Garngeschäft, in der Volkshochschule oder bei Garnherstellern. Es gibt sogar Häkelfans, die Privatunterricht anbieten.

6 **Teilen Sie Ihr Wissen.** Die eigenen Fähigkeiten an andere weiterzugeben, kann sehr lohnend sein – und Sie werden überrascht sein, wie viel Sie bereits wissen. Viele Schulen bieten außerschulische Handarbeitskurse an und freuen sich über die Mitarbeit Freiwilliger.

7 **Lesen Sie Bücher und Zeitschriften.** Die meisten öffentlichen Bibliotheken verfügen über einen ausgezeichnete Auswahl an Handarbeitsbüchern, und viele Handarbeitsgruppen organisieren gemeinsame Zeitschriftenabos. Das bietet eine tolle Möglichkeit, um Anleitungen zu finden und neue Designer zu entdecken, ohne viel Geld auszugeben. Wenn Sie ein Buch ausleihen und es nützlich finden, können Sie es später natürlich immer noch kaufen.

8 **Registrieren Sie sich auf den Websites von Garnherstellern.** Viele Garnhersteller und auch Online-Shops bieten Gratisanleitungen, Tutorials und Tipps und Tricks an.

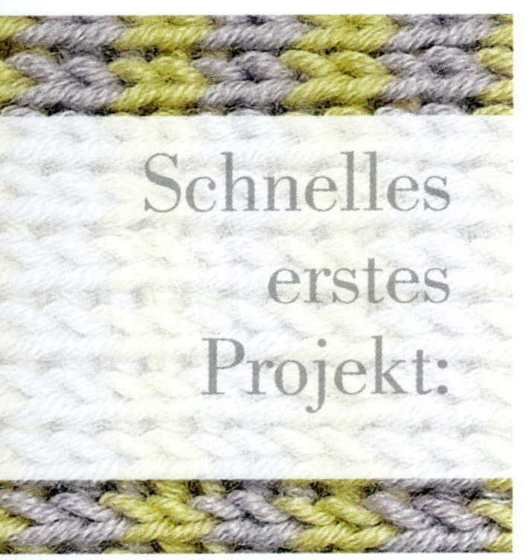

Tunesisch gehäkeltes Brillenetui

Sonnenbrillen scheinen immer irgendwo in der Tiefe der Handtasche zu verschwinden. Mit diesem hübschen pastellfarbenen Etui sind nicht nur schneller wieder zu erspähen, sondern das dichte tunesische Strickmuster bietet zudem optimalen Schutz vor Kratzern und Schrammen.

GRÖSSE

10 x 20 cm

MASCHENPROBE

20 Maschen und 26 Reihen = 10 x 10 cm

DAS BRAUCHEN SIE

- je 50 g DK-Wollgarn in Rosa (A), Gelb (B) und Lila (C); das hier gezeigte Brillenetui wurde mit DMC Woolly (100 % Merinowolle, Lauflänge: ca. 125 m) in den Farben 041 (A), 092 (B) und 061 (C) gehäkelt, aber jedes DK-Garn eignet sich als Ersatz
- Tunesische Häkelnadel: 4 mm
- Sticknadel ohne Spitze

ABKÜRZUNGEN UND TECHNIKEN

fM = feste Masche (Seite 23)
Lm = Luftmasche (Seite 18)
M = Masche(n)
Stb = Stäbchen (Seite 25)
U = Umschlag
Tunesischer Strickstich (Seite 143)
Garnwechsel (Seite 32)
Rückstich (Seite 43)
Zunahmen (Seite 37)
Kordel mit einer Kettmaschenreihe (Seite 120)

ANMERKUNGEN

- Jede Reihe besteht aus einer Hin- und einer Rückreihe. Wie angegeben eine Hin- und eine Rückreihe im tunesischen Grundstich als Grundreihe arbeiten, dann mit Hin- und Rückreihen im tunesischen Strickstich fortfahren, die Rückreihen erfolgen dabei wie folgt: 1 Lm, [1 U, durch zwei Schlingen ziehen] bis R-Ende. Die erste Schlinge auf der Nadel zählt als erste Masche.
- Die Garnwechsel erfolgen beim letzten Umschlag in Rückreihen wie folgt: Bis zu den letzten zwei Schlingen arbeiten, das neue Garn von hinten nach vorn um die Nadel legen und durch beide Schlingen ziehen. Damit beginnt die nächste Hinreihe mit dem neuen Garn. Wenn nicht anders angegeben, wird das jeweils nicht verwendete Garn am Rand mitgeführt.

BRILLENETUI

Luftmaschenkette: Mit Garn A 40 Lm anschl.
Grundreihe: Beginnend bei der 2. Lm ab Nd [in die Lm einstechen, 1 U, Faden durchziehen] bis zum R-Ende, nicht wenden. Eine Rückreihe im tunesischen Grundstich häkeln, um die Grundreihe fertigzustellen. (40 M)
40 Reihen im tunesischen Strickstich nach folgendem Farbmuster häkeln:
Reihen 1–14: Garn A.
Garn A abschneiden und durchziehen.
Reihen 15–16: Garn B.
Reihen 17–18: Garn C.
Reihen 19–30: Reihen 15–18 noch 3 x wdh.
Reihen 31–32: Garn B.
Garn B und Garn C abschneiden und durchziehen.
Reihen 33–40: Garn A.
Reihe 41: 1 fM in jede M bis R-Ende, wenden. (40 M)
Reihe 42 (Lochmuster): 3 Lm (zählen als 1 Stb), 1 fM überg, 1 Stb in jede folg fM bis R-Ende.
Faden abschneiden und durchziehen, Fadenenden vernähen.
Das Häkelstück rechts auf rechts zusammenfalten und entlang der langen Kante mit einem Rückstich zusammennähen. Die Naht mittig platzieren und die Öffnung unten mit einer Rückstichnaht schließen. Wenden.

RÜSCHENRAND

Runde 1: Garn A an ein beliebiges Stb des Lochmusters an der Öffnung anfügen, 1 Lm (zählt nicht als M), 1 fM in jeden ZR zwischen 2 Stb bis Rd-Ende. (40 M)
Runde 2: 2 fM in jede fM bis R-Ende. (80 M)
Faden abschneiden und durchziehen, Fadenenden vernähen.

KORDEL

Luftmaschenkette: Mit Garn B 100 Lm anschl.
Reihe 1: 1 Km in die 2. Lm ab Nd, 1 Km in jede folg Lm bis R-Ende.
Faden abschneiden und durchziehen.
Die Kordel durch die Löcher an der Öffnung des Etuis fädeln und zu einer Schleife binden. Knoten in die Enden der Kordel machen und zurückschneiden.

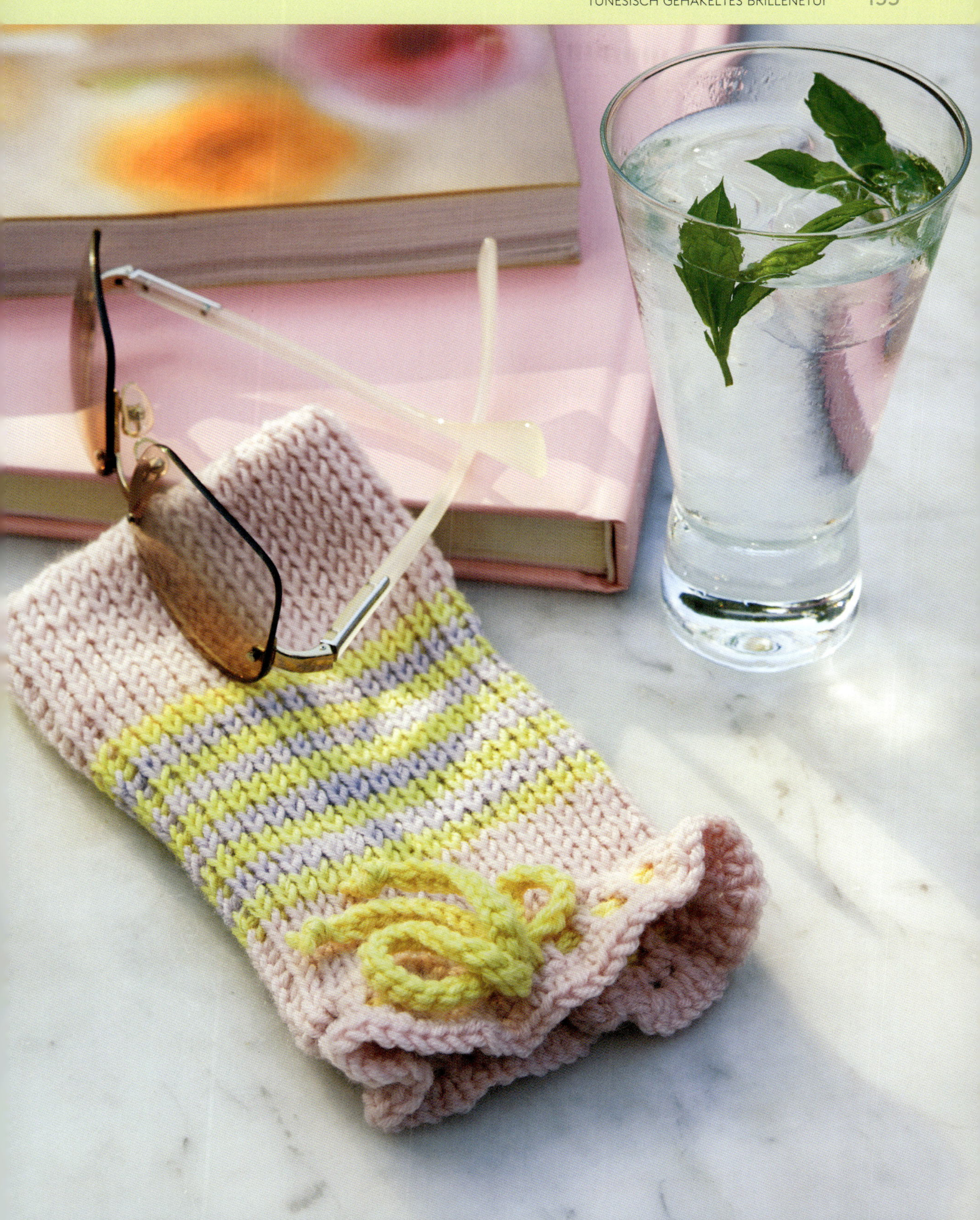

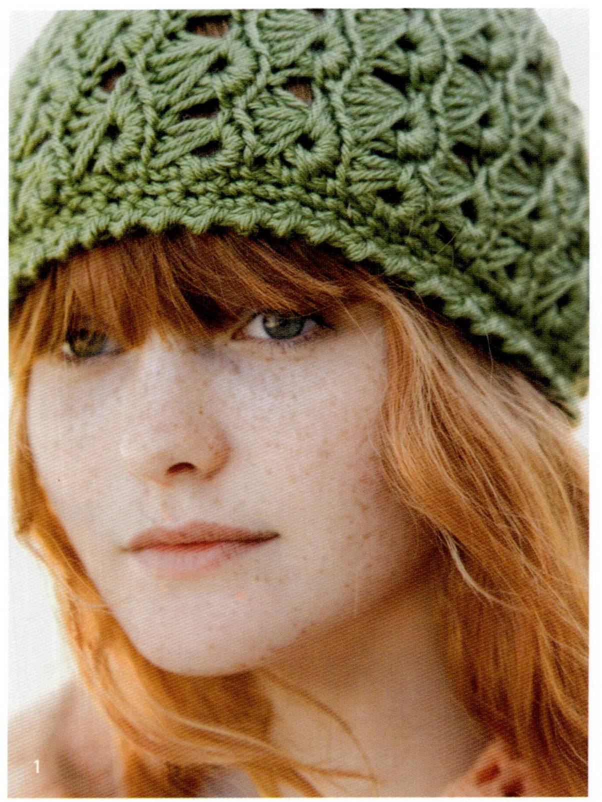

1

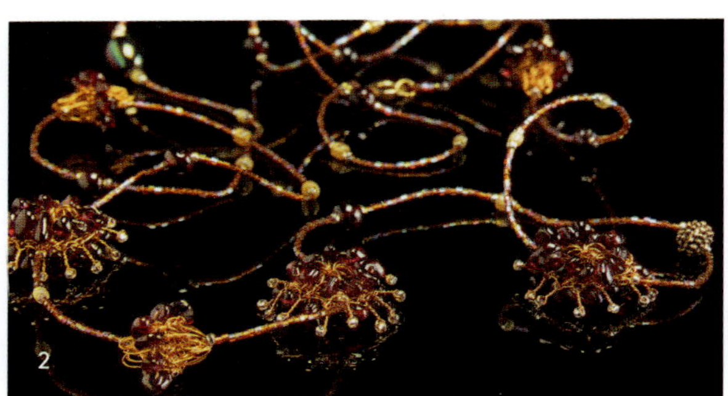

2

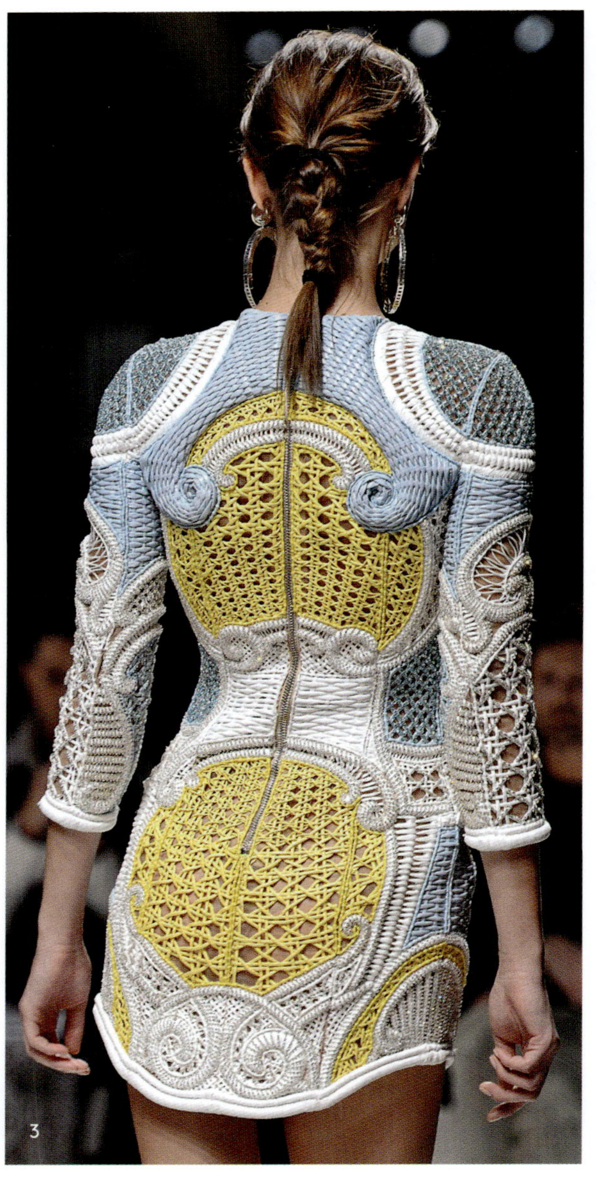

3

Inspirationen

1. SCHLINGENGEHÄKELTE MÜTZE, MARGARET HUBERT

Viele Designer finden heute innovative Wege, um traditionellen Häkeltechniken neues Leben einzuhauchen. Hier wurde ein im klassischen Schlingenhäkelmuster gearbeiteter Streifen in eine hübsche Beanie-Mütze verwandelt. Der Picotabschluss sorgt für Stabilität und ein stylishes Finish.

2. GABELGEHÄKELTE HALSKETTE, JENNIFER HANSEN

Die Elemente dieser Halskette wurden mit Draht auf einer Gabel gehäkelt, zusätzlich kamen Perlen zum Einsatz. Bei den rautenförmigen Elementen wurden Granatperlen in die mittleren Maschen eingearbeitet. Bei den Blüten wurden Granatperlen in der Mitte und kleinere Perlen in die Schlingen an einer Seite eingearbeitet, die zu den Spitzen der Blütenblätter wurden.

3. HÄKELKLEID, BALMAIN, PARIS FASHION WEEK

Dass es häkelinspirierte Kleidungsstücke auch auf die großen Laufstege schaffen, zeigt, dass diese traditionelle Handarbeit noch immer einen Platz in der Modewelt hat – und sogar die Fantasie der Couture-Designer beflügelt. Dieses Kleid erinnert von der Struktur her an gehäkelte Loch- und Filetmuster und zeigt, wie inspirierend Häkelmuster wirken können.

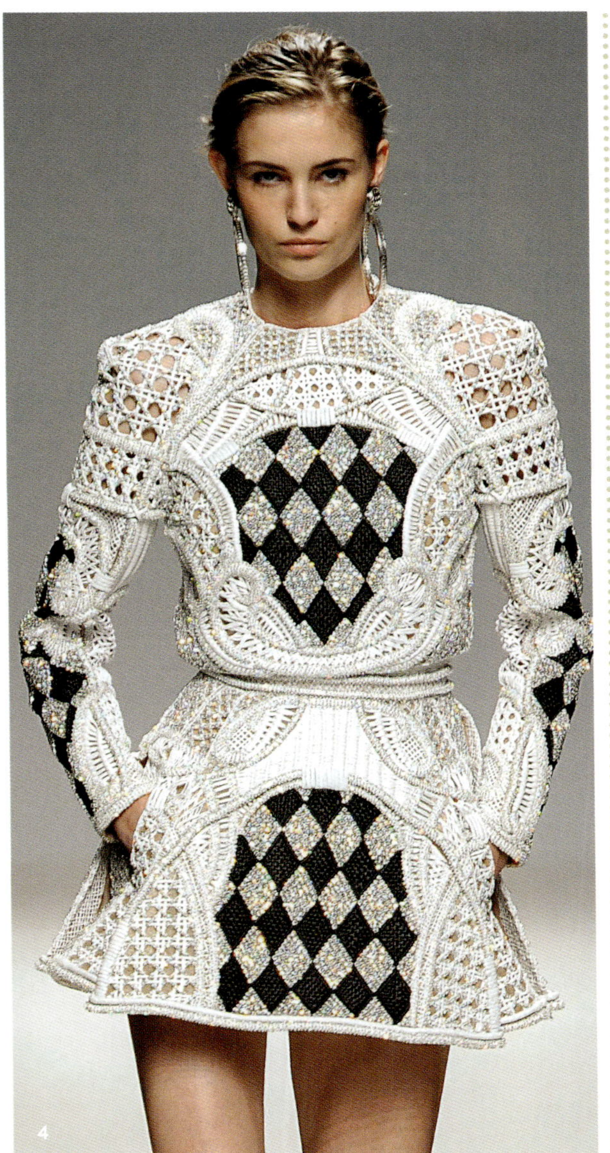
4

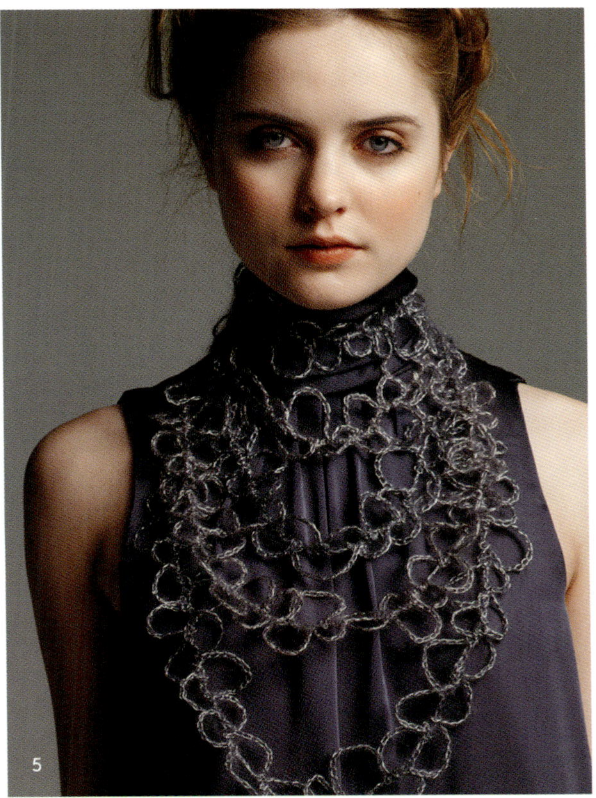
5

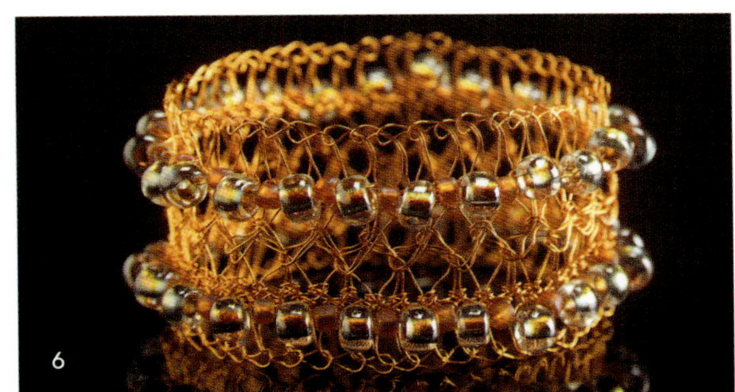
6

4. HÄKELKLEID, BALMAIN, PARIS FASHION WEEK
Bei diesem Kleid wurden unterschiedliche strukturierte Muster kombiniert, die wirken, als wären sie traditionellen gehäkelten Deckchen nachempfunden. Inspiriert von den vielfachen Möglichkeiten, wie gehäkelte Motive kombiniert werden können, zeigt dieses Kleid, wie vielseitig das Häkeln ist.

5. GEHÄKELTE HALSKETTE, ELISA ETEMAD FÜR ROWAN
Modedesigner finden immer wieder innovative Wege, um das Häkeln neu zu interpretieren. Die Möglichkeit, auch dreidimensional zu arbeiten, kommt bei dieser Halskette, bei der Draht und Garn kombiniert wurden, um ein einzigartiges Schmuckstück zu schaffen, besonders gut zur Geltung.

6. GABELGEHÄKELTER ARMREIF, JENNIFER HANSEN
Bei diesem spektakulären Armreif wurde Kupferdraht mit farblich passenden schillernden Perlen kombiniert. Der Armreif besteht aus zwei Gabelhäkelstreifen, wobei die Perlen jeweils in die Maschen in der Mitte der Streifen eingearbeitet wurden. Die Streifen wurden dann entlang je einer Kante und an den Enden zu einem Reif verbunden.

Abkürzungen und Symbole

Im Folgenden finden Sie einen Überblick über die in diesem Buch verwendeten Abkürzungen und Symbole. Die Abkürzungen und Symbole bei anderen Häkelanleitungen können allerdings hiervon abweichen, werfen Sie also immer einen Blick auf die Abkürzungsliste der jeweiligen Anleitung, bevor Sie ein Projekt beginnen.

ABKÜRZUNGEN

Anfang	Anf
anschlagen	anschl
arbeiten	arb
Büschelmasche	Bm
Doppelstäbchen	DStb
Dreifachstäbchen	3f-Stb
feste Masche	fM
feste Masche mit Perle	fMP
halbes Stäbchen	hStb
hinteres Maschenglied	hMgl
Kettmasche	Km
linke Seite (hinten)	LS (h)
Luftmasche(nkette)	Lm(k)
Masche(n)	M
Nadel	Nd
Noppe	N
Popcornmasche	Pm
Puffmasche	Puff-M
rechte Seite (vorn)	RS (v)
Reihenende	R-Ende
Reliefmasche vorn/hinten	RMv/RMh
Rundenende	Rd-Ende
Schlinge(n)	Schl
Stäbchen	Stb
tiefgestochene feste Masche	tfM
übergehen	überg
Umschlag	U
verlängerte feste Masche	vfM
vorderes Maschenglied	vMgl
Wendeluftmasche	Wlm
wiederholen	wdh
zusammen	zus
Zwischenraum	ZR

ALLGEMEINE ANWEISUNGEN

*	Beginn der Wiederholung
**	Ende der letzten Wiederholung
[ ]	Die Maschenabfolge in den eckigen Klammern so oft wie angegeben wiederholen.
( )	Runde Klammern dienen entweder der Erklärung – (zählen als 1 Stb) – oder zeigen an, dass Maschen in dieselbe Einstichmasche gearbeitet werden sollen – (1 Stb, 2 Lm, 1 Stb).

SYMBOLE

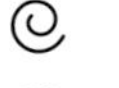 Magischer Ring

Luftmasche

Kettmasche

feste Masche

halbes Stäbchen

Stäbchen

Doppelstäbchen

Dreifachstäbchen

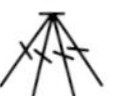 Büschelmasche (hier aus 4 Stb)

Noppe (hier aus 5 Stb)

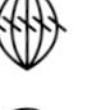 Popcornmasche (hier aus 5 Stb)

 Puffmasche (hier aus 5 hStb)

 in hinteres Maschenglied arbeiten (hier fM in das hMgl)

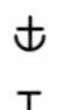 in vorderes Maschenglied arbeiten (hier fM in das vMgl)

Reliefmasche vorn (hier RStbv)

Reliefmasche hinten (hier RStbh)

verlängerte feste Masche

tiefgestochenes Stäbchen

feste Masche mit Perle

Schlaufenmasche

tunesischer Grundstich

tunesischer Strickstich

Arbeitsrichtung

ANORDNUNG DER SYMBOLE

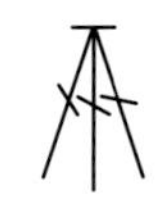

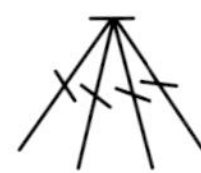

OBEN VERBUNDEN

Wenn Häkelsymbole oben miteinander verbunden dargestellt werden, bedeutet das, sie werden zusammen abgemascht bzw. zusammengehäkelt (hier 3 Stb zsm und Bm aus 4 Stb).

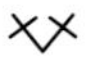

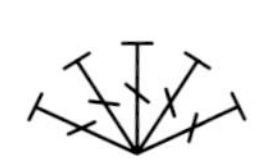

UNTEN VERBUNDEN

Maschen, die unten verbunden dargestellt werden, werden in eine Einstichmasche gearbeitet (hier 2 fM in 1 M und Muschel aus 5 Stb).

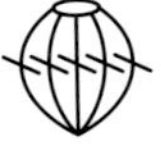

OBEN UND UNTEN VERBUNDEN

Noppen, Popcorn- und Puffmaschen werden in dieselbe Einstichmasche gearbeitet und oben verbunden.

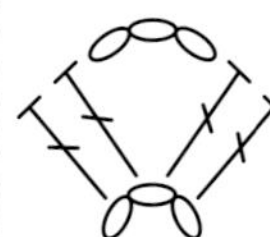

UM EINE RUNDUNG ANGEORDNET

Schräg dargestellte Maschen werden um eine Rundung oder Ecke gehäkelt.

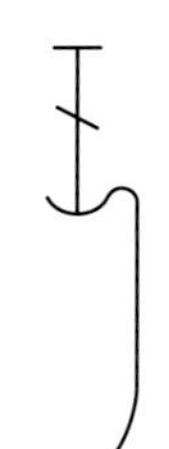

VERLÄNGERTE ODER GEKRÜMMTE SYMBOLE

Manchmal werden Häkelsymbole verlängert oder gekrümmt dargestellt – so wird angezeigt, in welche darunterliegende Masche mit der Häkelnadel eingestochen werden muss (hier 1 Stb in vMgl der Masche, die durch den verlängerten Strich unten angezeigt wird).

Glossar

ABSCHLUSS/EINFASSUNG
Abschlüsse sind dekorative Ränder. Sie können separat gearbeitet und dann angenäht oder direkt an den Rand gehäkelt werden.

ANFANGSLUFTMASCHE
Die Anfangsluftmasche entspricht der Wendeluftmasche beim Häkeln in Runden.

BLOCK
Ein Block ist ein entweder in Reihen oder in Runden gehäkeltes Quadrat, Sechseck oder eine andere gleichmäßige Form, die mehrfach angefertigt und dann nach dem Patchworkprinzip zusammengefügt wird.

BÜSCHELMASCHE
Für eine Büschelmasche werden mehrere Maschen bis zum letzten Umschlag gearbeitet und dann zusammengehäkelt.

FILETMUSTER
Ein Filetmuster ist ein regelmäßiges Lochmuster, bei dem zusätzliche Maschen, die manche Löcher füllen, ein Muster ergeben.

FÄCHERMUSTER
Das Fächermuster ähnelt dem Muschelmuster, wird aber über mehrere Reihen oder in einen Luftmaschenzwischenraum gearbeitet, sodass sich die Maschen besser auffächern.

IN LETZTER RUNDE ZUSAMMENHÄKELN
Eine Technik zum Verbinden von Häkelmotiven beim Häkeln der letzten Runde.

INTARSIENMUSTER
Ein Intarsienmuster ist ein mehrfarbiges Häkelmuster, bei dem für jede Farbfläche ein separates Knäuel aufgewickelt wird.

LOCHMUSTER
Ein Lochmuster ist ein gitterartiges Häkelmuster, das aus regelmäßig angeordneten Luftmaschen und (meist) Stäbchen gearbeitet wird.

LUFTMASCHENKETTE
Das sind jene Luftmaschen, die am Beginn einer Häkelarbeit angeschlagen werden.

LUFTMASCHENZWISCHENRAUM
Ein Luftmaschenzwischenraum ist der Zwischenraum, der unterhalb mehrerer Luftmaschen in einem Muster entsteht.

MASCHENPROBE
Die Maschenprobe bezieht sich auf die Gesamtanzahl an Maschen und Reihen für ein mit einem bestimmten Garn und einer bestimmten Nadel gehäkeltes Maß, meist ein Quadrat mit 10 cm Seitenlänge.

MOTIV
Teilweise werden Blöcke auch (Häkel-)Motive genannt. Häkelmotive werden meist in Runden gearbeitet und können regelmäßig oder unregelmäßig sein.

MUSCHELMUSTER
Für Muscheln werden mehrere Maschen in dieselbe Einstichmasche gehäkelt.

MUSTERWIEDERHOLUNG
Eine Musterwiederholung ist eine bestimmte Anzahl an Maschen, Reihen oder Runden, die gehäkelt werden müssen, um ein bestimmtes Muster einmal zu arbeiten.

NOPPE
Eine Noppe besteht aus mehrere Maschen (meist Stäbchen), die in eine Einstichmasche und nur bis zum letzten Umschlag gehäkelt und dann zusammengehäkelt werden.

OBERFLÄCHENHÄKELN
Beim Oberflächenhäkeln wird nicht in Reihen oder Runden, sondern auf der Häkelfläche gehäkelt, meist werden so dekorative Muster auf der rechten Seite gearbeitet.

PICOT
Ein Picot ist eine dekorative Schlaufe aus Luftmaschen, die mit einer Kettmasche zur Runde geschlossen werden.

POPCORNMASCHE
Für Popcornmaschen werden mehrere Maschen in eine Einstichmasche gearbeitet, dann werden die erste und die letzte dieser Maschen mit einer Luftmasche verbunden.

PUFFMASCHE
Puffmaschen werden wie Noppen, aber aus halben Stäbchen gehäkelt.

RELIEFMASCHE
Reliefmaschen sind Maschen, die um den Maschenkörper einer Masche einer Vorreihe gearbeitet werden.

SPANNEN
Beim Spannen dient der Formgebung. Dabei wird ein Häkelstück auf einer ebenen Fläche ausgebreitet und fixiert – und entweder zuvor angefeuchtet oder danach mit Wasser besprüht oder bedampft. Anschließend lässt man es trocknen.

STANDMASCHE
Standmaschen sind Maschen, die beim Garnwechsel anstatt von Wende-/Anfangsluftmaschen gearbeitet werden können.

TAPESTRY-MUSTER
Tapestry-Muster werden ähnlich wie Intarsienmuster in verschiedenen Farben gehäkelt, allerdings wird dabei das nicht verwendete Garn mitgeführt und umhäkelt.

TIEFGESTOCHENE MASCHE
Tiefgestochene Maschen sind Maschen, bei denen mit der Nadel in Maschen mehrere Reihen unterhalb anstatt in die nächste Masche der Vorreihe eingestochen wird.

TRELLISMUSTER
Das Trellismuster ähnelt dem Lochmuster, wird aber mit längeren Luftmaschenreihen gearbeitet, die Bögen formen.

UMSCHLAG
Bei einem Umschlag wird der Arbeitsfaden einmal von hinten nach vorn um die Häkelnadel gelegt. Manchmal wird der Umschlag auch als „Faden holen" bezeichnet.

VIELFACHES
Hierbei handelt es sich um eine Angabe im Hinblick auf die Luftmaschenkette, die es erlaubt, die Größe eines Häkelstücks zu variieren. Zusätzlich wird eine bestimmte Anzahl an Luftmaschen angegeben (+ X), dabei handelt es sich meist um notwendige Wendeluftmaschen.

WENDELUFTMASCHE
Wendeluftmaschen werden am Beginn von Reihen gehäkelt um die Häkelnadel auf die Höhe der Maschenkörper jener Maschen zu bringen, die in der folgenden Reihe gehäkelt werden sollen.

ZICKZACK-/WELLENMUSTER
Zickzack- und Wellenmuster entstehen durch regelmäßige abwechselnde Zu- und Abnahmen.

Register

Quellen

Quarto bedankt sich bei den folgenden Designern für die Bereitstellung von Bildern ihrer Arbeiten für die Veröffentlichung in diesem Buch. Besonderer Dank gilt Ali Campbell, Stephanie Lau, Leonie Morgan und Maaike van Koert für die Zurverfügungstellung der Gastdesigner-Projekte sowie Bláithín für das Modellstehen für die Kindertasche auf Seite 109.

AMY ASTLE
www.littledoolally.com
Seiten 52, 114

BALMAIN
Bukajlo Frederic/Sipa/Rex Shutterstock
Seiten 154, 155

ALI CAMPBELL
www.gethookedoncrochet.co.uk
Seiten 50–51 (Gastdesigner-Projekt)

KATE GREEN
www.flourishandfly.co.uk
Seiten 81, 136: mit Erlaubnis von www.atergcrochet.etsy.com

RASA GRIGAITE
www.esty.com/shops/FallingDew
Seiten 53, 80, 114

JENNIFER HANSEN
www.stitchdiva.com
Seiten 154, 155: Designs zuerst erschienen in *Crochet Jewellery* (Quarto)

SIDSEL J. HØIVIK
Seiten 81, 136
- Facebook, Instagram und Webshop: sidselhoivik.no
- Fotografien von Anne Helene Gjelstad: www.annehelenegjelstad.com
- Facebook: Anne Helene Gjelstad Photography
- Instagram: annehelenegjelstad
- Diese Fotografien erschienen zuerst in *Lekre masker og lekne sting* (Gyldendal Norsk Forlag, 2013)
- Sidsel J. Høivik und Anne Helene Gjelstad sind das Team hinter *Vakker strikk til alle årstider* (Gyldendal Norsk Forlag, 2015)

MARGARET HUBERT
Seite 154: Design zuerst erschienen in *The Complete Photo Guide to Crochet*, 2. Auflage (Creative Publishing International, Quarto Publishing Group USA, Inc.)

STEPHANIE LAU
www.AllAboutAmi.com
Seiten 52, 53, 76–79 (Gastdesigner-Projekt), 80

LEONIE MORGAN
www.leoniemorgan.com
Seiten 53, 133–135 (Gastdesigner-Projekt), 115

DAVID SOARES OLIVEIRA
www.etsy.com/pt/people/entrelacadas
Seite 81

SANDRA PAUL
www.cherryheart.co.uk
Seiten 80, 81, 137

ROWAN
www.knitrowan.com
Seiten 114, 115, 137, 155

TRACEY TODHUNTER
www.grannycoolcrochet.com
- Seite 52: mit Erlaubnis von Victoria Magnus/Eden Cottage Yarns: www.edencottageyarns.co.uk
- Seite 53: mit Erlaubnis von Britt Spring/Inside Crochet 2013: www.brittspring.com www.insidecrochet.co.uk
- Seite 6: Autorinnenfotografie von Andrea Ellsion: www.andreaellison photography.com

MAAIKE VAN KOERT
www.creJJtion.com
Seiten 110–113 (Gastdesigner-Projekt), 114, 115, 136, 137

Die Fotos auf den „Inspirationen"-Seiten wurden mit Erlaubnis der oben genannten Personen verwendet. Alle anderen Bilder unterliegen dem Copyright von Quarto Publishing plc. Es wurden alle Anstrengungen unternommen, um die Urheber zu nennen, eventuelle Auslassungen oder Fehler bitten wir zu entschuldigen – gegebenenfalls bemühen wir uns, sie für folgende Auflagen zu korrigieren.

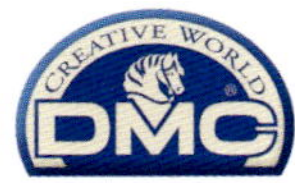

GARNHERSTELLER

Besonderer Dank gilt DMC für die Bereitstellung der in diesem Buch verwendeten Garne. Für DMC-Häkelgarne (Natura und Woolly), Anleitungen usw. wenden Sie sich bitte an:

DMC Creative World Ltd
Unit 21 Warren Park Way
Warrens Park
Enderby
Leicester LE19 4SA
United Kingdom
0116 275 4000
www.dmccreative.co.uk
www.dmc.com

DANKSAGUNG

Dieses Buch ist eine Teamleistung. Besondere Erwähnung verdienen Michelle, Jackie, Moira, Phil und das gesamte Team von Quarto für ihre Geduld, Kreativität und gute Laune. Danke, dass der gesamte Prozess so reibungslos verlaufen ist.

Vielen Dank an alle meine Häkelschüler und die Ladys von Frodsham Knit and Natter, die Anleitungen getestet und Vorschläge gemacht haben und bei Bedarf immer Kaffee und ein offenes Ohr parat hatten. Mein besonderer Dank gilt Ali, Michelle, Debbie, Julia und Helen – eure ständigen Ermutigungen und die vielen Kaffeepausen haben dazu beigetragen, dass dieses Buch überhaupt veröffentlicht werden konnte.

Vielen Dank an meine Familie: an Colin, der ein Haus voller Garnknäuel und Häkelnadeln erträgt; an meine wunderbare Tochter Nikki, die vielleicht eines Tages ihre Nähnadel doch noch gegen eine Häkelnadel tauscht; und an meine Schwiegermutter Betty, deren Haus voller Selbstgestricktem und Selbstgehäkeltem eine unerschöpfliche Quelle der Inspiration ist.

Und schließlich an Sarah, Emma und alle Designkollegen, die mich dazu ermutigt haben, meine Entwürfe zur Veröffentlichung einzureichen – danke!